भटकाव के 67 वर्ष

कुछ मुद्दे

भटकाव के 67 वर्ष
कुछ मुद्दे
(1947 से 2014 तक)

डॉ. सतीश चंद्र मित्तल

प्रभात प्रकाशन, दिल्ली
ISO 9001:2008 प्रकाशक

प्रकाशक • **प्रभात प्रकाशन**
4/19 आसफ अली रोड,
नई दिल्ली–110002

संस्करण • 2019
मूल्य • पाँच सौ रुपए
मुद्रक • नरुला प्रिंटर्स, दिल्ली

BHATKAV KE 67 VARSH : KUCHH MUDDE
by Dr. Satish Chandra Mittal ₹ 500.00
Published by Prabhat Prakashan, 4/19 Asaf Ali Road, New Delhi-2
e-mail: prabhatbooks@gmail.com ISBN 978-93-5186-920-7

प्राक्कथन

एक लंबे, राष्ट्रीय एवं क्रांतिकारी स्वाधीनता संघर्ष के पश्चात् 15 अगस्त, 1947 को भारत को आधी-अधूरी स्वतंत्रता मिली, परंतु इससे सामान्यत: भारतीय जनता को और विशेषत: देश के युवाओं को न 'स्व' का बोध हुआ, न स्वाभिमान का आत्मगौरव और न ही स्वतंत्रता की अनुभूति। यह ब्रिटिश साम्राज्य की 'बाँटो और राज करो' की अलगाववादी नीति, मोहम्मद अली जिन्ना की मजहब के आधार पर पाकिस्तान की माँग की जिद तथा पं. जवाहरलाल नेहरू की राजसत्ता प्राप्तकर विश्व नेता बनने की महत्त्वाकांक्षा की पूर्ति थी।

लॉर्ड माउंटबेटन के दस्तावेजों तथा रिपोर्ट्स से ज्ञात होता है कि देश विभाजन की भारत के नेताओं से वार्ताओं में, सर्वप्रथम उसने पं. नेहरू से बात की तथा उनसे विभाजन की तैयारी तथा स्वीकृति प्राप्त की तथा माउंटबेटन को सर्वाधिक कठिनाई मोहम्मद अली जिन्ना को मनाने में हुई। तदनुसार ब्रिटिश संसद् ने भारत को दो डोमिनियन देशों में बाँटने की स्वीकृति दी तथा नियम पारित किया।

इसके साथ प्रारंभ हुआ 'उत्तराधिकार का युद्ध'। ऐसा युद्ध, जो विश्व के इतिहास में इससे पूर्व कभी भी, कहीं भी न हुआ था, न सुना था। केवल तीन महीने मात्र की अवधि में एक करोड़ बीस लाख जनसंख्या की अदला-बदली। परिणामत: लाखों पुरुष स्त्री, युवा, बालक बेघर हुए, लाखों की संख्या में मारे गए तथा हजारों महिलाओं का अपहरण हुआ तथा अरबों की संपत्ति की हानि हुई। अंग्रेज शासक बिना किसी चुनाव या जनमत संग्रह किए भारत का शासन मनमाने ढंग से कांग्रेस को सौंपकर चले गए। अंग्रेजों ने इसे भारत के संग्राम की सफलता न कहकर 'सत्ता का हस्तांतरण' कहा तथा भारत की स्वतंत्रता को 'एक सोने की थाली में एक सुंदर उपहार' कहा।

यह आश्चर्यजनक है कि पाकिस्तान बनते ही उसका न ब्रिटिश से कोई नाता रहा और न ही उसने कामनवेल्थ का एक भी दिन प्रभुत्व स्वीकार किया। भारत ने स्वतंत्र होते ही भारत का पहला गवर्नर जनरल भी लार्ड माउंटबेटन को बनाया तथा कॉमनवेल्थ

की प्रभुत्ता स्वीकार की।

स्वभावत: अगले दस महीनों (20 जून, 1948) तक भारत का वास्तविक शासन लार्ड माउंटबेटन का रहा तथा देश का प्रधानमंत्री उसकी कठपुतली मात्र। देश के आगामी मासों में सभी प्रमुख निर्णय उसके आशीर्वाद से ही थोपे गए, यहाँ तक कि भारत के स्वतंत्रता दिवस की तिथि भी। तभी से भारत के राजनैतिक नेतृत्व में भटकाव, बिखराव तथा ठहराव के साथ, अनिर्णायक स्थिति की अवस्था विकसित हुई। यही राजनैतिक नेतृत्व आगामी वर्षों में राजनीतिक अपराधीकरण तक बढ़ता गया। यदि भारतीय स्वतंत्रता में लार्ड माउंटबेटन की शक्तिशाली भूमिका न होती तो भारत का निश्चय ही उज्ज्वल भविष्य होता।

प्रस्तुत ग्रंथ में भारतीय स्वतंत्रता के पश्चात् आगामी 67 वर्षों (1947-2014) के काल तक हुए कुछ प्रमुख मुद्दों का विवेचन तथा विश्लेषण किया गया है। विवेचन ऐतिहासिक परिप्रेक्ष्य अथवा पृष्ठभूमि के साथ किया गया है। यह समूचा कालखंड मुख्यत: छह वर्षों (1998-2003) का इतिहास छोड़कर कांग्रेस पार्टी का शासनकाल रहा है। प्रस्तुत ग्रंथ में गत 67 वर्षों में मुख्यत: कांग्रेस शासन में चार विशिष्ट विषयों- देश के संवैधानिक, शैक्षणिक, सामरिक तथा राजनीति के स्वरूप, दिशा तथा नेतृत्व का विशद वर्णन किया है।

पहले अध्याय में विषय प्रवेश के रूप में विभाजन से उपजी समाज पीड़ा तथा तत्कालीन भटके नेतृत्व की चर्चा की है, साथ ही संबंधित अनेक प्रश्नों को उभारा गया है।

द्वितीय अध्याय में देश के संविधान से जुड़े अनेक प्रश्नों की विशद चर्चा, विवेचना तथा प्रतिक्रियाएँ संक्षेप में दी गई हैं। इसमें संविधान सभा के निर्माण की परिस्थितियों, इसकी रचना, इसकी विशिष्टताएँ तथा विकृतियों तथा कार्यवाही का आलोचनात्मक अध्ययन किया गया। अनेक सार्वजनिक हितों के मुद्दों-संविधान की उद्देशियका, नागरिकता, मौलिक अधिकार तथा राज्य के नीति निर्देशक तत्त्वों पर संविधान सभा में विभिन्न सदस्यों की राय देकर तत्कालीन समाज की सोच पर प्रकाश डाला है, साथ ही कुछ प्रमुख विषयों, राष्ट्रभाषा, राष्ट्रध्वज, राष्ट्रगान, 370 के अनुच्छेद आदि पर प्रकाश डाला गया है। संविधान में समय-समय पर हुए परिवर्तन, संशोधन की परिस्थितियों का अवलोकन करते हुए संविधान में आवश्यक परिवर्तन या प्रासंगिक बनाने के भी सुझाव दिए गए हैं।

तीसरे अध्याय में मूल्यपरक शिक्षा के लिए परतंत्र काल में हुए प्रयासों से लेकर विभिन्न सरकारी तथा गैर सरकारी-व्यक्तिगत तथा शिक्षा आयोगों की रचना तथा उनकी उपेक्षा तथा शिक्षा के विभिन्न स्तरों-प्राइमरी से विश्वविद्यालय तक के स्वरूप का वर्णन

किया है। वर्तमान में भाषा के माध्यम तथा समाज में स्थिति, सरकार द्वारा संस्कृत की उपेक्षा, बच्चों की शिक्षा, हिंदी या क्षेत्रीय भाषा की दुर्दशा का वर्णन करते हुए अंग्रेजी के वर्चस्व तथा शिक्षा की प्रगति का विश्लेषण हुआ है। इसी भाँति पाठ्यक्रमों में, विशेषकर इतिहास के पाठ्यक्रमों में मनमाने परिवर्तन राष्ट्रोत्थान के लिए घातक सिद्ध हो सकते हैं। इसकी चेतावनी तथा समीक्षा की गई है।

चौथे अध्याय में भारत की सेनाओं की गतिविधियों के साथ इनके स्वातंत्र्य आंदोलन में किए गए प्रयासों का विस्तृत वर्णन किया गया है, साथ ही पाक तथा चीन से हुए प्रमुख युद्धों क्रमशः 1947, 1962, 1965, 1971 तथा 1999 के युद्धों की कारण-मीमांसा तथा परिस्थिति को स्पष्ट रूप से वर्णित किया गया है।

पाँचवें अध्याय में गत 67 वर्षों के भारतीय राजनैतिक नेतृत्व पर प्रकाश डाला है, जिसमें राजनीति का अर्थ चुनावी वोट बैंक की राजनीति तथा कांग्रेस द्वारा किस प्रकार से सत्ता प्राप्ति के लिए मुसलिम तुष्टीकरण तथा उसके उसके विभिन्न तरीकों पर प्रकाश डाला है। वस्तुतः 67 वर्षों के लंबे काल में कांग्रेस द्वारा मुसलमानों को अपने साथ रखने के लिए अनेक विविध प्रयत्नों-सेकुलरवाद, आरक्षण, अल्पसंख्यकवाद, मिश्रित संस्कृति, मुसलमानों के लिए अलग सिविल कोड, घुसपैठ तथा मुसलिम आतंकवाद के समर्थन में पक्षपात नीति तथा रवैयों के तथ्यों पर आधारित आलोचनात्मक समीक्षा की गई है।

समूचे राष्ट्रीय जीवन से संबंधित विशिष्ट मुद्दों पर कांग्रेस पार्टी का दृष्टिकोण असंतुलित, राष्ट्र के लिए विनाशकारी, विघटनकारी तथा अलगाववादी रहा है। अतः राष्ट्रहित में क्रांतिकारी परिवर्तन सदैव आवश्यक रहा है, जिससे मुसलिम समाज के जीवन में सुधार तथा उन्नति हो तथा आवश्यक है कि वे राष्ट्र की मुख्यधारा से जुड़ें। देश की मुसलिम युवा पीढ़ी इस दिशा में बढ़ रही है। ग्रंथ समकालीन इतिहास से संबंधित है अतः साधन सामग्री सीमित है। कुछ गोपनीय है। तब भी पुस्तक लेखन में संभावित प्राप्त पुस्तकों, रिपोर्ट्स, पत्र-पत्रिकाओं की सहायता ली गई है। इसमें संदेह नहीं कि आगामी कुछ वर्षों में कुछ मूल सामग्री प्राप्त हो सकेगी।

प्रस्तुत ग्रंथ के लेखक ने देश-विदेश के अनेक विद्वानों का प्रत्यक्ष तथा अप्रत्यक्ष रूप से सहयोग लिया है। वह उन सभी का ऋणी है। लेखक ने अपनी रचनाओं तथा विश्लेषण में पाञ्चजन्य में प्रकाशित लेखों का आवश्यकतानुसार उपयोग किया है। लेखक इसके लिए संपादक पाञ्चजन्य का अत्यंत आभारी है।

उपर्युक्त ग्रंथ की रचना के लिए डॉ. बालमुकुंद पाण्डेय, राष्ट्रीय संगठन मंत्री, अखिल भारतीय इतिहास संकलन योजना का विशेष कृतज्ञ है, जिन्होंने लेखक को समकालीन भारतीय समाज से जुड़े कुछ राष्ट्रीय विषयों पर लिखने को प्रेरित किया। पुस्तक लेखन में सहयोग के लिए मैं अपने पुत्र चि. आशीष मित्तल का आभारी हूँ।

इसके साथ ही मैं सर्वाधिक आभारी अपने प्रिय प्रपौत्र अशुंम मित्तल का हूँ, जिसने मुझे इ-मेल तथा इंटरनेट के द्वारा कई सुविधाएँ तथा सहायता दी।

आशा है कि उपरोक्त पुस्तक देश की युवाशक्ति को राष्ट्रीय मुद्दे पर विचार करने में उपयोगी लगेगी तथा नवीन तथ्यों के साथ इस चिंतन माला को आगे बढ़ाएगें।

—डॉ. सतीश चंद्र मित्तल

अनुक्रम

1

विषय प्रवेश : विभाजन की पीड़ा तथा भटका राजनैतिक नेतृत्व

15 अगस्त, 1947 को भारत का विभाजन हुआ। इससे पूर्व 15 अगस्त, 1945 को विश्व के इतिहास में एक परिवर्तनकारी घटना हुई थी, जब दक्षिण-पूर्वी ऐशिया के ब्रिटिश महासेनापति लार्ड माउंटबेटन के सम्मुख जापान ने अपनी 90,000 सेना के साथ बिना शर्त आत्म समर्पण किया था। लार्ड माउंटबेटन इसे अपने जीवन की महानतम घटना तथा चिरस्थायी स्मृति दिवस मानता था और इसी को स्थायी स्मृति बनाने के लिए उसने उक्त दिवस को भारत के तत्कालीन राजनेताओं को भारत विभाजन के लिए मजबूर किया, जिसको भारत के तैंतीस प्रसिद्ध ज्योतिषियों ने पहले ही दुर्दिन घोषित कर दिया था।

1947 का भारत विभाजन एक आधी-अधूरी स्वतंत्रता तथा भारत के लिए एक भावी त्रासदी का संदेश था। यदि ऐतिहासिक परिप्रेक्ष्य में देखें तो पिछले 90 वर्ष के चले आ रहे महान् संघर्षमय नाटक का यह दुखांत था। यह भारत के जनमानस की श्रेष्ठ आकांक्षाओं, आस्थाओं तथा भावनाओं पर कुठाराघात था। भारत के पूर्व मुख्य न्यायधीश एम.सी. छागला के शब्दों में, 'पाकिस्तान की निर्मिति एक अपराध था।' यह स्वामी दयानंद के उद्घोष 'भारत भारतीयों के लिए' स्वामी विवेकानंद की पवित्र भावना 'भारत माँ की पूजा के लिए आगामी 50 वर्षों के लिए सभी देवी-देवताओं को भूल जाओ,' बंकिम चट्टोपाध्याय के राष्ट्र मंत्र 'वंदेमातरम', लोकमान्य तिलक के विजयी स्वर 'स्वराज मेरा जन्मसिद्ध अधिकार है' की नकारात्मक अभिव्यक्ति थी। देश के नेता भूल गए कि महात्मा गांधी के नेतृत्व में भारत की लाखों की संख्या में नर-नारी, युवक तथा बालकों ने भारत की स्वतंत्रता के लिए सत्याग्रह किए, लाठियाँ खाईं तथा जेल की

यातनाएँ सहीं। अनेक क्रांतिकारियों ने फाँसी के फंदे चूमें। सुभाष चंद्र बोस के नेतृत्व में आजाद हिंद फौज के रूप में इंफाल के जँगलों में घास की रोटियाँ खाईं तथा जानवरों का मांस खाने के लिए बाध्य होना पड़ा। देश के बड़े-बड़े नेता स्वयं की हुई प्रतिज्ञाओं को भूल गए। संभवत: पं. जवाहरलाल नेहरू 14 अगस्त, 1947 की कालरात्रि बारह बजे, माउंटबेटन की जय के साथ खंडित भारत का ध्वजारोहण करते समय 31 दिसंबर, 1929 को लाहौर में रावी के तट पर 'पूर्ण स्वराज' की शपथ को भूल गए। तत्कालीन ब्रिटिश राजनीतिज्ञों, प्रशासकों ने इसे भारत की स्वतंत्रता न कहकर 'शक्ति का हस्तांतरण' तथा 'भारत को एक सोने की थाली में रखकर दिया एक सुंदर तोहफा' बतलाया। भारतीयों ने इस खंडित भारत को 'इंडिया दैट इज भारत' के रूप में पाया।

भारत का विभाजन अतिशीघ्रता में 3 जून, 1947 को कांग्रेस तथा मुसलिम लीग के सात नेताओं—पं. जवाहरलाल नेहरू, सरदार वल्लभ भाई पटेल, आचार्य कृपलानी, सरदार बलदेव सिंह, मोहम्मद अली जिन्ना, लियाकत अली खाँ तथा सर अब्दुर नसरत ने लार्ड माउंटबेटन के आग्रह पर भारत की 40 करोड़ जनता पर लादा। इसके लिए देश के महानतम राष्ट्रीय नेता महात्मा गांधी को भी विश्वास में नहीं लिया गया। आश्चर्य है कि इस निर्णय के विरुद्ध न कोई गोली चली, न कोई व्यक्ति जेल गया, न कोई प्रस्ताव पारित हुआ और न कोई राष्ट्रीय प्रतिनिधिमंडल भेजा गया।

3 जून, 1947 की यदि मुख्य शर्तों का अवलोकन करें तो भारत का भावी मानचित्र स्पष्ट हो जाता है। इम मुख्य शर्तों को 'माउंटबेटन योजना' भी कहा जाता है। इन महत्त्वपूर्ण शर्तों को जानना महत्त्वपूर्ण होगा। प्रथम, इसमें कहा गया है कि ब्रिटिश सरकार 15 अगस्त, 1947 को भारत की सत्ता ऐसी सरकार को देगी, जिसका निर्माण जनता की इच्छा के अनुकूल हुआ हो। दूसरे, वर्तमान संविधान सभा में सरकार किसी प्रकार की बाधा न डालेगी। तीसरे, संविधान को उन भागों में लागू किया जाएगा, जो उसे स्वीकार करेंगे। चौथे, इस योजना के अंतर्गत भारत को दो हिस्सों में बाँट दिया जाएगा, भारतीय संघ और पाकिस्तान तथा दोनों को पहले निर्धारित जून, 1948 की बजाय 15 अगस्त, 1947 को स्वतंत्रता दे दी जाएगी। पाँचवें, यह निश्चित किया गया कि बंगाल और पंजाब में विधानसभाओं के अधिवेशन दो भागों में किए जाएँगे। एक भाग में मुसलिम बहुल जिलों के प्रतिनिधि होंगे और दूसरे में हिंदू बहुल जिलों के प्रतिनिधि। प्रत्येक भाग बहुमत के आधार पर तय करेगा कि वे अपने प्रांत का विभाजन चाहते हैं अथवा नहीं। यदि बहुमत विभाजन के पक्ष में हो तो फैसला करना होगा कि वे वर्तमान संविधान सभा में मिलना चाहते हैं या एक अलग संविधान सभा का निर्माण करना चाहते हैं। छठे, सिंध की विधानसभा तय करे कि वह भारत की संविधान सभा में मिलना चाहती है अथवा नहीं। सातवें, असम के मुसलिम बहुल सिलहट जिले में इस

बात का निर्णय जनमत संग्रह द्वारा किया जाएगा कि वहाँ की जनता असम में रहना चाहती है या पूर्वी बंगाल में। आठवें, बलूचिस्तान भी भारत संघ में रहेगा या अलग रहने का अधिकार चाहेगा। नवें, उत्तर-पश्चिम सीमा प्रांत में जनमत संग्रह द्वारा निर्णय होगा। दसवें, बंगाल, पंजाब और असम के जिलों के विभाजन और सीमा-निर्धारण का कार्य एक कमीशन करेगा। ग्यारहवें, भारत और पाकिस्तान के बीच लेन-देन व विभाजन के लिए समझौता होगा। बारहवें, देसी रियासतों को भी भारत या पाकिस्तान में अपनी इच्छानुसार मिलने की छूट होगी और अंतिम, भारत और पाकिस्तान को राष्ट्रमंडल की सदस्यता छोड़ने का अधिकार होगा।

कांग्रेस और मुसलिम लीग ने भारत के भावी विभाजन की माउंटबेटन योजना को स्वीकार कर लिया। ब्रिटिश पार्लियामेंट ने 4 जुलाई को भारतीय स्वतंत्रता अधिनियम पास कर दिया। 18 जुलाई को ब्रिटिश सरकार ने इसकी विधिवत स्वीकृति दे दी। परिणाम स्वरूप 15 अगस्त को भारतीय संघ और पाकिस्तान के रूप में दो अधिराज्यों का प्रादुर्भाव हुआ।[1]

भारत विभाजन की व्यथा

भारत देश के विभाजन के साथ ही कठिनाइयों और कष्टों का काल भी प्रारंभ हो गया। देश के विभाजन से भारत और पाकिस्तान में दंगों, हत्याओं और लूटमार का भयंकर दौर प्रारंभ हुआ। लंबे स्वतंत्रता संघर्ष के परिणाम के रूप में भारत को विरासत में मिला बिखरा हुआ देश, लाखों की संख्या में विस्थापित, जर्जर अर्थव्यवस्था, राजनीतिक अस्थिरता, पाकिस्तान से स्थायी दुश्मनी, अज्ञात भारत के भावी ढाँचे का स्वरूप तथा अनेक समस्याएँ, कष्ट तथा पीड़ाएँ।

विश्व में एक स्थान से दूसरे स्थान पर व्यक्तियों का आवागमन बहुत पहले से है, लेकिन भारत के विभाजन से भारत की जनसंख्या में हुई अदला-बदली में मजहब के आधार पर 23 प्रतिशत मुसलिम जनसंख्या को 30 प्रतिशत भूमि दी गई। विभाजन का 96.5 भारत के मुसलमानों ने समर्थन किया था। यह विश्व इतिहास में एक कल्पनातीत तथा वीभत्स प्रयोग था। विश्व के इतिहास में कभी भी इतनी बड़ी अदल-बदल इससे पूर्व न हुई थी।[2] यह ऑस्ट्रेलिया की दुगुनी और कनाडा की कुल जनसंख्या को मिलाकर जोड़ने से भी अधिक था। इससे पहले 1923 में लोसाने (Laussane) की संधि में ग्रीक व टर्की व बलगेरिया में जनसंख्या की अदला-बदली हुई थी, जो अधिक से अधिक 1,25,000 की थी और जिसके लिए अठारह महीने की पर्याप्त अवधि दी गई थी,[3] जबकि भारत और पाकिस्तान में 1,20,00000 (एक करोड़, बीस लाख) जनसंख्या का आवागमन हुआ और जिसको केवल तीन महिने की अवधि में पूरा करना था।[4] एक

अन्य आँकड़े के अनुसार 49 लाख भारतीय, पश्चिमी पाकिस्तान से और 25 लाख पूर्वी पाकिस्तान से उजड़कर आए। स्वाभाविक रूप से इस विश्व की महानतम जनसंख्या की अदला-बदली के कारण भयंकर नर संहार, सामूहिक हत्याएँ, लूटमार, महिलाओं का अपहरण तथा बलात्कार हुए। विद्वानों ने इसे गृह-युद्ध[5] तथा उत्तराधिकर का युद्ध[6] के नाम से पुकारा। एक अनुमानित आँकड़े के अनुसार दोनों ओर के पाँच पाँच लाख व्यक्ति मारे गए[7] तथा पचास हजार महिलाओं[8] का अपहरण तथा बलात्कार हुआ। कुछ के अनुसार एक लाख महिलाओं का अपहरण हुआ।

(i) हिंदू-मुसलिम दंगे और विस्थापितों की समस्या

स्वाभाविक रूप से इस जनसख्या की अदला-बदली से भयंकर रक्तपात, खून-खराबा, जबरन कर्न्वजन, महिलाओं से बलात्कार तथा सांप्रदायिक दंगे हुए। बंगाल में नोआखली, युनाइटेड प्रोविंसेंस (वर्तमान उत्तर प्रदेश) में गढ़मुक्तेश्वर और पंजाब में लाहौर, रावलपिंडी, मुल्तान, अमृतसर तथा गुजरात (पंजाब का भाग) में भयंकर लूटमार हुई। हरियाणा क्षेत्र में विशेष रूप से करनाल, गुड़गाँव तथा रोहतक जिले इससे विशेषत: प्रभावग्रस्त रहे।[9] दंगों का दौर मार्च, 1947 से प्रारंभ हो गया था। जून, 1947 में विभाजन की योजना की घोषणा से इन दंगों की गति तीव्र हो गई थी। अगस्त मास तक आते-आते परिस्थितियाँ बेकाबू होने लगी थीं। हरियाणा में तत्कालीन हिसार जिले का भिवानी कस्बा इसका मुख्य केंद्र बन गया था।[10] इसी भाँति करनाल जिले के पानीपत, घरौंडा आदि में दंगे हुए। अपार संपत्ति की हानि हुई। अदला-बदली के साथ विस्थापितों की समस्या विकराल रूप में खड़ी हुई। एक अधिकृत आँकड़े के अनुसार 2.7 मिलियन विस्थापित पूर्वी पंजाब में बसाए गए, जिसमें 1950 में 7.6 लाख अकेले हरियाणा क्षेत्र के विभिन्न जिलों में बसाए गए।[11] अनेक सहायता केंद्र खोले गए। पुनर्वास की योजनाएँ बनीं। मकान, दुकान, व्यवसाय, रोजगार और छोड़ी गई संपत्ति और बदले में उसकी व्यवस्था जैसी अनेक समस्याओं से सरकार जूझती रही। ये समस्याएँ 1956 तक बनी रहीं।

(ii) जर्जरित आर्थिक ढाँचा

अगस्त, 1947 में अंग्रेज भारत से चले गए। भारत की अर्थव्यवस्था दो शताब्दियों से ब्रिटिश सरकार की लूट और शोषण से पहले ही लड़खड़ा रही थी और अब पाकिस्तान के निर्माण से उसे अनेक प्राकृतिक साधनों से वंचित कर दिया। भारत एक और अधिक निर्धन देश बन गया। इसकी प्रति व्यक्ति आय विश्व के निम्नतम देशों में थी। इसे 1948 में 246 रुपए प्रति व्यक्ति माना जाता था, जो ब्रिटेन की आय का कुल 10 प्रतिशत और अमेरिका का केवल 5 प्रतिशत थी।

पाकिस्तान के निर्माण से आर्थिक असंतुलन हो गया[12] और उद्योग, व्यापार, कृषि, अत्यधिक प्रभावित हुए। देश विभाजन में आर्थिक क्षेत्र का विभाजन असंतुलित ढंग से किया गया। उदाहरणत: पाकिस्तान को रुई उत्पादन का 40 प्रतिशत क्षेत्र, जूट उत्पादन का 85 प्रतिशत क्षेत्र तथा गेहूँ उत्पादन का 40 प्रतिशत क्षेत्र मिला, जबकि इनकी मुख्य मिलें और कारखाने भारत के हिस्से में थे। अत: भारत में कच्चे माल का अभाव हो गया, जिससे वस्त्र उद्योग और अन्न की कमी हो गई। 1947-48 के भारत-पाक संघर्ष ने भारतीय व्यापार को बुरी तरह प्रभावित किया। विस्थापितों के आर्थिक झगड़ों ने इसमें और कटुता ला दी। परस्पर सिंचाई और यातायात व्यवस्था के टूटने से गंभीर परिणाम हुए। द्वितीय महायुद्ध के काल में पहले ही उद्योगों में लगभग 30 प्रतिशत की कमी हो गई थी। उत्पादन के कम होने से बेकारी, बेरोजगारी तेजी से बढ़ी। पूर्वी पंजाब में 1946-47 तथा 1947-48 के दौरान औद्योगिक कर्मचारियों की संख्या 1/3 कम हो गई। इसके साथ ही अभी तक भारत के विभिन्न उद्योगों में विदेशी पूँजी की बहुतायत थी। भारत की आर्थिक नीति उखड़ गई।

शीघ्रता में 1948 में भारत के आर्थिक नियोजन के लिए कई सुझाव रखे गए। 1948 में दो प्रमुख योजनाएँ उल्लेखनीय हैं। प्रथम योजना 'सर्वोदय योजना' थी, जिसका उद्देश्य अहिंसा के मार्ग से शोषणरहित समाज का निर्माण करना बताया गया। इसमें आय व संपत्ति की असमानता को दूर करने, भूमि का पुन: बँटवारा, सरकारी खेती, उद्योगों का समाज द्वारा संचालन और विदेशी लाभ कमानेवाले प्रतिष्ठानों पर नियंत्रण रखना बताया गया। आय का 50 प्रतिशत ग्राम पंचायतों द्वारा और 50 प्रतिशत शासन द्वारा प्राप्त करने का प्रस्ताव रखा गया।

दूसरी योजना-आयोग के अध्यक्ष पं. जवाहरलाल नेहरू स्वयं थे। भारत के आर्थिक विकास के लिए पहली पंचवर्षीय योजना रखी गई। मूलत: यह पं. जवाहरलाल नेहरू द्वारा 1927 में रूस की यात्रा तथा उससे प्रेरणा लेकर थी। यह योजना सरकारी रूप से स्वीकृत हो गई। 1 अप्रैल, 1951 से 31 मार्च, 1956 तक पहली योजना बनी। इसके बाद आगामी प्रति पाँच वर्ष के लिए योजनाएँ बनती रहीं। इन योजनाओं का उद्देश्य आत्मनिर्भरता, राष्ट्र आय की बढ़ोतरी, प्रति व्यक्ति आय में बढ़ोतरी, आर्थिक रोजगार, कल्याण कार्य और समाजवादी समाज की स्थापना तय किया गया, परंतु योजनाओं के अभी तक अपेक्षित परिणाम नहीं आए हैं। योजनाएँ अच्छी होने पर उनका कार्यन्वयन कभी ठीक ढंग से नहीं हुआ।

(iii) सतत असुरक्षा तथा युद्ध स्थिति

भारत की अधूरी स्वतंत्रता से मिली कृत्रिम, अप्राकृतिक, असुरक्षित सीमाएँ। इसका

परिणाम हुआ पड़ोसी पाकिस्तान से आगामी वर्षों—1947, 1965, 1971 तथा 1999 में चार आक्रमण, कृत्रिम सीमा का उल्लंघन तथा सतत युद्ध जैसी स्थिति, साथ ही पड़ोसी चीन की विस्तारवादी नीति, 1962 का आक्रमण तथा गत 67 वर्षों में नित्य युद्ध की चुनौतियाँ। असुरक्षित सीमाओं के साथ सिकुड़ती भारत की सीमाएँ, विदेशी घुसपैठ तथा आंतरिक असुरक्षा, भारत में इसलामी आतंकवादी तथा दहशत, दमन तथा दबाव का माहौल।

(iv) क्या राजनेता संभावित परिणामों से अवगत न थे?

महत्त्वपूर्ण तथा गंभीर प्रश्न है कि क्या तत्कालीन राजनैतिक नेतृत्व इस विभाजन की संभावित पीड़ा तथा इसके परिणामें से अपरिचित था। क्या वे विभाजन के पश्चात् के परिणामों के अनुमानों से बेखबर थे? निश्चय ही देश के कुछ प्रबुद्ध विद्वानों तथा नेताओं ने विभाजन की संभावनाओं की समीक्षा की थी। डॉ. राजेंद्र प्रसाद ने 1946 में अपनी एक पुस्तक में[13] इसका एक विस्तृत विश्लेषण किया था। उन्होंने इसके विभिन्न परिणामों की मीमांसा की थी। इसमें भारत की प्राकृतिक सीमाओं की सुरक्षा, आर्थिक अस्तव्यस्तता तथा विषमताओं, सामाजिक विघटन तथा सांप्रदायिक दंगों तथा सांस्कृतिक ह्रास आदि पर प्रकाश डाला था। महात्मा गांधी ने इसके भावी दुष्परिणामों को देखते हुए विभाजन का कटु विरोध किया था तथा इसे अपने भावी स्वप्नों के बिल्कुल विपरीत बताया था। पुरुषोत्तम दास टंडन ने विभाजन से होनेवाले परिणामों से अवगत कराया था। भारत के विभिन्न हिंदू संगठन पहले से ही अखंड भारत की बात कर रहे थे। वीर सावरकर ने संभावित खंडित भारत की कठोर निंदा की थी। प्रसिद्ध इतिहासकार राधा कुमुद मुखर्जी ने इसके भावी भयंकर परिणामों से देश को अवगत कराया था। श्री जय प्रकाश नारायण तथा उनके साथी श्री राम मनोहर लोहिया इसके दुष्परिणामों के प्रति जागरूक थे। बंगाल से डॉ. श्यामाप्रसाद मुखर्जी ने इसके संभावित परिणामों से जागरूक कराया था। इतना नहीं, सिख नेता मास्टर तारासिंह इसके भीषण परिणामों से सावधान कर रहे थे।

माउंटबेटन के भारत में 15 महीने

विश्व के इतिहास में किसी भी देश के स्वतंत्र होने पर परकीय शासक को कहीं भी, कभी भी इतना सम्मान न ही दिया गया, जितना भारत के विभाजन के लिए उत्तरदायी माउंटबेटन को। माउंटबेटन को मन-बाटन भी कहा गया है, जिसने भारत के हिंदू-मुसलमान को बाँट दिया। नवनिर्मित पाकिस्तान के निर्माता मोहम्मद अली जिन्ना ने सिवाय 14 अगस्त, 1947 की प्रातः उसके औपचारिक विदाई भाषण के कभी माउंटबेटन को महत्त्व न दिया।[14]

माउंटबेटन की तीव्र इच्छा थी कि वह प्रारंभ में दोनों डोमिनियनों अर्थात् पाकिस्तान तथा भारत का संवैधानिक सर्वोच्च अधिकारी बने। जहाँ पाकिस्तान ने उसकी इच्छा का तिरस्कार किया, वहाँ भारत में वह प्रायः सभी महत्त्वपूर्ण निर्णयों का भाग्य विधाता रहा। 24 मार्च, 1947 के भारत आगमन से आगामी 15 मासों तक अर्थात् 20 जून, 1948 तक जब तक वह भारत में रहा, भारत के सभी महत्त्वपूर्ण निर्णय उसके द्वारा ही हुए।

स्वतंत्रता से पूर्व भी पं. नेहरू के संपर्क तथा सहयोग से माउंटबेटन अपने निर्णय भारतीय जनता पर थोपता रहा।[15] उदाहरण के लिए भारत की स्वतंत्रता तिथि 15 अगस्त को भारत के अनेक विद्वानों सहित देश के प्रसिद्ध ज्योतिषियों द्वारा इसे अशुभ बताए जाने के बाद भी उसे भारतीयों पर लादा गया। इससे पूर्व 11 जुलाई, 1947 को पुनर्गठित नवीन अंतरिम सरकार बनने पर नवीन मंत्रिमंडल बनाने की घोषणा हो गई थी, परंतु यह मुद्दा 13 अगस्त तक माउंटबेटन की स्वीकृति न मिलने से तय नहीं हुआ। मंत्रिमंडल के गठन में माउंटबेटन ने अत्याधिक रुचि ली थी। प. नेहरू ने जब मंत्रिमंडल की पहली सूची माउंटबेटन के सम्मुख रखी, तब खुलकर उसने अपनी प्रतिक्रिया तथा नाराजगी प्रकट की।

1 अगस्त, 1947 को माउंटबेटन ने अपनी रिपोर्ट में लिखा, मैंने उनसे (पं. नेहरू) कहा था, "जब तक वह भारी-भरकम व्यक्तियों जैसे राजगोपालाचारी व मौलाना आजाद से मुक्त नहीं होता, वे अपने को बड़े झंझट में महसूस करेंगे। मंत्रिमंडल में भाभा तथा मथाई दोनों रखे जाने चाहिए, जो बहुत ही योग्य तथा निडर हैं। मुझे बलदेव सिंह, सुरक्षा सदस्य के रूप में असंतोषजनक लगते हैं। यद्यपि मैं मानता हूँ कि मंत्रिमंडल में शामिल किए जाने के लिए वही एक सिख हैं। राजेंद्रप्रसाद एक पुराने सीधे व्यक्ति हैं··· ऐसे मंत्रिमंडल के साथ कांग्रेस कुछ आगामी वर्षों तक सत्ता शक्ति सँभाले रह सकती है।"

पं. नेहरू ने सिद्धांत रूप से माउंटबेटन की राय को पूर्ण स्वीकृति दी। इसी भाँति विभिन्न प्रांतों में राज्यपालों की नियुक्तियाँ, राजदूतों की नियुक्तियाँ तथा माउंटबेटन अपने स्टाफ को भी कम करने के प्रश्नों पर पं. नेहरू ने अपने पत्रों में माउंटबेटन के सुझावों का समर्थन किया।

तत्कालीन पत्रों से यह भी ज्ञात होता है कि माउंटबेटन ने सर बर्टिस्टेन को महाअंकेक्षक (ऑडिटर जनरल) बनाए रखने को कहा, जिसे पं. नेहरू ने तत्काल स्वीकार कर लिया। तत्कालीन रक्षा सचिव डंडास ने आगामी रक्षा नीति में अड़चने डालने की कोशिश की। ब्रिटिश कमांडर-इन-चीफ सर क्लोड ओचीनलीक के स्थान पर पं. नेहरू किसी अंग्रेज को ही चाहते थे, परंतु मुख्य सेना अधिकारियों की बैठक में उन्हें यह विचार स्थगित कर, जनरल करिअप्पा को महासेनापति बनाना पड़ा, परंतु

ब्रिटिश सेनापति भी आगामी योजनाओं में अड़चनें डालता रहा।

इसी भाँति माउंटबेटन ने राष्ट्रध्वज के बारे में अपने विचार थोपने का प्रयत्न किया। उसने 24 जून को इसके बारे में पं. नेहरू से वार्ता की। नेहरू इस पर चुप रहे, परंतु इस संदर्भ में उन्होंने कांग्रेस के अन्य नेताओं से चर्चा की। माउंटबेटन ने इस बारे में जिन्ना से भी बात की। जिन्ना ने इस संदर्भ में माउंटबेटन के सुझाव को तुरंत अस्वीकार करते हुए प्रतिरोध किया। लार्ड माउंटबेटन के शब्दों में, ''जहाँ नेहरू ने कहा था, कांग्रेस के उग्रवादी इसे न मानेंगे।'' वहाँ जिन्ना ने कहा, ''यह मुसलमानों की भावनाओं को बेहद नापसंद होगा कि दूज के चाँद के झंडे (पाकिस्तान के झंडे) के साथ ईसाई क्रास के झंडे को स्वीकार करें।'' बात साफ थी माउंटबेटन भारत तथा पाकिस्तान में यूनियन जैक का चिह्न चाहता था। पाकिस्तान इस बारे में स्पष्ट था तथा भारत भटका हुआ था।

इतना ही नहीं 30 जुलाई, 1947 को लंदन से वी.के. मेनन ने पं. नेहरू से पूछा, ''विदेशों के लिए भारत के राष्ट्रीय ध्वज के बारे में क्या तय किया गया है।'' तब 3 अगस्त को पं. नेहरू ने संदेश भेजा, ''मेरा सुझाव है कि आप 15 अगस्त को यूनियन जैक भी फहरा सकते हैं। बाद में राष्ट्रीय ध्वजा फहरा सकते हैं।'' इस संदर्भ में पुनः पं. नेहरू ने भारत के गवर्नर जनरल माउंटबेटन से सलाह की तथा माउंटबेटन ने एक तालिका प्रदान की, कब-कब यूनियन जैक फहराया जाना चाहिए। ये दिन थे पहली जनवरी (सैनिक दिवस) पहली अप्रैल (वायु सेना दिवस) 24 मई (राष्ट्रकुल दिवस) 12 जून (सम्राट का जन्म दिन) 14 जून (संयुक्त राष्ट्र ध्वज दिवस) 4 अगस्त (साम्राज्ञी का जन्म दिवस) 7 नवंबर (नौसेना दिवस) 11 नवंबर (दोनों विश्व युद्धों का स्मृति दिवस) 25 अप्रैल (औजेक दिवस) तथा 15 अगस्त (भारत का स्वतंत्रता दिवस)।

6 अगस्त के पत्र में पं. नेहरू ने उपरोक्त तालिका स्वीकार की, सिवाय इसके कि इस बार (1947) भारत को यूनियन जैक इस तालिका से बाहर रखा जाए। 9 अगस्त को माउंटबेटन ने पं. नेहरू की यह प्रार्थना स्वीकार कर ली। यह उल्लेखनीय है कि तत्कालीन समाचार पत्रों में राष्ट्रध्वज एक महत्त्वपूर्ण मुद्दा बना रहा। इतना ही नहीं; जून, 1953 में लंदन में जब रानी एलिजाबेथ का दूसरा राज्यारोहण मनाया गया, इसी अवसर पर नई दिल्ली के सचिवालय के भवन पर भी यूनियन जैक लहराया गया, जिस पर 9 सितंबर, 1953 को राज्यसभा में तीखी बहस तथा विवाद हुआ।

वस्तुतः स्वतंत्रता के पश्चात् ऐसे अनेक प्रसंग आए, जहाँ लगा कि भारत अभी आजाद नहीं हुआ है तथा जहाँ माउंटबेटन ने अपने विचारों को भारत पर लादने की कोशिश की। जब पं. नेहरू ने स्वतंत्रता दिवस पर आजाद हिंद फौज के गिरफ्तार सैनिकों को छोड़ने का अनुरोध किया तो माउंटबेटन ने नेहरू से ब्रिटिश फील्ड मार्शल

से बात करने को कहा तथा जिसने सैनिकों को मुक्त करने से साफ मना कर दिया। आखिर माउंटबेटन ने केवल 24 सैनिकों को इस आधार पर छोड़ा कि इस संदर्भ में कोई सूचना भारत सरकार द्वारा अखिल भारतीय रेडियो द्वारा प्रसारित नहीं की जाएगी।

यह ध्यान देने योग्य है कि माउंटबेटन भारत की स्वतंत्रता के पश्चात् भी व्यावहारिक रूप से भारत का असली, वास्तविक तथा शक्तिशाली गवर्नर जनरल बना हुआ था तथा पं. नेहरू तथा कांग्रेस अब भी संवैधानिक नियमों के अनुसार उसके आदेशों का अक्षरश्: पालन कर रही थी।

विस्थापितों के संदर्भ में प्रारंभ में माउंटबेटन ने पूर्ण उदासीनता दिखलाई। यह वह समय था, जब भारत तथा पाकिस्तान में भयंकर मारकाट हो रही थी। माउंटबेटन ने अहंकारयुक्त शैली में कहा, ''भारत में नेहरू तथा पटेल द्वारा समस्या हल न होने पर जब उन्होंने मुझसे अनुरोध किया, तब मैंने कैबिनेट की एक आपातकाल कमेटी का गठन कर तीव्रता से कारवाई की। इसके साथ ही माउंटबेटन ने लिखा कि 40 करोड़ की जनसंख्या में केवल दो लाख (आँकड़े गलत है) लोग मरे यानी 2000 में से एक अर्थात जनसंख्या का कुल 0.001 प्रतिशत, माउंटबेटन के अनुसार यह कोई खास बात न थी। अनेक विद्वानों ने माउंटबेटन को न केवल भारत विभाजन का प्रमुख दोषी माना है, बल्कि पंजाब में क्रूर तथा भयंकर नर संहार के लिए भी उत्तरदायी माना है। जब पंजाब में नर संहार हो रहा था, तब वह पहाड़ों पर छुट्टियाँ मना रहा था। वी.पी. मेनन के अनुरोध पर वह वापिस आया था। ब्रिटिश इतिहासकार एंड्रूस रोबर्ट्स ने उसे लाखों लोगों के नर संहार का दोषी बतलाया है।[16] पी.जे.ओ. टेलर इतिहासकार ने तर्क देते हुए बतलाया कि सांप्रदायिक नर संहार रोका जा सकता था। मौलाना अबुल कलाम आजाद ने माउंटबेटन की महत्त्वाकांक्षाओं को बतलाते हुए लिखा, ''वह तो भारतीय इतिहास में भारत की समस्याओं के निवारक के रूप में प्रसिद्ध होने को अति उत्सुक था।'' संभवत: भारत विभाजन तथा पंजाब के नर संहार के पीछे उसे भारत भेजते समय, असीमित अधिकारों से लैस होकर आना, शाही परिवार से संबंध, द्वितीय महायुद्ध के विजेताओं में एक होने के साथ, उसका उद्दंड, अहंकारी तथा विवेकहीन स्वभाव बन गया था।

भारत के गवर्नर-जनरल के रूप में लार्ड माउंटबेटन की भारत के प्रति नीति विभेदकारी तथा विनाशकारी रही तथा भारतीय राजनीतिज्ञ उसके आदेशों का अक्षरश: पालन करते रहे, विशेषकर पाकिस्तान के कश्मीर पर युद्ध तथा उसके निराकरण में भारत विरोधी नीति रही, जिसके फलस्वरूप भारत के प्रधानमंत्री पं. नेहरू ने उसके आदेशात्मक सुझावों को मानकर भारी भूल की।[17]

अन्य भारतीय रियासतों के संदर्भ में उसका हस्तक्षेप भी अनुचित था। उसका काल्पनिक तथा अतथ्यपूर्ण विचार था कि भारत की निन्यानवें प्रतिशत जनता अंग्रेज

राज को पसंद करती है। उसने इस बात पर जोर दिया कि भारत कॉमनवेल्थ का सदस्य बना रहे।

भारत के पूर्व विदेश मंत्री नटवर सिंह ने 1974 में जब माउंटबेटन से पूछा कि क्या उन्हें भारत विभाजन का दु:ख है, इसके उत्तर में उसके लिए कोई अवसाद नहीं व्यक्त किया, परंतु उसकी यह परेशानी अवश्य थी कि उसके चित्र को राष्ट्रपति भवन के निचले तल में डाल दिया गया है।[18]

यह विचारणीय है कि माउंटबेटन ने मोहम्मद अली जिन्ना जैसे अड़ियल राजनेता द्वारा आलोचना करने पर भी पाकिस्तान का हित किया तथा दूसरी ओर पं. नेहरू द्वारा उसका गुणगान करते हुए भारत का अहित किया। विचारणीय है कि ऐतिहासिक तथ्यों के आधार पर, कुछ भारतीय राजनीतिज्ञों द्वारा उसे 'भारत का सच्चा मित्र', हितैषी, ईमानदार कहना आदि कहाँ तक उचित है?

काश! पाकिस्तान की भाँति भारत भी ब्रिटिश गवर्नर-जनरल को न स्वीकारता, निश्चय ही भारत का भावी नक्शा भिन्न होता।

भटका राजनैतिक नेतृत्व

कांग्रेस भारत के विभाजन के समय देश की सबसे बड़ी राजनैतिक पार्टी थी। उसका यह छद्म दावा था कि उसे भारत की 70 प्रतिशत जनता का समर्थन प्राप्त है। राष्ट्र तथा कांग्रेस के सर्वोच्च नेता महात्मा गांधी भारत विभाजन के कट्टर विरोधी थे तथा उन्होंने मौलाना अबुल कलाम आजाद से एक बार यह भी कहा था कि पाकिस्तान का निर्माण या भारत का विभाजन उनकी लाश पर होगा। विभाजन से पूर्व 4 मई, 1947 को उनकी माउंटबेटन से मुलाकात हुई गांधीजी ने किसी भी प्रकार के विभाजन का विरोध किया था। माउंटबेटन ने इस भेट को 'अत्यंत गुप्त' रखा। 27 मई को कांग्रेस कार्यसमिति ने विभाजन के पक्ष में मत दिया, पर गांधीजी तैयार न थे। गांधीजी ने तब कहा था "विभाजन के विचार से ही देश भयभीत है।[19] 3 जून को विभाजन की योजना को रखने के बाद सायंकाल प्रार्थना सभा में जाने से पहले लार्ड माउंटबेटन गांधी से भी मिला था तथा इसे अपनी मजबूरी[20] बताया था। 5 जून को गांधीजी से यह भी कहा था कि लोगों को यह नहीं भूलना चाहिए कि इस अवस्था में कांग्रेस की मजबूरी थी।[21] अगले दिन 6 जून को जब प्रार्थना के पश्चात् गांधी से पूछा गया कि आप विभाजन रोकने के लिए उपवास करेंगे? गांधीजी ने उत्तर दिया, "यदि कोई पागलपन का कार्य करे तो क्या मतलब है कि मुझे मर जाना चाहिए।"[22] जून, 1947 में कांग्रेस की कार्यसमिति ने गांधी के मत को ठुकरा दिया। गांधीजी को लगा कि अब नेहरू व पटेल भी उनका साथ छोड़ गए हैं। गांधीजी ने कांग्रेस के निर्णय को गलत बताया तथा भारत के भविष्य को

अंधकारमय कहा तथा प्रार्थना की, "मेरे जीवित रहते मुझे उसका साक्षी न बनाएँ।"[23] यह भी उल्लेखनीय है कि 14-15 जून को जब अखिल भारतीय कांग्रेस की बैठक हुई तो देश भर के 400 सदस्यों में से कुल 218 सदस्य आए। लंबी तथा तीखी बहस के पश्चात् कुल 151 सदस्यों ने विभाजन के पक्ष में मतदान किया,[24] परंतु महात्मा गांधी के बारे में यह भी सही है कि 1942 के 'करो या मरो' आंदोलन के बाद गांधीजी की कांग्रेस में स्थिति प्रभावहीन हो गई थी। उन्होंने स्वयं 'हरिजन' में यह बार-बार दोहराया था मेरी अब कोई सुनता नहीं है अथवा मैं तो खाली कारतूस ही हो गया हूँ।"

1944 से कांग्रेस पं. नेहरू का वर्चस्व स्थापित हो गया था। भारत विभाजन के समय पं. नेहरू कांग्रेस के सर्वोच्च नेता बन गए थे। लार्ड माउंटबेटन ने पं. नेहरू को अत्यंत महत्त्वपूर्ण व्यक्ति, 'भारत का भावी प्रधानमंत्री' 1946 में ही, भारत आने से पूर्व ही कहना प्रारंभ कर दिया था। यह आश्चर्यजनक है कि 1946 में आजाद हिंद फौज के शहीदों के स्मारक पर कांग्रेस की ओर से पं. नेहरू को रंगून भेजा गया था, जो जीवनभर नेताजी सुभाष चंद्र बोस तथा उनकी आजाद हिंद फौज का कटु विरोध करते रहे थे। वहाँ भी उन्होंने माउंटबेटन के कहने पर भी, शहीदों के स्मारक पर फूल नहीं चढ़ाए। भारत में लार्ड माउंटबेटन के आने पर अपनी विभाजन योजना में उसने सर्वप्रथम प्रयास पं. नेहरू से किया। यह उल्लेखनीय है कि पं. नेहरू तथा कांग्रेस ने भारत का विभाजन, मोहम्मद अली जिन्ना से पूर्व ही स्वीकार कर लिया था। पं. नेहरू ने स्वयं ही स्वीकार किया है कि वे संघर्ष करते-करते थक गए थे। उन्होंने बाद में इसे परिस्थितियों की मजबूरी बतलाया।[25] उन्होंने इसे इतिहास का निर्णय भी बताया था। उनका यह भी अनुमान था कि भारत विभाजन से देश खून-खराबे तथा गृह युद्ध से बच जाएगा। उनकी यह भी सोच थी कि विभाजन के पश्चात् आगामी कई वर्षों तक भारत की उन्नति रुक जाती।[26] उन्होंने यह कहकर भी आत्मसंतोष व्यक्त किया कि कभी-कभी पर्वत शिखरों तक पहुँचने के लिए घाटियों की छाया में चलना पड़ता है। एक बार उन्होंने जनरल करिअप्पा को एक पत्र में लिखा, "आज बँटे है कल मिलने के लिए।" पं. नेहरू के उपरोक्त सभी कथन उनकी भटकी मानसिकता तथा भारत विभाजन में उनकी महत्त्वपूर्ण भूमिका को स्पष्ट करते हैं। उनके कथन भारत की भावी परिस्थितियों तथा संभावनाओं में सही साबित न हुए।

सरदार पटेल भी अंतरिम सरकार के शासन काल से बड़े क्षुब्ध थे। उन्हें लगता था कि सांप्रदायिक दंगों को रोकने में अंतरिम सरकार बुरी तरह से असफल रही है, साथ ही उन्हें यह भी लगता था कि वे मुसलिम लीग के साथ काम न कर सकेंगे। सरदार पटेल ने कहा था, "शरीर का एक भाग खराब हो जाए, तो उसे शीघ्र ही काट देना चाहिए ताकि शरीर में जहर न फैले। मैं मुसलिम लीग से छुटकारा पाने के लिए भारत का कुछ भाग देने को तैयार हूँ। उन्हें आशा थी, "बँटवारे के बाद हम कम-से-कम 75 या 80 प्रतिशत तो शक्तिशाली बना सकते हैं। शेष को मुसलिम लीग बना सकती है।[27]

स्वतंत्रता के पश्चात् 3 नवंबर, 1949 को अपने एक भाषण में पुन: कहा था, ''मैं देश के बँटवारे के लिए उस समय माना, जब इसके अतिरिक्त और कोई चारा न था। हम उस समय ऐसी अवस्था में पहुँच गए थे कि यदि देश का बँटवारा न मानते तो सबकुछ हमारे हाथ से चला जाता।''[28]

डॉ. राजेंद्र प्रसाद पहले से ही विभाजन के विरोधी थे। उन्होंने अपनी पुस्तक में पहली ही भारत विभाजन के संभावित दुष्परिणामों की विषम परिस्थितियों का अनुमान कर लिया था।

मौलाना अबुल कलाम आजाद स्पष्ट रूप से भारत विभाजन के पक्ष में न थे, परंतु उन्होंने अपनी पुस्तक में[29] गांधी तथा नेहरू को विभाजन का मुख्य दोषी बताया है। यह नहीं भूलना चाहिए कि मौलाना अबुल कलाम आजाद 1940-1946 तक कांग्रेस के अध्यक्ष रहे थे तथा गांधीजी से कुपित रहते थे। गांधी, नेहरू के साथ मौलाना आजाद ने[30] पटेल को दंगई, पुरुषोत्तम दास टंडन को चुगलखोर, सैयद महमूद को कायर, अब्दुल गफ्फार खाँ को मक्खीचूस तथा डॉ. राजेंद्र प्रसाद व आचार्य कृपलानी को गांधीजी की भाषा बोलनेवाला लिखा है।

देश के अन्य नेताओं की मिलीजुली प्रतिक्रियाएँ थी। गोविंद बल्लभ पंत का कहना था, ''आज हमें पाकिस्तान या आत्महत्या में से एक चुनना पड़ेगा।'' इसके विपरीत खान अब्दुल गफ्फार का कहना था कि विभाजन स्वीकार कर कांग्रेस ने उन्हें 'बुद्धू' बनाया है।

इसमें कोई संदेह नहीं है कि देश के नेतृत्व की भटकाव तथा किं कर्त्तव्य की स्थिति स्पष्ट न थी। भारत का नेतृत्व थकावट महसूस कर रहा था। राम मनोहर लोहिया ने इसे 'सड़ा हुआ नेतृत्व' कहा है।[31] एन.वी. गाडगिल ने लिखा कि स्वयं पं. नेहरू थका हुआ, मान रहे थे। बूढ़े हो गए थे पर सत्ता की भूख बढ़ गई थी।

अनेक विद्वानों का मत है कि पूर्ण स्वतंत्रता प्राप्ति के लिए यह विभाजन टाला जा सकता था, यद्यपि यह सही है कि भारत में कांग्रेस ने कभी पूरी स्वतंत्रता की माँग ही नहीं की थी,[32] परंतु वे कम-से-कम एक पीढ़ी की भी प्रतीक्षा करते तो परिणाम भिन्न होते। इस समय नेहरूजी थक गए थे, गांधीजी 78 वर्ष के थे, लियाकत अली खाँ प्राय: बीमार रहते थे, जिन्ना दमे के मरीज थे। मौलाना संगठन तथा प्रशासन में शून्य थे। बूढ़ी पीढ़ी नई युवा पीढ़ी को नेतृत्व सौंपने को तैयार न थी। अनेक विद्वानों का यह मत भी है यदि भारत देश की स्वतंत्रता के लिए अगले 6 महीने की प्रतीक्षा करता तो भारत का मानचित्र भिन्न होता।

विभाजन समर्थक भटके कांग्रेसी राजनीतिज्ञों के सभी अनुमान गलत साबित हुए। भीषण रक्तपात, अपार संपत्ति की हानि, महिलाओं का अपहरण तथा भयंकर सांप्रदायिक

दंगे हुए। आंशिक स्वतंत्रता के पश्चात् भी हिंदू-मुसलमान एकता स्थापित न हुई।[33] अनेक पुराने कांग्रेसी नेता कांग्रेस छोड़ गए।[34]

इसका भयंकरतम परिणाम यह हुआ कि कांग्रेस में बिल्कुल नए लोग आए, जिन्होंने भटकाव की राजनीति को ही अपना पेशा बना लिया। अगले 67 वर्षों में भारत के विभिन्न क्षेत्रों में भटकाव की राजनीति का पर्दापण ही नहीं हुआ, बल्कि राजनीति का तीव्रता से अपराधीकरण हुआ। राजनीति सेवा के स्थान पर पेशा बन गई, जिसका पुस्तक के अन्य अध्यायों में संक्षिप्त विवेचन किया गया है।

संदर्भ–

1. डॉ. ताराचंद, फ्रीडम मूवमेंट इन इंडिया, भाग-4, पृ. 617
2. होरेक अल्कजैंडर, न्यू सिटीजन ऑफ इंडिया (लंदन, तिथि नहीं) पृ. 4
3. चार्ल्स बी. एड डैई, ग्रीस एंड ग्रीक रिफोयजीज (लंदन, 1931)
4. भारत सरकार, मिलियंस ऑन मूव (दिल्ली, तिथि नहीं) पृ. 10, भारत सरकार ने यह संख्या 80 लाख बताई है।
5. इयान स्टीफेन, पाकिस्तान (लंदन, 1963) पृ. 80, जे नंदा, द पंजाब अपरूटेड, (मुंबई 1948) पृ. 27
6. माकेल ब्रीचर, नेहरू : ऐ पालिटिकल बायोग्रेफी (लंदन 1959) पृ. 318-319
7. जी.डी. खोसला, स्टर्न रेक्निग : ए सर्वे ऑफ इवेन्टस् लीडिंग अपटू एंड फोलोइंग द पार्टिशन ऑफ इंडिया (लंद्दन, रिप्रींट दिल्ली) पृ. 288-89
8. मिनस्ट्री ऑफ एक्सटर्नल अफेयर्स, गवर्नमेंमेंट ऑफ इंडिया, रिकवरी एंड रेस्टोरेशन ऑफ अब्डेक्टेड पर्सन्स इन इंडिया, पृ. 6; ऋतु मेनन व कमला भसीन, रिकवरी, रेपचर रेसीस्टेंट : इंडियन स्टेट एंड अब्डेक्सन ऑफ विमेन ड्यूरिंग पार्टिशन, (इकोनोमिक एंड पोलिटिक्ल वीकली, भाग XXVIII नं. 17 अप्रैल 24, 1993; सत्य एम. राय 'पार्टिशन एंड वीमेन' पत्र पठित पंजाब हिस्ट्री कांफ्रस, 12 मार्च, 1996 पटियाला)
9. प्रो. दरबारा सिंह, द पंजाब ट्रेजडी (अमृतसर, 1949) पृ. 273-274, 284
10. वही, पृ. 9
11. सैन्सस ऑफ 1951 (शिमला, 1952) भाग-8, भाग-1, ए डिस्टिक हैंड बुक्स ऑफ वेरियस डिस्टिक्स
12. विस्तार के लिए सतीशचंद्र मित्तल पंजाबी विस्थापितों का हरियाणा में आगमन, हरियाणा इन्साक्लोपीडिया, इतिहास खंड, भाग-2, दिल्ली 2010, पृ. 493-506, एम.एस. रंधावा, आउट ऑफ द ऐसेज, एन अकाउंट ऑफ रिहब्लीटेशन ऑफ रिफ्यूजीज फ्रॉम वेस्ट पाकिस्तान इन रूरल ऐरियाज ऑफ ईस्ट पंजाब (जालंधर 1954)
13. डॉ. राजेंद्र प्रसाद, द इंडिया डिवाइडेड 1946
14. सतीश चंद्र मित्तल, जिन्ना की जिद, पाञ्चजन्य, 18 जुलाई, 2010
15. सतीश चंद्र मित्तल, प्रथम स्वतंत्रता दिवस के पूर्व का निर्णायक पखवाड़ा, पाञ्चजन्य, 31 अगस्त, 1947

16. एंड्रूस, रोबर्ट्स, अर्ली चर्चिलियन्स, (1994)
17. देखें अध्याय-चार
18. द हिंदुस्तान टाइम्स, 15 अगस्त, 1997
19. द कलेकटेड वर्क्स ऑफ मोहनदास करमचंद गांधी, भाग-1 LXXXviii, पृ. 50-51
20. डॉ. राघवेंद्र तंवर, रिर्पोटिंग्स, द पार्टिशन ऑफ पंजाब, प्रैस, पब्लिक एंड अदर ओपिनियन्स (नई दिल्ली, 2006) पृ. 103, द ट्रिब्यून, 7 अगस्त, 1947
21. द ट्रिब्यून 5 जून, 1947
22. वही, 7 जून, 1947
23. द कलेकटेड वर्क्स ऑफ मोहनदास करमचंद गांधी, भाग-1 LXXXviii, पृ. 50-51
24. दुर्गादास, इंडिया : फ्राम कर्जन टू नेहरू एंड आफ्टर, पृ. 254, एडसन : द ग्रेट डिवाइडेड, पृ. 214
25. माइकेल ब्रीचर नेहरू : ए पॉलिटिकल बायोग्राफी, पृ. 337
26. वही, पृ. 337
27. वी.पी. मेनन, द ट्रांसफर ऑफ पावर, इन इंडिया, (नई दिल्ली, सन् 1957) पृ. 385
28. प्यारेलाल, महात्मा, भाग-दो, पृ. 154
29. मौलाना अबुल कलाम आजाद, इंडिया विंस प्रीडम (नई दिल्ली, 1956)
30. वही
31. राममनोहर लोहिया, द गिल्टी मैन ऑफ इंडियाज पार्टीशन
32. सतीश चंद्र मित्तल, पूर्ण स्वतंत्रता की कभी कांग्रेस की माँग नहीं रही, पाञ्चजन्य, 2010, यद्यपि भारतीय इतिहास में पं. नेहरू के नेतृत्व में कांग्रेस का लक्ष्य 'पूर्ण स्वराज' कहा गया। वस्तुतः यह उपहासजनक है कि तुरंत बाद में पूर्ण साम्राज्य का अर्थ स्वतंत्रता था डोमिनियन स्टेट के समान ही बतलाया। यह एक छलना मात्र था। देखें यंग इंडिया 9 जनवरी, 1930, सतीश चंद्र मित्तल, भारत का स्वाधीनता संग्राम, पृ. 283-84
33. इरफान अहमद, 'फ्रीडम फ्राम बिग आर्ट,' द टाइम्स ऑफ इंडिया, 21 फरवरी, 2006
34. द टाइम्स ऑफ इंडिया, 23 फरवरी, 2008

□

2

संस्कृति और संविधान

भारतीय संविधान : एक समीक्षा

किसी भी देश की संस्कृति उस राष्ट्र की शक्ति होती है। राष्ट्रीय जीवन की मूल ऊर्जा होती है। संस्कृति का त्याग आत्महत्या है, अक्षम्य भूल और अपराध है। संस्कृति न हो तो राष्ट्र विकृत हो जाता है। संविधान उसकी जनभावना की अभिव्यक्ति है। दृढ संकल्प का परिचायक है। संविधान उसकी निष्ठा है। संविधान संस्कृति एवं राष्ट्र के चिंतन, परंपराओं, दिशाओं तथा भविष्य की दिशा निर्धारण का मुख्य तत्त्व है। संविधान की जड़ें उसके साहित्य, दर्शन, अध्यात्म, संस्कृति तथा उसके इतिहास में होती हैं। यह राष्ट्र की सांस्कृतिक-सामाजिक विरासत, स्वस्थ परंपराओं, रीति-रिवाजों, संस्कारों तथा भावी दिशा तथा व्यवस्था का मार्गदर्शक, भावी चिंतन तथा नीति का बोधक होता है, संविधान की पहचान, वैशिष्ट्य तथा नीति का द्योतक होता है।

यह नहीं भूलना चाहिए कि संविधान किसी भी समाज तथा तत्कालीन परिस्थितियों का साधन होता है, साध्य नहीं। संविधान की रचना राष्ट्र को उसके निर्धारित लक्ष्यों तक ले जानेवाले मार्ग की होती है। वह न केवल जन समाज के लौकिक, बल्कि पारलौकिक पथ में भी सहायक होता है। देश-विदेश के अनेक अनुभव हैं कि जब-जब संविधान राष्ट्र की उन्नति तथा प्रगति में बाधक हुआ तो उसमें आवश्यक संशोधन परिवर्तन किए गए तथा आवश्यक होने पर राष्ट्र को नवीन संविधान दिए गए हैं। एक विद्वान् का कथन है, ''भटकाव की जड़ें संविधान भी होता है।''[1]

किसी भी राष्ट्र के संविधान का वैशिष्ट्य इसमें है कि उक्त देश का प्रत्येक नागरिक—स्त्री-पुरुष, युवा, वृद्ध उससे परिचित हो। महात्मा गांधी के अनुसार प्रत्येक मनुष्य अपनी भागीदारी का अनुभव करता है। संविधान उस देश की आत्मा, प्रकृति, रुचि, स्वभाव और आवश्यकता के अनुसार नीतियों का दस्तावेज हो।[2]

भारतीय संविधान की रचना

1857 के महासमर के पश्चात् ब्रिटिश साम्राज्यवादी शासन ने अपनी ही बनाई हुई ईस्ट इंडिया कंपनी को विनष्टकर सीधे अपने शासन की स्थापना की थी तथा बाँटो और राज्य करो की धूर्तपूर्ण नीति के आधार पर क्रमश: 1858, 1861, 1892, 1909, 1919 तथा 1935 के अधिनियम बनाए थे। इन सभी अधिनियमों से जहाँ ब्रिटिश सरकार भारत में अंतिम क्षण तक अपना राज्य बनाए रखना चाहती थी, वहाँ शनै:-शनै: भारत के राजनैतिक आंदोलनों को शांत रखना चाहती थी। यह कहना अनुचित न होगा कि यद्यपि कांग्रेस बार-बार ब्रिटिश शासकों के आश्वासनों के भ्रमजाल में फँसती रही, परंतु 1936 से कांग्रेस के प्रत्येक अधिवेशन में वयस्क मताधिकार द्वारा निर्वाचित संविधान सभा की मांग होने लगी थी। संविधान बनाने का चिंतन 1940 से प्रारंभ हो गया था। 11 मार्च, 1942 को तत्कालीन ब्रिटिश प्रधानमंत्री सर विन्स्टन चर्चिल ने एक वक्तत्व में अल्पसंख्यकों की सुरक्षा तथा भारतीय रियासतों के साथ समझौते की बात की थी। 19 सितंबर, 1945 को लंदन से वापिस लौटकर भारत के तत्कालीन वायसराय लार्ड वेवेल ने घोषणा की, कि वह ब्रिटिश सरकार के आदेशानुसार भारत में संविधान सभा के निर्माण की योजना बना रहा है। योजना को लागू करने के लिए 24 जुलाई, 1946 को उसने एक आई.सी.एस. अधिकारी बी.एन. राव (बेनेगल नरसिंह राव) को भावी संविधान का परामर्शदाता नियुक्त किया था। राव, ब्रिटेन, आयरलैंड, अमेरिका तथा कनाडा के संविधानों का अध्ययन करने वहाँ गया तथा एक महीने बाद लौटा। सही बात यह है कि उसने भारतीय संविधान का प्रारूप पहले से ही तैयार कर लिया था तथा उसकी नियुक्ति बाद में की गई थी। औपचारिक रूप से भारतीय संविधान सभा की स्थापना ब्रिटिश केबिनेट मिशन योजना के अंतर्गत 16 मई, 1946 को की गई।[3] संविधान सभा के गठन पर 27 जुलाई, 1946 को मोहम्मद अली जिन्ना ने प्रतिक्रिया व्यक्त करते हुए मुसलिम लीग की बैठक में कहा कि यह संविधान सभा प्रभुत्ता संपन्न नहीं है। इसका गठन वायसराय के आदेश पर नहीं, बल्कि ब्रिटिश सरकार द्वारा होता है।[4]

संविधान सभा की स्थापना के लिए कोई नए चुनाव न किए गए, बल्कि पूर्व में हुए चुनाव के आधार पर, जो केवल तेरह प्रतिशत मतदाताओं का प्रतिनिधित्व करते थे, उसी आधार पर इसके सदस्य बना दिए गए। पं. जवाहरलाल नेहरू भी नए चुनाव के पक्ष में न थे। सामान्यत: इसमें दुकानदारों, व्यापारियों, किसानों, मजदूरों का कोई प्रतिनिधित्व न था। यह संविधान करदाताओं, शिक्षित वर्ग तथा संपति धारकों द्वारा बनाया गया था। ध्यान देने योग्य है कि इसमें वे भी लोग थे, जिनकी सहानुभूति पहले मुसलिम लीग के साथ थी, जो द्विराष्ट्रवाद के सिद्धांत के हिमायती थे। कांग्रेस के कड़े प्रतिरोध के पश्चात् डॉ. बी.आर. अंबेडकर संविधान सभा के लिए चुने गए थे।[5] इसमें प्रारंभ में कुल 296

सदस्य थे, जिसमें 160 हिंदू, 80 मुसलमान, 33 शेड्यूल जाति, 7 भारतीय ईसाई, 5 सिख, 5 पिछड़ी जाति, 3 एंग्लो-इंडियन तथा 3 पारसी थे।[6] एसेंबली (संविधान सभा) का प्रारंभ 9 दिसंबर, 1946 को हुआ। पहले दिन की कार्यवाही में अस्थायी चैयरमैन के नेतृत्व में कार्यवाही हुई। चुने हुए सदस्यों के हस्ताक्षर कराए गए तथा अमेरिका, चीन व ऑस्ट्रेलिया से आए शुभ संदेश पढ़े गए।[7] 11 दिसंबर को डॉ. राजेंद्र प्रसाद स्थायी अध्यक्ष चुने गए। 13 दिसंबर, 1946 को मोहम्मद अली जिन्ना की भाँति पं. नेहरू ने स्वयं कहा कि यह संविधान वैसा नहीं है, जैसा कि हममें से अधिकांश लोग चाहते थे। इसका जन्म विशेष परिस्थितियों में हुआ है। इसके जन्म में ब्रिटिश सरकार का हाथ है, परंतु ताज्जुब है कि इसके बाद वे कभी ऐसा न बोले।[8] उसी दिन संविधान सभा के निर्माण का पं. नेहरू ने 'उद्देश्य संकल्प' रखा। 17 दिसंबर को जब सबसे पहले डॉ. बी.आर. अंबेडकर को बोलने को कहा गया तो उन्हें बड़ा आश्चर्य हुआ तथा उन्होंने नेहरू के उद्देश्य संकल्प के प्रस्ताव को 'अत्यधिक निराशाजनक'[9] बतलाया। संविधान सभा ने 22 जनवरी को उक्त प्रस्ताव को स्वीकृत कर लिया। इस संकल्प के अंतिम दो सूत्रों में कहा गया—

गणराज्य के राज्यक्षेत्र की अखंडता, भूमि, समुद्र और आकाश पर उसके प्रभुत्त्व संपन्न अधिकार बनाए जाएँगे। यह प्राचीन भूमि विश्व में अपना समुचित गौरवपूर्ण स्थान प्राप्त करेगी और विश्वशांति तथा मानव कल्याण के लिए अपना सहयोग करेगी।[10]

निश्चय ही संकल्प ऊँचे थे, यदि उनके लिए प्रमाणिक रूप से किए जाएँ।

इतिहास की विडंबना है कि संविधान सभा में यह प्रश्न पूछा गया कि क्या दो राष्ट्रवाद के सिद्धांत पर चुने हुए सदस्य इस कार्य में सहयोग करेंगे?[11] यह भी कहा गया कि क्या अल्पसंख्यक जो एक ध्वंस शक्ति है, यदि भ्रष्ट हुई तो इससे सारे देश का ढाँचा नष्ट हो जाएगा?[12] क्या भारत के अल्पसंख्यक अपना अस्तित्व बहुसंख्यक के हाथों में सौंपने को तैयार हैं?[13] इसके उत्तर में बतलाया गया कि अल्पसंख्यक एक ब्रिटिश की कृति है (The fiction of minority was a British creation)।[14]

संक्षेप में संविधान सभा के अधिवेशनों की कार्यवाहियाँ 9 दिसंबर, 1946 से 26 नवंबर, 1949 तक चलीं। इसमें 11 अधिवेशन तथा 165 बैठकें हुईं। इसका 12वाँ अधिवेशन 26 जनवरी, 1950 को औपचारिक रूप से संविधान लागू करने के लिए हुआ, इन सभी अधिवेशनों पर कुल धनराशि 63,96,729 रुपए व्यय हुई। बाद में यह समस्त कार्यवाही 6440 पृष्ठों में प्रकाशित हुई। इन अधिवेशनों में 7635 संशोधन प्रस्तुत किए गए, जिसमें से केवल 2473 संशोधनों पर वार्ता[15] हुई।

संविधान का मूल ड्राफ्ट श्री बेनेगल नरसिंह राव द्वारा तैयार किया गया। ड्राफ्ट कमेटी में जाते समय इसमें कुल 243 अनुच्छेद तथा 13 शैड्यूल्स थे। परंतु ड्राफ्ट कमेटी

ने जो मसौदा तैयार किया, उसमें 315 अनुच्छेद तथा 8 शैड्यूल्स थे। बाद में ये बढ़ाकर 386 अनुच्छेद कर दिए गए। अंतिम अवस्था में इसमें 395 अनुच्छेद तथा 8 शैड्यूल्स रखे गए। संविधान की प्रथम प्रति में 22 चित्र भी थे, जो बाद में हटा दिए गए।[16] इसके 11 अधिवेशनों में पहले 6 अधिवेशन संकल्प प्रस्ताव, विभिन्न कमेटियों की रपट तथा उन पर विचार करने में लगे। शेष 5 अधिवेशन ड्राफ्ट संविधान को अंतिम रूप से विचार करने में लगे।

ब्रिटिश तथा भारतीय राजनीतिज्ञों की दृष्टि में

संविधान निर्माण के दौरान ब्रिटिश शासकों की क्रूर दृष्टि सदैव इसकी कार्यवाही पर बनी रही। इंग्लैंड की सरकार तथा भारत में ब्रिटिश प्रशासक ऐसा कुछ भी नहीं चाहते थे, जो भारत की प्राचीन परंपरा, चिंतन तथा भावना के अनुकूल हो। उन्होंने संविधान की पहली बैठक से ही गतिरोध शुरू कर दिया। पहली बैठक में कुल उपस्थिति 210 थी तथा मुसलमानों की उपस्थिति केवल चार थी। इस पर इंग्लैंड के प्रधानमंत्री चर्चिल तथा विस्काउंट साइमन ने इंग्लैंड के हाउस ऑफ कामंस तथा हाउस ऑफ लाड्र्स में इसका कड़ा विरोध किया। चर्चिल ने संविधान सभा पर केवल बहुसंख्यकों (हिंदुओं) का होने का आरोप लगाया[17] तथा विस्काउंट साइमन ने संविधान सभा को केवल हिंदुओं की सभा कहा।[18] इस पर संविधान के अध्यक्ष डॉ. राजेंद्र प्रसाद ने इसका कड़ा प्रतिवाद किया।[19] उन्होंने संविधान सभा के निम्नलिखित आँकड़े प्रस्तुत किए।[20]

संविधान सभा में विभिन्न सदस्यों की उपस्थिति

	कुल	**उपस्थिति**	**अनुपस्थिति**
हिंदू	160	155	5
मुसलिम	80	4	76
शैड्यूल कास्ट	33	30	3
इंडियन क्रिश्चयन	7	5	2
सिख	5	5	
पिछड़े ट्राइब्स	5	5	
एंग्लो इंडियन	3	3	
पारसी	3	3	
कुल	**296**	**210**	**86**

पहले दिन मुसलमानों ने कार्यवाही में स्वयं भाग न लिया था। यहाँ यह कहना अनुचित न होगा कि भारत में ब्रिटिश प्रशासक व्यावहारिक रूप से बहुसंख्यक हिंदुओं का विरोधी तथा मुसलमानों का पक्षपाती था। पहले लार्ड वेवल तथा बाद में लार्ड माउंटबेटन को भारत के हिंदुओं से कोई लगाव न था। माउंटबेटन ने एक बार कहा था "तुम देखते हो, मैं मुसलिम लीग के लोगों को चाहता हूँ क्योंकि (हिंदुओं की अपेक्षा) वे भारतीय सेना में अधिक भरती है। किसी का समर्थक नहीं, परंतु वास्तव में मैं मुसलमानों को चाहता हूँ।" तत्कालीन भारतीय सेना का मुख्य सेनापति सर क्लोड ओचनीक भी अपने को पंजाबी समर्थक मुसलमान मानता था। माउंटबेटन का हिंदुओं के प्रति द्वेष स्पष्ट रूप से प्रकट होता है, जब वह हिंदुओं की बढ़ती हुई शक्ति से कुपित होता है।[21] लार्ड माउंटबेटन के चाटुकार प्रेस रिपोटर्स में से एक भी ऐसा न था, जो हिंदू हितों का समर्थक हो।

जहाँ तक तत्कालीन भारतीय नेताओं का प्रश्न है, कुल 13 प्रतिशत मतों से चुने हुए, बहुत कम सदस्य ऐसे थे, जो हिंदू हितों के रक्षक तथा चिंतक थे। स्वयं पं. नेहरू ने अपने को हिंदू के रूप में पैदा होने का 'संयोग' कहा था।[22] वे पाश्चात्य ढंग से चिपके तथा भारत में मिश्रित संस्कृति के पोषक थे। प्रारंभ में वे भारत का संविधान भी ब्रिटिश संविधान विशेषज्ञ सर आइवर जेनिंग्ज द्वारा बनवाना चाहते थे।[23] इसी भाँति उन्होंने भारत डोमिनियन के अध्यक्ष के रूप में लार्ड माउंटबेटन को सहर्ष स्वीकार किया था, जबकि मोहम्मद अली जिन्ना ने पहले दिन से ही उसे अस्वीकार किया था। पं. नेहरू भारत के मुख्य सेनापति के रूप में सर क्लोड ओचनीक को बनाए रखना चाहते थे। माउंटबेटन के कहने पर महा अंकेक्षक (ऑडीटर-जनरल) एक अंग्रेज को ही बना रहने दिया गया था। संविधान निर्माण के संदर्भ में पं. नेहरू तथा महात्मा गांधी में जरा भी ताल-मेल न था। गांधीजी ने देश के लिए एक अलग संविधान भी बनाया था, जो उनकी हत्या के पश्चात् 15 फरवरी, 1948 को हरीजन में प्रकाशित हुआ, जिसमें भारत में 'ग्राम स्वराज' को सर्वोच्च स्थान दिया गया था।[24]

पाश्चात्य संविधानों की नकल मात्र

यह कहना गलत न होगा कि भारतीय संविधान में ऐसा कुछ नहीं है, जो भारतीय संस्कृति तथा परंपरा के अनुकूल हो। उपरोक्त कथन देश-विदेश के अनेक चिंतकों के विचारों से स्पष्ट हो जाता है। भारत के सर्वोच्च न्यायालय के पूर्व न्यायधीश श्री बी.पी. सिंह ने नई दिल्ली में सितंबर, 1966 में एक विचार गोष्ठी में स्वीकार किया कि संविधान का अधिकत्तर भाग सरकार के 1935 के एक्ट पर आधारित है। 15 अगस्त, 1966 को अपने एक लेख में 1935 के एक्ट पर आधारित संविधान को एक दासत्व की

प्रति (slavish copy) बतलाया है।[25] एक प्रसिद्ध विद्वान् कस्तूर चंद्र लालवाणी ने इसकी उद्देश्यिका, मूल अधिकारों, नीति निर्देशक तत्त्वों आदि तमाम बड़े-बड़े शब्दों के पीछे 1935 के ऐक्ट की छाप माना है। उसके अनुसार पुराने ढाँचे को भारत के राजशिल्पियों ने एक नई पलस्टर सामग्री (अमेरिका, इंग्लैंड, आयरलैंड तथा ऑस्ट्रेलिया) से जोड़ कर बनाया है, परंतु वे इसे एक सतत समग्र सावयव देने में असफल रहे।[26]

संविधान सभा में भी भारतीय संविधान की कटु आलोचना की गई। इसके प्रमुख सदस्य श्री अनंत शयनम आयंगर ने इसे पश्चिम के कुछ पुराने संविधानों का 'पेचवर्क' बताया, यहाँ तक कि जिसमें वर्तमान के पश्चिम के संविधानों का भी अध्ययन न किया गया था। उन्होंने इसे 1935 के एक्ट की नकल (Replice) बताया। श्री के. हनुमंत थैया ने कहा कि हम चाहते थे कि वीणा या सितार का संगीत, पर यहाँ हमारे पास है इंग्लैंड के बैंड का संगीत।[27] श्री एच.वी. कामथ ने कहा,[28] "हमने अन्य देशों के संविधानों से बहुत कुछ लिया तथा प्रश्न किया, क्या हमने कोई अपने अतीत से भी कुछ लिया है? क्या भारत की राजनैतिक तथा आध्यात्मिक प्रतिभाओं से भी कुछ लिया है?" उन्होंने पुनः कहा, "श्रीमती विजयलक्ष्मी यू.एन.ओ. में बड़ी गर्म-जोशी से कहती हैं कि हमने पेरिस से स्वतंत्रता, समानता तथा भ्रातृत्व लिया है, पर यह नहीं बतलाया कि भारत से क्या लिया।[29] इस प्रकार की चर्चा कई सदस्यों ने की। डॉ. संपूर्णानंद ने एक भाषण में कहा कि भारतीय संविधान में कुछ भी भारतीय नहीं है। हिंदू महासभा ने एक प्रस्ताव में कहा,[30] "संविधान मात्र एक हास्यास्पद चित्र नहीं, पाश्चात्य संविधान का गड़बड़झाला है। यह प्राचीन भूमि की सुंदरतम संस्कृति तथा परंपराओं के बिल्कुल विपरीत है।" प्रसिद्ध विचारक दीनदयाल उपाध्याय ने एक लेख में कहा, "इस संविधान का पुरस्कार करें या विस्तार करें या बहिष्कार करें।"

अनेक विदेशी विचारकों तथा शोधकर्ताओं ने भी भारतीय संविधान के स्वरूप पर अपने विचार व्यक्त किए हैं। ब्रिटेन की एक सरकारी रिपोर्ट में कहा गया है,[31] "भारत के संविधान के सिद्धांतों का आधार ब्रिटिश मॉडल है, जो भारत के गणतंत्र में फेडरल प्रकृति के अनुरूप अपनाया गया है। कुछ विशेषताएँ यू.एस.ए., ऑस्ट्रेलिया, कनाडा व आयरिश रिपब्लिक से ली गई हैं।

एक अमेरिकन विद्वान्, जिन्होंने राक-फेलर फॉउंडेशन में अपने देश का प्रतिनिधित्व किया था, भारत के स्वतंत्रता संग्राम पर लिखे अपने एक शोध ग्रंथ में भारत के संविधान के बारे में लिखा,[32] "यह संविधान उपनिषदों, रामायण और महाभारत के देश में सोचा नहीं जा सकता था। यह उस भारतीयता को चित्रित नहीं करता" (This constitution was not a expected in a country of Upanishads, Ramayan and Mahabharat. This does not that Indianness)"

ब्रिटेन के प्रसिद्ध इतिहासकार माइकेल ब्रीचर ने इस संविधान की दो प्रमुख बातों की ओर ध्यान केंद्रित किया—प्रथम, इसमें 1935 के एक्ट के 235 अनुच्छेदों को ज्यों का त्यों या मामूली परिवर्तन के साथ अपना लिया तथा जिसमें सैद्धांतिक रूप से कोई परिवर्तन न किया गया। दूसरे, इसमें भारतीय चिंतन का पूर्णत: अभाव है।[33] उसने भारतीय संविधान को पूर्णत: पाश्चात्य माना तथा इसे यूरोप तथा अमेरिका से लिए विचारों तथा व्यवहारों का मिश्रण बतलाया। इसमें भी सर्वाधिक 1935 का एक्ट तथा ब्रिटेन की पार्लियामेंटरी व्यवस्था को बतलाया।[34]

संविधान के कुछ प्रमुख मुद्दे

यदि हम संविधान के कुछ विशिष्ट अनुच्छेदों पर विचार करें, जो जन समाज से जुड़े हैं तो कुछ बातें ध्यान देने योग्य हैं।

(i) संविधान की उद्देशियका

भारत का संविधान विश्व का सबसे बड़ा संविधान है,[35] जो लगभग 90,000 शब्दों में लिपिबद्ध है। सर्वप्रथम इसमें 'उद्देशियका' आती है। यद्यपि यह संविधान का भाग नहीं है, पर इससे इसके निर्माताओं की भावनाओं का पता चलता है। वस्तुत: जो आज हमारे उद्देशियका मानी जाती है, वह इसकी मूल रचना में तीन संशोधनों का परिणाम है। पहला संशोधन ब्रिटिश सरकार के दबाव के कारण करना पड़ा। पं. नेहरू ने 13 दिसंबर, 1946 को अपने संकल्प प्रस्ताव में इसे 'एक स्वतंत्र प्रभुसत्ता प्रजातंत्रात्मक गणराज्य' (An Independent Sovereign Democratic Republic) कहा था, परंतु ड्राफ्ट कमेटी को 'स्वतंत्र' शब्द हटाना पड़ा। यदि इसकी सूक्ष्म जाँच करे तो ज्ञात होता है कि 22 अप्रैल, 1949 को लंदन में ब्रिटिश कॉमनवेल्थ के प्रधानमंत्रियों का एक सम्मेलन हुआ था। इसमें पं. नेहरू ने भारत के प्रधानमंत्री के रूप में भाग लिया। इसमें एक संयुक्त घोषणा में भारत को एक प्रभुत्ता संपन्न प्रजातंत्र के रूप में मानने की स्वीकृति दी गई, साथ ही भारत को कॉमनवेल्थ का सदस्य बने रहने तथा ब्रिटिश क्राउन की प्रमुखता स्वीकार करने की बात भी कही गई। वस्तुत: प्रभुता संपन्न तथा ब्रिटिश क्राउन की प्रमुखता एक दूसरे के विपरीत अर्थ देनेवाली बातें थीं, परंतु भारत की संविधान सभा ने 17 मई, 1949 को इसकी पुष्टि की। अत: 'उद्देशियका' में से 'स्वतंत्र' शब्द हटा दिया गया। उद्देशियका के संदर्भ में संशोधन के लिए भारतीय संविधान सभा में सात प्रस्ताव आए, जो सभी अस्वीकृत कर दिए गए। संविधान की उद्देशियका पर विस्तृत चर्चा हुई।[36] मौलाना हसरत मौहानी प्रजातांत्रिक के स्थान पर 'फेडरल' या 'स्वतंत्र' शब्द लगाना चाहते थे।[37] श्री एच.वी. कामथ इसमें किसी भी रूप में 'ईश्वर'

शब्द लगाना चाहते थे।[38] ट्रावनकोर के थानु पिल्लई का कहना था कि इसमें विश्वास की स्वतंत्रता का मूल अधिकार प्रभावित होगा।[39] पंडित गोविंद वल्लभ पंत इसमें 'ईश्वर की कृपा' जोड़ना चाहते थे।[40] बिहार के श्री ब्रजेश प्रसाद इसमें गांधीजी का नाम उपयुक्त मानते थे, पर उनका कहना था यह तो 1935 का एक्ट दोहराया जा रहा है अतः गांधी का नाम इसमें न घसीटा जाए।[41] प्रो. शिब्बन लाल सक्सेना भी गांधीजी का नाम उद्देश्यिका में चाहते थे।[42] एस.पी. बनर्जी भी गांधीजी के नाम से सहमत थे।[43]

भारत के संविधान की उद्देश्यिका के साथ छेड़छाड़ 1977 में श्रीमती इंदिरा गांधी के आपातकाल में हुई, जब केवल दस मिनट में दो संशोधन कर संविधान की उद्देश्यिका में 'समाजवादी' तथा 'पंथ निरपेक्ष' शब्द जोड़े गए तथा इस प्रकार संविधान के संकल्प प्रस्ताव को ही मूलतः बदल दिया गया।

(ii) संविधान का नाम व समूह

1947 के भारत के स्वतंत्रता अधिनियम में कहा गया कि 15 अगस्त, 1947 को भारत में दो स्वतंत्र डोमिनियन राज्य स्थापित होंगे, जो इंडिया तथा पाकिस्तान के रूप में जाने जाएँगे।[44] इसके अनुरूप संविधान सभा के भाग एक के अनुच्छेद (i) में इस देश का नाम 'इंडिया दैट इज भारत' तथा इसे एक राज्यों का संघ कहा गया।[45] स्वाभाविक है कि संविधान सभा के अनेक सदस्यों में इस संविधान का नाम इंडिया दैट इज भारत रखने पर बौखलाहट हुई।[46] यह सतत भारतीय संविधान के विरोध का विषय बना रहा तथा आज भी बना हुआ है। इसके विपरीत पाकिस्तान के भाग को संविधान में कभी भी इंडिया दैट इज पाकिस्तान नहीं कहा गया है। इसके साथ ही भारत के संविधान को 'राज्यों का संघ' (यूनियन ऑफ स्टेट्स) कहा गया है, जो ऐतिहासिक तथा व्यवहारिक रूप से सही नहीं है।

भारत के उपरोक्त नामकरण से यह स्पष्टतः ज्ञात होता है कि इसके कई निर्माताओं को न भारतीय संस्कृति का विशिष्ट ज्ञान था और न ही इसके इतिहास का बोध था। यह सर्वमान्य है कि भारत विश्व के प्राचीनतम देशों में है। इस संविधान के निर्माण में जिन-जिन देशों की नकल की गई अर्थात् अमेरिका, इंग्लैंड, आयरलैंड, कनाडा तथा ऑस्ट्रेलिया का तब जन्म भी न हुआ था, जब इस देश में वेद, उपनिषद्, पुराण, रामायण तथा महाभारत गीता जैसे ग्रंथों की रचना हुई थी। समय-समय पर मनु से लेकर अनेक स्मृतियों, नीति, ग्रंथों तथा कौटिल्य अर्थशास्त्र जैसे महान् संवैधानिक तथा प्रशासनिक ग्रंथों की अनेक अनुभवों तथा अनुभूतियों के आधार पर श्रेष्ठ ग्रंथों की रचनाएँ थी। संविधान सभा में कुछ ऐसे विचारक तथा चिंतक प्रतिनिधि भी थे, परंतु उनकी उपेक्षा कर दी गई। विश्व के प्राचीन राष्ट्र भारत ने न केवल भारतीयता का पाठ सिखलाया था,

बल्कि सर्वे सुखिन तथा विश्व बंधुता का संदेश भी दिया था। वैसे भी अत्यंत पुराना देश होने के कारण इसे जंबूद्वीप, आर्यखंडे, आर्यावर्त, आर्यदेश, आयुनाडु, इत्तु, ब्रह्मावर्त, भारत, हिंदू, हिंदुस्थान, इंडिया आदि नामों से पुकारा गया है। इसका इंडिया नाम तो सबसे बाद का है, जिसे ग्रीको ने सिंधु नदी के 'इंडस' के प्रयोग में लाया था तथा इसके आगे भूमि को 'इंडिया' कहा गया। ग्रीक से दूसरी शताब्दी में यह लैटिन भाषा में आया और नौवीं शताब्दी में अंग्रेजी में। इसका बहुलता से प्रयोग 16वीं-17वीं शताब्दियों में हुआ।

'इंडिया' शब्द जहाँ अंग्रेजियत तथा अंग्रेजों की औपनिवेशिक-साम्राज्यवादी देन का द्योतक है, वहाँ वह व्यवहार में देश के बड़े-बड़े शहरों में रहनेवाले लोगों को समाहित करता है। इसमें ग्रामीणों, किसानों, मजदूरों या सामान्य व्यापारियों या दुकानदारों का स्थान गौण है। 'इंडियन' शब्द से प्रायः उन्हीं देशवासियों की अनुभूति होती है, जो लार्ड मैकाले की भाषा में शक्ल-सूरत से बेशक काले हो, परंतु अपनी वेश-भूषा, व्यवहार, भाषा और पाश्चात्य संस्कृति से ओत-प्रोत थे। मनोवैज्ञानिक दृष्टि से 'इंडिया' शब्द अपराध बोध तथा गुलामी का पर्यायवाची है तथा पाश्चात्य श्रेष्ठता तथा भारतीय संस्कृति के प्रति हीनता का द्योतक है।

भारत के इतिहास में सामान्य रूप से अतीत काल से इस देश का नाम 'भारत' प्रयुक्त हुआ है। भारत 'भ्र' धातु से आया, जिसका अर्थ है उत्पन्न करना, वहन करना। अतः भारत का शाब्दिक अर्थ है निर्वाह करना या उत्पन्न करना। भारत यानी भारत का अर्थ है, वह देश, जो नित्य ज्ञान की खोज में लगा रहा। भारत के ऋषि मनीषियों ने सर्वथा इसे इसी अर्थ में प्रयुक्त किया है। विचारणीय है कि भारत की आठवीं अनुसूची में उल्लिखित भाषाओं में से लगभग सभी ने इसे भारत, भारोत, भारता या भारतम कहा है।[47] स्वाभाविक रूप से संविधान सभा के संविधान के नाम 'इंडिया दैट इज भारत' का विरोध किया गया। किसी ने इसका नाम आर्यवर्त[48] उचित बतलाया तो प्रो. शिब्बनलाल सक्सेना ने इसका नाम भारत ही उपयुक्त बतलाया।[49] स्मरणीय है श्री अनंतशयनम आयंगर[50] (तमिलनाडु) ने संविधान का सही नाम भारत, भारतवर्ष या हिंदुस्थान सुझाया। डॉ. अंबेडकर ने दो कारणों से अस्वीकृत किया। प्रथम यह केवल एक यंत्र (Mechanism) है तथा संशोधन पूर्णतः अस्पष्ट है।[51]

इसी भाँति भारत संविधान को 'राज्यों के संघ' कहने पर भी चर्चा हुई। कुछ ने इसे युनाइटेड स्टेटस ऑफ इंडिया' भी कहने को कहा।[52] एक सदस्य ने इसे 'एक सेकुलर फेडरल सोशलिस्ट यूनियन' रखने का भी संशोधन प्रस्तुत किया,[53] परंतु इस संदर्भ में डॉ. बी.आर. अंबेडकर ने प्रारंभ में ही स्पष्ट कर दिया[54] कि भारत में राज्यों का संघ, अमेरिका की भाँति किसी समझौते का परिणाम नहीं है तथा इस संघ में किसी को अलग

होने का अधिकार नहीं है। अत: इस पर चर्चा अधिक नहीं हुई। निष्कर्ष रूप में सेठ गोविंददास ने भारतीय चिंतन की भावनाओं को व्यक्त करते हुए कहा—हमारे संविधान को 'इंडिया' कहा है, अत: क्या हम अपने को 'इंडियन' कहें?[55]

(iii) नागरिकता का प्रश्न

किसी भी देश के संविधान में नागरिकता या व्यक्ति की सदस्यता का प्रश्न अत्यंत महत्त्वपूर्ण होता है। प्रत्यके देश की नागरिकता के साथ उसकी देशभक्ति, राष्ट्रप्रेम तथा राष्ट्रीयता का गहरा संबंध होता है। नागरिकता के लिए उस देश की परंपरा, धर्म, आस्था संस्कृति तथा इतिहास के प्रति आदर का भाव महत्त्वपूर्ण है। नागरिकता का प्रश्न राष्ट्रीय सोच तथा विदेशी राष्ट्रों के प्रति परस्पर संबंधों को भी अभिव्यक्त करता है। प्रत्येक देश के संविधान में नागरिक संबंधी अनुच्छेद, जहाँ नागरिकों को अनेक सुविधाएँ प्रदान करता है, वहाँ अनेक महत्त्वपूर्ण कर्तव्यों तथा उत्तरदायित्वों का भी बोध कराता है। देश के नागरिक की कसौटी उस देश के प्रति निष्ठा तथा समर्पण की भावना का द्योतक है।

इससे पूर्व कि भारतीय संविधान में नागरिकता के प्रश्न पर विचार करें, विश्व के विभिन्न संविधानों में[56] नागरिकता संबंधी अनुच्छेदों पर ध्यान देने से लगता है कि उनमें पर्याप्त एकरूपता है। किसी भी विदेशी को नागरिकता देने या समाप्त करने संबंधी अनेक प्रकार के प्रावधान हैं। उदाहरणत: ब्रिटिश संविधान के 2002 तथा 2006 के संशोधित अधिनियमों में किसी भी विदेशी के जनहित में विरोधी होने पर अथवा व्यापक हितों में बाधक होने पर उसे नागरिकता से वंचित किया जा सकता है। इसके साथ यह भी अनिवार्य है कि कोई भी विदेशी ब्रिटेन का नागरिक बनने के लिए 18 वर्ष या इससे अधिक आयु होने पर ब्रिटिश नागरिकता समारोह में भाग ले तथा शपथ ले कि वह ब्रिटिश राजा तथा ब्रिटेन के प्रति निष्ठावान रहेगा। इसी भाँति संयुक्त राष्ट्र अमेरिका का नागरिक बनने के लिए प्रतिवर्ष 4 जलाई को आयोजित नागरिकता समारोह में भाग लेना अनिवार्य है। टर्की के संशोधित संविधान (2001) की धारा 66 में प्रत्येक विदेशी के नागरिक बनने के प्रावधानों का विस्तार से वर्णन किया है। इसमें समय-समय पर संशोधित कानूनों द्वारा निश्चित करने तथा पितृभूमि के प्रति निष्ठा असंगत होने पर नागरिकता से वंचित करने की बात कही है।

इस्रायल के संविधान में नागरिकता पाने के लिए प्रत्येक नागरिक को सैनिक सेवा में कुछ दिनों रहने का प्रावधान है, साथ ही किसी भी नागरिक के शत्रु देश में जाने पर या देश के प्रति वफादारी में ईमानदारी न पाए जाने पर उसकी नागरिकता समाप्त करने के नियम हैं। यह ध्यान रखना आवश्यक है कि भारत में नागरिकता के प्रश्न पर बहुत पहले से ही गंभीरता से विचार किया गया तथा उसकी महत्त्वपूर्ण शर्त मातृभूमि के प्रति

अटूट भक्ति तथा सांस्कृतिक जीवन मूल्यों की रक्षा माना है, परंतु दिल्ली सल्तनत या मुगलो बादशाहों के मजहब, केंद्रित राज्य में नागरिकता के चिंतन से शिथिलता आई। अनेक इतिहासकारों ने माना कि मुगलकाल में हिंदुओं को दूसरी या तीसरी श्रेणी का नागरिक माना जाता था।[57] उन पर जजिया जैसा अपमानजनक टैक्स लगाया जाता था। मुसलिम शासकों ने देशभक्ति, राष्ट्रप्रेम के स्थान पर बादशाह के प्रति भक्ति को स्थान दिया था, परंतु वीर शिवाजी, महाराजा रणजीत सिंह जैसे शासकों ने भारत में रहनेवाले सभी नागरिकों के प्रति समान तथा उदार नीतियाँ अपनाई थीं।

इसके बाद ब्रिटिश राज में अंग्रेज शासकों के प्रति भक्ति भाववाले भारतीय राजाओं को पुरस्कार तथा अंग्रेजी राज के विरोधियों के प्रति दुत्कार तथा बहिष्कार की नीति अपनाई गई थी।

भारतीय संविधान के भाग दो में, अनुच्छेद 5 से 11 तक नागरिकता के प्रश्न पर चर्चा की गई है।[58] उल्लेखनीय है कि नागरिकता के प्रसंग पर कानून निर्माताओं ने इंग्लैंड अथवा अमेरिका के नागरिकता के नियमों पर भारत के संदर्भ में गंभीर चिंतन नहीं हुआ और न हीं नागरिकता के संदर्भ में संविधान में विस्तृत चर्चा हुई। डॉ. बी.आर. अंबेडकर ने प्रारंभ में ही स्पष्ट कर दिया कि भारत में एक ही नागरिकता होगी अर्थात् दोहरी नागरिकता या राज्य या रियासतों की कोई अलग से नागरिकता न होगी,[59] परंतु यह आश्चर्य है कि भारतीय संविधान में किसी भी नागरिक के देशद्रोही, राष्ट्रघातक या अराष्ट्रीय कार्यों के करने पर उसको नागरिकता से वंचित करने का कोई स्पष्ट उल्लेख नहीं है, न ही आर्थिक अपराधों, घोटालों, भ्रष्टाचार, कालेधन संग्रह आदि से नागरिकता से वंचित करने का कोई स्पष्ट प्रावधान है। संभवत: इसी कारण वर्तमान में भारत में आतंकवादी, नक्सलवादी, माओवादी आदि गतिविधियों को प्रोत्साहन मिला। यह भूलना नहीं चाहिए कि भारत की स्वतंत्रता के पश्चात् भी 19 जुलाई, 1948 को ब्रिटिश पार्लियामेंट ने नागरिकता संबंधी एक कानून पास किया, जो 1 जनवरी, 1949 से लागू कर दिया गया था। इस कानून की पुष्टि भारत सरकार के विधि मंत्रालय द्वारा 4 दिसंबर, 1948 को कर दी गई थी।[60] भारतीय संविधान लागू होने पर भी यह कानून बना रहा था। इसके अंतर्गत युनाइटेड किंगडम (U.K.) और उसके पूर्व रहे उपनिवेश का कोई भी व्यक्ति अपने देश की नागरिकता के साथ-साथ ब्रिटिश नागरिक की स्थिति में वह यथावत बना रहता था। उसे 'ब्रिटिश प्रजा' या 'कॉमनवेल्थ नागरिक' माना जाता था। इसी स्थिति में भारत सरकार एक गणराज्य बन जाने के बाद इस नियम से बँधी थी। अत: भारतीय नागरिक भी ब्रिटिश नागरिकता एक्ट के अंतर्गत आते थे। इसी के अंर्तगत ए.जैड. फीजो 1955 में लंदन भाग गया था तथा उसे वहाँ कॉमनवेल्थ नागरिक माना गया।

अत: भारतीय नागरिकता नियम बहुत स्पष्ट न होने के साथ भारत सरकार ने

1955, 1986, 2003 तथा 2005 में इसमें अनेक बार संशोधन किए थे, पर अभी भी पूर्णत: स्थिति स्पष्ट नहीं है।

भारतीय नागरिकता के संदर्भ में गदर पार्टी के विचारक श्री भगवान सिंह ज्ञानी (1884-1962) के विचार देने उपयुक्त होंगे,[61] जिन्होंने आजादी के बाद अपने प्रसिद्ध 38 व्याख्यानों में भारत की समस्याओं; मुख्यत: भारत में नागरिकता के प्रश्न पर देशव्यापी जागृति की थी। उन्होंने भारत की राजनीति में प्रचलित अल्पसंख्यक के विचार को पूर्णत: अस्पष्ट तथा भ्रामक बतलाया। उनका मत था कि यदि यह विचार है भी, तो भी उसे दो भागों में बाँटा जाना चाहिए। सृजनात्मक तथा ध्वंसात्मक। "सृजनात्मक अल्पसंख्यक वे हैं जो भारतीय समाज के निर्माण के लिए कार्य करते हैं, तो अपनी सुरक्षा तथा आत्मनिर्भरता का ध्यान रखते हैं तथा जिनकी सोच रचनात्मक है। ध्वंसात्मक अल्पसंख्यक नागरिक वे हैं, जो अपने स्वार्थों के लिए कार्य करते हैं तथा विदेशी कार्यक्रमों तथा चिंतन को अपना लेते हैं। वे समूचे राष्ट्र की मुख्य धारा से अलग हो जाते हैं तथा देश की प्रगति के लिए शत्रु बन जाते हैं।"

भगवान सिंह ज्ञानी ऐसे ध्वंसात्मक अल्पसंख्यकों को किसी भी प्रकार की विशेष सुविधाएँ देने की आलोचना करते हैं। वे उन्हें मातृभूमि के लिए लड़खड़ाते 'आवरण' मानते हैं। उनका कथन है कि जब तक यह रुकावट दूर न होगी, देश का भविष्य दागी, अस्पष्ट तथा भ्रमित रहेगा। संक्षेप में देश की नागरिकता के लिए सभी का राष्ट्र के प्रति समर्पण तथा निष्ठा आवश्यक है। इसके अभाव में उसकी नागरिकता समाप्त कर देनी चाहिए।

व्यावहारिक रूप से चुनाव तथा वोट की राजनीति के कारण नागरिकता जैसे गंभीर प्रश्न पर संविधान की मूल भावनाओं के विपरीत उदासीनता तथा उपेक्षा का भाव सहज रूप से दृष्टिगोचर होता है। भारत 'अल्पसंख्यक राजनीति' का केंद्र बनता जा रहा है। इसकी आड़ में नागरिकों के कर्त्तव्य बोध के स्थान पर तुष्टीकरण की नीति हावी होती जा रही है। तुष्टीकरण के लिए उच्चतम न्यायालय के निर्णयों को भी तोड़ा-फोड़ा जा रहा है। उदाहरणत: असम में लागू आई.एम.डी.टी. कानून को उच्चतम न्यायालय द्वारा असंवैधानिक घोषित किए जाने के पश्चात् भी सरकार कानून में फेरबदल की बातें करती आ रही है। हजारों बँगलादेशी तथा पाकिस्तानी घुसपैठिएं भारत के नागरिक कैसे बन गए हैं? प्रश्न है आखिर अवांछित घुसपैठिए भारत के नागरिक कैसे बन गए हैं? अत: भारतीय संविधान में दी नागरिकता की धारा अपर्याप्त है। नागरिकता के प्रश्न पर राष्ट्रव्यापी चिंतन अनिवार्य है। नागरिकता का प्रश्न देश की आंतरिक तथा बाहरी सुरक्षा, एकता, अखंडता तथा समृद्धि के लिए बहुत आवश्यक है। नागरिकता के प्रश्न पर प्रत्येक व्यक्ति की देशभक्ति, राष्ट्रप्रेम तथा पूर्ण समर्पण की कसौटी पर कसा जाना

आवश्यक है। नागरिकता के चिंतन का मुख्य आधार राजसत्ता या राजनीति नहीं, राष्ट्रनीति होना परमावश्यक है।

(iv) मूल अधिकार

भारतीय संविधान का तीसरा भाग मूल अधिकारों के बारे में है, जिसका वर्णन अनुच्छेदों 11-35 में किया गया है। इसमें व्यक्तियों के राजनैतिक तथा नागरिक अधिकारों का वर्णन है। वस्तुतः भारतीय संविधान का यह भाग सर्वाधिक आलोचना का रहा है, जो समय-समय पर भारतीय न्यायालय के निर्णयों का मुहताज़ रहा है। यह कहा गया कि अनुच्छेद 13, जिसमें मूल अधिकारों की परिभाषा दी है, वह इतने अपवादों (exceptions) से भरपूर है कि उसने मूल अधिकार को ही डस लिया है।[62] इसे एक प्रकार का छल[63] कहा गया है। कुछ आलोचकों की दृष्टि में यह मूल अधिकार है ही नहीं, यदि वह पूर्णतः (Absolute) अधिकार न हो।[64] यह भी माँग की गई कि प्रेस का अधिकार एक अलग अधिकार के रूप में हो।[65] डॉ. बी.आर.अंबेडकर ने स्पष्टीकरण देते हुए इस धारणा को गलत बताया कि मूल अधिकार पूर्णतः (Absolute) होते हैं तथा संयुक्त राष्ट्र अमेरिका के संविधान का हवाला देते हुए इसे स्पष्ट किया। इसके साथ उन्होंने बतलाया कि गैर मूल अधिकारों तथा मूल अधिकारों में अंतर क्या है। गैर मूल अधिकार पार्टियों के बीच समझौते से दिए जाते हैं, जबकि मूल अधिकार कानून की ओर से तोहफे (gift of the Law) हैं।[66] डॉ. अंबेडकर के अनुसार बोलने या प्रेस की स्वतंत्रता असीमित नहीं होनी चाहिए, पर उनका कहना था कि मूल अधिकार मानव के व्यक्तित्व के विकास के लिए आवश्यक हैं। मूल अधिकार के दो मुख्य उद्देश्य बतलाए गए—प्रथम, प्रत्येक नागरिक को इन अधिकारों की प्राप्त की अवस्था में होना चाहिए तथा प्रत्येक प्रभुता या शक्ति को मानने के लिए बाधित हो। (The object of the fundamental rights are two fold, first that every citizen must be in a position to claim those rights and remedies, which must be a building upon every authority)

कुछ मौलिक अधिकार सदैव विवादास्पद बने रहे। उदाहरणतः धार्मिक स्वतंत्रता से संबंधित अधिकारों पर संविधान सभा का वातावरण उत्तेजित रहा तथा आपातकाल में इनकी समाप्ति की कटु आलोचना की गई। इसके विपरीत छुआछूत को समाप्त करने संबंधी अधिकार की बड़ी प्रशंसा हुई तथा इसका 'महात्मा गांधी की जय' से स्वागत किया गया।[67]

(v) राज्य के नीति निदेशक तत्त्व

संविधान के चौथे भाग में राज्य के नीति निदेशक तत्त्व हैं, जिनका विस्तृत वर्णन

अनुच्छेदों 36–51 में किया है, इन्हें ड्राफ्ट संविधान में अनुच्छेदों 18–40 में दिया गया है। ये नीति निदेशक तत्त्व आयरलैंड के संविधान से लिये गए। इससे पूर्व यह व्यवस्था विश्व के अन्य संविधान में नहीं थी। प्रारंभ में ही यह स्पष्ट कर दिया गया कि इस भाग में अधिकथित उपबंध किसी न्यायालय द्वारा परिवर्तनीय नहीं होंगे, किंतु फिर भी इनमें अधिकथित तत्त्व देश के शासन में मूलभूत है और विधि बनाने में इन तत्त्वों को लागू करना राज्य का कर्त्तव्य होगा।[68]

संविधान निर्माताओं ने इन नीति निदेशक तत्त्वों को भविष्य में सभी विधान सभाओं तथा कार्यकारिणियों को मार्गदर्शन के रूप में अपनाने को कहा। इन्हें मूल अधिकारों का पूरक कहा गया, परंतु उन्हें लागू करने में कोई कानूनी शक्ति के न होने पर इनकी कटु आलोचनाएँ की गईं। इन्हें अर्थहीन, अनुपयोगी तथा मूल्यहीन कहा गया। उदाहरण कई सदस्यों ने गऊहत्या पर प्रतिबंध की माँग की। एक सदस्य ने यहाँ तक कहा—क्या कृषि प्रधान देश में गऊहत्या अपराध न माना जाए?

राज्य द्वारा अनुकरणीय कुछ नीति तत्त्वों में पुरुष और स्त्री सभी नागरिकों को समान रूप से जीविका के पर्याप्त साधन प्राप्त करने, समुदाय की भौतिक संपदा को सामूहिक हित के रूप में प्रयोग करने, पुरुष और स्त्री समान कार्य के लिए समान वेतन देने, स्त्री कार्यक्रमों को स्वास्थ्य और शक्ति के अनुसार रखने तथा बालकों का शोषण न हो, यह देखने को कहा गया। इसके साथ समान न्याय और निःशुल्क विधि सहायता, प्रसूति सहायता, समान सिविल संहिता, बालकों की निःशुल्क और अनिवार्य शिक्षा, अनुसूचित जातियों, जन–जातियों व दुर्बल वर्गों की शिक्षा, लोक स्वास्थ्य, कृषि और पशुपालन संगठन, पर्यावरण का संरक्षण, राष्ट्रीय स्मारकों की सुरक्षा, न्यायपालिका का पृथकीकरण तथा आंतरिक शांति और सुरक्षा आदि की बातें कही गईं।[69] बी.एन. राव ने मूल ड्राफ्ट में इन्हें मूल सिद्धांत (fundamental principles) कहा था।[70] बैथम तथा जान स्टुअर्ट मिल जैसे उपयोगितावादियों की भाँति डॉ. अंबेडकर ने उन्हें भावी धारासभाओं तथा कार्यकारिणियों के लिए मार्गदर्शक सिद्धांत बतलाया। उनके अनुसार यह सामाजिक–न्याय के क्षेत्र में आकांक्षाओं की पूर्ति करेगा। भारत में आर्थिक प्रजातंत्र लाने में सहायक होगा।[71] कुछ विद्वानों ने इसकी बड़ी प्रशंसा अवश्य की। इसे दिशा निर्देशक का साधन कहा गया, (Instrument of Instructions) जो धारासभाओं और कार्यकारिणीयों के लिए था।[72] यह भी कहा गया कि यद्यपि इसके पीछे कोई कानूनी शक्ति नहीं है, परंतु राजनैतिक शक्ति अवश्य है, जिसे उपेक्षित नहीं किया जा सकता।[73] इसके लिए कोई भी विधायक कानूनी अदालतों में तो नहीं जा सकता, परंतु मतदाता के पास तो जा सकता है।[74] यह युद्ध तथा शांति; दोनों काल में लचीला है।[75]

राज्य के नीति निदेशक तत्त्व संविधान में भी, इसके बाहर भी और आज भी कटु

विरोध तथा आलोचना के विषय बन रहे हैं। इन्हें केवल पवित्र घोषणाएँ मात्र (only Pious Declarations) कहा गया, क्योंकि इनके पीछे माननेवाली कानूनी शक्ति नहीं है।[76] कुछ ने इन्हें अनावश्यक, अर्थहीन तथा बेकार बतलाया।[77] इसे मूल्यहीन कहा। मौलाना हसरत मोहानी ने इसे एक 'भानुमति का पिटारा' कहा, जो दूसरे संविधान से लिया गया।

सर्वाधिक आलोचना भारत में यूनिफार्म सिविल कोड़ के संदर्भ में हुई[78] जो स्वतंत्र भारत में आज भी सर्वाधिक चर्चा का विषय है, विशेषकर मुसलिम सदस्य स्वार्थवश इसको मानने को तत्पर नहीं है। आश्चर्य यह है कि चुनावी राजनीति तथा मुसलिम वोट प्राप्त करने के हेतु कुछ राजनीतिज्ञ राज्य के नीति निदेशक तत्त्वों की खुलकर अवहेलना कर रहे हैं।

इसी भाँति ग्राम पंचायतों तथा कृषि और पशुपालन के संदर्भ में भी कटु आलोचनाएँ हुईं, यद्यपि इसमें बाद में नई धाराएँ 30ए व 38ए जोड़ी गईं। चैन्नई के कृष्ण स्वामी भारती ने महात्मा गांधी का उद्धरण देते हुए कहा, ''भारत मर जाता है, यदि गाँव समाप्त हो जाते हैं। भारत रह सकता है अगर गाँव बचे रहते हैं (India dies if the village dies : India can live only if the village live) कई ने पुन: गौ हत्या पर प्रतिबंध की माँग की।[79]

इसी भाँति घरेलू उद्योगों के विकास, नशीली वस्तुओं पर प्रतिबंध, कार्यकारिणी तथा न्याय पालिका को अलग करने की माँग भी की गई।

(vi) ग्रामीण समुदाय/ग्रामीण पंचायतें

भारत की संविधान सभा में इसके सदस्यों के बीच सर्वाधिक विचार-विमर्श व टकराव भविष्य में ग्रामीण समुदायों तथा ग्राम पंचायतों की भावी स्थिति के बारे में हुआ। वस्तुत: यह टकराव किसी एक मुद्दे पर न होकर भारत की दो चिंतन धाराओं में था। एक वह चिंतनधारा, जो भारत के अतीत से उसकी धर्म, संस्कृति और आध्यात्मिकता से जुड़ी थी तथा दूसरी वह, जो पाश्चात्य अंधानुकरण तथा शहरी संस्कृति की चकाचौंध से आकर्षित थी। यह टकराव गांधी विचारकों तथा नेहरू समर्थकों के बीच था। यह टकराव ग्रामीण स्वराज तथा देश के तेजी से हो रहे शहरीकरण की कल्पना के बीच था। अत: यह आवश्यक है कि पहले इस संबंध में गांधीजी तथा नेहरू के विचारों को संक्षिप्त में जानें।

यह सर्वविदित है कि ब्रिटिश शासनकाल में भारत की ग्रामीण रचना, ग्रामीण समुदायों तथा ग्राम पंचायतों को समाप्त कर भारतीय शासन प्रणाली को जड़ से उखाड़ने का प्रयत्न किया गया था। ग्रामों की आत्मनिर्भरता, स्वायत्तता तथा न्याय व्यवस्था खत्मकर

दी गई थी। भूमि को व्यक्तिगत संपत्ति, कृषि का वाणिज्यीकरण कर लोकमत का गला घोंट दिया था।

गांधीजी ने 1909 में अपनी रचना 'हिंद स्वराज' में जहाँ एक ओर तत्कालीन तथाकथित ब्रिटिश लोकतंत्र की कटु आलोचना की थी तथा ब्रिटिश संसद् को 'वेश्या' तथा 'बांझ' तथा धन की बर्बादी भी कहा था, वहाँ उन्होंने भारतीय प्रजा के चिंतन का आधार मानकर, भारत के भविष्य के बारे में इसे 'ग्राम स्वराज' अथवा 'रामराज' का नाम दिया था, जिसमें भारत के ग्रामीण समाज की पूरी भागीदारी हो। 1931 में जब वे द्वितीय गोलमेज कॉन्फ्रेंस में भाग लेने लंदन गए, तब भी वहाँ उन्होंने ग्रामों को भारत की वास्तविक 'आत्मा' बतलाया। उनके इन्हें भावों से प्रेरित होकर ही लाखों ग्रामवासियों ने कांग्रेस के आंदोलनों में बढ़-चढ़ कर भाग लिया था।

यहाँ यह कहना अनुचित न होगा कि 1944 में उनके जेल में छूट जाने के बाद से ही वे भारतीय राजनीति में अपने को अकेला अनुभव करने लगे थे। 2 अक्तूबर, 1947 को अपने जन्मदिवस पर उन्होंने कहा था, ''अब तो मेरी कोई सुनता नहीं है, मैं कहूँ कि तुम ऐसा करो तो कहते है हम ऐसा नहीं करेंगे।[80] ऐसी हालत में मेरे लिए कोई जगह कहाँ है और मैं उसमें जिंदा रहकर क्या करूँगा?'' इतना होने पर भी गांधीजी ने स्वतंत्र भारत के लिए स्वयं एक संविधान तैयार किया। यह वह समय था, जब भारतीय संविधान सभा को भी कार्य करते हुए एक वर्ष से अधिक समय हो गया था। गांधीजी ने अपने संविधान में ग्राम स्वराज की बात की, जिसमें ग्राम आत्मनिर्भर तथा स्वायत्त हों तथा उसके प्रत्येक ग्रामीण की भागीदारी हो। उन्होंने सशक्त पंचायतों की कल्पना की, जिसमें संविधान का ढाँचा नीचे से ऊपर की ओर हो। शासन शक्तियों का विकेंद्रीयकरण हो। वे ग्राम स्वराज को 'रामराज' कहते थे, जहाँ एक मामूली धोबी की भी बात सुनी जाती है। उनके रामराज में गणतंत्रों की संघात्मक व्यवस्था थी, जिसमें निचले स्तर पर प्रत्येक ग्रामीण जनसमूह एक स्वायत्तशासी इकाई का निर्माण करेगा। गांधीजी का मानना था कि लोकतंत्र तथा केंद्रीयकरण की धाराओं में परस्पर अंतर्विरोध है। गांधीजी ने एक बार लिखा था ''केंद्र में बैठे बीस व्यक्ति लोकतंत्र को कार्यांवित नहीं कर सकते। लोकतंत्र का कार्यान्वयन नीचे से प्रत्येक ग्राम के लोगों के द्वारा किया जाएगा। ऐसी व्यवस्था में ग्राम का प्रत्येक व्यक्ति जनसमूह सार्वजनिक विषयों के प्रबंध में सक्रिय भाग लेगा। स्वराज्य थोड़े से जननेताओं के द्वारा राजनैतिक सत्ता के प्रयोग से नहीं मिलता, भले ही वे जनता द्वारा अपने प्रतिनिधि के रूप में चुने गए हों। गांधीजी का बनाया संविधान उनकी मृत्यु के पश्चात् 15 फरवरी, 1948 को प्रकाशित हुआ था।[81]

इस संदर्भ में पं. नेहरू के विचार बिल्कुल भिन्न थे। वे पूरी तरह से पाश्चात्य सभ्यता के रंग में रँगे थे। उन्होंने गांधीजी के 'हिंद स्वराज' को पढ़ा था, पर उससे

किंचित भी प्रभावित न थे। उन्होंने अपने जीवन में पहली बार 1937 के चुनाव के समय इलाहाबाद के आस-पास के गाँवों में जाकर भारतीय गाँवों को देखा था। उनके लिए यह 'भारत की खोज' थी।[82] इसके पश्चात् भी वे भारत के गाँवों से जरा भी आकर्षित न थे। उन्हें गाँव गंदगी के ढेर लगते, जिनके बीचो-बीच गंदी नालियाँ हैं। इस संदर्भ में गांधी—नेहरू पत्र व्यवहार अत्यंत महत्त्वपूर्ण है, जो उनकी मानसिकता को दर्शाता है।

गांधीजी ने नेहरूजी को 5 अक्तूबर, 1945 में लिखा था, ''मैं यह मानता हूँ कि हिंदुस्थान को कल गाँवों में रहना होगा, झोंपड़ियों में, महलों में नहीं। कई करोड़ आदमी शहरों और महलों में सुख और शांति से कभी नहीं रह सकते''' मेरे इस काल्पनिक देहात में देहाती जड़ नहीं होगा, शुद्ध चैतन्य होगा। वह गंदगी में अँधेरे कमरे में जानवर की जिंदगी बसर नहीं करेगा।''[83]

पं. नेहरू ने कटु शब्दों में इस पत्र का उत्तर 9 अक्तूबर को देते हुए लिखा, ''मुझे समझ नहीं आता कि किसी भी गाँव में सच्चाई और अहिंसा पर बल क्यों दिया जाता है। आमतौर पर यह माना जाता है कि गाँवों में रहनेवाले लोग बुद्धि तथा सांस्कृतिक तौर पर पिछड़े हुए होते हैं और एक पिछड़े हुए वातावरण में कोई प्रगति नहीं हो सकती।''[84]

संक्षिप्त में उपरोक्त मनोदशा के संदर्भ में यदि संविधान सभा का, भारतीय गाँव की दशा के संदर्भ में अवलोकन करें तो सभा की कार्यवाही को समझने में कठिनाई न आएगी। संविधान सभा में कार्यान्वयन की दृष्टि से ग्राम, ग्राम समुदाय, ग्राम पंचायत पर मुख्य चर्चा 4 नवंबर, 1948 से हुई। इसमें संविधान सभा के सभी प्रमुख लोगों ने भाग लिया। इस संदर्भ में डॉ. बी.आर. अंबेडकर ने तीन बातें कहीं।[85] उन्होंने पूर्व में रहे ब्रिटिश प्रशासक मैटकाफ की इस टिप्पणी को बिल्कुल नकारा कि भारत के गाँव छोटे-छोटे गणराज्य की भाँति हैं।[86] दूसरे, उन्होंने ग्राम को ''स्थानीय पिछड़ेपन, अज्ञानता की कोठरी, संकुचित मानसिकता तथा सांप्रदायिकता से युक्त'' बतलाया तथा इसी कारण डॉ. अंबेडकर ने गाँव को हटाकर व्यक्ति को इकाई मानने की बात कही और तीसरे, उन्होंने कहा, वंश के बाद वंश लुढ़क गए। क्रांति के बाद क्रांतियाँ आईं। हिंदू, पठान, मुगल, मराठे, सिख, अंग्रेज, एक के बाद एक शासक रहे, पर ग्राम समुदाय वैसे ही रहे। कष्टों के दिनों में वे स्वयं सक्षम होने के लिए तैयार होते, दुश्मन की सेनाएँ उनके गाँव को लाँघती होती, ग्राम समुदाय अपने पशुओं को ग्राम की दीवारों के अंदर इकट्ठा रखते तथा दुश्मन सेना बिना किसी व्यवस्था के पास चली जाती।''

उपरोक्त प्रश्न पर संविधान सभा के अनेक सदस्यों ने भाग लिया। इनमें से अधिकतर ने डॉ. अंबेडकर के तीनों तर्कों में से किसी न किसी तर्क की आलोचना की। प्रो. शिब्बन लाल सक्सेना ने डॉ. अंबेडकर द्वारा ग्राम अथवा ग्राम पंचायतों द्वारा प्रस्तुत तस्वीर को अस्वीकार किया।[87] उन्होंने सोवियत संघ के संविधान का उदाहरण देते हुए बतलाया कि

वहाँ भी ग्राम पंचायतों अर्थात् ग्राम सोवियत को महत्त्व दिया जाता है।[88] अरुणचंद्र गुहा ने गांधीजी के विचारों का समर्थन करते हुए भी मजबूत केंद्र का भी समर्थन किया, लेकिन उसके अंगों (ग्रामों) को कमजोर करने की कटु आलोचना की।[89] महावीर त्यागी ने अपनी व्यंग्यात्मक शैली में कहा, "आखिर गाँव को क्या मिला, केवल वोट का अधिकार।"[90] गोकाल सहाय भट्ट ने कठोर भाषा में कहा, "यदि गाँव को हटा दिया जाए तो संविधान को भी हटा दिया जाए।"[91] टी. प्रकाशम का कहना था, "गाँवों को भुलाकर हमने अनेक वर्षों के स्वतंत्रता संघर्ष को ही एक झटके में विस्मृत कर दिया है।"[92] सुरेंद्र मोहन घोष ने ऋग्वेद काल से मुसलिम शासन काल तक गाँवों के क्रमिक विकास का वर्णन किया।[93] सेठ गोविंददास तथा सन्थानम ने भी इसी प्रकार के विचार व्यक्त किए।[94] शृगांलदास (उड़ीसा) ने डॉ. अंबेडकर के विचारों की आलोचना करते कहा कि हमारे स्कूलों तथा कालेजों ने पाश्चात्य शिक्षा के कारण हमारे गाँवों से संपर्क खो दिया है और वे महात्मा गांधी को, जिन्होंने बुद्धिमानों से कहा कि गाँवों की ओर जाओ, भूल गए हैं।[95]

एच.वी. कामथ ने ऐतिहासिक पृष्ठभूमि में विस्तृत चर्चा करते हुए डॉ. अंबेडकर की आलोचना की और कहा कि हमारा मैटकाफ के प्रति कोई विश्वास नही, बल्कि गांधीजी के प्रति विश्वास है, जिन्होंने हमे आजादी दिलवाई, उन्होंने गाँव के संदर्भ में कम जानकारी के लिए ड्राफ्ट कमेटी की रचना को भी दोषी बतलाया, जिसमें सिवाय के.एम. मुंशी के ऐसा कोई भी सदस्य न था, जिसने भारत के स्वतंत्रता आंदोलन में कोई सक्रिय भाग लिया हो। श्री एच. कृष्णस्वामी ने गांधीजी का उदाहरण देते हुए कहा, "भारत मर जाएगा यदि गाँव समाप्त होते हैं। भारत तभी तक जीवित रह सकता है यदि गाँव जीवित रहते हैं।[96] संविधान सभा के कई सदस्यों ने तत्कालीन गाँवों की दुर्दशा का वर्णन किया। महावीर त्यागी ने भारत की कृषि पर निर्माण का चित्र प्रस्तुत करते हुए इसे 1891 में 61 प्रतिशत, 1901 में 66 प्रतिशत तथा 1931 में 72 प्रतिशत बतलाया तथा ग्रामों में स्वदेशी वस्तुओं का प्रोत्साहन, कुटीर उद्योगों के विकास तथा गाँवों के आत्म निर्भरता की बात कही।[97]

ठाकुर दत्त भार्गव ने गाय को अत्यधिक महत्त्व देते हुए कहा, "बिना गाय के हमारा आत्माविहीन शरीर (body without a soul) होगा।[98]" उन्होंने तभी से पशुधन के कम होने पर चिंता व्यक्त की। उदाहरणतः उन्होंने बैलों की संख्या 1940 में 11, 56, 00960 तथा 1945 में 11, 19, 00, 001 अर्थात् 37 लाख कम होने की बात कही। इसी भाँति भैंसों के आँकड़े देते हुए 1940 में 3, 28, 91, 500 तथा 1945 में 3, 25, 44, 400 अर्थात लगभग चार लाख कम बताई उन्होंने गाय को कामधेनु बताते हुए गोहत्या पर प्रतिबंध को कहा,[99] साथ ही बताया कि चीन में गऊ हत्या एक अपराध है। अफगानिस्तान में इस पर प्रतिबंध है तथा ब्रह्मा (म्यांमार) में इसको रोकने के लिए

कानून है।[100] सेठ गोविंद दास ने इसी प्रसंग में कहा कि गाय की सुरक्षा केवल धार्मिक नहीं, बल्कि एक सांस्कृतिक तथा आर्थिक प्रश्न भी है।[101] वे गाय की रक्षा को मूल अधिकारों में चाहते थे, उन्होंने बताया कि प्रतिवर्ष 52 लाख गायें कटती हैं।[102] डॉ. रघुवीर ने गोहत्या को 'ब्रह्महत्या'[103] बतलाया। अत: अनेक सदस्यों ने गऊहत्या को अपराध की श्रेणी में रखने की माँग की। संविधान सभा के वरिष्ठ सदस्य श्री अल्लादी कृष्णस्वामी अय्यर[104] तथा संविधान के अध्यक्ष डॉ. राजेंद्र प्रसाद[105] जैसे विद्वानों ने भी ग्राम समुदायों तथा ग्रामों के विकास की ओर ध्यान देने का आग्रह किया।

इन सबके बावजूद संविधान सभा में गांधीवादियों के सांस्कृतिक तथा आध्यात्मिक विचारों की पराजय हुई तथा नेहरूजी का पाश्चात्य राजनैतिक तथा पाश्चात्य अंधानुकरण हावी रहा। ग्राम पंचायतों के गठन को राज्य के नीति निदेशक तत्त्वों में कुछ स्थान दिया गया, परंतु उनके पीछे कानूनों की बाध्यता न होने पर केवल चुनावी अनियमितता, लंबे समय तक चुनाव न कराना, ग्राम प्रधानों की बढ़ती हुई हत्याओं, शक्ति न दिए जाने के कारण उपरोक्त नीति निदेशक तत्त्वों का महत्त्व निरंतर कम होता जा रहा है।

स्वतंत्रता के 67 वर्ष बाद से आज भी ग्राम वैसे ही हैं जैसे 1947 में थे, गाँव गंदगी के ढेर बने हुए हैं। पानी, बिजली, सड़कों से लाखों गाँव आज भी वंचित हैं। लोकसभा की तत्कालीन अध्यक्षा श्रीमती मीरा कुमार के अनुसार देश के कुल 60,933 शहरों में सिर्फ 160 शहरों में सीवरेज है।[106] ग्रामीण क्षेत्र में यह स्थिति शून्य है। गांधीजी के नाम का लाभ उठाने के लिए मनरेगा (महात्मा गांधी राष्ट्रीय रोजगार गारंटी योजना) चलाई है, पर तत्कालीन ग्राम विकास मंत्री जयराम रमेश के अनुसार भूमि सुधार का लाभ पाने लायक किसानों की संख्या 80 प्रतिशत है, पर इसका लाभ मात्र एक प्रतिशत को मिल रहा है, यहाँ तक कि मनरेगा दिवस पर स्वयं कांग्रेस अध्यक्षा सोनिया गांधी ने इसमें व्याप्त भ्रष्टाचार को स्वीकार किया है, भारत के ग्राम आज भी वहीं खड़े हैं, जहाँ भारत की स्वतंत्रता के समय खड़े थे।[107]

कुछ अन्य राष्ट्रीय प्रश्न

भारतीय संविधान में सामान्यत: जन समाज से जुड़े अनेक प्रश्नों में कुछ विशिष्ट महत्त्वपूर्ण राष्ट्रीय मुद्दों पर भी निर्णय तथा भावी देश की प्रगति तथा निर्माण में चर्चित विषय हैं। इसमें उल्लेखनीय भारत की राष्ट्रभाषा, राष्ट्रगीत तथा राष्ट्रीयगान हैं, जो भारत के प्रत्येक व्यक्ति को आंदोलित, उद्वेलित करते हैं तथा संबंधित हैं।

राष्ट्रभाषा

भाषा का प्रश्न सर्वदा भारतीय संविधान सभा की कार्यवाही के आरोप-प्रतिरोप

का विषय रहा है। इस संदर्भ में भारत के प्रथम राष्ट्रपति एवं तत्कालीन भारतीय संविधान सभा के अध्यक्ष डॉ. राजेंद्र प्रसाद ने भी अपना क्षोभ व्यक्त किया। संविधान की धारा 343(अ) में राष्ट्र भाषा के संदर्भ में अपने विचार व्यक्त किए गए हैं। किसी भी भाषा को राष्ट्रभाषा नहीं माना गया है। हिंदी को राजभाषा के रूप में स्वीकार किया गया। इसी संविधान में आगामी 15वर्षों के लिए अंग्रेजी को भी राजभाषा के रूप में मान्यता दी गई है।

स्वाभाविक है कि इस पर अगले 15 वर्षों के पश्चात् भारत की हिंदी भाषा को पूरी तरह से राजभाषा का स्थान दिया जाना था, पर इस संदर्भ में 10 मई, 1963 में पं. नेहरू के प्रधानमंत्री काल में, ऑफिशियल लेंग्वेज एक्ट 1963 स्वीकृत किया गया, जिसमें 26 जनवरी, 1964 के पश्चात् भी अंग्रेजी का वही स्थान बना रहा और तब से यही प्रक्रिया बार-बार दोहराई जा रही है।

भारतीयों की यह स्वाभाविक इच्छा तथा अपेक्षा थी कि भारत का ड्राफ्ट संविधान, विश्व के एक अरब व्यक्तियों द्वारा बोली जानेवाली मूलतः भारतीय भाषा हिंदी भाषा में होगा। यह किसी को भी विश्वास न था कि दो प्रतिशत से भी कम बोली जानेवाली अंग्रेजी का आतंक भारत के राष्ट्रीय संविधान पर हावी होगा। अतः मूलतः इस अंग्रेजी में बने संविधान के हिंदी में अनुवाद को अपमानजनक समझा गया। भारतीय संविधान सभा के एक सदस्य ने कहा, ''लगता है हम ब्रिटिश पार्लियामेंट में बैठे हैं।'' दूसरे ने कहा, ''प्रश्न केवल भाषा का नहीं, बल्कि राष्ट्र तथा देश की भाषा का है।'' अनेक ने संविधान सभा में राष्ट्रभाषा हिंदी व देवनागरी लिपि का समर्थन किया।

मुख्य रूप से कुछ विद्वानों ने इस संदर्भ में भारतीय संविधान की कटु आलोचना की। सेठ गोविंद दास ने स्पष्ट शब्दों में कहा कि अपेक्षा थी कि ड्राफ्ट संविधान उनकी भाषा में होगा बजाय अंग्रेजी भाषा में होने के[108]। आर.वी. धुरूलेकर ने इसे अपमानजनक कहा कि भारतीय संविधान अंग्रेजी में दिया जाए।[109] उनका कहना था, ''किसी भी राष्ट्र ने अब तक ऐसा नहीं किया।''[110] अलगू राय शास्त्री ने इसका कटु विरोध किया[111] कि ड्राफ्ट संविधान की प्रति विदेशी भाषा में दी जाए। उन्होंने पुनः कहा कि लगता है हम ब्रिटिश पार्लियामेंट में बैठे हैं। डोमिनियन शब्द पर भी एतराज किया गया तथा इसे विदेशी कहा। उद्देश्यिका का भी संदर्भ देते हुए कहा कि हम भारत के लोग (जो अंग्रेजी नहीं जानते) में 'हम' का अर्थ संविधान सभा में बैठे सदस्यों से नहीं, बल्कि उनसे है, जिनका हम प्रतिनिधित्व कर रहे हैं। लाला राजकुमार ने भाषा को आंतरिक विचारों की एक बाहरी अभिव्यक्ति बतलाया तथा समान भाषा को प्राइमरी आवश्यकता बतलाया।[112] संक्षेप में अनेक सदस्यों ने अंग्रेजी भाषा को भारतीयों पर थोपने का विरोध किया। उल्लेखनीय है कि संविधान सभा के अध्यक्ष डॉ. राजेंद्र प्रसाद ने संविधान की

मूल प्रति पर हस्ताक्षर करते समय, संविधान की मूल पहली प्रति अंग्रेजी में होने पर अवसाद व्यक्त किया।[113]

राष्ट्रीय ध्वज

यह भारतीय इतिहास का दुर्भाग्यपूर्ण तथ्य है कि भारतीय संविधान सभा में अपने देश के राष्ट्रध्वज पर भी लंबी चर्चा हुई। पं. नेहरू ने 22 जुलाई, 1947 को राष्ट्रध्वज के बारे में संविधान सभा में इसकी चर्चा प्रारंभ की।[114] उन्होंने राष्ट्रध्वज के रूप में कांग्रेस के पूर्व तिरंगा झंडा को चरखा रहितकर तथा इसमें अशोक का चक्र से प्रयुक्तकर राष्ट्रध्वज का समर्थन किया। उन्होंने ध्वज को भारत की सफलताओं, स्वतंत्रता के लिए प्रयासों का चिह्न, राष्ट्र की भावना तथा राष्ट्रीय परंपरा का प्रतीक बतलाया। उन्होंने चरखा हटाने का प्रमुख कारण लहराते समय उसको दोनों ओर से एक सा देखने में कठिनाई बताया। अशोक चक्र को भारत की संस्कृति का चिह्न बतलाया।[115] एच.वी. कामथ ने राष्ट्रध्वज के रूप में तिरंगे झंडे के बीच चक्र की बजाय स्वास्तिक का संशोधन रखा तथा इसके बीच में भारत के प्राचीन चिह्न 'सत्यं शिवम सुंदरम्' लिखने का आग्रह किया। सेठ गोविंद दास[116] ने पं. मोतीलाल नेहरू द्वारा जबलपुर के टाउनहॉल में पहली बार तिरंगे झंडे के लहराए जाने का वर्णन करते हुए, इसमें भगवा रंग के प्राचीन हिंदुओं के महाभारत से लेकर मरहठों व राजपूतों के संघर्ष तथा हरे रंग को 1857 के संघर्ष का रंग बताया। सेठ राधाकृष्ण[117] ने श्वेत को सूर्य के प्रकाश, गेरुआ को त्याग तथा हरे रंग को 1857 के संघर्ष का प्रतीक बताया तथा चक्र का निरंतर घूमना अर्थात् जीवन ठहराव नहीं का प्रतीक बनाया। असम के सैयद मोहम्मद सादुल्ला[118] ने भगवा रंग को आध्यात्मिक संदेश, सफेद को पवित्रता तथा हरे को 1857 के संघर्ष का प्रतीक बताया। सेठ गोविंद दास ने[119] भारत में राष्ट्रध्वज में सुदर्शन चक्र रखने का सुझाव दिया था। प्रो. शिब्बन लाल सक्सेना[120] ने धर्मचक्र का ही समर्थन किया, परंतु ध्वज खद्दर का हो तथा उसका साइज दो : एक के अनुपात की बात कही। यह उल्लेखनीय है कि भारत में अनेक स्थानों पर 15 अगस्त, 1947 के पश्चात् भी ब्रिटेन का यूनियन जैक लहराता रहा। उदाहरणत: आगरा छावनी में एक ब्रिटिश अधिकारी ने यूनियन जैक नहीं उतारा, इस पर एक भारतीय ने हिम्मत दिखलाई, हैदराबाद के डाकघर कार्यालय में यूनियन जैक लहराता रहा। आखिर सरकार ने उसे हटाया। कई सैनिक छावनियों में भी यही दृश्य नजर आए।

लार्ड माउंटबेटन चाहता था कि भारत तथा पाकिस्तान के झंडे में भी यूनियन जैक को स्थान दिया जाए। झंडे के एक कोने में 1/7 भाग में यूनियन जैक हो। पाकिस्तान ने तुरंत प्रतिक्रिया व्यक्त करते हुए कि 'क्रास और क्रिसेंट' एक साथ नहीं रह सकते। पं. नेहरू इस संदर्भ में सकुचाते रहे, पर अनुमोदन नहीं हुआ।

राष्ट्रीय गान

भारतीय संविधान सभा में भारत का राष्ट्रीय गान क्या हो, इसका निर्णय 24 जनवरी, 1950 अर्थात भारत के गणराज्य की घोषणा के पहले दो दिन तक न हो सका। यह एक लंबे विवाद का विषय बना रहा। स्मरण रहे कि 14 अगस्त, 1947 की रात्रि को भारतीय संविधान सभा में 'वंदेमातरम' तथा 'जन गण मन' दोनों गाए गए थे। इसके साथ सुचेता कृपलानी ने सारे जहाँ से अच्छा हिंदुस्ता हमारा भी गाया था।[121] महाकवि रवींद्रनाथ ठाकुर का 1911 में जार्ज पंचम के आगमन पर गाया गीत 'भारत भाग्य विधाता' तथा जय राजेश्वर चर्चा का विषय बना रहा।[122] प्रो. शिब्बनलाल सक्सेना का मत था कि भारत का राष्ट्रगीत वंदेमातरम् हो।[123] वस्तुतः तब निर्णय न हो सका। संविधान सभा ने अंत में अपने अंतिम अधिवेशन में यह विचार किया कि जन गण मन नेशनल एंथम तथा वंदेमारतम राष्ट्रगीत के रूप में दोनों ही माने जाएँ।[124]

संविधान का राष्ट्र घातक अनुच्छेद 370

यह सर्वज्ञात है कि कश्मीर भारत का सदैव अभिन्न अंग रहा है।[125] इसकी स्थिति कभी भी अलग-थलग या यूरोप के वेटिकन सीटी के पोप जैसी न रही। स्वतंत्र भारत के प्रथम प्रधानमंत्री ने कश्मीर में कई भयंकर भूलें की।[126] इसमें एक हिमालयन भूल, भारतीय संविधान में 370 का अनुच्छेद जोड़ कर की। वस्तुतः यह अनुच्छेद भारत के प्रधानमंत्री पं. नेहरू तथा उनके चहेते शेख अब्दुल्ला की मिलीभगत की देन है। इस धारा ने भारतीय संविधान में कश्मीर को भारत के अन्य प्रांतों से भिन्न एक विशिष्ट स्थान दिया।

यद्यपि पं. नेहरू का व्यक्तित्व राष्ट्रीय तथा अंतरराष्ट्रीय था, परंतु कश्मीर के प्रश्न पर उनका हित भी कुंठित हो जाता था। कश्मीर का नाम आते ही वे अधिक संवेदनशील, अति आतुर तथा अत्यधिक असंतुलित हो जाते थे। तत्कालीन भारत के विदेश सचिव डॉ. गुणकेयी का कथन था, ''आप प्रधानमंत्री से कश्मीर की बात न करें, वे अचेत हो जाते हैं।'' भारत की 560 से अधिक रियासतों को मिलाने का दुरुह तथा असाध्य कार्य सरदार पटेल को दिया गया था। महात्मा गांधी का यह कथन सही था, ''पटेल के बिना यह कार्य किसी और के द्वारा संभव न था।'' पर कश्मीर का मुद्दा पं. नेहरू ने अपने हाथ में ही रखा था।

कश्मीर के मामले में पं. नेहरू के मुख्य सलाहकार शेख अब्दुल्ला रहते थे। वे वस्तुतः नेहरूजी के अभिन्न मित्र तथा चहेते बन गए थे। दोनों की दोस्ती गहरी होती गई थी, साथ ही दोनों का टकराव कश्मीर के महाराजा हरिसिंह से भी बढ़ता गया था। डॉ. कर्णसिंह के अनुसार कश्मीर रियासत में मौके का फायदा उठाकर पं. नेहरू के आशीर्वाद से महाराजा को हटाकर स्वयं शेख अब्दुल्ला कश्मीर का प्रधानमंत्री बन गया था।[127] प्राय:

अनुच्छेद 370 को लागू करने में स्वतंत्रत काश्मीर में हुई घटनाओं को उत्तरदायी माना जाता है—जिन्ना की काश्मीर हड़प करने की कुटिल चालें, लार्ड माउंटबेटन द्वारा कश्मीर पाकिस्तान को देने का सुझाव, 22 अक्तूबर, 1947 को पाकिस्तान सेना का अचानक श्रीनगर पर हमला, कश्मीर के नए प्रधानमंत्री श्री मेहरचंद महाजन के बार-बार सेना भेजने के अनुरोध पर भी भारत सरकार की उदासीनता, 7 नवंबर, 1947 को भारत की विजयी सेनाओं द्वारा पाकिस्तानी सेना को खदेड़ने पर शेख अब्दुल्ला की सलाह से पं. नेहरू द्वारा अचानक एकतरफा युद्ध विराम की घोषणा तथा एक-तिहाई कश्मीर पाकिस्तान के हिस्से में छोड़ देना तथा एक जनवरी, 1948 को लार्ड माउंटबेटन की सलाह से पं. नेहरू द्वारा कश्मीर का मामला संयुक्त राष्ट्र संघ की सुरक्षा परिषद में ले जाना महत्त्वपूर्ण था।

भारतीय संविधान सभा में चर्चा

पं. नेहरू ने शेख अब्दुल्ला को कश्मीर का प्रधानमंत्री बनाते ही कश्मीर के कोई विशिष्ट अनुच्छेद बनाने का आग्रह किया था। उल्लेखनीय है कि भारतीय संविधान सभा का कोई भी प्रमुख सदस्य भावी अनुच्छेद 370 (तत्कालीन अनुच्छेद 306ए था) को रखने को तैयार न था, न ही डॉ. बी.आर. अंबेडकर और न ही सरदार पटेल। बल्कि सरदार पटेल नेहरू की कश्मीर नीति के आलोचक थे। इससे दोनों में मनमुटाव भी हो गया था[128] तथा पटेल शेख अब्दुल्ला के धूर्त व्यवहार के प्रति सतर्क थे।

यह अनुच्छेद 17 अक्तूबर, 1949 को यानी भारतीय संविधान के 26 नवंबर, 1949 को पूरे होने से कुल 42 दिन पहले रखा गया था। पं. नेहरू के आदेश पर श्री गोपाल स्वामी आयंगर आई.ए.एस., जो महाराजा हरिसिंह के पहले 6 वर्ष दीवान रहे थे तथा इस समय बिना विभाग के मंत्री थे, ने इसे रखा। उसने कश्मीर की पूर्व समस्याओं का संदर्भ देते हुए इसे 'अस्थायी तौर पर' पर पारित करने का आग्रह किया। भारतीय संविधान सभा में केवल आयंगर तथा हसरत मोहायेन के अलावा इसमें किसी ने बहस में भाग नहीं लिया[129]। मौलाना हसरत मोहसिन्न ने उसी दिन पूछा, ''इसे क्यों जोड़ा जा रहा है?'' उसने यह भी कहा, विशेष दर्जा स्वीकार करने का अर्थ बाद में कश्मीर को स्वतंत्र मानना होगा। डॉ. बी.आर. अंबेडकर इसके पक्ष में नहीं थे। उन्होंने इसकी चर्चा में भाग नहीं लिया था। बाद में उन्होंने कहा था,[130] ''आप चाहते हैं कि भारत कश्मीर की रक्षा करे, कश्मीर को भारत में सभी समान अधिकार मिलें, तुम भारत तथा भारतीयों को कश्मीर में समान अधिकार नहीं देते। मैं भारत का कानून मंत्री हूँ, मैं राष्ट्रीय हितों को धोखा देने में भागीदार नहीं बन सकता।'' सरदार पटेल इस अनुच्छेद के पक्ष में न थे। कांग्रेस की कार्यकारिणी बैठक में इसका डटकर विरोध हुआ। इस समय सरदार

पटेल के व्यक्तिगत सचिव वी. शंकर आई.ए.एस. थे, जिसके रिकॉर्ड से ज्ञात होता है कि इस पर उसने कांग्रेस कार्यकारिणी समिति की आलोचना पर व्यंग्य में कहा, 'अब नेहरू रोएगा।' अनुच्छेद पारित होने के समय पं. नेहरू संयुक्त राज्य अमेरिका में थे। उन्होंने बेशर्म हो सरदार पटेल को फोन किया तथा इस अनुच्छेद को अस्थायी रूप से पारित करवाने को कहा।

विघटनकारी अनुच्छेद 370

इस अनुच्छेद में भारत के संविधान में कश्मीर को एक विशिष्ट तथा अलग स्थान दिया गया। इसमें कश्मीर के लिए एक अलग संविधान की स्वीकृति दी गई, जिसमें भारत का कोई भी कानून, यहाँ की विधानसभा द्वारा पारित होने पर ही लागू हो सकेगा अर्थात् भारत में दो संविधान, दो प्रधान और दो निशान को मान्यता दी गई। इसमें केवल भारत के पास सुरक्षा, विदेशी मामले, वित्त तथा संचार व्यवस्था रहेगी। अब नागरिकता भी दुहरी होगी। भारत का कोई भी नागरिक, यहाँ न कोई संपत्ति का स्वामी होगा और न ही कोई भूमि खरीद सकेगा। कश्मीर जाने के लिए परमिट की अनिवार्यता की गई। शेख अब्दुल्ला को प्रधानमंत्री बनाया गया।

स्वाभाविक है कि इस अनुच्छेद का व्यापक विरोध हुआ। इसे वीभत्स, अक्षम्य, आत्मघाती निर्णय तथा देश की भावी राष्ट्रीय एकता के लिए संकट देनेवाला बताया गया। भारत के न्यायाधीश डी.डी. वसु ने इसे असंवैधानिक तथा राजनीति-प्रेरित कहा। इंस्टीट्यूट ऑफ पीस एंड कन्फिल्ट स्टडीज के प्रसिद्ध विद्वान् पी.आर. चाटी ने कश्मीर के बारे में पं. नेहरू की ऐतिहासिक गलतियों का सार रूप में वर्णन किया।

अनुच्छेद 370 के दुष्परिणाम

वस्तुतः पं. नेहरू की अविवेकपूर्ण एवं ढुलमुल नीति ने पाकिस्तान की राजनैतिक आकांक्षाओं का जाग्रतः किया। इस अनुच्छेद के लिए पं. नेहरू को उत्तरदायी माना गया,[131] जिसका परिणाम 1965 का भारत पाक युद्ध था। इस अनुच्छेद ने जम्मू-कश्मीर को भारत से अलग ही नहीं किया, बल्कि कुछ कट्टरवादियों को भारत विरोधी विष वमन की खुली छूट दे दी। यह वही अनुच्छेद है, जो भारतीय संसद् द्वारा जम्मू-कश्मीर को भारत का अंग घोषित करनेवाले प्रस्ताव का मखौल उड़ाता है। इसके शीघ्र ही दुष्परिणाम हुए। इस विभेदकारी नीति के कारण भारतीय जनसंघ (अब भारतीय जनता पार्टी) के एक महान् नेता डॉ. श्यामाप्रसाद मुखर्जी ने कश्मीर आंदोलन किया तथा परमिट तोड़कर वे ऊधमपुर पहुँचे, जहाँ उन्हें श्रीनगर जेल में डाल दिया, जहाँ उनका बलिदान हुआ। भारत सरकार अथवा कश्मीर सरकार ने उनकी जेल में अचानक मृत्यु

की कोई जाँच-पड़ताल नहीं की। संभवतः पं. नेहरू को अपनी गलती का अहसास हुआ तथा शेख अब्दुल्ला को जेल में डाल दिया, परंतु अप्रैल, 1964 में पुनः रिहा कर दिया गया। अनुच्छेद 370 देश की भावी पीढ़ी के लिए भारत से कश्मीर को जोड़ने में बाधक बना। कर्नल तेज कुमार टक्कू के अनुसार इससे भारत तथा कश्मीर के बीच एक भावात्मक तथा मनोवैज्ञानिक दीवार खड़ी हो गई।

कांग्रेस सरकार ने राजनीति प्रेरित हो, मुसलिम तुष्टीकरण की नीति अपनाई, जन आक्रोश को शांत करने के लिए, समस्या के स्थायी हल की बजाय लीपा-पोती करने का प्रयत्न किया। देश की प्रधानमंत्री इंदिरा गांधी ने 1974 में पुनः शेख अब्दुल्ला से दोस्ती कर उसे कश्मीर का मुख्यमंत्री बना दिया। यही दोस्ती प्रधानमंत्री राजीव गांधी व फारूक अब्दुल्ला के बीच चलती रही। संभवतः इसी का परिणाम कांग्रेस नेता राहुल गांधी तथा उमर अब्दुल्ला की दोस्ती है। कश्मीर राज्य को विशेष स्थिति मिलने से वहाँ से निरंतर कश्मीरी हिंदुओं का निष्कासन तथा पलायन हुआ। 1989 में भारी जनसंख्या में हिंदुओं को वहाँ से भारत आना पड़ा। इसके परिणामस्वरूप कश्मीर घाटी में हिंदुओं की संख्या बहुत कम हो गई। अटलबिहारी वाजपेयी के सत्ता काल में कारगिल संघर्ष भी इसी विभेदकारी अनुच्छेद का परिणाम था। जनता में असंतोष देख डॉ. मनमोहन सिंह ने भी लीपा-पोती की स्थिति अपनाई। मई, 2006 में समस्या के अध्ययन हेतु कई दल बनाए, पर किंचित भी सफलता न मिली। मई, 2010 में डॉ. मनमोहन सिंह ने अलगाववादियों के साथ हिंसक कार्यवाहियों को रोकने के लिए अस्पष्ट प्रयास किए।[132] भारत सरकार के सैनिक दल भी वहाँ पूर्ण शांति स्थापित न कर सके। हिंदू-मुसलिम संघर्ष बढ़ा। एक ओर कश्मीर में पाकिस्तानी घुसपैठ तथा आतंकवादी बढ़े, वहीं कश्मीर में अलगाववादी तत्त्वों ने सिर उठाया। अलगाववादी हुर्रियत नेताओं ने स्वतंत्र कश्मीर की मांग को तीव्र गति से फैलाया। कश्मीर का तत्कालीन मुख्यमंत्री उमर अब्दुल्ला भी अहंकार वाणी में कहने लगा कि अनुच्छेद 370 को कोई भी प्रधानमंत्री नहीं बदल सकता। देशव्यापी असंतोष देख सोनिया गांधी की सरकार ने 10 अक्तूबर, 2010 को समस्या का समाधान ढूँढ़ने के लिए तीन विद्वानों की एक समिति गठित की। कमेटी पर करोड़ों रुपए व्यय हुआ। एक साल बाद अर्थात् अक्तूबर, 2011 में समिति ने अपनी रिपोर्ट गृह मंत्रालय को सौंपी।[133] समिति ने न केवल अनुच्छेद 370 को स्थायी करने को कहा, बल्कि भारत के कश्मीर में लगे सुरक्षा बलों को तुरंत हटाने तथा पाकिस्तान द्वारा हस्तगत कश्मीर को 'पाक-प्रशासित कश्मीर' मानने का सुझाव दिया। संक्षेप में यह नई सोच वाली कमेटी की रिपोर्ट, अनुच्छेद 370 से भी अधिक विनाशकारी, विघटनकारी तथा राष्ट्रघातक बताई गई।

संविधान समीक्षा हेतु समितियाँ

यदि संक्षिप्त में 26 जनवरी, 1950, जबसे भारतीय संविधान लागू हुआ, गत 10 मई, 2013 तक राज्यसभा में प्रस्तावित राजीव प्रताप रूडी के संविधान संशोधन संबंधी बिल तक विचार करें तो भारतीय संविधान के विभिन्न अनुच्छेदों के प्रति भारतीय जनमानस में बड़ी बेचैनी रही है। इसका मुख्य कारण विदेशी संविधानों की नकलकर थोपा गया संविधान, भारतीय जनमानस को किंचित भी स्पर्श न कर पाया और न ही यह प्रासंगिक उपयोगी बन पाया। उपरोक्त वर्णित कुछ प्रमुख विषयों के अलावा 356 अनुच्छेद का दुरुपयोग, दल-बदल की प्रवृत्ति तथा भ्रष्ट राजनीतिक सांसद, विधान-सभाओं के सदस्यगण, केंद्र-राज्यों के पारस्परिक संबंध, व्यवस्थापिका तथा न्यायपालिका के संबंध, महँगा न्याय, वित्तीय झगड़े, गरीब-अमीर की बढ़ती खाई, शिक्षा तथा भाषा के झगड़े आदि अनेक प्रश्न भारतीय जनमानस को झकझोरते हैं।

गत पिछले दशक में संसदीय या अध्यक्षीय शासन प्रणाली, राज्यपालों तथा प्रधानमंत्री के सीधे चुनाव की माँग, मुख्य न्यायधीश की सीधी नियुक्ति, स्वतंत्र चुनाव आयोग, स्वतंत्र सी.बी.आई. की रचना, लोकायुक्त की नियुक्ति, महिलाओं की सुरक्षा, अल्पसंख्यकों तथा आरक्षण से जुड़े प्रश्न आदि अनेक विषयों ने भारतीय जनमानस को आंदोलित किया है।

पंडित जवाहरलाल नेहरू, श्रीमती इंदिरा गांधी तथा राजीव गांधी के काल में भारत के संविधान में 58 संशोधन पारित हुए, जिनमें 32 संशोधन अकेले इंदिरा गांधी के काल में हुए। 2000 ई. तक 79 संशोधन हुए, जिसमें 69 कांग्रेस के प्रधानमंत्री काल के हैं। यह बताना अनुपयुक्त न होगा कि अमेरिका संविधान में पिछले दो सौ से भी अधिक वर्षों में केवल 27 संशोधन हुए हैं। इस संदर्भ में समय-समय पर संविधान में संशोधन, परिवर्तन या समीक्षा के लिए सात बार समितियाँ या आयोग का गठन हुआ है।

सरसरी नजर से देखने पर ज्ञात होता है कि पहली समिति 1950-51 में ही बनी, जिसके सुझाव पर संविधान में नई सूची जोड़ी गई तथा इसके साथ कुछ विषय न्यायालय की समीक्षा से सुरक्षित रखे गए। दूसरी समिति 1954 में बनी, जिसमें न्यायालयों को सरकार के अधीन रखने का सुझाव था, जो स्वीकृत न हुआ। तीसरी समिति 1967 में बनी, जिसमें संविधान के मूल चरित्र तथा मौलिक अधिकारों की पहली बार विस्तृत व्याख्या की गई। चौथी समिति 1976 में इंदिरा गांधी के आपातकाल में बनी, जिसमें भारतीय लोकतंत्र को कमजोर तथा पंगु करने के कई उपाय बताए गए थे। पाँचवीं समिति ने संविधान में 43वें तथा 44वें संशोधन विधेयक पास किए। छठी समिति 1980 में संविधान की पुनः समीक्षा करने के लिए रणजीत सिंह सरकारिया, सर्वोच्च न्यायालय के मुख्य न्यायाधीश की अध्यक्षता में गठित की गई। इसमें केंद्र तथा राज्य में संबंधों के

लिए एक आचार संहिता भी बनाई गई, परंतु उसे लागू नहीं किया। इसी संदर्भ में भारतीय संविधान की समीक्षा तथा पुनरावलोकन के लिए श्री अटलबिहारी वाजपेयी के प्रधानमंत्री काल में जनवरी, 2000 में सर्वोच्च न्यायालय के मुख्य न्यायाधीश श्री एम.एन. वेंकटचलैया की अध्यक्षता में 11 सदस्यों का एक आयोग बना,[134] जिसने अपनी रिपोर्ट 1976 पृष्ठों तथा 249 सुझावों/सिफारिशें के साथ भेजी, जिस पर सत्ता परिवर्तन से कोई विचार न हुआ। इस आयोग ने दल-बदल की समस्या, गरीबी दूर करने के उपाय, शक्ति का विकेंद्रीकरण, मूल अधिकारों पर विचार, राज्य के नीति निदेशक तत्त्वों को प्रभावी बनाना तथा वित्तीय नीति से जुड़े प्रश्नों पर विचार किया। उल्लेखनीय है कि इस आयोग के गठन का मुख्य विरोधी दल कांग्रेस द्वारा कड़ा प्रतिरोध हुआ।

भारतीय संविधान की आलोचना

भारत का संविधान विश्व का सबसे विस्तृत संविधान है। इस संविधान में 90,000 शब्द हैं, जबकि अमेरिका के संविधान में 4 हजार शब्द हैं तथा ब्रिटेन का संविधान अलिखित माना जाता है। बी.डी. बसु ने इसे विश्व का सबसे विस्तृत तथा प्रसिद्ध संविधान विशेषज्ञ एम.बी. पाइली ने इसे हाथी जैसा भारी-भरकम बतलाया है, परंतु यह भी सत्य है कि इस हाथी के दाँत दिखलाने के और हैं और खाने के भिन्न हैं। गत 65 वर्षों से जब से यह संविधान बना, निरंतर कटु से कटुतर आलोचना का विषय बना रहा है।

यह कटु सत्य है कि भारतीय संविधान संस्कृति, चिंतन, दर्शन तथा ऐतिहासिक अनुभवों पर नहीं बनाया गया है। इसकी जड़ें भारत की संस्कृति तथा अध्यात्म में न होने के कारण व्यवहार में इतना कारगार साबित न हुआ। जहाँ यह संविधान भारत की हजारों साल पुरानी संस्कृति से कोई लाभ न उठा पाया और न ही हजारों ग्रंथ लिखे संस्कृत साहित्य से। अत: अनेक भारतीयों तथा प्रबुद्ध विदेशियों का लगता है कि यह भारत का संविधान हो ही नहीं सकता। संविधान में कहीं भी नाम के लिए भारतीय संस्कृति, धर्म, नैतिकता, अध्यात्मिकता अथवा राष्ट्र शब्द तक का प्रयोग भी नहीं हैं, जो अतीत में भारत की विश्व प्रमुख देन रही है।

यह पहले ही बताया गया है कि भारतीय संविधान का महात्मा गांधी के चिंतन, दर्शन तथा संघर्ष से भी कोई संबंध नहीं है। गांधीजी सदैव वर्तमान संसदीय प्रजातंत्र को अभारतीय तथा अमनोवैज्ञानिक मानते रहे हैं। वस्तुत: यह संविधान के विपरीत चिंतन का परिचायक है। गांधीजी ने कांग्रेस का विघटन करके, ग्राम पंचायतों के आधार पर राष्ट्र निर्माण का स्वप्न लिया था,[135] जो न पं. नेहरू को मंजूर था और न ही डॉ. बी.आर. अंबेडकर को। अत: महात्मा गांधी की ग्राम पंचायतें तथा ग्राम स्वराज की कल्पना,

कल्पना ही बन कर रह गई।

उपरोक्त संविधान भारत रत्न डॉ. बी.आर.अंबेडकर के प्रजातांत्रिक सिद्धांतों पर भी आधारित नहीं है। इसमें कोई संदेह नहीं है कि भारत रत्न डॉ. बी.आर. अंबेडकर का भारत संविधान बनाने में अत्यंत महत्त्वपूर्ण योगदान रहा, परंतु इसमें उनकी आत्मा न थी। संविधान के ड्राफ्ट बनाने के लिए सात सदस्यों की डॉ. अंबेडकर के नेतृत्व में ड्राफ्ट कमेटी नियुक्त की गई थी, परंतु एक-आध सदस्यों को छोड़कर प्राय: इसकी प्रक्रिया के प्रति उदासीन थे। संविधान सभा के एक प्रमुख सदस्य टी.टी. कृष्णामाचारी (चैन्नई) का कथन उल्लेखनीय है, जिसमें उन्होंने बतलाया कि कमेटी में सात व्यक्ति नियुक्त किए गए थे। एक सदस्य ने त्याग-पत्र दे दिया जो बदला गया। एक की मृत्यु हो गई तथा उसकी स्थान पूर्ति न हुई। एक अमेरिका चला गया तथा उसका स्थान भरा नहीं गया। एक अन्य राज्य के कार्य में व्यस्त रहा। एक अन्य दिल्ली से दूर था तथा स्वास्थ्य ठीक न होने की वजह से भाग न ले सका। अत: संविधान निर्माण का कार्य एक व्यक्ति डॉ. बी.आर. अंबेडकर के कंधों पर आ पड़ा और इस जिम्मेदारी के कार्य के लिए हम उनके ऋणी हैं।[136]

डॉ. अंबेडकर ने भी संविधान बनने पर इसे मन से स्वीकार न किया। उन्होंने 1953 में कहा,[137] लोग प्राय: कहते हैं कि मैं भारतीय संविधान का निर्माता हूँ। मेरा जवाब है कि मैं तो हीक् था। मुझे जो करने को कहा, मैंने इच्छा के विरुद्ध किया। उन्होंने पुन: कहा, महानुभाव, मेरे मित्र कहते हैं कि मैंने संविधान बनाया। मैं यह कहने के लिए बिल्कुल तैयार हूँ कि मैं पहला व्यक्ति हूँगा, जो इसे जला देगा। मैं इसे नहीं चाहता। यह संविधान किसी भी व्यक्ति के लिए उपयुक्त नहीं है। जब पंजाब के एक सदस्य डॉ. अनूप सिंह ने पूछा,[138] 'आप इसे जलाना क्यों चाहते हैं?' इसके उत्तर में डॉ. अंबेडकर ने पुन: कहा, आप इसका उत्तर चाहते हैं, हमने देवता के आगमन तथा उसके आगमन के लिए एक मंदिर बनाया, परंतु इससे पूर्व की देवता वहाँ स्थापित हों, असुरों ने उस स्थान पर कब्जा कर लिया। अब क्या किया जा सकता है? सिवाय इसके कि मंदिर का ध्वंस कर दिया जाए।

इतना ही नही, भारतीय संविधान सभा के अध्यक्ष डॉ. राजेंद्र प्रसाद भी समय-समय पर उसकी कार्यवाही से क्षुब्ध रहे; यहाँ तक कि 24 नवंबर, 1949 को भारतीय संविधान की प्रति पर हस्ताक्षर करते हुए अपना क्षोभ प्रकट करते हुए कहा कि भारत के संविधान की मूल प्रति किसी भी भारतीय भाषा में न होकर अंग्रेजी में है तथा भारतीय संविधान में किसी भी संसद् सदस्य या विधानसभा के उम्मीदवार के लिए कोई भी शिक्षा की शर्त नहीं रखी गई है। डॉ. राजेंद्र प्रसाद ने सर्वप्रथम स्वयं अपने हस्ताक्षर भारतीय संविधान की प्रति पर हिंदी में किए।[139]

भारतीय संविधान के बनते ही इसकी चहुँ ओर कटु तथा तत्कालीन नेताओं की आशा के विपरीत प्रतिक्रिया हुई। इसे प्रासंगिकता तथा उपयोगिता के प्रतिकूल बताया। इसे यूरोपीयन संविधान, यूरोपीयन-अमेरिकन संविधान, स्वतंत्रता के पश्चात् पृथक् कर ब्रिटेन द्वारा भारतीय संविधान, कांग्रेस के हिसाब से बना संविधान, आपा-धापी से बना संविधान आदि कहा गया। कुछ ने इसे 'द्वितीय नेहरू रिपोर्ट' कहते हुए कहा कि इससे लगता है कि अंग्रेज भारत से गए नहीं है।[140] एक विद्वान् ने इसे 'एक समझौता' कहा, जिसमें समझौते के सभी अवगुण हैं।[141] एक अन्य प्रमुख विद्वान् ने कहा कि यह ऐसा संविधान है, जिसमें प्राचीन संस्कृति का कोई संदर्भ नहीं, जिसमें धर्म शब्द का प्रयोग नहीं तथा जो विदेशी आदर्शों के अनुरूप है।[142] कुछ ने तो इसके निर्माण में लार्ड माउन्टबेटन, पं. नेहरू तथा आई.सी.एस. अधिकारी श्री बी.एन.राव को ही शामिल बतलाया।

यहाँ यह भी उल्लेखनीय है कि डॉ. अंबेडकर ने संविधान सभा में स्वीकार किया कि भारत के साम्यवादियों तथा समाजवादियों ने भारतीय संविधान को पसंद न किया। भारतीय साम्यवादियों ने तो दोगली नीति अपनाते हुए, अतिरेक भाषामें इसे 'गुलाम संविधान', फासिस्टवादियों द्वारा थोपा संविधान, राष्ट्र का गलाघोंटू संविधान तथा नरभक्षी संविधान भी कह डाला।

अनेक भारतीय तथा विदेशी विचारकों शोधकर्ताओं, देश के नेताओं, भारतीय संविधान सभा के रहे सदस्यों ने इसकी प्रासंगिकता तथा स्वरूप पर विचार व्यक्त किए। सर्वाधिक आलोचना का विषय इसमें भारतीय संस्कृति के पूर्ण अभाव को बतलाया गया। कुछ ने इसकी आलोचना तत्कालीन भारत में संसदीय प्रणाली के व्यावहारिक स्वरूप को देखकर की। भारतीय संविधान के एक प्रमुख सदस्य श्री के.एम. मुंशी ने, जिन्होंने पहले संसदीय प्रणाली पर अत्यधिक बल दिया था, 1967 में संविधान की समीक्षा का प्रश्न उठाते हुए कहा कि यदि उन्हें भारत का संविधान बनाने का पुन: मौका मिला तो वह संयुक्त राज्य अमेरिका की भाँति अध्यक्षीय प्रणाली का समर्थन करेंगे। प्रसिद्ध विद्वान् धर्मपाल ने संविधान पर फिर से सोचने तथा गाँवों को अपने राजनैतिक ढाँचे में स्थान देने का कहा है।[143] प्रसिद्ध विख्यात पत्रकार प्रभाष जोशी ने भारत के संविधान को 'कबाइलियों के जंगल में भटकता लोकतंत्र' कहा है।[144] विद्वान् भामिनी सेन गुप्ता ने आक्रोश में लिखा है,[145] ''प्रजातंत्र, झूठों, अर्धसत्यों, चालाकियों तथा षड्यंत्र के चार पहियों पर अब नहीं चलेगा।'' 1992 में संविधान और राष्ट्रीय एकता विषय पर बोलते हुए श्री लालकृष्ण आडवाणी ने इसकी कटु आलोचना की। इसी भाँति 1997 में श्री अटलबिहारी वाजपेयी ने कहा कि भारतीय संविधान परिस्थितियों की उपज है। इससे पूर्व संविधान की पद्धतियों का अध्ययन नहीं किया गया। यह संविधान हड़बड़ी से बना है।

संक्षेप में एक भारतीय चिंतक ने भारतीय संविधान की गत वर्षों की समीक्षा करते हुए इसे 'निर्धनतम वर्ग को सामाजिक, आर्थिक और राजनीतिक न्याय दिलाने में अक्षम, कार्यपालिका व्यावहारिक रूप से प्रभुत्त्वशाली वर्ग की पिछल्लगू, लचर न्यायप्रणाली, जिसमें गरीब तबके के तनाव की घोर उपेक्षा, राज्य के नीति निदेशक तत्त्व मात्र आदर्शरूप में सुशोभित तथा राजनैतिक नेतृत्व को पूर्ण भ्रमित मानसिकता से पूर्ण माना है।[146]

निष्कर्ष

विचारणीय गंभीर प्रश्न है कि क्या गत 67 वर्षों पूर्व बना हमारा भारतीय संविधान भारतीय जन समाज की समस्याओं तथा आकांक्षाओं की पूर्ति करने में सक्षम हो सका? यह कटु सत्य है कि पुरानी व्यवस्थाएँ चरमरा रही हैं। लगभग पिछले दस वर्षों (2004-2014) में देश तेजी से अस्थिर की अवस्था की ओर बढ़ा, देश-विदेश में भारत की छवि धूमिल हुई है। चारों ओर व्याप्त भ्रष्टाचार, घोटालों, कालेधन की कोई सीमा न रही है। साथ ही गरीबी, भुखमरी, कुपोषण तथा बेरोजगारी रसातल तक पहुँच गई है। राजनेताओं द्वारा वोट बैंक के द्वारा चुनाव जीतना, संविधान की सफलता का सबसे बड़ा मापदंड समझा जाने लगा है। सांस्कृतिक ह्रास तथा नैतिक पतन तेजी से बढ़ा है। लोक संस्कार, लोक कल्याण तथा लोक निर्माण देश की उन्नति तथा प्रगति के सबसे पिछले पायदान पर पहुँच गया है। भारतीय ग्राम तथा ग्रामवासी वही खड़े हैं, जहाँ स्वतंत्रता के समय थे।[147] भारतीय संविधान अप्रासंगिक बन गया है।

यह भी सच है कि भारत का संविधान गुलाम भारत में औपनिवेशिक मानसिकता से ग्रसित व्यक्तियों द्वारा गढ़ना प्रारंभ हुआ था। यह संविधान ब्रिटिश सरकार द्वारा निहित संभ्रांत वर्गों की देन मात्र था और देश के संभ्रांत वर्ग द्वारा थोपा संविधान था। कभी भी सामान्य व्यक्ति से नहीं पूछा गया कि वे इस संविधान को स्वीकार करता है या नहीं। यह उन भीषण तथा वीभत्स परिस्थितियों की देन है। जिसमें भारत तथा पाकिस्तान से एक करोड़ बीस लाख से भी अधिक जनसंख्या की क्रूर ढंग से अदला-बदली हो रही थी तथा जिसमें दोनों ओर से कई लाख लोग मारे गए तथा हजारों महिलाओं का अपहरण, बलात्कार हुआ था। अत: यह संविधान हड़बड़ी में बना था। आज की परिस्थितियाँ बिल्कुल भिन्न हैं। भारत की युवा पीढ़ी सजग है। यह संविधान भारत के तीस करोड़ की जनसंख्यावाले केवल 13 प्रतिशत मताधिकारों की अभिव्यक्ति था, जबकि आज भारत की जनसंख्या एक अरब पच्चीस करोड़ से भी अधिक हो गई है तथा मतदाता संख्या अत्यधिक बढ़ गई है। आज भारत का संविधान जन-आकांक्षाओं की कसौटी पर खरा उतरते नहीं दिख रहा है।

अत: समय की आवश्यकता है कि भारतीय संविधान का पुनर्चिंतन तथा आवश्यक

संशोधन हो। भारतीय जीवन मूल्यों तथा संस्कृति के अनुरूप संविधान में आमूल-चूल परिवर्तन हो। संविधान की एक गहन समीक्षा हो। अपेक्षित संशोधनों के लिए राष्ट्रव्यापी बहस हो अन्यथा भारत के लिए एक नवीन गणतंत्रात्मक संविधान बनाया जाए। आखिर वर्तमान संविधान कोई सृष्टिकर्ता ब्रह्माजी का वाक्य नहीं है, जिसे सुधारा या बदला न जा सके। आखिर इसमें हर्ज क्या है। संक्षेप में भारतीय संविधान ऐसा हो, जिसकी जड़ें अतीत में हों, वर्तमान की आवश्यकता की पूर्ति करे तथा भविष्य के लिए प्रेरक तथा मार्गदर्शक हो।

संदर्भ–

1. देवेंद्र स्वरूप, लेख, भटकाव की जड़ें संविधान ही है, पाञ्चजन्य, 17 अगस्त, 2008, पृ. 6-12
2. संत विजय कौशल महाराज, दृढ संकल्प सुनाएगा परिवर्तन की आहट, पाञ्चजन्य, 11 नवंबर, 2012, पृ. 10
3. केबिनट मिशन योजना की घोषणा तथा लार्ड वेवेल की घोषणा के लिए देखें, मैनसर एवं निकोलसन (स) कांसीटयूशनल रीलेशंस बिटवीन ब्रिटेन एंड इंडिया, द ट्रांसफर ऑफ पावर 1942-47, भाग—7, (नई दिल्ली, 1978) डॉक्यूमेंट न. 305, पृ. 582-91, चौधरी वाल्मीकि (स.) डॉ. राजेंद्र प्रसाद पेपर्स, भाग-4
4. साकेत प्रताप वर्मा, संविधान की पुनर्रचना जरूरी क्यों? राष्ट्रधर्म, जुलाई, 2009, पृ. 21
5. सुदर्शन अग्रवाल (स.) डॉ. बी.आर.अंबेडकर : द मैन एंड हिज मैसेज : ए कोमोमोरेटिव वाल्यूम नई दिल्ली 1900, देखें लेख डी.सी. अहीर, डॉ. बी.आर. अंबेडकर : द चीफ आरकिटेक्ट ऑफ द इंडियन कांस्टीट्यूशन, पृ. 113
6. कांस्टीट्यूशन एसेमबेली डिबेट (आगे केवल सी.ए.डी.), भाग-दो, पृ. 267
7. सी.ए.डी., भाग—एक, 9 दिसंबर, 1946, पृ. 1-11
8. साकेत प्रताप वर्मा, पूर्व उद्धरित, पृ. 21
9. सी.ए.डी., भाग-एक, 17 दिसंबर, 1946, पृ. 98-103
10. सी.ए.डी., भाग-दो, 22 जनवरी, हृदयनारायण दीक्षित, जनतंत्र की उम्मीदों का गणतंत्र, दैनिक जागरण, 26 जनवरी, 2013
11. श्री बालकृष्ण शर्मा, सी.ए.डी., भाग-4, पृ. 547, 14 जुलाई, 1947
12. बी.आर. आहलुवालिया, भाग-7, पृ. 39, 4 नवंबर, 1948
13. वही
14. सी.ए.डी., भाग-7, पृ. 361, 9 नवंबर, 1948
15. सी.ए.डी., भाग-ग्यारह, पृ. 987
16. 22 चित्रों के विषय में देखें, परिशिष्ट एक
17. सी.ए.डी. भाग-2, पृ. 267
18. सी.ए.डी. भाग-2, पृ. 267
19. वही, पृ. 267

20. वही, पृ. 267
21. देखें, ऐलिन कैंपवेल, मिशन विद माउन्टबेटन
22. पं. जवाहरलाल नेहरू, द डिस्कवरी ऑफ इंडिया, विश्व के अनेक विद्वानों ने पंडित नेहरू को नास्तिक माना है। देखें, रिचर्ड डोकिन्स, द गॉड डिलुज़न (ग्रेट ब्रिटेन, 2012) पृ. 66
23. दत्तोपंत ठेगंडी, डॉ. अंबेडकर और सामाजिक क्रांति की यात्रा (2006) पृ. 55
24. हरीजन, 15 फरवरी, 1948
25. द ट्रिब्यून, 15 अगस्त, 1966
26. कस्तूर चंद लालवाणी, इंडिया स्ट्रगल एंड कॉन्स्टिट्यूशन
27. सी.ए.डी., भाग ग्यारह, पृ. 616-17 17 नवंबर 1949
28. वही, भाग सात, पृ. 218, 5 नवंबर, 1948
29. वही, भाग सात, पृ. 218, 5 नवंबर, 1948
30. रामनारायण, फ्रीडम ऑफ इंडिया : ए होक्स (दिल्ली 1970) पृ. 88, देखें मुंबई में पारित प्रस्ताव, 28 जनवरी, 1950
31. कॉन्स्टिट्यूशनल डेवलपमेंट इन दा कॉमनवेल्थ, भाग एक, मैंबर कंट्रीज (1955) पृ. 31
32. सर थियोडोर सहे, द लीगेसी ऑफ लोकमान्य बाल गंगाधर तिलक
33. माइकेल ब्रीचर, नेहरू : ए पॉलीटिकल बायोग्रेफी (1959) पृ. 491
34. वही
35. डी.डी. बसु, कमेंट्री ऑन दा कॉन्स्टिट्यूशन ऑफ इंडिया, भाग एक (कलकत्ता, 1967) पृ. 66
36. सी.ए.डी., भाग दस पृ. 429-91 अक्तूबर, 1949
37. वही, पृ. 435
38. वही, पृ. 437
39. वही, पृ. 437
40. वही, पृ. 444
41. वही, पृ. 443
42. वही, पृ. 444
43. वही, पृ. 451
44. मॉडर्न रिव्यू., कलकत्ता, फरवरी 1950 पृ. 85-86
45. भारतीय संविधान (भारत सरकार 1985 सस्करण) भाग एक अनुछेद एक (i)
46. डॉ. निरंजन कुमार बोस, 'इंडिया बनाम भारत,' दैनिक जागरण, 3 अप्रैल, 2008
47. भारत का संविधान अनुच्छेद 344 (i) और अनुच्छेद 351
48. आर.के. सिंधव का वक्तव्य, सी.ए.डी. भाग ग्यारह, पृ. 924, 25 नवंबर, 1949
49. शिब्बन लाल सक्सेना, सी.ए.डी. भाग सात, पृ. 415, 5 नवंबर, 1948
50. अनंत शयनम आयंगर, सी.ए.डी. भाग सात, पृ. 398-99, 15 नवंबर, 1948
51. बी.आर. अंबेडकर, सी.ए.डी. भाग सात, पृ. 401-2, 15 नवंबर, 1948
52. नजीरुद्दीन अहमद, सी.ए.डी. भाग सात, पृ. 421, 15 नवंबर, 1948
53. के.टी.शाह, सी.ए.डी. भाग सात, पृ. 399, 15 नवंबर, 1949
54. वी.आर. अंबेडकर, सी.ए.डी. भाग सात, पृ. 43, 4 नवंबर, 1948; दुर्गादास बसु. पूर्व उद्धरित,

भाग एक (अनुच्छेद 1-19 तक) (कलकत्ता 1965) पृ. 74-76
55. सेठ गोविंद दास, सी.ए.डी. भाग सात, पृ. 223, 5 नवंबर, 1948
56. मुख्य रूप से देखें, इंग्लैंड, संयुक्त राष्ट्र अमेरिका, टर्की तक इस्त्रायल के संविधान
57. डॉ. आशीर्वादी लाल श्रीवास्तव, मध्यकालीन भारतीय संस्कृति पृ. 5; डॉ. आशीर्वादी लाल श्रीवास्तव, भारत का इतिहास (1000-1707) (आगरा, 1955); एस. सी. मित्तल, मुसलिम शासक तथा भारतीय जन समाज (नई दिल्ली, 2007) पृ. 121
58. भारतीय संविधान (1985 संस्करण) पृ. 5-7
59. बी.आर. अंबेडकर सी.ए.डी. भाग सात, पृ. 34, 4 नवंबर, 1948
60. गजेट एक्स्ट्रा ऑर्डीनरी, भाग एक सेक्सन एक नं. 4/11/48 4 दिसंबर, 1948 पुनः उल्लेखित, ए.आई.आर. एजेंसी, नागपुर 1959
61. भगवान् सिंह, प्रॉब्लम्स ऑफ इंडियन नेशनलिज्म (चंडीगढ़ 2009) पृ. 87-94
62. सी.ए.डी. भाग सात, पृ. 40, 4 नवंबर, 1948
63. सी.ए.डी. भाग सात, पृ. 40, 4 नवंबर, 1948
64. सी.ए.डी. भाग सात, पृ. 40, 4 नवंबर, 1948
65. सी.ए.डी. भाग सात, पृ. 712, 1 दिसंबर, 1948
66. सी.ए.डी. भाग सात, पृ. 610, 28 नवंबर, 1948
67. सी.ए.डी. भाग सात, पृ. 669, 29 नवंबर, 1948
68. देखें, भारतीय संविधान का अनुच्छेद 37वाँ
69. देखें, ड्राफ्ट संविधान (अनुच्छेद 28-40)
70. बी.एन. राव, इंडियन कॉन्स्टिट्यूशन इन द मैकिंग (दिल्ली 1960) पृ. 249
71. सी.ए.डी. भाग सात, पृ. 494, 19 नवंबर, 1948
72. सी.ए.डी. भाग सात, पृ. 41, 19 नवंबर, 1948
73. सी.ए.डी. भाग सात, पृ. 41, 19 नवंबर, 1948
74. सी.ए.डी. भाग सात, पृ. 41, 19 नवंबर, 1948
75. सी.ए.डी. भाग सात, पृ. 44, 19 नवंबर, 1948
76. सी.ए.डी. भाग सात, पृ. 41, 19 नवंबर, 1948
77. सी.ए.डी. भाग सात, पृ. 473, 19 नवंबर, 1948
78. सी.ए.डी. भाग सात, पृ. 526-27, 22 नवंबर, 1948
79. सी.ए.डी. भाग सात, पृ. 565-81, 24 नवंबर 1948
80. देखें गांधीजी का भाषण, 2 अक्तूबर, 1947, प्रार्थना सभा में
81. हरीजन 15 फरवरी, 1948 का अंक
82. यह पुस्तक पं. नेहरू ने नैनी जेल में लिखी थी
83. देखें, गांधीजी का पत्र पं. नेहरू का 5 अक्तूबर, 1945
84. पं. नेहरू के पत्र का उत्तर गांधीजी द्वारा 9 अक्तूबर, 1945
85. सी.ए.डी. भाग सात, पृ. 39, 4 नवंबर, 1948
86. चार्ल्स मैटकाफ के लिए देखें, एस.सी. मित्तल, भारत का सामाजिक-आर्थिक इतिहास (1857-1947) (पंचकुला, 2005) पृ. 146
87. सी.ए.डी. भाग सात, पृ. 285, 6 नवंबर, 1948

88. सी.ए.डी. भाग सात, पृ. 285, 6 नवंबर, 1948
89. सी.ए.डी. भाग सात, पृ. 256, 6 नवंबर, 1948
90. सी.ए.डी. भाग सात, पृ. 315-16, 8 नवंबर, 1948
91. सी.ए.डी. भाग सात, पृ. 257, 6 नवंबर, 1948
92. सी.ए.डी. भाग सात, पृ. 524, 22 नवंबर, 1948
93. सी.ए.डी. भाग सात, पृ. 523, 22 नवंबर, 1948
94. सी.ए.डी. भाग सात, पृ. 256, 6 नवंबर, 1940
95. सी.ए.डी. भाग सात, पृ. 219, 5 नवंबर, 1946
96. सी.ए.डी. भाग सात, पृ. 530, 23 नवंबर, 1948
97. वही
98. वही, भाग सात, पृ. 568-69, 24 नवंबर, 1948
99. वही
100. वही
101. वही, भाग सात, पृ. 571-72, 24 नवंबर, 1948
102. वही
103. वही भाग सात, पृ. 575, 24 नवंबर, 1948
104. वही भाग सात, पृ. 334, 8 नवंबर, 1948, श्री अल्लादी ने कहा 'Democratic India is only a top dressing on Indian Soil.'
105. वही भाग सात, 521, 22 नवंबर, 1948
106. मीरा कुमार का कथन, दैनिक जागरण, 29 जनवरी 2013
107. सतीशचंद्र मित्तल, 'जहाँ के तहाँ हैं गाँव और गाँववासी पाञ्चजन्य, 23 जून, 2013
108. सी.ए.डी. भाग सात, पृ. 19, 4 नवंबर, 1948, भाषा के मुद्दे पर अगला अध्याय भी देखें।
109. वही, भाग सात, पृ. 22, 4 नवंबर, 1948
110. वही, भाग सात, पृ. 22, 4 नवंबर, 1948
111. वही, भाग सात, पृ. 26-27, 4 नवंबर, 1948
112. वही, भाग सात, पृ. 279-80, 6 नवंबर, 1948
113. वही, भाग ग्यारह, 24 नवंबर, 1948
114. वही, भाग चार, पृ. 739-41, 22 जुलाई, 1947
115. वही, भाग चार, पृ. 742, 22 जुलाई, 1947
116. वही, भाग चार, पृ. 743-44, 22 जुलाई, 1947
117. वही, भाग चार, पृ. 745-46, 22 जुलाई, 1947
118. वही, भाग चार, पृ. 748-49, 22 जुलाई, 1947
119. वही, भाग सात, पृ. 223, 5 नवंबर, 1948
120. वही, भाग सात, पृ. 415, 15 नवंबर, 1948
121. वही, भाग पाँच, पृ. 23, 15 अगस्त, 1947
122. वही, भाग सात, पृ. 222, 5 नवंबर, 1948
123. वही, भाग सात, पृ. 415, 15 नवंबर, 1948
124. वही, भाग बारह, पृ. 1, 24 जनवरी, 1950

125. विस्तार के लिए अध्याय चार देखें।
126. सतीश चंद्र मित्तल, 'काश्मीर और पंडित नेहरू की पाँच अक्षम्य भूलें' पाञ्चजन्य, 25 अक्तूबर, 2010
127. देखें हरवंस सिंह, महारागा हरिसिंह टू ट्रवल्स ईयर्स
128. अमिताभ माटू, द हिंदू, 6 दिसंबर, 2013 : (ओ.पी.कपूर, कश्मीर कन्विक्संस बीट्रेड : लीगे सीज ऑफ अब्दुल्ला : नेहरू नेक्सेस (चण्डीगढ़, 1995) पृ. 59-61
129. आशुतोष (सं.) जम्मू कश्मीर : तथ्य, समस्याएँ और समाधान (जम्मू. 2011) पृ. 11
130. वही, पृ. 11
131. मेजर जनरल शेरू थपिलियाल, 'द अंटोल्ड स्टोरी', इंडियन डिफेंस रिव्यू, 23 जुलाई, 2014
132. के.एन. पंडित, 'कश्मीर टाक्स', इंटर्नल इंडिया, भाग दो जुलाई, 2010
133. रिपोर्ट का नाम, 'ए. न्यू कॉपैक्ट विद द पिपुल ऑफ जम्मू एंड कश्मीर'
134. द हिंदुस्तान टाइम्स, 22 फरवरी तथा 23 फरवरी, 2002
135. गांधीजी ने अपनी हत्या से पूर्व भारत के लिए एक संविधान बनाया था, जो उनकी मृत्यु के पश्चात् 15 फरवरी, 1948 में प्रकाशित हुआ था। देखें हरीजन
136. सी.ए.डी. भाग सात, 4 नवंबर, 1948
137. देखें, राज्य सभा की कारवाई, 2 सितंबर, 1953
138. देखें, राज्य सभा की कारवाई, 19 मार्च, 1955
139. सी.ए.डी. भाग ग्यारह, 24 नवंबर, 1949, देखें परिशिष्ट दो
140. सी.ए.डी. भाग ग्यारह, पृ. 613, देखें, आर.के. सैंधव का कथन
141. सी.ए.डी. भाग ग्यारह, पृ. 703, 19 नवंबर, 1949 प्रो. शिब्बन लाल सक्सेना के विचार
142. सी.ए.डी. भाग ग्यारह, पृ. 715
143. देखें, जनसत्ता जनवरी 1987 धर्म पाल का लेख
144. वही
145. भामिनी सेन गुप्ता, 'इट्स टाइम्स फॉर न्यू रिपब्लिक' द हिंदुस्तान टाइम्स, 4 मार्च, 1996
146. राष्ट्रीय सहारा, 20 फरवरी, 2002
147. सतीश चंद्र मित्तल 'जहाँ के तहाँ हैं गाँव और गाँववासी,' पाञ्चजन्य, 6 जनवरी, 2013

□

3

शिक्षा, भाषा तथा पाठ्य पुस्तकें

विश्व के प्रत्येक राष्ट्र का अपना व्यक्तित्व, वैशिष्ट्य तथा गुणों का समावेश होता है। स्वामी विवेकानंद ने फ्रांसीसी चरित्र का मेरुदंड राजनीतिक स्वतंत्रता, अमेरिका का व्यक्तिगत स्वतंत्रता, अंग्रेजों का व्यावसायिक बुद्धि माना है तथा इसी भाँति हिंदू चरित्र का वैशिष्ट्य आध्यात्मिक स्वतंत्रता तथा मुक्ति बतलाया है। भारत में सदैव धर्म का व्यापक अर्थ में प्रयोग हुआ है। उन्होंने भारत में धर्म को राष्ट्रीय आत्मा[1] तथा इसे राष्ट्रीय जीवन संगीत का स्थायी स्वर बतलाया है। योगिराज अरविंद ने भी भारतीय जीवन प्रणाली का आधार आध्यात्मिकता तथा धार्मिक चिंतन बतलाया है तथा धर्म को 'संस्कृति का सत' कहा है। अतः भारतीय जीवन सदैव दर्शन, आध्यात्मिकता, धर्म तथा संस्कृति से ओत-प्रोत रहा है तथा शिक्षा इन सबका केंद्र बिंदु तथा चिंतन का आधार रही है।

ऐतिहासिक विरासत

सामान्यतः वैदिक काल से लेकर 18वीं शताब्दी तक भारतीय शिक्षण-चिंतन का आधार धर्म अथवा नैतिक जीवन मूल्यों का संरक्षण रहा। गुरु-शिष्य के गहरे संबंध, सामूहिक जीवन तथा परिश्रमी जीवन इसका मार्ग रहा। इसी पद्धति से कृष्ण, सुदामा अर्जुन, अश्वत्थामा एक साथ पढ़े। कौटिल्य ने चंद्रगुप्त मौर्य, विद्यारण्य ने हरीहर व बुक्काराय, रामानंद ने अपने बारह शिष्यों को तैयार किया। गरीब-अमीर, जात-पात का कोई भेद न था।

शिक्षा को प्रायः विद्या कहा जाता है। दोनों शब्दों में समानार्थक होते हुए भी पर्याप्त अंतर है। शिक्षा जहाँ भौतिकजगत की अभिव्यक्ति करती है, वहाँ 'विद्या' आत्मा की मुक्ति के भाव को दर्शाती है। अतः विद्या से जीवन के चार पुरुषार्थों, धर्म के दस लक्षणों, संस्कारों की योजना को, जीवन मूल्यों की शिक्षा का अंग माना गया है।

गत हजारों सालों से भारत के ऋषियों-मनीषियों ने अपने अध्ययन, अनुभवों, आचरण

तथा अनुभूतियों से जीवन मूल्यों की शिक्षा के प्रतिमान विकसित किए। बाल्मीकि, वशिष्ठ, वेदव्यास, गोडपाद, बुद्ध, महावीर, नागार्जुन, शंकराचार्य, रामानुज, वल्लभ, माधव जैसे यशस्वी शिक्षाविद् तथा चिंतक-विचारक हुए। विश्व का पहला विश्वविद्यालय तक्षशिला आज से लगभग 2800 वर्ष पूर्व स्थापित हुआ। चौथी शताब्दी ई.पू. नालंदा विश्वविद्यालय स्थापित हुआ। इसी भाँति विक्रम, अजन्ता विश्वविद्यालयों की स्थापना हुई। मूल्यपरक शिक्षा ने न केवल भारत को, बल्कि विश्व को उन्नत सभ्यता तथा संस्कृति का मार्गदर्शन किया। भारत के महानतम सम्राटों, प्रशासकों, वीर विजेताओं का भी मूल्यांकन उनके श्रेष्ठ नैतिक गुणों के कारण ही स्मरण किया गया। सत्यवादी हरिशचंद्र, प्राण जाए पर वचन न जाए के प्रेरक भगवान् राम, वेदों की व्यवस्था करनेवाले वेद व्यास, प्रतिज्ञा के लिए प्रसिद्ध भीष्म पितामह, धर्मराज युधिष्ठिर, अथक प्रयत्नों के भागीरथ आदि उनके नैतिक आचरण के कारण ही इतिहास में उन्हें जाना जाता है। मध्यकालीन भारत में अनेक आक्रांताओं, लूटेरों तथा घुसपैठियों ने राजनैतिक प्रहारों, आर्थिक लूटमारों, सांस्कृतिक ध्वंसों से देश को तहस-नहस किया, परंतु पाठशालाओं, विद्याकेंद्रों, तीर्थस्थलों तथा विद्वानों के घरों में इस मूल्यपरक शिक्षा ने अपना स्थान अक्षुण्ण बनाए रखा, साथ ही रामानंद, ज्ञानेश्वर, चैतन्य, रविदास, कबीर, गुरुनानक, रसखान, रहीम, गुरुगोविंद ने अपनी वाणियों तथा उपदेशों से शिक्षा में जीवन मूल्यों की प्रतिष्ठा का सदैव सर्वोच्च स्थान दिया।

भारत में मूल्यपरक शिक्षा पर पहला क्रूर प्रहार ईस्ट इंडिया कंपनी के कर्मचारियों, तथा प्रशासकों, ब्रिटिश इतिहासकारों तथा इसाई पादरियों के द्वारा हुआ। भारत के इसाइकरण तथा गुलामीकरण में उन्हें सर्वाधिक बाधा यहाँ की शिक्षा व्यवस्था लगी। 19वीं शताब्दी के प्रारंभ में देशज शिक्षा व्यवस्था, जिसका विस्तार से वर्णन शिक्षाविद् धर्मपाल ने किया है।[2] स्वयं अंग्रेजों की विभिन्न तत्कालीन रिपोर्ट्स आज भी आश्चर्य में डालनेवाली हैं। 1826 ई. में मद्रास के गवर्नर सर टामस मुनरो ने स्वयं भारत में शिक्षा के सुंदर वट वृक्ष का वर्णन किया है। बाद में इसी की चर्चा महात्मा गांधी ने 1931 को लंदन के चैथम हॉल के अपने भाषण में की थी। देशज शिक्षा के बारे में अंग्रेजों ने चार काल्पनिक आरोप लगाए।[3] सार्वजनिक शिक्षा न होना, शिक्षा केवल उच्च वर्गों या ब्राह्मणों के लिए होना, शिक्षा केवल वैदिक ज्ञान की होना तथा कोई वैज्ञानिक शिक्षा व्यवस्था न होना। उन्होंने बैंथम के उपयोगितावाद के आधार पर शिक्षा पर बल दिया। जहाँ लार्ड मैकाले ने अपनी शिक्षा नीति[4] द्वारा केवल पाश्चात्य शिक्षा को महत्त्व दिया, संस्कृत का अध्ययन तथा छात्रों को छात्रवृत्ति देनी बंद कर दी।[5] शिक्षा की प्रगति वर्ग से जन तक (classes to masses) को प्रोत्साहन दिया। अंग्रेजी माध्यम से क्लर्कों की एक सेना खड़ी करना, ईसाई बनाना तथा भारतीयों में हीन भावना पैदा करना भी उद्देश्य रहा। अतः शिक्षा मूल्य-परक के स्थान पर अर्थकारी तक सीमित होने लगी।

मूल्यपरक शिक्षा के कुछ आधुनिक प्रयोग, गुरुकुल कांगड़ी विश्वविद्यालय (हरिद्वार)

पराधीन काल में भी शिक्षा के क्षेत्र में कई महत्त्वपूर्ण उच्चकोटि के संस्थानों की स्थापना हुई। इसमें स्वामी दयानंद व आर्य समाज से प्रेरणा लेकर पंजाब में डी.ए.वी. की संस्थाएँ स्थापित की गईं। इसी भाँति गुरुकुलों की स्थापना की गई। गुरुकुलों की स्थापना में सर्वप्रथम प्रयास 1902 ई. में हरिद्वार के निकट कांगड़ी नामक स्थान पर गुरुकुल कांगड़ी की स्थापना हुई। इसके संस्थापक स्वामी श्रद्धानंद (महात्मा मुंशीराम) थे,[5(अ)] जिन्होंने इसके लिए अपने पैतृक घर को भी बेच दिया था। एक गुप्त रिपोर्ट के अनुसार ब्रिटिश सरकार उन्हें अपना शत्रु नंबर एक समझती थी।[6] इस गुरुकुल की स्थापना 29 मार्च, 1902 ई. में होलिकोत्सव पर की गई थी। वस्तुतः यह लार्ड मैकाले की अंग्रेजी शिक्षा नीति को खुली चुनौती थी। इसमें प्रथम छात्रों के रूप में स्वामीजी ने अपने दोनों बेटों हरीश व इंद्र को प्रवेश दिलाया था। गुरुकुल के बारे में महाशय रामदेव ने अपनी रिपोर्ट[7] में लिखा है, ''गुरुकुल में इतिहास इस प्रकार पढ़ाया जाता है, जिससे ब्रह्मचारियों में देशभक्ति की भावना उदीप्त हो, उनमें उपदेश और उदाहरण दोनों से देश के लिए उत्कट प्रेम पैदा किया जाता है। इसमें कुछ भी संदेह नहीं है कि गुरुकुल में यत्नपूर्वक ऐसे राजनैतिक संन्यासियों का दल इस प्रकार तैयार किया जा रहा है, जिसका मिशन सरकार के अस्तित्व के लिए भयानक संकट खड़ा कर देगा।''

एक गुप्तचर ने अपनी डायरी में लिखा,[8] ''गुरुकुल की दीवारों पर ऐसे चित्र लगे हुए हैं, जिनमें अंग्रेज राज से पहले की भारत की अवस्था और अंग्रेजों के कलकत्ता में (वर्तमान कोलकाता) आने की अवस्था दिखाई गई है। लखनऊके सन् 1857 के राजद्रोह के चित्र भी लगाए गए हैं...''

सन् 1919 में ब्रिटेन के भावी प्रधानमंत्री रेमजे मैकडोनल्ड ने भारत भ्रमण में गुरुकुल को देखा था। बाद में 'डेली क्रोनिकल' में लिखा था—'सरकारी लोगों के लिए गुरुकुल एक पहेली है।' इसने शीघ्र ही 1921 में विश्वविद्यालय का रूप ले लिया। वस्तुतः गुरुकुल कांगड़ी विश्वविद्यालय की स्थापना कर उन्होंने भारतीय शिक्षा पद्धति के नैतिक तथा सांस्कृतिक मूल्यों को पुनर्स्थापित कर एक महान् भूमिका निभाई थीं।[9] यह कथन तथ्यपूर्ण है कि स्वामी श्रद्धानंद ने हरिद्वार के एक कार्यक्रम में गांधीजी को पहली बार महात्मा कहा था।[10] इसके उत्तर में बाद में गांधीजी ने हिंदू विश्वविद्यालय वाराणसी के रजत जयंती समारोह में भाग लेते हुए कहा था—लोग मुझे महात्मा कहते हैं, पर मैं महात्मा नहीं हूँ। महात्मा तो स्वामी श्रद्धानंद हैं, जो गंगा के किनारे हरिद्वार में बैठकर हिंदी के माध्यम से गुरुकुल में विद्यार्थियों को शिक्षा दे रहा है।'

बनारस हिंदू विश्वविद्यालय, काशी

जहाँ उत्तर प्रदेश के उत्तरी भाग में गुरुकुल कांगड़ी विश्वविद्यालय की स्थापना हुई, इसी भाँति उत्तर प्रदेश के पूर्वी भाग वाराणसी में संस्कृत एवं संस्कृति, धर्म तथा नीति के महान् उद्‌बोधक महामना मदन मोहन मालवीयजी ने सन् 1904 में विश्वविद्यालय की स्थापना का स्वप्न लिया।[11] अनेक संघर्षों के पश्चात् ब्रिटिश सरकार के भारत में शिक्षा मंत्री हारकोर्ट बटलर ने एक करोड़ जमा धनराशि की स्थिति होने पर विश्वविद्यालय की स्थापना की स्वीकृति दी थी।[12] आखिर वसन्तपंचमी के दिन 1916 में लार्ड हार्डिंग्स वाइसराय के द्वारा इसका शिलान्यास किया गया।[13] इस संदर्भ में आयोजित कार्यक्रमों में महात्मा गांधी, डॉ. भगवान दास, डॉ. सी.वी. रमण, डॉ. प्रफुल्लराय तथा डॉ. जगदीश चंद्र बोस ने भाषण दिए। गांधीजी,[14] काशी विश्वविद्यालय की स्थापना को मालवीयजी की महानतम तथा सर्वोत्कृष्ट कृति, के.एम. मुंशी[15] इसे मालवीयजी का आश्रम तथा वहाँ के एक प्रोफेसर प्रसिद्ध इतिहासकार डॉ. वासुदेव शरण अग्रवाल[16] ने कर्मशक्ति का मूर्त रूप कहा। स्वयं मालवीयजी ने इसकी स्थापना का उद्‌देश्य स्पष्ट करते हुए इसका लक्ष्य 'स्वराष्ट्र की सर्वांगीण उन्नति' राष्ट्र की महान् राजनीतिक, आध्यात्मिक तथा भौतिक आवश्यकताओं की पूर्ति तथा देश को राष्ट्रीय नेतृत्व प्रदान करना बतलाया। उन्होंने अपने प्रस्तावित भाषण में कहा,[17] "ज्योति और जीवन का यह केंद्र जो अस्तित्व में आ रहा है, उन विद्यार्थियों को तैयार करेगा, जो ज्ञान में संसार के दूसरे भाग के समान ही नहीं होंगे, वह उत्तम जीवन में, ईश्वर भक्ति, देश प्रेम और निष्ठा में भी प्रतिक्षित होंगे।" मालवीयजी ने जो विवरणिका प्रसारित की,[18] उसमें इसके चार उद्‌देश्यों में से 'धर्म तथा नीति' को शिक्षा का आवश्यक अंग मानकर नवयुवकों में सुंदर चरित्र का गठन करना भी बतलाया। अत: उन्हेंने संस्कृत भाषा तथा धर्म शिक्षा को सर्वोच्च स्थान दिया। वे भारत को ज्ञान-विज्ञान की शिक्षा में सबसे आगे देखना चाहते थे, साथ ही वे भारत में तकनीकी शिक्षा के अग्रदूत थे। उन्हीं के अथक परिश्रम तथा सेवा का परिणाम है कि आज[19] इस विश्वविद्यालय में चार संस्थान और 16 संकाय हैं तथा 139 विभाग हैं। दर्जनों शोध के अनेक केंद्र हैं। एक महिला महाविद्यालय तथा चार संबंधित कॉलेज हैं। 29 देशों के 500 छात्र पढ़ते हैं तथा लगभग 30,000 विद्यार्थी पढ़ते हैं, साथ ही एक विशाल केंद्रीय ग्रंथालय है, जहाँ दस लाख पुस्तकें हैं।

रामकृष्ण मिशन तथा मूल्यपरक शिक्षा

19वीं शताब्दी के भारतीय संस्कृति के प्रतिनिधि एवं महान् विचारक, चिंतक तथा शिक्षाविद् स्वामी विवेकानंद ने न केवल भारत में, बल्कि पाश्चात्य जगत एवं अमेरिका में मूल्यपरक शिक्षा का आह्वान किया। मिशन के माध्यम से अनेक स्कूल तथा कॉलेज

खोले गए। स्वामी विवेकानंद ने शिक्षा के महत्त्व, धार्मिक तथा नैतिक शिक्षा पर बल दिया। उन्होंने शिक्षा का उद्देश्य मनुष्य निर्माण बतलाया। वे धर्म को शिक्षा का मेरुदंड मानते थे। उन्होंने जन समूह की शिक्षा पर बल दिया। इतना ही नहीं, उन्होंने कहा,[20] "जब तक करोड़ों मनुष्य भूख और अज्ञान में जीवन बिता रहे हैं, तब तक मैं उस प्रत्येक मनुष्य को देशद्रोही मानता हूँ, जो उनके व्यय से शिक्षित हुआ है और अब उनकी ओर तनिक भी ध्यान नहीं देता। हमारा महान् राष्ट्रीय महापाप जन समुदाय की अवहेलना करना है।" उन्होंने नारी शिक्षा को आध्यात्मिकता के पश्चात् दूसरा सर्वोच्च स्थान दिया।

शिक्षा के बारे में उनका कथन[21] था कि शिक्षा मनुष्य में निहित पूर्णता का प्रकटीकरण हैं। शिक्षा सूचना का समूह नहीं है, जो हमारे मस्तिष्क को विकृत किए रखता है। हमें जीवन निर्माण, मनुष्य-चरित्र व निर्माण के विचारों को देनीवाली शिक्षा चाहिए।[22] एक अन्य भाषण में उन्होंने कहा,[23] "हम ऐसी शिक्षा चाहते हैं कि जो चरित्र निर्माण करे, मन की शक्ति को बढ़ाए, बुद्धि का विकास करे ताकि मानव अपने पैरों पर स्वयं खड़ा हो सके।" उन्होंने ज्ञान की प्राप्ति के लिए केवल एक ही मार्ग बतलाया और वह है एकाग्रता।[24] उन्होंने मन की एकाग्रता को यथार्थ शक्ति बतलाया न कि ज्ञातव्य विषयों के संग्रह को। अत: संक्षेप में शिक्षा के संदर्भ में अनेक क्षेत्रों का स्पर्श करते हुए धर्म तथा नैतिकता को शिक्षा का आधार बतलाया तथा पाश्चात्य शिक्षा का अंधानुकरण न करके वेदांत के आधार पर शिक्षा की बात की।

महर्षि अरविंद तथा पांडिचेरी आश्रम

यद्यपि 1893 में 21 वर्ष की आयु में श्री अरविंद पूर्णत: पाश्चात्य शिक्षा प्राप्त करके भारत लौटे थे, परंतु आते ही उन्होंने भारतीय तत्त्व ज्ञान की ओर ध्यान आकृष्ट किया था तथा भातीय ज्ञान-विज्ञान, संस्कृत तथा भारत की अनेक भाषाएँ सीखीं।[25] उन्होंने बड़ौदा में 13 वर्ष तक राज्य की प्रशासनिक और शैक्षणिक सेवाएँ की[26] परंतु शिक्षा के क्षेत्र में उनका श्रेष्ठतम योगदान 1906 से हुआ, जब वे बंगाल नेशनल कॉलेज के प्राचार्य होकर कोलकाता आए। क्रांतिकारी जीवन के पश्चात् उन्होंने पांडिचेरी में रहते हुए भारतीयता तथा मानवता का अपना संदेश दिया। धर्म, आध्यात्मिकता, नैतिकता के उच्चतम आदर्शों को अपने प्रवचनों तथा उपदेशों का अंग बनाया। श्री माँ द्वारा पांडिचेरी आश्रम में शिक्षा की दिशा में आदर्श प्रस्तुत किए। उनके अनुसार[27] शिक्षा का मुख्य उद्देश्य होना चाहिए विकसित होती हुई आत्मा को अपने अंदर से सबसे अच्छी चीज को निकालने और उसे उदात्त उपयोग के लिए पूर्ण बनाने में सहायता करना। महर्षि अरविंद का विचार था, "प्रत्येक व्यक्ति के अंदर कुछ दिव्य वस्तु है। शिक्षा का कार्य उसे खोजना, विकसित करना तथा उपयोग में लाना है। शिक्षा का मुख्य लक्ष्य विकासशील अंतरात्मा द्वारा अपने अंदर से उस

वस्तु को निकालना है, जो उसमें सबसे अच्छी हो और उसे किसी उदात्त उपयोग के लिए पूर्ण बनाती हो।''

उन्होंने अपने विद्यार्थियों के सम्मुख एक बार कहा था, ''भारत जगत् के लिए कार्य करेगा। हम यहाँ पर जो देना चाहते हैं, वह थोड़ी-बहुत सूचना नहीं है, आजीविका के लिए नए मार्ग खोलना नहीं है, बल्कि इस मातृभूमि के लिए ऐसे पुत्रों को तैयार करना चाहते हैं, जो उसके लिए कार्य करें, उसके लिए कष्ट सहन करें।'

उन्होंने राष्ट्रीय शिक्षक योजना की आवश्यकता पर बल दिया तथा पाँच बातों[28] की ओर बल दिया। प्रथम, समाज केवल सफलता, कॅरियर और धन को महत्त्व न दे, बल्कि इसके बजाय छात्र के पूर्ण विकास की सर्वोच्च आवश्कताओं के लिए आग्रह करे। दूसरे, शिक्षा की आवश्यकता को उच्च प्राथमिकता देनी चाहिए और राष्ट्र जीवन में शिक्षा एक निरंतर प्रक्रिया के रूप में अपनाई जानी चाहिए। तीसरे, देश में सब आधुनिक तकनीकों का प्रयोग करना चाहिए। चौथे, देशभर के गाँवों में भी स्थायी प्रशिक्षण की व्यवस्था और सकारात्मक प्रयास होने चाहिए। पाँचवें, अध्यापकों को स्वयं वास्तविक उदाहरण बनकर दिखाना चाहिए और देश के लिए अपने मिशन में जुट जाना चाहिए।

इसके साथ ही महर्षि अरविंद शिक्षा को एक महान् राष्ट्रीय आंदोलन का अंग भी मानते थे। अत: शिक्षा के माध्यम से राष्ट्र-प्रेम, देशभक्ति, स्वाभिमान, आत्मनिर्भरता तथा अतीत के प्रति गौरव को उन्होंने महत्त्वपूर्ण स्थान दिया। शिक्षा का आधार उनके अनुसार धर्म तथा नैतिक मूल्यों की स्थापना था।

कुल मिलाकर शिक्षा का पुन: उद्देश्य बताया गया—बौद्धिक, सौंदर्य-बोधात्मक, भावात्मक, नैतिक, आध्यात्मिक सत्ता और उसके सामुदायिक जीवन और आवेगों को उसके अपने स्वभाव और क्षमताओं में से विकसित करना।

महाकवि रवींद्रनाथ टैगोर तथा विश्व भारती

संपूर्ण एशिया में साहित्यिक पुरस्कार के प्रथम नोबेल पुरस्कार विजेता महाकवि रवींद्रनाथ ठाकुर न केवल गीताजंलि के कारण विश्व में जाने गए बल्कि शिक्षा के क्षेत्र में भी उनका अद्वितीय योगदान रहा। इस संदर्भ में उनका दृष्टिकोण पूर्णत: राष्ट्रीय तथा मानवतावादी था। वे अंग्रेजी द्वारा शिक्षा का माध्यम न चाहते थे, बल्कि इसे मातृभाषा में चाहते थे। उनका कथन था, ''जिस प्रकार माँ के दूध पर पलनेवाला बालक अधिक स्वस्थ और बलवान होता है, उसी तरह से मातृभाषा में पढ़ने से मन और मस्तिष्क अधिक दृढ होते हैं।'' वे प्राचीन गुरुकुलों की भाँति शिक्षा को प्राकृतिक तथा ग्रामीण वातावरण में देना चाहते थे। 1921 में स्थापित विश्व भारती उनके शिक्षा के आदर्श तथा नैतिकता का संस्थान है। विद्वानों ने उन्हें एशिया का मस्तिष्क कहा है,[29] जिसने संपूर्ण एशिया के विद्वानों

को विश्वभारती एवं शांति निकेतन में आकृष्ट किया तथा भारतीय शिक्षा, संस्कृति एवं मानवतावादी दृष्टिकोण से अवगत कराया। गांधीजी ने विश्व भारती को एक ऐसा जलयान बताया, जो उनके जीवन के सर्वोत्तम खजाने की ओर ले जाता है (A vessel that carries the cargo of my life's best treasures)[30]

दिशा भ्रमित शिक्षा नीति

यह आश्चर्यजनक है कि भारत के महान् चिंतकों, विचारकों ने ब्रिटिश साम्राज्य के परतंत्रता के काल में भारतीय शिक्षा के आदर्शों तथा उद्‌देश्यों को ओझल न होने दिया तथा इसे समूचे भारतीय विकास के लिए प्रमुख स्थान दिया, परंतु भारत के स्वतंत्र होते ही वह 'स्व' का बोध भूल गया। शिक्षा का भावी स्वरूप पाश्चात्य अथवा यूरोपीय मॉडल पर ही घसीटता रहा अथवा उससे भी अधिक प्रभावी ढंग से अग्रसर हुआ। भारत अपने आध्यात्म, ज्ञान-विज्ञान, लोकतंत्र के वैशिष्ट्यों तथा उच्च नैतिक स्तर को भूल गया। स्वभावत: अतीत दुर्लक्ष्य हुआ तथा आत्म विस्मृति को बढ़ावा मिला। भौतिकवाद तथा पाश्चात्य अंधानुकरण को बढ़ावा मिला। भारत में पाश्चात्यकरण को ही आधुनिकता का पर्याय अथवा मार्गदर्शक मान लिया गया।[31] भारत शिक्षा नीति, भाषा का माध्यम, विभिन्न स्तरों पर पाठ्यक्रम की रचना, प्रारंभिक अवस्था से लेकर उच्च शिक्षा का स्तर तथा मापदंड को भूलकर, भारतीय मानसिकता में दासता का नया दौर प्रारंभ हुआ। शैक्षणिक स्तर पर गिरावट ने सामाजिक विघटन, अस्त-व्यस्त अर्थ रचना, राजनीतिक पतन तथा सांस्कृतिक ह्रास को तीव्रता से बढ़ावा दिया।

स्वतंत्रता के पश्चात् शिक्षा नीति में विकृति आने का कारण, शिक्षा की नीति का स्वरूप राष्ट्र की चिति के प्रकाश में न होना था। यूनेस्को की डेलर्स रिपोर्ट में भी यह स्वीकार किया गया है कि किसी भी देश की शिक्षा का स्वरूप तथा जड़ें उस देश की संस्कृति में होनी चाहिए। शिक्षा विश्व शांति तथा अहिंसा को बढ़ानेवाली होनी चाहिए। वस्तुत: शिक्षा की अवधारणा तथा उसका उद्‌देश्य उक्त देश की राष्ट्रीय चेतना के प्रकाश में होना चाहिए। शिक्षा जीवन मूल्यों पर आधारित होनी चाहिए। शिक्षा के द्वारा आध्यात्मिक, सांस्कृतिक तथा नैतिकता का विकास हो। शिक्षा की अवधारणा लौकिक तथा परलौकिक उन्नत जीवन को स्थापित करनेवाली चाहिए। शिक्षा राष्ट्रीय गौरव, आत्मविश्वास तथा आत्म गौरव बढ़ानेवाली हो, साथ ही यह भी आवश्यक है शिक्षा का स्वरूप संवैधानिक तथा अंतरराष्ट्रीय दृष्टिकोण पर आधारित हो।

दुर्भाग्य से स्वतंत्रता के पश्चात् शिक्षा का क्षेत्र उपेक्षित हो गया। शिक्षा का व्यवसायीकरण[32] तथा बाजारीकरण[33] हुआ। शिक्षा अधिक से अधिक धनोपार्जन का माध्यम

बन गई। बेकारी, बेरोजगारी को रोकने के लिए सतत् प्रतियोगी परीक्षाओं की बाढ़ सी आ गई। शिक्षा के ब्रिटिश ढाँचे में कोई परिवर्तन नहीं हुआ।

शिक्षा राजनीति की चेरी बन गई। स्वतंत्रता के पश्चात् भारतीय समाज का नारा दिया गया आर्थिक दौड़ में तेजी से आगे बढ़े। पंचवर्षीय योजनाएँ एक के बाद बनती गईं, परंतु संसद् सदस्य बनने के लिए उच्चतम पद के लिए प्राइमरी शिक्षा की योग्यता भी नहीं रखी गई। देश के विभिन्न मंत्रालयों में प्रमुखता विदेश, गृह, रक्षा तथा वित्त विभाग को ही दी गई है। शिक्षा विभाग को लाभकारी नहीं (unproductive) माना गया। अत: ग्राम पंचायत से पार्लियामेंट तक शिक्षा की उपेक्षा की जाने लगी। मूल्यपरक शिक्षा अत्यधिक पिछड़ी गई। एक विद्वान् का यह सही कथन है कि शिक्षा न कोई उद्योग और न ही सिक्के गढ़ने की मशीन[34] है।

सुप्रसिद्ध शिक्षाविद् धर्मपाल ने वर्तमान शिक्षा व्यवस्था पर अपनी प्रतिक्रिया व्यक्त करते हुए लिखा, "भारत की वर्तमान प्रशासनिक-शैक्षिक व्यवस्था औपनिवेशिक तंत्र की अनुकृति है, जिसे एक शोषणकारी उद्देश्य से बनाया गया है। इससे गाँव व समाज टूटा है। नि:स्वत्त्व हुआ है। उसी तंत्र का विकास शोषण जारी रखने के अतिरिक्त कुछ नहीं है। यूरोपीय लोगों की पूरी दृष्टि ही शोषणकारी, उपभोगवादी, प्रकृति प्रतिरोध और भारतीय अर्थ की धर्म विरोधी है।

शिक्षा के व्यापक भाव को स्पष्ट करते हुए भारत के प्रसिद्ध चिंतक काका साहेब कालेलकर ने वर्तमान संदर्भ में इसे स्पष्ट करते, उसका मानवीकरण करते हुए उसके मुख से कहा, "मैं सत्ता की दासी नहीं हूँ। कानून की किंकरी नहीं हूँ। विज्ञान की सखी नहीं हूँ, कला की प्रतिहारी नहीं हूँ। अर्थशास्त्र की बाँदी नहीं हूँ। मैं तो धर्म का पुनरागमन हूँ, मनुष्य की बुद्धि, रहस्य तथा इन्द्रियों की स्वामिनी हूँ। मानस शास्त्र एवं समाजशास्त्र मेरे दो चरण हैं। कला और कारीगरी मेरे दो हाथ हैं। विज्ञान मेरा मस्तिष्क है। धर्म मेरा हृदय है। निरीक्षण और तर्क मेरी आँखें हैं। इतिहास मेरा कान है। स्वतंत्रता मेरी श्वास है। उत्साह और उद्योग मेरे फेफड़े हैं। धैर्य मेरा व्रत है। श्रद्धा मेरा चैतन्य है।"[35]

शिक्षा, स्वतंत्रता के पश्चात् भारत समाज के सर्वांगीण विकास का एक अनुपम मार्ग बन सकती थी। इसी लक्ष्य को ध्यान में रखते हुए भारत के एक प्रसिद्ध अखिल भारतीय शिक्षा संस्थान विद्या भारती ने शिक्षा का स्पष्ट लक्ष्य बताते हुए लिखा, "इस प्रकार की राष्ट्रीय शिक्षा प्रणाली का विकास करना है, जिसके द्वारा ऐसी युवा पीढ़ी का निर्माण हो सके, जो हिंदुत्वनिष्ट एवं राष्ट्रभक्ति से ओत-प्रोत हो, शारीरिक, प्राणिक, मानसिक, बौद्धिक एवं आध्यात्मिक दृष्टि से पूर्ण विकसित हो तथा जो जीवन की वर्तमान चुनौतियों का सामना सफलतापूर्वक कर सके और उसका जीवन, ग्रामीण, वनवासी, गिरीकंदराओं एवं झुग्गी झोपड़ियों में निवास करने वाले दीन-दु:खी, अभावग्रस्त अपने बाँधवों को सामाजिक

कुरीतियों, शोषण एवं अन्याय से मुक्त कराकर राष्ट्रजीवन को समरस, सुसंपन्न एवं सुसंस्कृत बनाने के लिए समर्पित हो।[36]

शिक्षा के लिए व्यक्तिगत प्रयास

भारत के दो प्रमुख शिक्षाविदों ने शिक्षा के क्षेत्र में व्यक्तिगत प्रयासों का गंभीर विश्लेषण किया। उन्होंने इस दृष्टि से महात्मा गांधी, चिंतक तथा राजनीतिज्ञ पं. जवाहरलाल तथा शिक्षाविद् प्रो. डी.एस. कोठारी, तीनों के योगदान का वर्णन किया है।[37] शिक्षा के संदर्भ में महात्मा गांधी से पूर्व ही मूल चिंतक रहे हैं। उनका विचार रहा है कि बिना मूल्यों (नैतिक) के शरीर आत्माविहीन जैसा है। उन्होंने शिक्षा में तीन आर (R) अर्थात् रीडिंग, राइटिंग तथा अर्थमैटिक की बजाय तीन एच (H) को अर्थात हैड (चिंतन), हार्ट (भावना) तथा हैंड (कर्म) को महत्त्व दिया। वे शिक्षा की जड़ों को भारतीय संस्कृति में पाते हैं। वे शिक्षा में सर्वाधिक महत्त्व चरित्र निर्माण को देते हैं, साथ ही इसके लिए शिक्षकों को अपने व्यक्तिगत उदाहरण रखने को महत्त्व देते हैं।[38]

पं. जवाहरलाल नेहरू ने शिक्षा के क्षेत्र में वैज्ञानिक तथा तकनीकी पर बल दिया। वे भारत को विश्व के विकसित देशों में अवश्य आगे लाना चाहते थे[39], पर उन्होंने इसे आध्यात्मिकता से नहीं जोड़ा। अतः शिक्षा की दृष्टि एकाकी एवं मूल्यपरक नहीं रही। इसकी भाँति प्रो. कोठारी ने समाज की रचना में शिक्षा को सर्वोच्च महत्त्व दिया है।[40] वे वर्तमान में अधोगति का कारण शिक्षा के गिरते स्तर को मानते हैं। प्रो. कोठारी स्वयं भी गांधीजी के विचारों से प्रभावित थे। उनका निश्चित मत था कि राष्ट्र निर्माण की कुंजी विज्ञान तथा तकनीकी के साथ चरित्र निर्माण तथा व्यक्ति के प्रति विशेषकर गरीब के प्रति संबंध पर निर्भर है। उनका यह भी कहना है कि देश की भावी पीढ़ी के भविष्य के लिए नैतिकता से ओतप्रोत अध्यापक चाहिए। वे भारत के विकास के लिए मूल्यपरक शिक्षा को सर्वोच्च स्थान देते हैं। शिक्षा के द्वारा ही शांति, प्रगति तथा समृद्धि संभव है। प्रो. कोठारी राष्ट्रीय शिक्षा कमीशन (1964-66) के अध्यक्ष भी थे। एक बार उन्होंने कहा कि यदि उन्हें दोबारा शिक्षा कमीशन का अध्यक्ष बनने का अवसर मिले तो वे शिक्षा का लक्ष्य 'राष्ट्रीय विकास के लिए शिक्षा' न कहकर 'चरित्र निर्माण के लिए शिक्षा' कहेंगे। संक्षेप में उनका विचार था कि सही विज्ञान और चरित्र निर्माण साथ-साथ चलने चाहिए।

विद्वानों का मत है कि 21वीं शताब्दी के समुदायों में नैतिक संकट है··· उनका स्वयं से युद्ध तथा आत्माओं में कष्ट है। विश्व परेशानी तथा बेचैनी है, तथा विश्व रहने के लिए सुखी स्थान नहीं लगता है[41]। गांधीजी के शिष्य तथा प्रसिद्ध सर्वोदय नेता आचार्य विनोबा भावे ने शिक्षा का दोहरा उद्देश्य बतलाया। उनके शब्दों में, "शिक्षा का एक सामाजिक और राष्ट्रीय लक्ष्य है, इसी के साथ व्यक्तिगत लक्ष्य भी··· शिक्षा का लक्ष्य व्यक्ति के लिए

अध्ययन से आत्म निर्भरता प्राप्त करना है। राष्ट्र के लिए शिक्षा का उद्देश्य मानवता के लिए भयमुक्त स्वतंत्रता चाहिए, न केवल इस देश के लिए, बल्कि मनुष्य के विश्वव्यापी समुदाय के लिए।''[42]

इसी भाँति राष्ट्रीय स्वयंसेवक संघ के दूसरे सरसंघचालक श्री गुरुजी (माधव सदाशिव राव गोलवलकर) ने शिक्षा के क्षेत्र में गंभीर चिंतन करते हुए वर्तमान शिक्षा व्यवस्था की आलोचना करते हुए इसे 'संस्कारविहीन बतलाया।[43] इस शिक्षा व्यवस्था में युवक के व्यक्तित्व के विकास को नकारा जाता है। शिक्षा का उद्देश्य मानव जीवन के अंतिम लक्ष्य के लिए अग्रसर तथा प्रशिक्षित करना है।[44]

शिक्षा आयोगों की उपेक्षा

भारतीय जन समाज में तीव्र बेचैनी तथा असंतोष को देखते हुए सरकार ने उन्हें शांत करने के लिए समय-समय पर राष्ट्रीय शिक्षा नीति निर्धारित करने के लिए आयोग नियुक्त किए, परंतु दुर्भाग्य से आयोगों की रिपोर्टों को न ध्यान से पढ़ा गया और न ही उनके सुझावों का गंभीरता से क्रियान्वयन किया गया। प्राय: सभी आयोगों के विस्तृत सुझावों को रद्दी की टोकरी में फेंक दिया गया। स्वतंत्रता के तुरंत पश्चात् पहला शिक्षा आयोग 1948 में राधा कृष्णन आयोग बना। इसके अध्यक्ष महान् शिक्षाविद्, दार्शनिक तथा बाद में बने भारत के राष्ट्रपति सर्वपल्ली राधाकृष्णन थे। इसमें उन्होंने अपने प्रमुख सुझावों में शिक्षा में धार्मिक तथा नैतिक शिक्षा पर अनिवार्यत: बल दिया। 1957 में संस्कृत आयोग ने भी शिक्षा-संस्कृति तथा संस्कृत भाषा की शिक्षा पर बल दिया। इसी प्रकार राष्ट्रीय एकता परिषद् तथा न्यायाधीश गजेंद्र गड़कर की अध्यक्षता में कमीशन स्थापित हुए।

प्रधानमंत्री राजीव गांधी के काल में सन् 1986 में नई शिक्षा नीति[45] की बात भी कही गई। इसमें कहा गया, ''शिक्षा की भूमिका शिक्षार्थी को आगे बढ़ाने की है। इसके माध्यम से उन भावनाओं का विकास होता है, जो देश की एकता, वैचारिक शक्ति तथा मन-मस्तिष्क में स्वतंत्रता को बढ़ावा देती हैं। समाजवाद, पंथ निरपेक्षता और लोकतंत्र के लक्ष्यों की प्राप्ति में सहायक होती है। इसी के साथ 'शिक्षा की चुनौती' विषय पर देश भर में चर्चा हुई। सभी भाषाओं में विपुल सामग्री भी प्रकाशित हुई। अंग्रेजी में 5,80,000 तथा हिंदी में 24,000 एवं उर्दू में 5,000 पुस्तकों के साथ सभी क्षेत्रीय भाषाओं में भी पुस्तकों का वितरण हुआ। नए पाठ्यक्रम बनें, पर क्रियान्वयन के नाम पर वही ढाक तीन पात रहे। 2004-2005 में पुन: यशपाल कमेटी ने शिक्षा तंत्र के लिए एक नया प्रपत्र तैयार किया। इसमें कहा गया कि शिक्षा की जड़ें उसकी संस्कृति में होनी चाहिए। बस्ता-हीन शिक्षा की बात कही गई, रटंत शिक्षा के विरोध में मौलिक चिंतन की बात कही गई, पर यह प्रक्रिया भी नक्कारखाने में तूती की आवाज साबित हुई। इसके स्थान पर वर्तमान

शिक्षा तंत्र में पाठ्य पुस्तकें विकृत हुईं। बस्ते का बोझ बढ़ा, बच्चों का बचपन खो गया, युवाओं का जोश, उत्साह तथा कुछ करने की चाह कम हो गई।

दुर्भाग्य से शिक्षा मंत्री वे बने जो शिक्षाविद् कम तथा राजनीतिज्ञ अधिक थे। श्री नरसिम्हाराव शिक्षा मंत्री को छोड़कर श्री अर्जुन सिंह ने अपनी ऊर्जा शिक्षा के लिए पूर्व किए कार्यों को समाप्त कर वामपंथी का साथ लेकर उसमें परिवर्तन के लिए उत्सुक रहे, प्रधानमंत्री मनमोहन सिंह ने 12वीं पंचवर्षीय योजना शिक्षा पर खर्च दो हजार करोड़ से बढ़ाकर उसका दस गुना अर्थात बीस हजार करोड़ कर दिया। कुछ काल बाद मानव संसाधन विकास मंत्री कपिल सिब्बल के काल में विदेशों से विश्वविद्यालय शिक्षा के आयात करने का भी प्रचार किया गया। प्रधानमंत्री ने कहा कि एक साउथ एशियन विश्वविद्यालय की स्थापित करनी चाहिए, पर योजना लागू नहीं हुई।

शिक्षा का गिरता स्तर

निःसंदेह स्वतंत्रता के पश्चात् 67 वर्षों में शिक्षा नीति से भारतीय लोकतंत्र कमजोर हुआ। विश्वविद्यालय से प्राथमिक शिक्षा तक संख्यात्मक दृष्टि से अवश्य बढ़ोतरी हुई, परंतु गुणात्मक दृष्टि से तेजी से स्तर कम हुआ। नेशनल ऐससमेंट एंड एक्रेडिटेशन काउंसिल (एएऐसी) के अनुसार देश में 89 प्रतिशत उच्च शिक्षा संस्थाएँ सामान्य या सामान्य से निम्न स्तर पर हैं। देश में कुल 630 विश्वविद्यालयों में भी एक भी सामान्य (Average) से ऊपर नहीं है। इनमें भी 179 विश्वविद्यालय सामान्य या इससे नीचे हैं अर्थात् 62 प्रतिशत केवल सामान्य स्तर पर आते हैं।[46] यह और भी चिंताजनक है कि विश्व के श्रेष्ठ दो सौ विश्वविद्यालयों में भारत का एक भी स्थान नहीं है। भारत के शर्मिंदा होने का कारण यह भी है कि इन दो सौ विश्वविद्यालयों की सूची में चीन, जापान के अलावा दक्षिण कोरिया, ताइवान और थाइलैंड के विश्वविद्यालय भी इस सूची आने में सक्षम हैं,[47] साथ ही संप्रग सरकार भारत में विदेशी विश्वविद्यालयों के लिए, बहुत आतुर तथा उतावली होती रही है। इसी भाँति देश में कुल 33,000 कॉलेज हैं, जिसमें केवल 5224 सामान्य स्तर में आते हैं।[48]

उच्चतर शिक्षा में भारत के मानव संसाधन विकास मंत्रालय की ऊर्जा हर स्तर पर परीक्षा के स्वरूप पर ही विवाद करती रही है। डॉ. मनमोहन सिंह के विशिष्ट सलाहकार समिति के अध्यक्ष सी.एन. राव का अप्रैल, 2011 का कथन गंभीर तथा विचारणीय है। उनका कथन सही है, "भारत में शिक्षा व्यवस्था है परंतु ऐसे कोई व्यवस्था नहीं है, जिससे परीक्षाओं से बचकर युवाओं को कुछ महत्त्वपूर्ण करने में उपयोगी बनाया जाए।" यूनेस्को की ग्लोबल मोनीटिरिंग रिपोर्ट के अनुसार भारत में दुनिया में सर्वाधिक अनपढ़ वयस्क हैं, जो विश्व के 37 प्रतिशत वयस्क हैं।[49] इसका कारण भारत में अमीर तथा गरीब के

बीच शिक्षा स्तर में भारी असमानता बतलाया है। समय-समय पर भारत सरकार ने अनेक बार शिक्षा नीति बनाई, पर कभी उसका गंभीरता से क्रियान्वयन नहीं किया। सोनिया गांधी, कांग्रेस की अध्यक्षा ने 2009 में एक शक्तिशाली राष्ट्रीय सलाहकार समिति का निर्माण किया, जिसमें शिक्षा के अधिकार का अधिनियम बना। निश्चय ही यह अच्छा प्रयास था, परंतु सरकारी विद्यालय में शिक्षा का अधिकार तो दिया गया, परंतु क्रियान्वयन की गति अत्यधिक धीमी रही। मुख्य समस्या बच्चों की अनुपस्थिति रही।

यथार्थ 6 वर्ष से 14 वर्ष तक की शिक्षा से मुफ्त तथा अनिवार्य का नियम 26 अगस्त, 2009 को बन गया, परंतु यह 1 अगस्त, 2010 से लागू हुआ।

शिक्षा का अधिकार कानून बनने के बाद तीन वर्षों के अधिक काल में 2010 से जून, 2013 तक देश के कुल 10,78,407 प्राइमरी स्कूलों की आवश्यक सामग्री पर 46,282 करोड़ खर्च हुआ, परंतु देश में 1,28,781 स्कूल ऐसे हैं, जहाँ आज भी शौचालय नहीं है तथा 61,000 स्कूलों में पीने का पानी की सुविधा नहीं है।[50] साथ ही शिक्षा का स्तर बहुत गिरा है। अनुअल स्टेटस आफ एजुकेशन रिपोर्ट (एएसइआर) के अनुसार यूपीए के शासन के नौ वर्षों में या तो कोई प्रगति न हुई अथवा स्थिति और अधिक खराब हुई है।[51] उदाहरणत: कक्षा पाँच के विद्यार्थी थे जो केवल कक्षा दो के स्तर की पुस्तक को पढ़ सकते थे। वे 2005 से 15 प्रतिशत और घट गए हैं। पहले 2005 में वे 61.3 प्रतिशत थी, जो 2013 में घटकर 47 प्रतिशत रह गए हैं। इसी भाति कक्षा आठ के छात्र जो विभाजन के प्रश्नों को जानते थे 23 प्रतिशत कम हो गया। अर्थात् जो पहले 68.9 प्रतिशत 2005 में थे घटाकर 46 प्रतिशत रह गए हैं।

इतना ही नहीं भारत छोटे बच्चों के सीखने की गति भी अत्यंत धीमी है। यूनस्को की ग्यारवी शिक्षा ग्लोबल मोनेटरिंग रिपोर्ट (UNESCo's 11th Education For all (EFA) Global Monitoring Report) के अनुसार[52] भारत में चार वर्ष स्कूल में पढ़ने के बाद भी 90 प्रतिशत गरीब बच्चे अनपढ़ रहते हैं। इतना ही नहीं 30 प्रतिशत पाँच से छ वर्ष तक पढ़ने के बाद अनपढ़ रहते हैं। प्रसिद्ध शिक्षाविद जगमोहन राजपूत का यह कथन तर्क संगत है कि सभी बच्चों को अच्छी गुणवत्ता वाली शिक्षा उपलब्ध कराने का स्वप्न और दूर होने जा रहा है। सरकार की इस उपेक्षा नीति के बारे में उनका कथन है शिक्षा में यह वर्ण व्यवस्था चल नहीं पाएगी कि धनाढ़य लोगों के बच्चे अच्छे स्कूलों में पढ़ें और बाकी की तरफ से सरकारें आँखें मूँद ले।[53] बच्चों को अशिक्षा का कारण सरकारी स्कूलों में अध्यापकों की अनुपस्थिति बतलाया है।[54] 1922 में महात्मा गांधी जी ने एक पत्र में लिखा था कि आजादी मिलने के बाद भी हमारे देश के लोगों का खुशी नहीं मिलेगी, क्योंकि चुनाव की गड़बड़ियाँ प्रशासन का बोध, अन्याय और अमीरों का आतंक लोगों पर भारी पड़ेंगे।'' प्रश्न है आखिर शिक्षा की दोहरी नीति कब तक चलेगी?

उपरोक्त संक्षिप्त तथ्यों के आधार पर वर्तमान शिक्षा प्रणाली में धार्मिक तथा नैतिक शिक्षा का अभाव स्पष्ट दृष्टिगोचर होता है। इसीलिए सांस्कृतिक धरोहर तथा सामाजिक परंपरा वर्तमान शिक्षा प्रणाली से असंबद्ध है। आध्यात्मिक ज्ञान के बिना कोरा वैज्ञानिक ज्ञान अधूरा है। नैतिकता के अभाव में बौद्धिक विकास का केवल भौतिक महत्त्व होगा। चारित्रिक ह्रास आर्थिक विकास से कदापि क्षतिपूर्ति न कर सकेगा।

यह आवश्यक लगता है कि राष्ट्र की उन्नति के लिए भारत की शिक्षा पूर्व की भाँति नैतिकता तथा धर्म के उच्च आदर्शों पर आधारित चाहिए। शिक्षा कोई व्यापार, उद्योग या सिक्के गढ़ने की मशीन नहीं है। विदेशी विश्वविद्यालयों का मोह तथा शिक्षा का व्यवासायीकरण देश के लिए घातक तथा विनाशकारी हो रहा है। भारत के महान् विद्वान् स्वामी विवेकानंद, महर्षि अरविंद, स्वामी श्रद्धानंद, महामना मदन मोहन मालवीय, महात्मा गांधी तथा प्रो. डी.एस. कोठारी भारत की भावी शिक्षा नीति के मार्गदर्शक तथा प्रेरक हो सकते हैं।

भाषा का युद्ध

भाषा का संघर्ष भारत में विश्व की जननी भाषा संस्कृत एवं सर्वाधिक बोली जानेवाली हिंदी भाषा तथा उसकी साथी प्रादेशिक भाषाओं और ब्रिटिश साम्राज्यवाद एवं उपनिवेशवाद की भाषा अंग्रेजी के वर्चस्व के संदर्भ में है। भारत में इन तीनों भाषाओं–संस्कृत, हिंदी तथा अंग्रेजी को ऐतिहासिक परिप्रेक्ष्य में परखें तो निर्विवाद रूप से कहा जा सकता है कि यह संघर्ष न केवल भारतीय स्वतंत्रता के पश्चात् बढ़ा, बल्कि इससे पूर्व भी समूचे भारत के राष्ट्रीय नेताओं के स्वतंत्रता प्राप्ति के प्रमुख मुद्दों में रहा है।

संस्कृत की उपेक्षा

यह सर्वमान्य है कि वेद विश्व के प्राचीनतम ग्रंथ तथा संस्कृत विश्व की जीवंत प्रथम प्राचीनतम भाषा है। यह विश्व की जननी भाषा तथा विश्व संस्कृतियों तथा सभ्यताओं की कुंजी है। समूचे विश्व में अनेक[55] भाषाविदों, साहित्यकारों, पुरात्ववेत्ताओं, इतिहासकारों तथा अन्य विद्वानों ने संस्कृत की भूरि–भूरि प्रशंसा की है। जर्मन विद्वान् बॉप ने एक समय संस्कृत को 'विश्व की एक मात्र भाषा', डयूबास ने इसे 'आधुनिक यूरोपीय भाषाओं का उद्गम', मैक्समूलर ने 'भाषाओं की माता' तथा विश्व प्रसिद्ध डयूरेंट ने कहा, "भारत हमारी वंशीय माता तथा संस्कृत यूरोपीय भाषाओं की माता है।" स्वामी विवेकानंद का कथन है "संस्कृत का उच्चारण ही व्यक्तियों को एक प्रकार का गौरव, शक्ति और बल देता है। संस्कृत प्रगति का स्थायी आधार, ज्ञान का अक्ष्य भंडार तथा संपूर्ण यूरोपीय सभ्यताओं की नींव है।" महात्मा गांधी[56] का मानना है, संस्कृत के ज्ञान के बिना कोई भी सच्चा

भारतीय और बुद्धिमान नहीं हो सकता। पूर्व राष्ट्रपति डॉ. अब्दुल कलाम का मानना है कि वैज्ञानिक तथा तकनीकी जानकारी के लिए संस्कृत का ज्ञान आवश्यक है।

संस्कृत के उद्‌गम से निरंतर इसका विकास तथा विस्तार होता गया। 14वीं-15वीं शताब्दी तक विश्व में इसका व्यापक प्रभाव फैला। वर्तमान काल में इस संबंध में राहुल संस्कृत्यायन तथा आचार्य रघुवीर जैसे विद्वानों के प्रयास स्तुत्य हैं, जिन्होंने मध्य एशिया-चीन, मंगोलिया, मंचूरिया, ईरान, दक्षिण-पूर्वी एशिया में असंख्य दुर्लभ संस्कृत ग्रंथों को खोज निकाला। जींद अवेस्ता से लेकर वर्तमान तक तुलनात्मक भाषाओं के विशेषज्ञों ने संस्कृत की महत्ता को शिरोधार्य किया है।

अंग्रेजों के भारत आगमन के समय भी यहाँ संस्कृत का बोलबाला था। भारत में हजारों संस्कृत की पाठशालाएँ थीं। नवद्वीप, बादामी, काशी, अयोध्या, मथुरा, काँची, मैसूर, त्रिवेंद्रम, उज्जैन, तंजौर आदि संस्कृत भाषा के अनेक केंद्र थे। 1760 में बंगाल में अंग्रेज कंपनी के राज्य की स्थापना से ब्रिटिश कंपनी का शासक वर्ग दो भागों में बँट गया। अंग्रेजी प्रशासक तथा ईसाई मिशनरी भारत में संस्कृत भाषा तथा इसके विपुल साहित्य के प्रभाव, प्रसार तथा इसके वर्चस्व से आश्चर्यचकित हुए और भयभीत भी। अनेक भाषाओं के ज्ञाता प्रसिद्ध प्राच्यविद् सर विलियम जोन्स (1746-1794) ने भारत में अंग्रेज शासन की मजबूत पकड़ तथा इसाइयत के प्रचार के लिए यहाँ के संस्कृत में लिखे कानूनों की जानकारी के लिए संस्कृत सीखी।[57] साथ ही संस्कृत को 'प्रोटो-लैंग्वेजेज' कहकर विश्व में आर्य भाषा का विवाद भी खड़ा किया।[58] माउन्टस्टुअर्ट ऐलीफिन्स्टन (1779-1859), एच.एच. विल्सन (1786-1860) आदि विद्वानों को भारत की उन्नति संस्कृत साहित्य तथा भारत दर्शन के विकास में लगी। अनेक यूरोपीयन विद्वानों का संस्कृत के प्रति अनुराग बढ़ता गया। एक उदाहरण देना उपयुक्त होगा। संस्कृत का प्रसिद्ध विद्वान् तथा प्राच्यविद् एच.एच. विल्सन जब भारत से वापिस इंग्लैंड चला गया, उसे भारत के संस्कृत विद्वानों ने कई पत्र लिखे। एक भारतीय विद्वान् ने लिखा—

अस्मि-संस्कृत पाठ सद्म सरसि त्वस्थापिता ये सुधी,
हंसा, कालवेशन पक्षरहिता दूर गते ते त्वार्य।
ततीरे, निवसन्तिसंहित शरा व्याघास्तदुच्छिचये,
तेम्यरत्नं यदि पासि पालक स्तदा कीर्तिश्चिरं स्थायति॥

अर्थात् इस संस्कृत पाठगृह के सरोवर में आपके द्वारा जो विद्वान्-हंस स्थापित किए गए थे, कालवश आपके दूर चले जाने पर वे पंखरहित हो गए। उनके विनाश के लिए शिकारी (लार्ड मैकाले) बाण साधे किनारे पर निवास कर रहा है। यदि आप पालक, उससे उनकी रक्षा करते हो, तभी अपका यश चिरस्थायी होगा। इस पर विल्सन ने उत्तर में लिखा—

विधाता विश्व निर्माता हंसास्त प्रिय वाहना:।
अत: प्रियतरलेन रक्षिष्यति स एव तान्॥
अमृत मधुर सम्यक संस्कृत हिं ततोडधिकांम।
देव भोग्यभिंद यस्मोद्देव भाषेति कच्यते॥
न जाने विद्यते कि तन्माधुर्य अत्र संस्कृते।
सर्व दैव समुन्मता येन वैदिशिकम नयम॥
यावद भारतवर्ष स्याद्याविन्ध्या हिमाचलौ।
यावंद्रङ्गा च गोडा च तावदेव हि संस्कृतम्॥

अर्थात् ब्रह्मा संसार के बनानेवाले हैं। हंस उनकी प्रिय सवारी है। अत: प्रिय होने के कारण से वही उनकी रक्षा करेगा। अमृत बहुत मीठा होता है, संस्कृत उससे भी मीठी है, क्योंकि देवता इसका सेवन करते हैं। इसलिए यह देवभाषा कहलाती है। इस संस्कृत में ऐसी मिठास है, जिसके कारण हम विदेशी लोग इसके सदा प्रशंसक रहते हैं। जब तक भारतवर्ष है। जब तक विंध्य तथा हिमालय हैं, जब तक गंगा तथा गोदावरी है, तब तक संस्कृत है।

एक अन्य विद्वान् प्रेमचंद तर्कवागिस ने विल्सन को लिखा—

गोलश्री दीर्घकाया बहुविटपितरे को लिका लान मर्याम।
नि: सङ्गो वर्त्तते संस्कृत पठन ग्रहारुय: करङ्ग कृशाङ्ग॥
हन्तु तं भीत चिंत विधृत खरशरो मेकले व्याधराज:।
साश्रु भूते स भो भो उइलसन महाभाग मा रक्ष रक्ष॥

अर्थात् संस्कृत पठनगृह नाम का दुर्बल हिरण बावडी के अनेक वृक्षों से मुक्त तट पर संग-रहित होकर रहता है। मैकाले नाम का व्याधराज मारने के लिए तीक्ष्ण बाणों को धारण किए हुए है। वह आँसुओं से युक्त होकर कहा रहा है, हे हे विलसन, मेरी रक्षा करो, रक्षा करो।

इस पर विल्सन ने उत्तर में लिखा—

निष्पिष्टाउपि पंर पदाहतिशतै: शश्र्व द्वहु प्राणिनाम,
सन्त प्राडपि करै: सहस्त्र किरणे नग्नि स्फ्रु लिङ्गोप मैं:।
द्वागाधैश्य विचर्वितारिषि सतंत भ्रष्टाउपि कुद्दालकै:
दूर्वा न भ्रियते कृशाडपि नितरां धातोदया दुर्बले॥

अर्थात् निरंतर अनेक प्राणियों के सैकड़ों पदाघातों से अत्याधिक पीड़ित किए जाते हुए भी, सूर्य द्वारा अग्नि की चिंगारियों के समान अपनी किरणों से संतप्त किए जाने पर भी बकरों आदि से विशेष चबाया जाता हुआ भी, कुदालों से सदा काटा जाता हुआ भी, दुर्बल हुई भी दूर्वा घास प्रहारों से दुर्बल होती हुई भी नहीं मरती है। अत: ब्रिटिश शासन

की स्थापना के पश्चात् भी अनेक ब्रिटिश विद्वान् संस्कृत की महत्ता को न भूले।

ब्रिटिश शासक के दूसरे वर्ग में चार्ल्स ग्रांट (1746-1831), लार्ड मैकाले (1800-1859) विलियम बैंटिक आदि को भारत में व्यापार तथा इसाइयत के प्रचार के लिए अंग्रेजी की अनिवार्यता लगी। लार्ड मैकाले ने भारतीयों द्वारा अत्याधिक विरोध तथा उनके द्वारा 10,000 व्यक्तियों के हस्ताक्षर अभियान के बाद भी अंग्रेजी को शिक्षा का माध्यम बनाया।[59] उसने चुन-चुनकर संस्कृत विद्यालय बंद कर दिए। संस्कृत के लिए छात्रवृत्तियों पर प्रतिबंध लगाए। संस्कृत के लिए दिए गए अनेक संस्थानों को दिए जाने वाले अनुदानों को 'रिश्वत' कहा।[60]

यह महत्त्वपूर्ण है कि भारत में पुनः सामाजिक-धार्मिक जागरण में संस्कृत साहित्य तथा भाषा ने अद्भुत शक्ति का परिचय दिया। स्वामी दयानंद, स्वामी विवेकानंद, महर्षि अरविंद, बंकिम चंद्र चट्टोपाध्याय, लोकमान्य तिलक तथा महात्मा गांधी ने संस्कृत में लिखे ग्रंथों व रचनाओं के आधार पर देश में नवचेतना तथा जागृति पैदा की।

स्वतंत्र भारत में भी डॉ. बी.आर अंबेडकर[61] ने भारतीय संविधान में संस्कृत को राजभाषा बनाने का प्रयत्न किया। यह उल्लेखनीय है कि भारत के सभी प्रमुख संस्थानों के मोटो संस्कृत में हैं,[62] परंतु इस पर विरोध का स्वर गूँजा। वस्तुतः संस्कृत की उपेक्षा स्वतंत्रता के पश्चात् प्रारंभ हुई। भाषा तथा शिक्षा के बारे में क्रमशः तीन आयोग नियुक्त हुए। राधाकृष्णन आयोग (1948- अगस्त, 1949) ने संस्कृत को न पढ़ाए जाने पर चिंता व्यक्त की। माध्यमिक शिक्षा आयोग (अक्तूबर, 1952-जून, 1953) ने संस्कृत भाषा को बढ़ाने की बात कही। राजभाषा आयोग (जून, 1955- जून, 1956) ने संस्कृत पढ़ाने पर बल दिया। 1956 में संस्कृत आयोग की भी नियुक्ति की गई। इसने संस्कृत के विविध आयामों पर विस्तृत प्रकाश डाला। 1956 में भारत के प्रथम राष्ट्रपति डॉ. राजेंद्र प्रसाद ने कुरुक्षेत्र में कुरुक्षेत्र संस्कृत विश्वविद्यालय की स्थापना की।

परंतु 1960 के दशक में भारत से संस्कृत का निष्कासन तेजी से योजनापूर्वक प्रारंभ हुआ। अंग्रेजी पढ़े-लिखे नौकरशाहों तथा पाश्चात्य रंग में रचे-पचे शासकवर्ग ने विभिन्न भाषा तथा शिक्षा के आयोगों के प्रस्तावों तथा सुझावों को कूड़े की टोकरी में डाल दिया। अंग्रेजी को स्थायी रूप से राजभाषा बनाए रखने के लिए तेजी से प्रयास हुए। तत्कालीन प्रधानमंत्री श्रीमती इंदिरा गांधी के काल में भारतीय शिक्षा योजना में लार्ड मैकाले की शिक्षा नीति के साथ कार्लमार्क्स के चिंतन को भी बढ़ावा दिया गया। तब के प्रधानमंत्री राजीव गांधी की शिक्षा नीति ने संस्कृत भाषा को शिक्षा की निम्नतम अर्थात् अंतिम सीढ़ी पर बैठा दिया। 'नई शिक्षा नीति' के अंतर्गत दिल्ली जैसे प्रमुख विश्वविद्यालय में संस्कृत को प्रायः मृत भाषा का स्थान दे दिया। संस्कृत तथा कृषि में आए अंकों को महत्त्वहीन माना जाने लगा। वर्तमान (2014) में स्वतंत्रता के 67 वर्षों के पश्चात् संपूर्ण भारत में

संस्कृत के केवल एक दर्जन विश्वविद्यालय हैं।

भारत के प्रत्येक नागरिक को यह नहीं भूलना चाहिए कि संस्कृत एक भाषा ही नहीं है, बल्कि भारतीय संस्कृति तथा जीवन प्रणाली की एक महान् विरासत है। इसके माध्यम से ही भारत विश्व में जगतगुरु बना। इसके अभाव में भारत में शैक्षिक विस्तार, सांस्कृतिक तथा संस्कारित वातावरण, नैतिक उत्थान तथा विदेशों से भारत के मधुर संबंधों की कल्पना भी नहीं की जा सकती। उदाहरणत: संस्कृत ज्ञान के अभाव में भारत का विदेश मंत्रालय अथवा भारतीय कैसे भारतीय हितों का सही प्रतिनिधित्व तथा विश्व कल्याण के बारे में प्रबुद्ध हो सकते हैं। भारत के संदर्भ में केवल व्यापारिक अथवा व्यावसायिक तथा सैनिक यंत्रों की खरीद–फरोख्त भारत के विदेशों से मैत्री संबंधों का आधार नहीं बन सकता। संस्कृत ज्ञान के अभाव का अर्थ है, भारत के अतीत से नाता टूटना। अनेक बार भारत के तथाकथित सेकुलरवादी, संस्कृत को भारत में अरबी तथा फारसी के समकक्ष बताकर अपने बेहूदे तर्क तथा अपनी अज्ञानता को छिपाने का कुप्रयास करते रहे हैं और यह तब है कि विश्व के 46 देशों में तथा उनके 250 विश्वविद्यालयों में संस्कृत पढ़ाई जाती है। जर्मन विश्व का पहला देश है, जिसने अपने एक विश्वविद्यालय को संस्कृत की पढ़ाई के लिए समर्पित किया है।[63] संक्षेप में संस्कृत की उपेक्षा भारत राष्ट्र के विकास में संस्कृत, संस्कृति तथा राष्ट्र विरोधी भयंकर कृत्य है।

हिंदी अथवा प्रादेशिक भाषाओं की दुर्गति

एक बार महाकवि रवींद्रनाथ ठाकुर ने बड़े दु:खी मन से कहा था, ''संसार में भारत ही एक ऐसा देश है, जहाँ शिक्षा विदेशी माध्यम से दी जाती है।''[64] उन्हें क्या पता था कि स्वतंत्रता के पश्चात् भी यही क्रम चलेगा। महात्मा गांधी ने भी कहा था, ''यह समस्या 1938 में हल हो जानी चाहिए थी अथवा 1947 में तो अवश्य हो जानी चाहिए थी।''[65] शिक्षा का माध्यम शीघ्र ही भारत की स्वतंत्रता के पश्चात् राजनैतिक अखाड़े की वस्तु बन गया। चुनाव जीतने की एक गोट बन गया। आज भाषा में अंग्रेजी घुस आई।[66]

संस्कृत की भाँति हिंदी भी सदैव विदेशी तथा भारतीय विद्वानों में चर्चा का विषय बनी रही। अनेक विद्वानों ने हिंदी की मुक्त कंठ से प्रशंसा की। इंग्लैंड के विद्वान् मेग्रेगर का कथन है, ''हिंदी दुनिया की महान् भाषाओं में से एक है। भारत को समझने के लिए हिंदी का ज्ञान अनिवार्य है। हिंदी का महत्त्व आज इसलिए और बढ़ गया है, क्योंकि भारत आज शिक्षा, उद्योग और तकनीक के हिसाब से दुनिया का अग्रणी देश है।''

ब्रिटिश शासन काल में भी अनेक ब्रिटिश विद्वानों ने हिंदी के महत्त्व को स्वीकार किया है। थामसन ने हिंदी को 'भारत के जन–जन की भाषा' कहा, विद्वान् क्रास्ट के अनुसार, ''हिंदी ऐसा शब्दकोष और अभिव्यक्ति का माध्यम है, जो किसी भी भाषा में नहीं।'' वर्टसवर्थ, फ्रेडरिक जानशोर, ग्रिफिथ आदि ने हिंदी को शक्तिशाली तथा समर्थ

भाषा माना है।" बेलिजियम निवासी रेवेण्ड, फादर कामिल बुल्के ने 'संस्कृत को मां, हिंदी को गृहिणी तथा अंग्रेजी को नौकरानी कहा है। इतना ही नहीं विश्व के 170 देशों में किसी न किसी रूप में हिंदी पढ़ाई जाती है।

अंग्रेज शासकों ने भी हिंदी के प्रभाव को देखते हुए हिंदी को अदालती भाषा बनाया। बिहार में 1875, मध्यप्रदेश में 1881 तथा उत्तरप्रदेश में 1904 में हिंदी का प्रयोग अनिवार्य किया गया।

संस्कृत की भाँति हिंदी सदैव भारतीय चेतना का स्रोत रही है। मध्यकाल में सूर, तुलसी, कबीर, रविदास, जायसी, रसखान ने भारतीय जन समाज में स्वाभिमान, आत्मगौरव की भावना जगाई तथा चैतन्य फैलाया। आधुनिक काल में भारतेंदु हरिश्चंद्र ने राष्ट्र की उन्नति के लिए कहा, "निज भाषा उन्नति अहे, सब उन्नति को मूल", आचार्य रामचंद्र शुक्ल, महावीर प्रसाद द्विवेदी तथा स्वतंत्रता के पश्चात् राष्ट्रकवियों- मैथिलीशरण गुप्त तथा रामधारी सिंह दिनकर ने समाज में चेतना जगाई। सुमित्रानंदन पंत, जयशंकर प्रसाद, महादेवी वर्मा, सूर्यकांत त्रिपाठी निराला जैसे साहित्यकारों ने राष्ट्र को संघर्ष तथा उन्नत करने को प्रेरित किया।

राष्ट्रीय आंदोलन में अंग्रेजों से टकराव में हिंदी राष्ट्रीय भावना का प्रतीक बनी। सर सैयद अहमद खाँ तथा स्वतंत्रता सेनानी लाला लाजपतराय के बीच हिंदी का प्रश्न लेकर विवाद प्रसिद्ध है। महात्मा गांधी ने 1909 में 'हिंद स्वराज' में अंग्रेजी भाषा के बारे में अपने विचार प्रकट करते हुए लिखा, "हजारों व्यक्तियों को अंग्रेजी सिखाना उन्हें गुलाम बनाना है।"[67] लोकमान्य तिलक ने माना कि हिंदी एक मात्र भाषा है, जिसमें देश को जोड़ने की क्षमता है। डॉ. बी.आर. अंबेडकर का कथन है, भाषा के माध्यम से संस्कृति सुरक्षित रहती है। चूँकि भारतीय एक होकर सामान्य संस्कृति विकास करने का आकांक्षी है, अतः सभी भारतीयों का अनिवार्य कर्त्तव्य है कि वे हिंदी को अपनी भाषा के रूप में स्वीकार करें। भारत के प्रसिद्ध राजनीतिज्ञ डॉ. राममनोहर लोहिया का मत है, "हिंदी सबकी वाणी है। यदि हिंदी विरोधी अपनी स्वार्थयुक्त भावनाओं को छोड़ दे और हिंदी भाषा के प्रति धैर्य संतोष और प्रेम से काम लें तो हिंदी भाषा राष्ट्रीय भाषा का आदर्श बनेगी।"

आचार्य विनोबा भावे का मानना है, "हिंदी रूपी सूरज की रोशनी के बिना सवेरे की कल्पना करना व्यर्थ है। मैं दुनिया की सब भाषाओं की इज्जत करता हूँ, परंतु मेरे देश में हिंदी की इज्जत न हो, यह मैं नहीं सह सकता।" भारत में उत्तरप्रदेश के मुख्यमंत्री रहे डॉ. संपूर्णानंद ने सांस्कृतिक उन्नति तथा राष्ट्रीय एकता के लिए यह आवश्यक बतलाया कि अंग्रेजी को हम जितना जल्दी विदा करें, उतना ही राष्ट्र के लिए हितकारी होगा।[68] उल्लेखनीय है कि स्वतंत्रता के पश्चात् भारत के पहले भारतीय गवर्नर जनरल तथा कांग्रेस

के वरिष्ठ नेता राजगोपालाचार्य जैसे विद्वान् ने दक्षिण भारत में हिंदी प्रचार सभा के अध्यक्ष के रूप में कार्य किया।

भारत के उपरोक्त विभिन्न राष्ट्रीय नेताओं के विचारों से स्पष्ट है कि वे सभी राष्ट्रीय एकता, राष्ट्रीय संस्कृति, राष्ट्रीय गौरव तथा राष्ट्रीय विकास के लिए हिंदी को राष्ट्रभाषा के रूप में देखने के लिए अत्यधिक उत्सुक थे। महात्मा गांधी जैसे हिंदी को स्वतंत्रता की भाषा मानते थे, डॉ. राजेंद्र प्रसाद जैसे भारत के प्रथम राष्ट्रपति इसके प्रचार को राष्ट्रीयता का अंग मानते थे। सेठ गोविंद दास ने अपने तर्कों के आधार पर कहा "न ही हिंदुस्तानी, न उर्दू, बल्कि हिंदी ही भारतवर्ष की राष्ट्रभाषा हो सकती है। वे एक बार तो हिंदी के लिए त्यागपत्र देने को भी तैयार थे।[69] प्राय: ये सभी महान् पुरुष वे थे, जिन्होंने प्रत्यक्ष रूप से भारत के राष्ट्रीय संघर्ष में भाग लिया था, परंतु इसके साथ ही पश्चिमी सभ्यता तथा संस्कृति से प्रभावित भारत में विभिन्न ऊँचे पदों पर नियुक्त तथा अनेक नए नेताओं का, जिन्होंने राष्ट्रीय संघर्ष में भाग न लिया था, उदभव हुआ, जो अपने निजी क्षुद्र स्वार्थ के लिए पश्चिम के अंधानुकरण से ही देश के विकास को समझते थे। देश की राष्ट्रीय एकता में 1956 में भाषावार प्रांतों की रचना को प्रोत्साहन इस अलगाव की महत्त्वपूर्ण कड़ी थी। हिंदी विरोधियों को अंग्रेजी की अनिवार्य, प्रगति की सीढ़ी लगने लगी।

इससे भी अधिक चिंता की स्थिति यह है कि जब प्राथमिक शिक्षा के माध्यम के लिए भी ये लोग अंग्रेजी को सर्वोपरि महत्त्व देने लगे, जबकि देश सभी प्रमुख शिक्षाविदों तथा राष्ट्र चिंतकों तथा मनोवैज्ञानिकों ने शिक्षा, संस्कृति के उत्थान के लिए बच्चों को हिंदी या मातृभाषा में शिक्षा देने पर बल दिया। स्वामी विवेकानंद ने शिक्षा के माध्यम का क्रम बतलाते हुए क्रमश: मातृभाषा, हिंदी, संस्कृत तथा अंग्रेजी को रखा। अनेक शिक्षाविदों ने भी बच्चों की शिक्षा के माध्यम के मामले में मातृभाषा की अनिवार्यता बतलाई। प्रसिद्ध भारतीय वैज्ञानिक जगदीश चंद्र बसु ने कहा कि अंग्रेजी पढ़ने से पहले बालक की मातृभाषा पूरी तरह से सीख लेनी चाहिए। आचार्य विनोबा भावे ने निर्भय होकर लिखा, "शिक्षण को यदि सार्वजिक बनाना हो तो वह मातृभाषा में ही होना चाहिए अन्यथा समाज में भेदभाव की दीवार खड़ी होती है।" भगिनी निवेदिता ने महाकवि रवींद्रनाथ ठाकुर को अपने परिवार की एक कन्या के अंग्रेजी स्कूल में प्रवेश कराने के विरोध में उनसे कहा, "क्या आप, इसे मेम बनाना चाहते हैं? साथ ही यह भी कहा,[70] "विदेशी शिक्षा के कारण अपनी राष्ट्रगत विशेषताएँ नष्ट हो जाती हैं। श्रीमती ऐनी बेसेंट[71] ने मातृभाषा में शिक्षा का समर्थन करते हुए कहा, "अंग्रेजी भाषा ने एक वर्ग का निर्माण किया, जो भारतीयता से हटकर शासन (अंग्रेजी) हिमायती बन गया है।" श्री मां (पांडिचेरी) ने सदैव मातृभाषा में ही शिक्षा देन की बात की। सच्चाई तो यह है कि विश्व के किसी भी देश में बच्चों की शिक्षा विदेशी भाषा में नहीं है। इतना ही नहीं विश्व के लगभग सभी देशों में वहाँ की उच्च

शिक्षा, शोधकार्य, शासन-प्रशासन भी वहाँ की स्थानीय भाषा में ही है। अनेक शोध ग्रंथों का निष्कर्ष यही है कि शिक्षा मातृभाषा में हो।

भारतीय संविधान में भाषा की स्थिति

यह आश्चर्यजनक है कि स्वतंत्र होने के पश्चात् भारतीय संविधान में हिंदी भाषा को न विश्व भाषा का स्थान देने का कोई सुनियोजित प्रयत्न किया गया और न ही भारत के संविधान में उसे राष्ट्रभाषा के स्थान पर सुसज्जित करने का। इसके विपरीत, मुश्किल से उसे राजभाषा का स्थान दिया गया। इसके साथ यह भी नत्थी कर दिया गया कि अगले पंद्रह वर्षों तक अंग्रेजी भी राजभाषा के रूप में रहेगी। तभी से पिछले 67 वर्षों में, कभी भी वे पंद्रह वर्ष पूरे न हुए। इतना अवश्य है कि अटल बिहारी वाजपेयी प्रधानमंत्री के रूप में जब संयुक्त राष्ट्र संघ गए, वहाँ वे हिंदी में बोले। निश्चय ही उन्होंने भारत के गौरव को विश्व में बढ़ाया। यह भी सराहनीय है कि मध्यप्रदेश सरकार द्वारा अटल बिहारी वाजपेयी हिंदी विश्वविद्यालय की स्थापना राजपत्र प्रकाशन के बाद 19 दिसंबर, 2011 को हुई।[72] सच तो यह है कि भारतीय संविधान के अनुच्छेद 351[73] में हिंदी के प्रचार का उत्तरदायित्व केंद्र सरकार को दिया गया है, परंतु इसकी सदैव जानबूझकर उपेक्षा की गई। भाषा का प्रश्न अघोषित रूप से राजनीति का विषय बन गया है। हिंदी शीघ्र ही राजनीति की दासी बन गई। भारत की 80 प्रतिशत जनसंख्या, अंग्रेजी पढ़ी- लिखी केवल दो प्रतिशत जनसंख्या का शिकार बन गई।[74] अंग्रेजी ही, परतंत्रता से चली आ रही सरकारी दफ्तरों, अदालतों, बैंकों, स्कूली प्रतियोगिताओं की भाषा बनी रही। हिंदी टाइप हटा लिए गए। इसका स्थान अंग्रेजी लेपटॉप की भरमार ने ले लिया। भारतीय गाँवों से कस्बों, नगरों तथा महानगरों तक में मातृभाषा अथवा हिंदी के स्थान पर अंग्रेजी प्रगति तथा लाभ का मार्ग दिखाने लगी। उत्तरप्रदेश में मायावती के मुख्यमंत्री काल में लार्ड मैकाले के जन्मदिन (25 अक्तूबर) पर लखीमपुर जिले के बानिका ग्राम में कुछ लोगों ने इंगलिश देवी का मंदिर ही स्थापित कर दिया।[75] इसके साथ उत्तर प्रदेश में ही दूसरी सरकार ने उर्दू को उच्च स्थान देने तथा आर्थिक सुविधाएँ देकर राजनीतिक रोटियाँ सेंकने के प्रयत्न किए। एक अन्य रिपोर्ट के अनुसार सत्यनारायण व्रत कथा से अंग्रेजी रूपांतरण की सीडी प्रसारित हुई जिसकी भाषा का प्रारंभ इस प्रकार हुआ नाम 'लिसन यू मी नारद'। कुछ विद्वान् हिंदी का हिंदुस्तानी से भ्रमित करने का प्रयास कर रहे हैं। कुछ हिंदी को 'हिंग्लिश' बनाने में जुटे हैं।[76] लोकसभा की 15वी लोकसभा की अध्यक्षा श्रीमती मीरा कुमार का यह कथन गंभीर है, ''यदि आपका अपना मानस गुलाम है, भाषा गुलाम है तो आप अपनी आर्थिक गुलामी किस प्रकार दूर कर सकते हैं?'' फिर भारत सरकार इस सत्य को क्यों नहीं समझती? उसने अभी कुछ समय पूर्व जारी किये पत्रक में स्वयं ही अपने कार्यालयों को सरल हिंदी

के नाम पर 'हिंग्लिश' के प्रयोग की छूट क्यों दे दी है। उल्लेखनीय है कि उक्त आदेश भारत के केंद्रिय गृह मंत्रालय से राजभाषा विभाग द्वारा हुआ था।[77] ताज्जुब तो यह है कि भारत जैसे देश में भी हिंदी दिवस मनाए जाने लगे, जहाँ वक्ता अंग्रेजी में हिंदी के महत्त्व पर प्रकाश डालते दिखाई देते हैं। भारतेंदु हरिश्चंद्र के अनुसार, यह भारत की दुर्दशा नहीं तो क्या है?

अंग्रेजी भाषा की स्थिति

विचारणीय गंभीर विषय है कि स्वतंत्र भारत के पश्चात् स्वाभाविक आशा के विपरीत, हिंदी को राष्ट्रभाषा क्यों घोषित नहीं किया गया? आखिर हिंदी के विरुद्ध चारों ओर कौन सा मकड़जाल है, जो वास्तविकता को नकार रहा है, साथ ही कौन भारत में अंग्रेजी औपनिवेशिक भाषा को विश्व भाषा, उसका वर्चस्व तथा महानता स्थापित करना चाहता है। यह भी सही है कि भारत के उच्च पदों पर नियुक्त अधिकारियों तथा पाश्चात्य संस्कृति तथा सभ्यता में पनपे काले अंग्रेजों ने हिंदी को आगे बढ़ने से रोकने में कोई कसर न रखी। परिणामस्वरूप व्यावहारिक रूप से हिंदी न राष्ट्रभाषा बन पाई और न ही सही अर्थों में राजभाषा ही, परंतु यह कहना भी असत्य नहीं होगा कि हिंदी विश्व की भाषा है। विश्व के अनेक देशों ने इसे विश्व भाषा के रूप में स्थान दिया है। इसका अध्ययन तथा मनन विश्वव्यापी है। अनेक देशों के टी.वी. तथा रेडियो प्रसारण जैसे इंग्लैंड (बी.बी.सी.) अमेरिका वॉयस ऑफ अमेरिका, जापान (एन.एच.के.) जर्मनी (डायचे वेले), चीन में हिंदी प्रसारण होते हैं। विश्वभर में भारत के चलचित्रों की धूम रहती है।

इसके साथ विश्व में अनेक देश ऐसे भी हैं, जो अंग्रेजी भाषा को कोई विशेष महत्त्व नहीं देते। चीन, जापान तथा यूरोप के अनेक देशों में अंग्रेजी का वर्चस्व नहीं है। ऐसा माना जाता है कि विश्व की आबादी में कुल चालीस करोड़ लोग ही अंग्रेजी बोलते या समझते हैं, जबकि विश्व में हिंदी समझनेवालों की संख्या 190 करोड़ से भी अधिक है। संपूर्ण विश्व में मात्र चालीस देशों में (जो कभी अंग्रेज के गुलाम रहे) हैं, कि जहाँ अंग्रेजी की पहचान है, जबकि लगभग 160 देशों से भी अधिक में अंग्रेजों की पहचान भी नहीं हैं। संयुक्त राष्ट्र संघ की अधिकृत भाषाओं में रूसी, स्पेनिश, फ्रेंच, पोर्तुगीज, डच आदि 12 भाषाओं में से अंग्रेजी 12वें नंबर पर है यानी सबसे नीचे है।

नि:संदेह जैसा कि पहले बताया गया है; भारत में अंग्रेजी का वर्चस्व तेजी से बढ़ा है। एक विद्वान् के अनुसार, विश्व में भारतीय संसद् एक मात्र देश की सर्वोच्च संस्था है, जो विदेशी भाषा में अपना कामकाज चलाती है। भाषाओं के इस मकड़जाल ने भारत में एकता व अखंडता को बुरी तरह प्रभावित किया है। पूरे भारतवर्ष की तीन प्रतिशत अंग्रेजी भाषा में प्रवीण, यहाँ अधिकांश उच्च पदों पर कब्जा किए हुए हैं।"

प्रारंभिक शिक्षा से विश्वविद्यालयीय शिक्षा, शोध कार्यों तथा इंडिया सिविल सर्विस अथात् आई.सी.एस. (अब इंडियन एडमिनिस्ट्रेटिव सर्विस) में अंग्रेजी भाषा का वर्चस्व रखने का प्रयत्न किया गया। इसका परिणाम स्पष्ट है—शिक्षा का निरन्तर स्तर गिरा। उदाहरण के लिए प्रारंभिक शिक्षा में रटंत पद्धति को प्रोत्साहन मिला, गृहकार्य बढ़ा मौलिकता कम हुई, राष्ट्रीय एकता भावना कम हुई तथा संस्कृति पत्नोन्मुख हुई। इस संदर्भ में महात्मा गांधी का एक पूर्व कथन अंग्रेजी माध्यम से शिक्षा की सही अभिव्यक्ति करता है। उन्होंने लिखा,[78] **"विदेशी माध्यम ने मस्तिष्क को थका दिया है। हमारे बालकों के मन में अनावश्यक तनाव बढ़ गया है। उन्हें रट्टू तथा नकलची बना दिया है। उन्हें मौलिक कार्य एवं विचार** के लिए अयोग्य बना दिया है और शिक्षा को अपने परिवार तथा सामान्य जनता तक पहुँचने में पंगु बना दिया है।" दुर्भाग्य से पूर्व केंद्रीय मानव संसाधन विकास राज्य शिक्षा मंत्री शशि थरूर ने केरल की एक सभा में कुछ दिन पूर्व बोलते हुए कहा कि अंग्रेजी के बिना बच्चों का भविष्य चौपट हो जाएगा।

अंग्रेजी का यही वर्चस्व तथा अनिवार्यता उच्च शिक्षा के क्षेत्रों में लादे जा रहे हैं।[79] संघ लोक सेवा आयोग ने आई ए एस 2011 में प्रारंभिक परीक्षा में परिवर्तन कर कुल 400 में से 22.5 अंक अंग्रेजी भाषा के ज्ञान के लिए रख दिए थे। फलस्वरूप 2012 की अंतिम परक्षा में गैर-अंग्रेजी भाषी का प्रतियोगिता से निष्कासन तेजी से हुआ। उदाहरणत: उपरोक्त नियम से पूर्व जहाँ गैर अंग्रेजीभाषी प्रतियोगियों के पहले चयन लगभग 50 प्रतिशत होता था, वह अब घटकर केवल लगभग 20 प्रतिशत रह गया।[80] जब दीनानाथ बत्रा जैसे शिक्षाविद् ने इसे दिल्ली राज्य उच्च न्यायालय में चुनौती दी[81] इस पर सरकारी नौकरशाह ने न्यायालय में दो तर्क दिए—पहला आज के नौकरशाहों को वैश्वीकरण के माहौल में काम करना पड़ता है, दूसरा तर्क था कि अंग्रेजी का स्तर मात्र दसवीं तक का है। वस्तुत: दोनों ही तर्कहीन तथा प्रतिक्रियावादी थे। अत: न्यायालय ने सरकार की दलीलों का अस्वीकार कर दिया।[82] न्यायालय ने 31 मई, 2013 के अपने फैसले में कहा कि आगामी तीन माह तक सरकार एक समिति का गठन करे। 6 महीने में अपनी रिपोर्ट प्रस्तुत करे।[83] पुन: विचारणीय विषय है कि क्या थोथी दलीलों के आधार पर लोकतांत्रिक देश की 95 प्रतिशत जनसंख्या को सरकारी सेवा के लिए अयोग्य ठहराया जाना चाहिए।

पाठ्य पुस्तकें (इतिहास के संदर्भ में)

किसी भी राष्ट्र को सबल, समर्थ बनाने में प्राइमरी से विश्वविद्यालय तक पढ़ाई जानेवाली पाठ्यपुस्तकें एवं पाठ्यक्रम का महत्त्वपूर्ण स्थान होता है। ये उस राष्ट्र के अतीत के गौरव, वर्तमान की वस्तुस्थिति एवं भविष्य का मार्ग प्रशस्त करते हैं। इनसे समाज तथा राष्ट्र के साथ आगामी युवा पीढ़ी का भविष्य निर्धारित होता है। पाठ्यक्रमों का नवीनीकरण,

उनमें संशोधन तथा उनकी पुनर्रचना तथा अवलोकन स्वाभाविक तथा आवश्यक शैक्षणिक प्रक्रिया है।

भारतीय स्वतंत्रता के पश्चात् विभिन्न विषयों के अध्ययन में परिवर्तन अनिवार्य था। कांग्रेस सरकार ने इसके लिए एन.सी.ई.आर.टी. की स्थापना की, विशेषकर कक्षा 6 से कक्षा 12 के पाठ्यक्रमों की रचना की गई। भारत के तत्कालीन प्रधानमंत्री पं. जवाहरलाल नेहरू तथा बाद में बनी प्रधानमंत्री उनकी पुत्री श्रीमती इंदिरा गांधी पहले से ही भारत के इतिहास के संबंध में पूर्वाग्रहों से ग्रसित थे, विशेषकर इतिहास तथा राजनीति विज्ञान में उनका चिंतन एकांकी तथा स्पष्ट न था। उनकी धारणा की स्पष्ट अभिव्यक्ति पं. नेहरू द्वारा इतिहास के संदर्भ में कुछ विवादास्पद ग्रंथों तथा श्रीमती इंदिरा गांधी द्वारा राष्ट्रीय आंदोलन के संदर्भ में पृथ्वी में उनके द्वारा गाड़े गए 'केपसूल' से ज्ञात होती है, विशेषकर इतिहास तथा राजनीति विज्ञान में तथ्यों की परवाह न करते हुए अपनी राजनीतिक धारणाओं को भावी पीढ़ी पर थोपने का प्रयत्न उन्होंने किया। राज सत्ता बनाए रखने के लिए श्रीमती इंदिरा गांधी ने बौद्धिक सत्ता भारतीय कम्युनिस्टों को सौंप दी। स्वतंत्रता के पश्चात् तीन बार क्रमशः 1969, 2001 तथा 2006 में पाठ्यक्रम बनाए गए। पहली बार में पाठ्यक्रम के योजक कम्युनिष्ठ इतिहासकार ही स्वयं ही लेखक बन गए। प्रसिद्ध पत्रकार तथा बाद में राजग के केंद्रीय मंत्री श्री अरुण शौरी ने उनके बारे में विस्तार से वर्णन किया है तथा उन्हें 'इमीनेंट हिस्टोरियंस' कहा है। भारत के कम्युनस्ट इतिहासकारों ने सोवियत यूनियन के तानाशाह स्टालिन की भाँति अपनी कल्पनाओं तथा भावी योजनाओं को ध्यान में रखकर पाठ्यक्रम एवं पुस्तकों की रचना की। स्वाभाविक है उसका चहुँओर तीव्र विरोध हुआ। इस संदर्भ में बंगाल तथा केरल की कम्युनिस्ट सरकारों ने आदेश भी प्रसारित किए।

देश के कुछ प्रसिद्ध शिक्षाविदों तथा शिक्षा संस्थाओं ने इसका देशव्यापी प्रबल विरोध किया। उदाहरणतः 'शिक्षा बचाओ आंदोलन' नामक संस्था ने उपरोक्त पाठ्यक्रमों के विरोध में लाखों की संख्या में व्यक्तियों का हस्ताक्षर अभियान, विचार गोष्ठियों का आयोजन, प्रतिनिधिमंडलों द्वारा शासक वर्ग के अधिकारियों से भेंट तथा भारतीय संसद् में अनेक प्रश्नों आदि द्वारा प्रजातांत्रिक मार्ग से विरोध किया। पाठ्यक्रमों के कुछ अंशों को हटवाने के लिए दिल्ली के न्यायालय का भी सहारा लिया, जिसके फलस्वरूप कक्षा 6-12 तक इतिहास की पुस्तक में से लगभग 75 अंश हटा दिए गए। उन्होंने लगभग 50 छोटी-छोटी पुस्तकें प्रकाशित कीं। कुछ इतिहासकारों ने प्रत्येक कक्षा के पाठ्यक्रमों तथा पुस्तकों का गहन विश्लेषण किया तथा कटु आलोचनाएँ तथा समीक्षा की।[84] 1998 में नेशनल डेमोक्रेटिक एलाइंस (एन.डी.ए.) की श्री अटलबिहारी वाजपेयी के प्रधानमंत्रित्व में सरकार बनी। तत्कालीन केंद्रीय शिक्षा मंत्री डॉ. मुरली मनोहर जोशी ने एन.सी.ई.आर.टी. की इतिहास की पाठ्यपुस्तकों एवं पाठ्यक्रमों में बिना कोई परिवर्तन किए तथ्यों के आधार पर उनमें

संशोधन तथा परिवर्तन के लिए कुछ इतिहासकारों को यह कार्य सौंपा। यह दूसरा पाठ्यक्रम 2001-2002 में लागू हुआ। प्रायः सभी राज्यों ने इन पाठ्यक्रमों को स्वीकार किया तथा लागू किया, परंतु पूर्व के कम्युनिस्ट अथवा वामपंथी इतिहासकारों को यह हजम न हुआ। उन्होंने भारतीय इतिहास कांग्रेस का सहारा ले नवीन इतिहास की पुस्तकों के लेखकों की मनमानी ढंग से आलोचना की। 2002 के गुरुनानक देव विश्वविद्यालय अमृतसर में हुए अधिवेशन से पूर्व एक विस्तृत रिपोर्ट प्रसिद्ध वामपंथी इतिहासकारों प्रो. इरफान हबीब (अलीगढ़) प्रो. सुवीरा जायसवाल (हैदराबाद) तथा प्रो. आदित्य मुकर्जी (नई दिल्ली) ने तैयार की। इस रिपोर्ट में तब तक प्रकाशित प्राचीन भारत, मध्यकालीन भारत, समकालीन भारत तथा भारत तथा विश्व, चार पुस्तकों की त्रुटियों को प्रकाशित किया गया।[85]

बानगी के रूप पाठ्यक्रम पुस्तकों में वर्णित किया है। भारत आर्यों का मूल स्थान है, भारतीय सभ्यता मूलतः वैदिक सभ्यता है। वैज्ञानिक आविष्कार—शून्य से दशमलव प्रणाली तक वैदिक सभ्यता की देन है, हिंदू धर्म शेष धर्मों से श्रेष्ठ है, उपनिषद् दर्शन के महत्त्वपूर्ण ग्रंथ हैं, जाति प्रथा प्रारंभ में अच्छी थी, प्राचीन काल में सती प्रथा, जौहर गौरवशाली प्रथा मानी जाती थी, भारत की विश्व सभ्यता को महान् देन है, भारत में मुसलमानों ने दमन तथा मंदिरों का ध्वंस किया, मिश्रित संस्कृति को महत्त्व नहीं दिया है, आधुनिक काल में मुसलिम अलगाव का विस्तृत वर्णन किया है, जबकि हिंदू सांप्रदायिकता का वर्णन भी नहीं, राम मोहन राय, केशवचंद्र सेन, ज्योतिबा, बी.आर. अंबेडकर का अति संक्षिप्त वर्णन तथा राष्ट्रीय आंदोलन में सेकुलर तथा प्रजातांत्रिक तत्त्वों के स्थान पर सांस्कृतिक राष्ट्रवाद का विस्तृत वर्णन तथा जानबूझकर पं. नेहरू तथा वामपंथ के योगदान का वर्णन नहीं आदि आदि तेरह बिंदुओं पर[86] अपने मनमाने ढंग से अपनी तीन पृष्ठों की रिपोर्ट में विश्लेषण किया। स्वाभाविक रूप से इतिहासकार प्रो. मक्खन लाल, डॉ. मीनाक्षी जैन तथा समकालीन भारत के एक और लेखक प्रो. हरिओम (जम्मू) ने वामपंथी इतिहासकारों की तथ्यहीन आलोचनाओं का विस्तृत उत्तर दिया,[87] परंतु इसके जवाब में वामपंथियों ने कोई उत्तर नहीं दिया।

इतिहास की पाठ्य पुस्तकों को तीसरा क्रम तब हुआ, जब 2004 के चुनाव में डॉ. मनमोहन सिंह एवं सोनिया गांधी की सप्रंग सरकार बनी। शासन में श्रीमती इंदिरा गांधी की भाँति, भारत के कम्युनिस्टों ने कांग्रेस को सहारा दिया। तत्कालीन मानव संसाधन विकास मंत्री के वक्तव्य के साथ एन.सी.ई.आर.टी. की नव गठित कार्यसमिति ने 14 तथा 19 जुलाई, 2004 की बैठक में पाठ्यक्रमों को पुनः संशोधित करने का प्रस्ताव पारित किया। इसके लिए नेशनल करीकूलम फ्रेमवर्क (एन.सी.एफ.) तैयार किया।[88] इसके लिए प्रो. यशपाल को नेशनल स्टिरिंग कमेटी का चैयरमैन तथा अन्य 34 व्यक्तियों की कमेटी गठित की गई।

2006 में एन.सी.ई.आर.टी. द्वारा प्रकाशित कक्षा 6-12 तक की पाठ्यपुस्तकें प्रकाश में आईं, यह पूर्व प्रचारित योजना के विपरीत था। वस्तुत: इन भारतीय इतिहास के पाठ्यक्रमों में न कोई भारतीयता का वर्णन है, न इतिहास का कोई तथ्यात्मक वर्णन और न ही पाठ्यक्रमों की क्रमबद्धता। नि:संदेह यह पूर्व के 1969-1970 तथा 2001 के प्रयासों से भिन्न, निकृष्टतम प्रयास है, जो कोई भी इतिहास प्रेमी भी सहज रूप से आँक सकता है।

उदाहरण के रूप में प्रत्येक कक्षा के कुछ प्रसंगों से इसे समझा जा सकता है। प्राचीन भारत के इतिहास का वर्णन कक्षा 6 तथा कक्षा 12 के प्रथम भाग अर्थात् 150 पृष्ठों में किया गया है। यदि कक्षा 6 के पाठ्यक्रम[89] पर सरसरी दृष्टि से देंखे तो निश्चित ही लगेगा कि बालक के पूर्व ज्ञान पर यह आधारित नहीं है। यह ज्ञान की स्पष्टता के स्थान पर भ्रम तथा संदेह की स्थिति पैदा करता है। इसका प्रारंभ ही 'संभवत:' से होता है। इसमें 'संभव है' सामान्यत: ऐसा प्रतीत होता है', 'जानकारी मिलना कठिन है' 'ऐसा लगता है,' 'ऐसा भी हो सकता है' आदि पाठ्यक्रम में शब्दों की भरमार है। पूर्व संचित ज्ञान का जरा भी ध्यान न रखते हुए लेखक ने पुरातत्त्व संबंधी ऐसी शब्दावली का प्रयोग किया है, जो दुरुह तथा कठिन है। लेखक ने ब्रिटिशकालीन भारतीय इतिहास लेखन की परिपाटी की भाँति प्राचीन भारत के इतिहास का प्रारंभ हड़प्पा सभ्यता से किया है। कुछ भ्रामक कथनों के आधार पर नवीनतम खोजों की उपेक्षाकर हड़प्पा सभ्यता का ध्वंस 'आक्रमण' से बताया है। लेखक के अनुसार 'भारत' शब्द इस देश के उत्तर-पश्चिम से ही समझा जाता है। एकपक्षीय, निराधार विचार थोपते हुए संस्कृत भाषा को इंडो-यूरोपीयन भाषा बतलाता है। लेखक के अनुसार ऋग्वेद की रचना सिंधु नदी और इसकी उपनदियों के किनारे रहनेवाले लोगों के द्वारा हुई, जबकि यह सर्वविदित है कि वेद सरस्वती नदी के तट पर लिखे गए। 'सरस्वती' का पुस्तक में नाम तक नहीं दिया गया है। लेखक ने मनमाने ढंग से वामपंथी चिंतन, बालकों पर थोपते हुए भारत के ग्रामीण समुदाय का वर्णन किया तथा उनके निर्णयों को पक्षपातपूर्ण बतलाया। इसी भाँति वृद्धों तथा महिलाओं की दशा का एकाकी तथा पूर्वाग्रह से ग्रसित विचारों पर प्रतिपादन किया है, जो असंतुलित तथा बेढँगा है। शिव लिंग पूजा का वर्णन करते हुए उसे 'परिष्कृत पत्थर' कहकर लेखक ने अज्ञानता फैलाने का कुत्सित प्रयास किया है।

जहाँ तक भारत के प्राचीन इतिहास के सांस्कृतिक जीवन मूल्यों अथवा इसको सांस्कृतिक जड़ों से जोड़ने की बात है, इसकी पूर्ण रूप से उपेक्षा की गई है। चार प्रसिद्ध पुरुषार्थ, धर्म के दस लक्षणों, संस्कारों की योजना, आश्रम व्यवस्था तथा प्राचीन शिक्षा प्रणाली की जरा भी चर्चा नहीं की है। 'वेद' या 'आर्य' शब्द का अर्थ तो दूर, उसका नाम तक नहीं लिया गया है। विश्व की प्रसिद्ध वैदिक संस्कृति एवं समाज का वर्णन नहीं है। करोड़ों भारतीय जनमानस से जुड़े राम तथा कृष्ण के जीवन का कोई भी प्रसंग नहीं दिया

है। चंद्रगुप्त मौर्य जैसे भारत के प्रथम राष्ट्रीय शासक, चंद्रगुप्त विक्रमादित्य जैसे प्रशासक, हर्षवर्धन जैसे धार्मिक तथा उदार शासक को इतिहास के पन्नों से निकाल दिया है। भक्ति और सूफी परंपराएँ नामक अध्याय में वेदव्यास, बाल्मीकि अथवा आदि शंकराचार्य का नाम तक नहीं दिया है। लेखक ने भारत की कालगणना को भी अपने मनमाने ढंग से निर्धारित कर दिया है।

आश्चर्य तो यह है कि विश्व संदर्भ की आड़ में कक्षा 6 के बालकों के मनों में विश्व इतिहास के अनेक कठिन तथा दुरूह प्रसंगों को विद्यार्थी के गले उतारने का प्रयास किया गया है। उदाहरण के लिए इसी छठी की पुस्तक में 2000 वर्ष पहले फ्रांस की अवस्था, टर्की का इतिहास, मिश्र के पिरामिड, प्राचीन ग्रीस एवं एथेंस नगरों की जानकारी, ईरान के जोरस्टिर एवं अवेस्ता की कहानी, रोम नगर, ईसामसीह का जन्म एवं बाइबिल तथा अरब में इसलाम के उदय आदि का विवरण है।

कक्षा सात की इतिहास की पुस्तक मध्यकालीन भारतीय इतिहास से संबंधित है। निःसंदेह इसमें लेखक ने मुसलिम शासकों के यशोगान में कोई कसर न रखी।[90] कुछ उदाहरण देना उपयुक्त होगा। लेखक ने भारत पर महमूद गजनवी के सतरह वीभत्स तथा क्रूर आक्रमणों का उद्देश्य, अलीगढ़ के प्रसिद्ध इतिहासकार मोहम्मद हबीब[91] की भाँति भारत की धन संपत्ति की प्राप्ति बतलाया है। लेखक ने संभवतः महमूद गजनवी के समकालीन इतिहासकार तथा बाद के मुसलिम लेखों तथा स्वयं महमूद गजनवी के वक्तव्यों को ओझल कर दिया है। पुस्तक पढ़ने से किसी को भी ज्ञात होगा कि यह भारत का इतिहास नहीं, मुसलिम आक्रमणकारियों को महिमामंडित करने का प्रयास है। विश्व के इतिहास में संभवतः कोई ऐसा देश होगा, जो स्वदेश के लिए संघर्षकर्ताओं की बजाय उस देश पर आक्रमणकारियों के गीत गाता हो। इस पुस्तक में आक्रमणकारी मोहम्मद बिन कासिम का वर्णन है, पर जिस पर आक्रमण हुआ, उस साहसी तथा वीर राजा दाहिर का नाम तक नहीं है। महमूद गजनवी का वर्णन है, पर पंजाब के वीर राजा आनंद पाल का नाम भी नहीं है। छली तथा कपटी मोहम्मद गौरी के आक्रमण का वर्णन है परंतु पृथ्वीराज चौहान का नाम भी नहीं। विश्वप्रसिद्ध सम्राट कृष्णदेवराय तक का नाम नहीं है। इसी भाँति क्रूर बाबर का वर्णन है, पर राणा सांगा का नाम नहीं है। सम्राट अकबर का वर्णन है, परंतु उससे टक्कर लेनेवाली वीर रानी दुर्गावती अथवा हेमचंद्र विक्रमादित्य तथा महाराणा प्रताप का किंचित कोई भी उल्लेख नहीं है। औरंगजेब का यशोगान है, पर शिवाजी का केवल डेढ पंक्ति में वर्णन है, वह भी नकारात्मक। शिवाजी के पश्चात् महाराष्ट्र में पेशवाओं के इतिहास को, यहाँ तक कि पानीपत के तीसरे युद्ध का वर्णन नहीं है। प्रश्न है आखिर लेखक इतिहास के नाम पर भारत के छात्रों को क्या परोसना चाहता है। विश्व के किसी भी प्रजातांत्रिक देश में इतिहास से ऐसा खिलवाड़ कहीं भी नहीं दिखलाई देता।

इसी भाँति कक्षा 12 की इतिहास पुस्तक में मध्यकालीन संदर्भ में बाबर के भारत आक्रमण का उद्देश्य अपने दल के सदस्यों की आवश्यकताओं की पूर्ति बतलाया है। अकबर को मुगलों का महानतम बादशाह बतलाया, क्योंकि उसने अपने साम्राज्य का विस्तार किया तथा अपने समय का विशाल और सबसे सुदृढ राज्य बनाकर उसे समृद्ध किया। अकबर के बाद जहाँगीर, शाहजहाँ, औरंगजेब को बहुत योग्य उत्तराधिकारी बताया। मुगल शासन को एक आदर्श राज्य बताते हुए एक दैवीय प्रकाश का भ्रम फैलाकर एक मंगोल रानी अलानकुँआ की बेतुकी कहानी पाठ्यक्रम में दी, जो सूर्य की किरणों से गर्भवती हो गई थी।

लेखक का अपना मत है कि सभी मुगल बादशाहों ने उपासना स्थलों के निर्माण व रखरखाव के लिए अनुदान दिए, यहाँ तक कि युद्ध के दौरान जब मंदिरों को नष्ट किया जाता था, तब बाद में उसकी मरम्मत के लिए अनुदान दिए जाते थे। ऐसे विचार उसने शाहजहाँ तथा औरंगजेब के शासनकाल में दिए हैं। वस्तुतः अपवादस्वरूप एक-आध स्थान को छोड़कर उन्होंने उन्होंने सैंकड़ों मंदिरों को गिराने का एक अलग विभाग ही शुरू किया था। जहांगीर की न्याय की जंजीर का विस्तृत तथा अविवेकपूर्ण वर्णन किया है, जिसका कभी प्रयोग ही नहीं हुआ। मुगल हरम का नाम तो लिया, पर तत्कालीन अबुल फजल के वर्णन को छोड़ दिया।

लेखक ने मनमाने ढंग से जो उसकी विचारधारा में अनुकूल बैठते थे, ऐसे ही केवल तीन विदेशी यात्रियों का वर्णन किया है। ये हैं अलबरूनी (उजबेकिस्तान), इब्बनबतूता (मोरक्को) तथा बर्नियर (फ्रांस)। प्रश्न है अनेक में से इन तीन को ही क्यों चुना? अलबरूनी के वर्णन में जाति प्रथा का वर्णन विस्तार से किया गया ताकि वर्ग भेद के साथ जाति भेद की भावना बढ़े। बर्नियर का वर्णन करते समय लेखक ने अपनी क्षुद्र मानसिकता को तोड़-मरोड़कर प्रस्तुत किया है। लेखक ने फ्रांसीसी दार्शनिक मांस्तेस्क्यू व उसके वृतांत का प्रयोग करते हुए निरकुंशवाद के सिद्धांत का निर्माण करने में किया। उसके अनुसार एशिया (प्राच्य अथवा पूर्व) में शासक अपनी प्रजा के निर्बाध प्रभुत्व का उपयोग करते थे। उन्हें दासता तथा गरीबी की स्थिति में रखा जाता था। इस तर्क का आधार यह था कि सारी भूमि पर राजा का स्वामित्व होता था तथा निजी संपत्ति के अस्तित्त्व नहीं था। लेखक का मत है कि कार्ल मार्क्स ने इस विचार को एशिया उत्पादन शैली (Asian mode of Production) के सिद्धांत के रूप में आगे बढ़ाया। विचारणीय है कि इतिहास के बालकों में ऐसी वैचारिक घुसपैठ, क्या अनुचित या घृणित नहीं है? यह निरंकुशवादी यूरोपियन चिंतन को भारतीय इतिहास के माध्यम से जबरदस्ती लादने का अवांछित प्रयत्न नहीं है? आज तक यह सर्वज्ञात तथ्य है कि काल मार्क्स की एशिया और विशेषकर भारत की जानकारी अपरिपक्व तथा प्रमाणरहित थी। लेखक ने एक अध्याय भक्ति और सूफी परंपराओं

के नाम से दिया है। इसमें आधे से अधिक वर्णन सूफियों के बारे में है। औरंगजेब को भी धार्मिक नेताओं के प्रति श्रद्धालु बताया है। भक्ति आंदोलन में माधवाचार्य, वल्भाचार्य, चैतन्य महाप्रभु, रामानंद, रविदास, सूर, तुलसी, रहीम, रसखान का या तो वर्णन है ही नहीं और यदि है तो मामूली नाममात्र का।

लेखक ने एक अन्य अध्याय में विश्व प्रसिद्ध विजयनगर साम्राज्य का वर्णन किया है।[92] इसमें विजयनगर राज्य की पुरातत्त्व की दृष्टि से नाप-तोल अवश्य की है, परंतु इसका मुख्य भाग गायब है और जो वर्णन किया है, वह तथ्यात्मक नहीं है। पूरा अध्याय पढ़ने पर इसकी स्थापना या संस्थापक की जानकारी भी नहीं मिलती। तुलुव वंश का प्रारंभ 1505 से हुआ, 1503 से नहीं।[93] संपूर्ण योजना के प्रेरक स्वामी माधव विद्यारण्य का नाम तक भी नहीं दिया गया है। लेखक ने तत्कालीन ग्रामीण समुदाय तथा ग्रामीण पंचायतों का वर्णन इस प्रकार से विकृत करके लिखा ताकि छात्रों में इन संस्थाओं के प्रति असंतोष तथा घृणा बढ़े, जबकि यह इतिहास संगत तथ्य है कि ये संस्थाएँ ब्रिटिश शासनकाल की एक बड़ी रुकावट थी।

लेखक ने अपने चिंतन का प्रचार करते हुए लिखा, ''हालाँकि खेती लायक जमीन की कमी न थी, फिर भी कुछ जाति के लोगों की सिर्फ नीच समझनेवाले काम दिए जाते थे।'' इस तरह वह गरीब रहने के लिए मजबूर थे। संभवत: लेखक का इसके पीछे छात्रों के मनों में ऐसा विचार बिठाना है जिन्हें लगे कि कमोबेश वैसी ही स्थिति थी जैसा कि आधुनिक काल में वंचितों (दलितों) की है। इसी तरह का चित्रण उसने अतीत की ग्राम पंचायतों के बारे में किया। लेखक ने वंचितों तथा महिलाओं की दशा का वर्णन किया, जो तथ्यात्मक कम, भावनात्मक अधिक है। वस्तुत: इन्हें पूर्णत: वर्तमान परिप्रेक्ष्य में देखना हास्यास्पद होगा।

कक्षा 6 भाँति, विश्व की घटनाओं को कक्षा 7 की कक्षाओं में जोड़ा गया। इसमें चीन के तागवंश, आर्टामन राजाओं व रानियों की जानकारी, 12वीं शताब्दी में फ्रांस के चर्च की स्थिति, मार्टिन लूथर का जीवन तथा सुधार, फ्रांस की क्रांति आदि का वर्णन किया है। आश्चर्य है कि लेखक को विदेशों में भारतीय संस्कृति के प्रसार का तनिक भी ध्यान नहीं आया। इतना ही नहीं, कक्षा सातवीं के छात्रों को अमीर खुसरो, मिन हाज उस सिराज, इब्बनबतूता, आइने अकबरी, कुतुब ए-जहाँगीरी, पीटर मुंडी के लंबे-लंबे उदाहरण देकर समझाने की कोशिश की है। इमेजिन नाम से प्रत्येक अध्याय में एक कालम में बेतुके प्रश्नों की कल्पनाएँ भी की हैं।

एन.सी.ई.आर.टी. की पुस्तकों में आधुनिक भारतीय इतिहास का वर्णन कक्षा आठ, कक्षा दस तथा कक्षा 12वीं के तीसरे भाग में किया गया है। सामान्यत: पुस्तक को इस भाग में भारत में ईस्ट कंपनी के प्रारंभ से लेकर भारतीय संविधान के निर्माण तक वर्णन

किया है। कक्षा आठ की पुस्तकों में भी प्रायः वामपंथी दृष्टिकोण को अपनाया गया है। उदाहरण के लिए 1857 की घटना को लें। 1857 के महासमर को 'विद्रोह' कहा गया।[94] तथ्यों के विपरीत मंगल पांडे को फाँसी 8 अपैल, 1857 की बजाय 21 मार्च, 1857 दी है जो गलत है। झाँसी की रानी लक्ष्मीबाई तथा नाना साहेब 'स्वार्थी' के रूप में बताया है। इसी भाँति कक्षा 12वीं की पुस्तक में[95] 1857 के महासमर को 'विद्रोह' तथा स्वदेश के लिए संघर्षकर्त्ताओं को 'विद्रोहियों' बताया है। रानी झाँसी तथा नाना के संघर्ष में भाग लेने का कारण जनता के दबाव का परिणाम माना है। गाय तथा सुअर की चर्बी के कारतूसों के प्रयोग को 'अफवाहें' बताया, साथ ही लिखा कि रोटी बाँटने के बारे में यह तब भी अस्पष्ट था और आज भी है। 1857 के महासमर की व्यापकता तथा विस्तार पर अनेक नवीन खोजपूर्ण शोधों के पश्चात् भी इसे छात्रों को उत्तर भारत के सीमित क्षेत्रों तक पढ़ाया जा रहा है कि पंजाब कमोबेश शांत था।[96] दक्षिण भारत तथा भारत के अन्य भागों में कुछ नहीं हुआ।[97] लेखक ने महान् क्रांतिकारी तथा योजक अजीमुल्ला खाँ का नाम तक नहीं दिया है। 1857 के योजनाकर्त्ता कौन थे, लेखक ने इस बारे में अपनी अज्ञानता प्रकट की। हां, वाजिद अली शाह के चरित्र को उभारा है।

1857 के पश्चात् भारत में हुए विभिन्न सामाजिक-सांस्कृतिक जागरण आंदोलनों-ब्रह्म समाज, आर्य समाज, रामकृष्ण मिशन, थियोसोफिकल सोसायटी, सिंह सभा आदि का वर्णन नहीं किया या नाममात्र का किया,[98] परंतु औपचारिकतावश कभी-कभी स्वामी दयानंद व स्वामी विवेकानंद का नाम ले लिया गया।[99] इतिहास के पाठ्यक्रम में राजीव गांधी की नवीन शिक्षा योजना के अंतर्गत भारत के राष्ट्रीय आंदोलन को बड़ा महत्त्व दिया गया था, पर नवीन पाठ्यक्रम में उसे बहुत सीमित कर दिया गया। कक्षा दस के पाठ्यक्रम में कोई पुनरावृत्ति नहीं हुई। भारत के राष्ट्रीय आंदोलन का वर्णन केवल महात्मा गांधी की सहभागिता का भाग बनकर रह गया। इसमें लोकमान्य तिलक, लाला लाजपतराय, विपिन चंद्र पाल की भूमिका को सीमित कर दिया गया। राष्ट्रीय आंदोलन में क्रांतिकारियों के योगदान को बिल्कुल नकार दिया। इसमें कूका आंदोलन, वासुदेव बलवंत फड़के, चापेकर बंधुओं, सावरकर बंधुओं, सरदार अजीत सिंह, गदर पार्टी, विदेश में क्रांतिकारी, मैडम कामा, काकोरी कांड, अश्फाक उल्ला खाँ आदि का नाम तक नहीं लिया। केवल आधे पृष्ठों में सरदार भगतसिंह का वर्णन है। इतना ही नहीं सुभाष चंद्र बोस तथा आजाद हिंद फौज का वर्णन नाम मात्र का किया गया है।

इसी भाँति स्वामी रामतीर्थ, महर्षि अरविंद, बंकिम चट्टोपाध्याय, भगिनी निवेदिता, लाला हरदयाल आदि को राष्ट्रीय आंदोलन से दूर रखा गया। कही भी भारत के स्वतंत्रता आंदोलन में भारत के कम्युनिस्टों की काली करतूतों, 1942 में ब्रिटिश गुप्तचर के रूप में उनकी भूमिका, पाकिस्तान के निर्माण में उनके योगदान का वर्णन नहीं किया है।

कक्षा आठ की इतिहास की पुस्तक में विश्व की घटनाओं–दक्षिण अफ्रीका में गुलामों का व्यापार, फ्रेंच उपानिवेश से वेस्ट इंडीज में नील की खेती, चीन में ताइपींग विद्रोह, जापान में प्रारंभिक उद्योगीकरण, घाना में राष्ट्रीय आंदोलन आदि का वर्णन करना आवश्यक लगा। भारतीय स्वतंत्रता के पश्चात् लेखक ने इस बात पर बड़ा बल दिया कि उक्त समय भारत एक समाजवादी राज्य क्यों न बन सका। इसके लिए पं. नेहरू के भाषण का भी हवाला दिया, परंतु यह छिपाया कि भारत के मूल संविधान की उद्देश्यिका में सेकुलर या समाजवाद शब्द नहीं थे। जिन्हें श्रीमती इंदिरा गांधी ने घोषित आपात्काल के दौरान संविधान का अंग बनाया गया।

संक्षेप में उपरोक्त कक्षा 6 से कक्षा 12 तक के इतिहास के बदले पाठ्यक्रमों को लेकर विचारणीय गंभीर प्रश्न है कि इनके अध्ययन से भारतीय छात्रों के व्यक्तिगत तथा सामूहिक चिंतन तथा विकास को क्या मिलेगा? उदाहरणत: प्राचीनकाल में वैदिक संस्कृति, रामायण तथा महाभारतकालीन संस्कृति, मौर्य तथा गुप्तकाल के शासकों की उपेक्षा अथवा विस्मृत कराने से क्या इतिहास अध्ययन का उद्देश्य सार्थक होगा? क्या छात्रों में स्वाभिमान, आत्मगौरव, राष्ट्रीयता तथा गौरवमय अतीत की उपेक्षा से कुछ लाभ होगा? मध्यकाल में मुसलिम आक्रमणकारियों को महिमा–मंडित करके भारत में पंथनिरपेक्षता तथा राष्ट्रीयता की भावना बढ़ेगी। क्या योजनापूर्वक पठानों, मुगलों के साथ भारतीयों, राजपूतों, मराठों, सिखों, जाटों के शौर्य तथा वीरता की जानकारी से वंचित रखना उचित होगा? क्या भारतीय जन मानस को इसकी सामाजिक संस्थाओं, संस्कारों, शिक्षा व्यवस्था आदि से अलग करने से देश के भावी निर्माण में सहायता होगी? इसी भाँति आधुनिक काल में 1857 के महासमर को प्रमाणरहित विद्रोह तथा इसके क्षेत्र को सीमित करने से भारतीय इतिहास तथा उसके तथ्यों के साथ मजाक न होगा। भारतीय राष्ट्रीय आंदोलन में गांधी तथा नेहरू के योगदान तक सीमित रख, राष्ट्रवादियों तथा क्रांतिकारियों के योगदान की श्रेष्ठता को अस्वीकार करना या उनका वर्णन न करना ऐतिहासिक जघन्य अपराध न होगा? इससे न वर्तमान का भला होगा, न भविष्य का ही। प्रारंभिक तथा उच्च शिक्षा के पाठ्यक्रमों के साथ यही दुरावस्था स्नातक तथा स्नातकोत्तर पाठ्यक्रम में भी दिखाई देती है। देश के आपातकाल में इस क्षेत्र में योजनापूर्वक प्रयास भी हुए। देश के महाविद्यालयों तथा विश्वविद्यालयों के स्तर पर देश को चार भागों में बाँटकर, इतिहास के पाठ्यक्रमों को तथा कथित सेकुलर तथा वामपंथी चिंतन के आधार पर बदलने का यू.जी.सी. द्वारा प्रयत्न भी किया गया। चार स्थानों पर विशाल गोष्ठियाँ हुई। नए पाठ्यक्रम ऐसे बनाए गए, जो समाज तथा राष्ट्र की समस्याओं से न जुड़े थे। आशा के विपरीत देश में आपातकाल के हटने से वांछित उद्देश्य की पूर्ति न हुई।

पिछले दस वर्षों के अध्ययन से यह सच्चाई भी खुलकर आती है, जब सरकार द्वारा

एक सुनियोजित प्रयत्न किया गया तथा पाठ्यक्रम के विशेषज्ञों में कुल गिने-चुने विशिष्ट चिंतनधारा के वक्तियों को ही स्थान दिया गया,[100] परंतु यह निश्चित है कि इस प्रकार के आधे अधूरे अधकचरे व्यक्तियों द्वारा प्रमाणों तथा तथ्यों को छोड़कर, मनमाने इतिहास गढने से न भारत की भावी पीढ़ी प्रबुद्ध होगी, न ही भारत राष्ट्र उन्नत तथा सबल होगा। इससे देश में विभेदकारी एवं विघटनकारी प्रवृत्तियों को ही बल मिलेगा। किसी को यह नहीं भूलना चाहिए कि सही इतिहास का तथ्यों पर आधारित पाठ्यक्रम भावी पीढ़ी के चिंतन का आधार तथा अंतोगत्वा राष्ट्रहित, राष्ट्र निर्माण तथा राष्ट्र की सुदृढता का मेरुदंड होता है। विश्वव्यापी सामाजिक, सांस्कृतिक, सामरिक तथा आर्थिक चुनौतियों का सामना करने के लिए स्वतंत्रता के पश्चात् पिछले 67 वर्षों के भटकाव को छोड़कर, निजी व्यक्ति तथा पार्टी हितों एवं विचारधारा के थोपने के प्रयास को छोड़कर, शिक्षा, भाषा तथा इतिहास के पाठ्यक्रम में प्राथमिक शिक्षा से लेकर विश्वविद्यालीय स्तर पर तथ्यों के आधार पर सूक्ष्म निरीक्षण, विश्लेषण कर आवश्यक परिवर्तन की आवश्यकता है।

कुल मिलाकर निष्कर्ष रूप में यह निःसंदेह कहा जा सकता है कि गत 67 वर्षों में देश का शासक वर्ग भातीय संविधान की मूल भावना से भटक गया। शिक्षा का उद्देश्य भारत की संस्कृति, संस्कार तथा जीवन मूल्यों पर आधारित रचना करना होगा। अनेक महान् विचारकों तथा चिंतकों के अनुसार संस्कृत का महत्त्व कम नहीं किया जा सकता। हिंदी को राष्ट्रभाषा तथा अंग्रेजी को सामान्य राज भाषा तक सीमित रखना आवश्यक होगा। बच्चों की शिक्षा का माध्यम निश्चय ही हिंदी या उनकी मातृभाषा होनी चाहिए, अन्यथा छात्रों में न मौलिकता का विकास न उनके व्यक्तित्व का समुचित विकास, न राष्ट्र के निर्माण में उनकी आवश्यक भागीदारी होगी। साथ ही इतिहास का पाठ्यक्रम, भारत के अतीत से जुड़ा, वर्तमान के लिए उपयोगी तथा राष्ट्रगत भावी दृष्टि देनेवाला होना चाहिए। मैकाले, मार्क्स की ज़ूठन से देश की भावी-पीढ़ी उन्नति न कर सकेगी।

संदर्भ–

1. विवेकानंद साहित्य, भाग तीन (कोलकत्ता, 1989 संस्करण), पृ. 150, 106; एकनाथ रानाडे संकलन। उतिष्ठ जाग्रत् : स्वामी विवेकानंद का हिंदू राष्ट्र को अमर संदेश (कानपुर, 1963) पृ. 106
2. धर्मपाल, द ब्युटीफुल ट्री (नई दिल्ली, 1963) देखें जितेंद्र बजाज की लेखमाला 'नई शिक्षा नीति' जनसत्ता, 6-7 नवंबर, 1985, 8 नवंबर, 1985 तथा 9 नवंबर, 1985
3. तत्कालीन शिक्षा संबंधी ब्रिटिश रिकार्ड्स एवं विभिन्न रिपोट्र्स ही इसे नकारती हैं। विस्तार के लिए देखें, विलियम एडेम्स, रिपोर्ट ऑफ द स्टेट ऑफ एजुकेशन इन बंगाल एंड बिहार (1835-1838) संपादित ए.एन. बसु (कोलकत्ता 1941); भाग एक (लंदन 1817-20) पृ. 70; सलेक्शन फ्राम द रिकार्ड्स ऑफ गवर्नमेंट ऑफ मद्रास, भाग दो, परिशिष्ट ई.; आर.वी.

परुलेलकर, ए सोर्स बुक ऑफ द हिस्ट्री ऑफ एजुकेशन इन बोम्बे प्रोविन्सस, भाग एक, (सर्वे ऑफ इंडीजीनस एजुकेशन); डी.डब्ल्यू. लिथनर, हिस्ट्री ऑफ इंडीजीनस एजुकेशन इन द पंजाब सिन्स अनेकशेशन एंड इन 1882 (रिप्रिंट, पटियाला, 1971) पृ. 1 : सतीशचंद्र मित्तल आधुनिक भारतीय इतिहास की भ्रांतियाँ (हैदराबाद 2006) पृ. 85-87

4. विस्तार के लिए देखें, सतीशचंद्र मित्तल, भारत का सामाजिक-आर्थिक इतिहास (1758 ई. 1947 ई.), पंचकूला, 2005) पृ. 76-78; सतीश चंद्र मित्तल, इंडिया डिस्टोरटेड : ए स्टडी ऑफ ब्रिटिश हिस्टोरियंस आन इंडिया, भाग-एक (नई दिल्ली, 1995) पृ. 44-45
5. थामस पिन्ने (संपादित), द लैटर्स ऑफ टी.बी. मैकाले, भाग तीन (कैंब्रिज 1976) पृ. 123, 150

5.(अ) गुरुकुल के साठ वर्ष (गुरुकुल कांगड़ी विश्वविद्यालय, 1960) पृ. 9

6. भारत सरकार, गृह विभाग, (राजनीति डी.) कार्यवाही अगस्त, 1920, नंबर 110 फाइल
7. सत्यकेतु विद्यालंकार, स्वामी श्रद्धानंद (1933), पृ. 345
8. वही, पृ. 345
9. शिवकुमार गोयल, 'वे बलिदानी स्वाभिमानी हिंदू थे', राष्ट्रधर्म, दिसंबर, 2003, पृ. 15
10. डॉ. भवानी लाल भारतीय, जिहादी मानसिकता और आर्य समाज के बलिदानी वीर, राष्ट्रधर्म, जनवरी, 2008, पृ. 59, देखें संपादकीय टिप्पणी।
11. प्रो. देवेंद्र प्रताप सिंह व प्रो. श्याम सुंदर शुक्ला, महामना मदन मोहन मालवीय, कुरुक्षेत्र, संवत् 2068, पृ. 70
12. वही, पृ. 71
13. वही, पृ. 74; प्रमोद कुमार मालवीय, महामना मालवीय का महान् व्यक्तित्व, पंजाब केसरी, 25 दिसंबर, 1993
14. गांधी 'इम्मोरटल मालवीयजी' भवन जरनल, 24 दिसंबर, 1961, पृ. 25
15. के.एम. मुंशी, मालवीयजी महाराज, भवन जरनल, 24 दिसंबर, 1961, पृ. 17
16. डॉ. वासुदेव शरण अग्रवाल, विश्वात्मा पुरुष मालवीयजी, साप्ताहिक हिंदुस्तान, 7 जनवरी, 1962
17. देखें लेख डॉ. हरिप्रसाद दुबे, 'महान् व्यक्तित्व मदन मोहन मालवीय' राष्ट्रधर्म, दिसंबर 2004
18. देखें बनारस विश्वविद्यालय की विवरसिका
19. प्रो. देवेंद्र प्रताप सिंह व प्रो. श्याम सुंदर शुक्ल, पूर्व उद्धरित, पृ. 76
20. विवेकानंद साहित्य, भाग तीन (कलकत्ता, जनवरी 1989 संस्करण) पृ. 135, 330
21. द कंपलीट वर्क्स ऑफ स्वामी विवेकानंद, भाग—चार (कलकत्ता 1964 संस्करण) पृ. 490
22. वही, भाग—तीन, (कलकत्ता 1964 संस्करण) पृ. 302
23. वही, भाग—पाँच, (कलकत्ता 1964 संस्करण) पृ. 342
24. वही, भाग—छह, (कलकत्ता 1963 संस्करण) पृ. 38-39
25. एम.पी. पंडित, श्री अरविंद (नई दिल्ली, 1985)
26. वही, पृ. 27
27. श्री अरविंद सोसायटी पांडेचेरी, आदर्श माता-पिता, अध्यापक एवं बालक, पृ. 22
28. एन.ए. पालकीवाला, अरविंद का भारत, पंजाब केसरी, 15 अगस्त, 1977
29. शहमिक बेग, द एशियन माइंड, मिंट, 7 जुलाई, 2004, पृ. 10

30. वही, पृ. 53
31. संपादकीय, पश्चिम का पाश शिक्षा का सत्यानाश, पाञ्चजन्य, 7 अप्रैल, 2010
32. के.डी. गनग्रेड, इनकोरपोरेटिंग वैल्यूज इन एजुकेशन, इटर्नल इंडिया, भाग दो, न.-10, जुलाई 2010, पृ. 102
33. सतीशचंद्र मित्तल, शिक्षा परीक्षा से जुड़े कुछ सवाल, पाञ्चजन्य 5 जून, 2011
34. शिक्षा बाजारवादी व्यवस्था के शिकंजे में, जाह्नवी, मई 2009, पृ. 17; नरेंद्र कुमार तनेजा, एजुकेशन इज नीदर एन इंडस्ट्री नोर के मिन्ट मशीन, द टाइम्स ऑफ इंडिया, 1 मई, 2011
35. शैक्षिक मंथन (मासिक) जयपुर, 1 मार्च, 2009 वर्ष 1, अंक 8, देखें अंतिम पृष्ठ
36. विद्या भारती प्रदीपिका, वर्ष 14, अंक 1, सितंबर, 1991, पृ. 15, 68
37. फिरोज अहमद एवं सुरेश गर्ग, साइंटिफिक ह्यूमनीज, रीपोजीशनिंग इंडियन एजुकेशन, नई दिल्ली 2010; साथ ही देखें गांधीजी बुनियादी शिक्षा, अहमदाबाद, 1950
38. देखें, वही, प्रथम अध्याय
39. वही, दूसरा अध्याय
40. वही, तीसरा अध्याय
41. वही, पृ. 153
42. प्रो. बाल आप्टे, नेशन फर्स्ट, (नई दिल्ली, 2013) पृ. 188
43. वही
44. वही
45. देखें, केंद्रीय सरकार द्वारा प्रकाशित 'चैलेंज ऑफ एजुकेशन-ए पालिसी पर्सपेक्टिव
46. द टाइम्स ऑफ इंडिया, 22 फरवरी, 2014
47. विश्वविद्यालयों की भाषाएं (स.) दैनिक जागरण 6 नवंबर, 2012
48. द टाइम्स ऑफ इंडिया, 22 फरवरी, 2014
49. पाञ्चजन्य, 16 फरवरी, 2014
50. द टाइम्स ऑफ इंडिया, 20 सितंबर, 2013
51. मिंट, 16 जनवरी, 2014
52. द टाइम्स ऑफ इंडिया, 30 जनवरी, 2014
53. जगमोहन सिंह राजपूत, असमानता बढाती शिक्षा, दैनिक जागरण, 2 फरवरी, 2014
54. द टाइम्स ऑफ इंडिया, 30 जनवरी, 2014
55. प्रकाशन विभाग, एन.सी.आर.टी., संस्कृत, द वॉयस ऑफ इंडिया सोल एंड विश, (नई दिल्ली, 2003)पृ. 1-2, साथ ही देखें, सतीश चंद्र मित्तल, आखिर संस्कृत की उपेक्षा कब तक! पाञ्चजन्य 19 अप्रैल, 2009
56. प्रकाशन विभाग, (एन.सी.आर.टी.) पूर्व उद्धरित, पृ. 2
57. स्वामी प्रकाशानंद सरस्वती, द ट्रयू हिस्ट्री एंड द रीलीजन ऑफ इंडिया, दिल्ली, (2000) पृ. 260
58. सतीश चंद्र मित्तल, ब्रिटिश इतिहासकार तथा भारत, (नई दिल्ली 2010) पृ. 64
59. एच. शार्प, सलैक्शन फार एजुकेशनल रिकाइर्स, भाग—एक, (1789-1839) (कोलकाता 1920), पृ. 134

60. थामस पिन्ने, द लैटर्स ऑफ टी.बी. मैकाले, भाग-तीन, (कैंब्रिज 1976) पृ. 123, सतीश चंद्र मित्तल, इंडिया डिस्टोरटेड : ए स्टेडी ऑफ ब्रिटिश हिस्टोरियन्स ऑन इंडिया, भाग—एक (नई दिल्ली 1995), पृ. 45
61. देखें 10 सितंबर, 1949 की भारतीय संविधान सभा की कार्यवाही, द संडे हिंदुस्तान स्टेंडर्ड, 11 सितंबर, 1949
62. देखें परिशिष्ट तीन
63. देखें, जर्मन में संस्कृत विश्वविद्यालय, पाञ्जन्य, 28 फरवरी, 2013
64. देखें, कोलकाता विश्वविद्यालय में 1936 में महाकवि रवींद्रनाथ ठाकुर का दीक्षांत भाषण
65. हरिजन, 2 नवंबर, 1947
66. शेरसिंह, शिक्षा समस्या विशेषांक, (आगरा) पृ. 133
67. महात्मा गांधी, हिंद स्वराज, अहमदाबाद, 1909
68. देखे, द आर्गनाइजर, 26 जनवरी, 1965
69. देखें, राष्ट्रधर्म सितंबर, 2010
70. सतीश चंद्र मित्तल, हिंदुत्व से प्रेरित विदेशी महिलाएँ (नई दिल्ली 2014) पृ. 22; डॉ. ओम प्रकाश अग्रवाल, हिंदी को इंग्लिश बनाने से न जनहित न राष्ट्र का हित, पाञ्चजन्य 15 अप्रैल, 2012; रिप्लेस प्योर हिंदी विद इंग्लिश, टाइम्स ऑफ इंडिया, 6 दिसंबर 2012
71. वही, पृ. 62
72. पाञ्चजन्य, 28 जुलाई, 2013
73. देखें अध्याय चार, स्पेशल डाइरेक्टिव अनुच्छेद 351
74. आर.एस. नारायण स्वामी, द टाइनेरी ऑफ टू परसेंट, द ऑर्गनाइजर, 6 दिसंबर, 2012
75. द हिन्दू 7 नवम्बर 2010
76. डॉ. ओमप्रकाश अग्रवाल, हिंदी को हिंगलिश बनाने से न जनहित न राष्ट्र का हित, पाञ्चजन्य 15 अप्रैल, 2012
77. रिप्लेस प्योर हिंदी विद हिंगलिश : गर्वमेन्ट टाइमस ऑफ इंडिया 6 दिसंबर, 2012
78. यंग इंडिया, पहली सितंबर, 1921
79. डॉ. निरंजन कुमार, अंग्रेजी की बेजा अनिवार्यता, दैनिक जागरण, 27 अगस्त, 2012
80. वही, डॉ. विजय अग्रवाल, आइ.ए.एस. में अंग्रेजी राज, दैनिक जागरण, 5 सितंबर, 2014
81. हिंदुस्तानी हिंदी, दैनिक जागरण 2 फरवरी, 2012; द इंडियन एक्सप्रेस, 2 फरवरी, 2012, पायोनियर, 2 फरवरी, 2012; द हिंदू 2 फरवरी, 2012
82. डॉ. विजय अग्रवाल, पूर्व उद्धरित
83. डॉ. विजय अग्रवाल, पूर्व उद्धरित
84. विस्तार के लिए देखें, मीनाक्षी जैन, फ्लोड नेरेटिव्ज : ए रेंडम सर्वे ऑफ सतीश चंद्र स मैडिवल इंडिया (हिस्ट्री इन द ओल्ड एन.सी.ई.आर.टी., टैक्ट बुक्स) (नई दिल्ली 2003); मीनाक्षी जैन, सलेक्टिव हिस्ट्री, द हिंदुस्तान टाइम्स, 8 मई, 2001; मक्खन लाल, द एन.सी.ई.आर.टी. सोशल साइंस बुक्स, फाल्स प्रोपेगेंडा एजेंडा एंड द 'इमीनेन्ट' हिस्टोरियन्स (अलीगढ़, 2002); मक्खन लाल, ए रिव्यू ऑफ द क्लास सिक्स टैक्स बुक ऑफ हिस्ट्री (एनसेन्ट), पब्लिश्डि बाई द गवर्नमेंट ऑफ वेस्ट बंगाल, (अलीगढ़ 2002)
85. देखें इरफान हबीब, सुवीरा जायसवाल, आदित्य मुकर्जी, हिस्ट्री इन द न्यू, एन.सी.ई.आर.टी.

टैक्स्ट बुक्स, ए रिपोर्ट कानटेनिंग इन इनडैक्स ऑफ एरेरस्स, इंडियन हिस्ट्री कांग्रेस, अमृतसर अधिवेशन, 2002
86. वही देखें, तीन पन्नों की रिपोर्ट
87. मक्खन लाल, मीनाक्षी जैन, हरिओम, हिस्ट्री इन द न्यू एन.सी.आर.टी. टैक्स्ट बुक्स, फैलेसिज इन द आई.एच.सी. रिपोर्ट, (एन.सी.ई.आर.टी., नई दिल्ली 2003)
88. विस्तार के लिए देखें, एन.सी.ई.आर.टी., नेशनल करीकुलम फ्रेमवर्क 2005, एन.सी.ई.आर.टी.
89. विस्तार के लिए देखें, कक्षा 6 की इतिहास की पुस्तक, अवर पास्ट, भाग—एक, एन.सी.ई.आर.टी., 2006
90. विस्तार के लिए कक्षा 7 की पुस्तक, अवर पास्ट, भाग—दो, एन.सी.ई.आर.टी., 2007
91. मोहम्मद हबीब, महमूद गजनवी : द सुल्तान ऑफ गजनी 1924 : साथ में देखें पं. जवाहरलाल नेहरू—लैटर्स ऑफ एक फादर टू हिज डोटर, 2 जून, 1932 का पत्र। इस आधार पर बाद में भारतीय क्मयुनिस्ट ने गजनवी को अपने चिंतन का आधार बनाया।
92. विस्तार के लिए देखें, वारबोसा (1516) डोर्मिनगोस (1520) तथा फराओ—न्यूनिज (1535) के वर्णन, वी. सूर्यनारायण राव, ए हिस्ट्री ऑफ विजयनगर, द नैवर टू बी फारगोटन इंपायर (मद्रास 1905, संशोधित, नई दिल्ली 1985)
93. डॉ. सतीश चंद्र मित्तल, अविस्मरणीय विजयनगर साम्राज्य एव महाराजा कृष्णदेवराय, (कुरुक्षेत्र, 2009) पृ. 80
94. विस्तार के लिए देखें, कक्षा 8 की पुस्तक, अवर पास्ट, भाग—तीन उपभाग एक, नई दिल्ली एन.सी.ई.आर.टी., 2008
95. विस्तार के लिए देखें, कक्षा 12 की इतिहास की पुस्तक, एन.सी.ई.आर.टी.
96. सतीश चंद्र मित्तल, 1857 के संघर्ष में क्या पंजाब अंग्रेजों के प्रति वफादार रहा? (जालंधर 2007)
97. वा द. दिवेकर 1857 के स्वाधीनता संग्राम में दक्षिण भारत का योगदान (अंग्रेजी में पुस्तक साउथ इंडिया इन 1857 : वॉर ऑफ इंडिपेंडेंट) का हिंदी अनुवाद (अनुवादक डॉ. कैलाश शकर कुलश्रेष्ठ (आगरा, 2001)
98. देखें कक्षा आठ की पुस्तक अवर पास्ट, भाग—तीन, पृ. 120
99. वही, पृ. 111, 120
100. द आर्गनाइजर, 13 अगस्त, 2013

□

4

भारतीय सेना तथा सुरक्षा-युद्ध

किसी स्वतंत्र प्रभुसंपन्न राष्ट्र का लक्षण है कि वहाँ का जन समाज अपने राष्ट्र, अपने देश की सीमाओं को सुरक्षित करने में पूर्ण सक्षम तथा जागरूक हो। राष्ट्र की सुरक्षा के लिए देश की सेनाएँ पूर्णत: सिद्ध व चौकस हों। सभी के लिए राष्ट्र हित तथा राष्ट्रीय एकता एवं अखंडता सर्वोपरि हो। राष्ट्र का संपूर्ण समाज पूरी तरह से आश्वस्त, जागरूक तथा चैतन्यमय हो।

यदि भारत विभाजन से, भारत की सेनाओं, देश की सुरक्षा तथा भारत की सीमाओं की ओर दृष्टिपात करें तो ज्ञात होता है कि भारत की प्राकृतिक एवं भौगोलिक अवस्था का चिंतन न करके भारत की 30 प्रतिशत भूमि का भाग काटकर मजहब के आधार पर पाकिस्तान का निर्माण किया गया था। देश के बँटवारे के साथ भारतीय सेना का भी बँटवारा किया गया। तत्कालीन ब्रिटिश सरकार की धूर्त्ततापूर्ण चालों एवं नीतियों के कारण सेना के अधिकतर ऊँचे पद पहले से ही मुसलमानों को प्राप्त थे। अंग्रेजों ने इस विषय में मुसलमानों के प्रति पक्षपात रवैये को स्वयं भारत में अंग्रेजों में अंतिम वायसराय लार्ड माउंटबेटन तथा भारत में ब्रिटिश महासेनापति ओचनलीक ने भी स्वयं स्वीकार किया है।

भारतीय सेना की गौरवशाली परंपरा की पृष्ठभूमि

यह स्मरणीय है कि ईस्ट इंडिया कंपनी तथा बाद में सीधे ब्रिटिश प्रशासन के अंतर्गत अंग्रेजी शासन के विरुद्ध भारत की स्वतंत्रता के लिए भारत के वीर सैनिकों ने पहल की थी।

(i) कंपनी के काल में सैनिकों के संघर्ष

यदि ऐतिहासिक दृष्टि से तो पता चलता है कि अंग्रेजों द्वारा सर्वप्रथम 1746 में अंग्रेजों तथा फ्रांसीसी कंपनियों के बीच कर्नाटक के प्रथम युद्ध (1746-1748) के प्रारंभ में अंग्रेजों द्वारा भारतीयों की एक सेना का निर्माण किया गया था। बाद में धोखाधड़ी से अंग्रेज सेना ने बंगाल के नवाब सिराजुद्दौला की भारतीय सेना को पराजित कर 1760 में कोलकाता पर कब्जा कर लिया था।

ईस्ट इंडिया कंपनी के प्रारंभ से भारत की नागरिक सेवाओं में केवल अंग्रेजों को नियुक्त किया जाता था। सेना भी प्रशासनिक सेवा का अंग मानी जाती थी। यह कंपनी के व्यापार की सुरक्षा, संवर्धन और विस्तार में सहायक होती थी। यह कंपनी के लिए भारतीय राज्यों के विरुद्ध युद्ध जीतने में निर्णायक होती थी। इसके साथ यह आंतरिक विद्रोहों के दमन और अन्य विदेशी शक्तियों से भारत में कंपनी राज्य की सुरक्षा में सहायता करती थी।

1750 के बाद के मद्रास प्रेसीडेंसी रिकार्ड्स का विवरण देते हुए एक विद्वान् ने लिखा कि कुल सैनिक अधिकारी 87 थे, जो 1775 में बढ़ाकर 412 तथा 1800 में 652 हो गए थे। सैनिक अधिकारियों के भरती नियमों में भी परिवर्तन किए गए। जो भी कैडिट भारत में कंपनी के लिए नियुक्त होता था, उसे एक सर्टिफिकेट देना पड़ता था कि वह किसी भारतीय की सन्तान नहीं है।

1800 में एक विशेष कैडिट कंपनी बनाई गई, जो शीघ्र ही इंग्लैंड एवं कंपनी के उन महत्त्वपूर्ण चहेतों के बेटे एवं रिश्तेदारों का आश्रय स्थल बन गई, जो इंग्लैंड से बाहर जाना चाहते थे। वेतन की दृष्टि से 1784 में कर्नल को 456 पौंड, लेफ्टिनेंट कर्नल को 364.10 पौंड, मेजर को 272.12 पौंड वार्षिक मिलता था। इसके अलावा उन्हें अतिरिक्त भत्ते भी दिए जाते थे। उदाहरणत: ब्रिटिश सैनिकों को प्रथम बार भत्ता तब दिया गया, जब उन्हें कर्नाटक की लड़ाई में नवाब मोहम्मद अली की सहायता के लिए भेजा। गया था। बंगाल सेना अधिकारियों को मद्रास (तमिलनाडु) की तुलना में दो गुणा भत्ता दिया जाता था। कोलकाता में यह भत्ता प्राय: युद्ध काल में दिया जाता था। लार्ड क्लाइव ने इस भत्ते को बंद कर दिया था। इस पर अनेक सैनिक अधिकारियों ने विद्रोह कर दिया था, जिसे दबा दिया गया। इसके विपरीत भारतीय सैनिकों का जीवन दूभर तथा कष्टदायक था। उनकी सेना में भरती, एजेंट (दलाल) की मदद से होती थी। दलाल योग्य व्यक्ति के स्थान पर सस्ते सैनिकों का ध्यान करते थे। भारतीय सैनिकों से पहले अंग्रेजों की भरती की जाती थी। उदाहरणत: 1752 में मद्रास (तमिलनाडु) में तोपखाने की भरती के लिए कुछ प्रोटेस्टेन्ट जर्मन की मदद से ली गई थी तथा 1756 में कुछ दलाल इस काम के लिए भेजे गए थे। अंग्रेज सैनिकों के वेतन भी उच्च होते थे और उन्हें अन्य भत्ते भी

दिए जाते थे। अंग्रेज सैनिकों की तुलना में भारतीय सैनिकों की अवस्था शोचनीय थी। वे किसी ऊँचे पद पर नियुक्त नहीं हो सकते थे। कोई भी भारतीय अधिक से अधिक सूबेदार के पद तक पहुँच सकता था। 1857 से पूर्व केवल तीन भारतीय थे, जिनका वेतन 300 रुपए था। भारतीय सैनिक को कुल वेतन 9 रुपए मिलता था। इसके अलावा कोई अन्य भत्ते न थे। 1824-1850 तक निरंतर भारतीय सैनिकों की वेतन वृद्धि की माँग होती रही थी। उदाहरणत: 1824 में 47वीं पैदल टुकड़ी ने उचित भत्ते न मिलने पर बर्मा (म्यांमार) युद्ध में जाने का विरोध किया था। 1838 में शोलापुर स्थित एक भारतीय टुकड़ी ने भत्ता न मिलने पर विद्रोह कर दिया था। 1844 से भारतीय सैनिकों के प्रति इस भेदभाव के विरुद्ध 34वीं नेटिव पैदल और 14वीं रेजीमेंट ने विद्रोह किया था। 1849 में भी पंजाब पर अधिकार करनेवाली सेना ने असंतोष व्यक्त किया था। इसी भाँति 1852 में 38वीं नैटिव सेना ने विद्रोह किया था।

वस्तुत: कंपनी के शासन काल के प्रारंभिक वर्षों में यह दुर्भाग्यपूर्ण स्थिति थी कि भारतीय सेनाएँ मामूली से वेतन लेकर कंपनी सरकार की मदद करती थी। विशेषकर 1757 से बंगाल, बिहार, उड़ीसा और अवध की सेनाएँ अपने ही देशवासियों के विरुद्ध मैसूर, महाराष्ट्र और बाद में पंजाब में लड़ी थीं। उनमें भारत के कुछ राजाओं, नवाबों में अंग्रेजों के प्रति स्वामी भक्ति थी, परंतु देशभक्ति एवं राष्ट्रीयता की भावना का अभाव था। अत: अंग्रेजों को भारत में भाड़े की सेना, कम-से-कम खर्चे में रखना संभव हुआ, परंतु शीघ्र ही भारतीय सेना में चेतना आई थी। 1857 का महान् संघर्ष इसी राष्ट्रीय स्वाभिमान तथा चेतना का परिणाम था। 1857 में कंपनी के 3,11,400 सैनिकों में से 2,65,900 भारतीय थे, अर्थात् अंग्रेज काफी कम थे। भारत के गवर्नर-जनरल लार्ड डलहौजी ने भारतीय सेना को कम करने का सोचा था। उसका कथन था, 'अंग्रेज सेना हमारी शक्ति का आवश्यक अंग हैं।' उसने सेना में तीन रेजीमेंट बढ़ाई। पंजाब में एक अनियमित सेना का भी संगठन किया गया, जो शेष भारत से भिन्न थी। गोरखा रेजीमेंट की भी संख्या बढ़ाई। इन नई रेजीमेंटों ने 1857 के महासमर में कई बार महत्त्वपूर्ण भूमिका निभाई।

1857 का महासमर कंपनी सरकार के खिलाफ केवल वेतन वृद्धि की माँग, अभद्र व्यवहार, चरबीवाले कारतूसों के प्रयोग के कारण ही न था। चरबीवाले प्रयोग ने तो मात्र सैनिकों में उपजे असंतोष को चिंगारी के रूप में व्यक्त किया था। सैनिकों सहित समाज का राजनीतिक, प्रशासनिक, आर्थिक, सामाजिक तथा धार्मिक मामलों के प्रति असंतोष ब्रिटिश सरकार की नीतियों के विरुद्ध था। इस महान् संघर्ष में स्वधर्म और स्वदेश की रक्षा में भारतीय सेना की सर्वोपरि भूमिका थी।

(ii) सीधे ब्रिटिश शासन के अंतर्गत सैनिक संघर्ष

कंपनी शासन की समाप्ति तथा सीधे ब्रिटिश क्राउन के शासन की स्थापना के पश्चात् ब्रिटिश सरकार की सर्वाधिक आवश्यकता तथा महत्ता भारत सेना के पुनर्गठन की लगी। 1857 के महासमर में अनेक ब्रिटिश सेनापति तथा अधिकारी मारे गए थे। अंग्रेज 1857 के महासमर को न भूले थे। भारतीय सैनिकों के स्वतंत्रता के प्रयासों से उत्साहित होकर, विश्व में ब्रिटिश साम्राज्य को उखाड़ने के लिए जगह-जगह आह्वान किए गए थे। इटली, जर्मनी, पूर्व तथा बल्कान देशों में इसका प्रभाव हुआ।

1857 के पूर्व पंजाब के चीफ कमिश्नर तथा बाद में भारत के गवर्नर जनरल सर जान लारेंस ने, महासमर से पूर्व ही सेनाओं का विश्लेषण करते हुए लिखा था, 'सैनिक विद्रोह से पूर्व सेना में सबसे अधिक दोष, जो अप्रश्नीय रूप से निकृष्टतम था और जिसने हमारे विरुद्ध अत्यधिक भूमिका निभाई, वह था बंगाल की सेना में भ्रातृत्व तथा समान रूप का होना। इन दोनों को दूर करने के लिए हमें यूरोपीय-सेना का प्रति संतुलन तथा भारतीय सेना का जातीय आधार पर विभाजन करना होगा।[1]

1857 के महासमर में बंगाल सेना के 1,28,000 सैनिकों में से 1,20,000 सैनिक मारे या घायल हो गए थे। केवल ग्यारह ऐसी रेजीमेंट थीं, जिन्होंने युद्ध में भाग नहीं लिया था, लेकिन पुनर्गठन से पूर्व अंग्रेज सरकार को एक और ब्रिटिश सैनिकों की बगावत का सामना करना पड़ा था, जिसे 'श्वेत विद्रोह' कहा जाता है। इसमें भारतीय सेना के यूरोपियन सैनिकों ने भाग लिया था। इनके असंतोष का कारण यह था कि बिना उनकी इच्छा के उनकी सेनाओं को ईस्ट इंडिया कंपनी से हटाकर सीधे ब्रिटिश शासन को सौंप दिया गया था। अत: श्वेत विद्रोह तथा प्रदर्शन हुए। 10,000 यूरोपीय सेना को मुक्त कर दिया गया। वस्तुत: श्वेत विद्रोह से उत्पन्न अशांति ने भारत के गवर्नर जनरल लार्ड कैनिंग को शीघ्र पुनर्गठन के लिए तैयार किया। ब्रिटिश सरकार के सैनिकों के पुनर्गठन के नवीन आधार थे—प्रथम यूरोपीय सैनिकों को एक विशेष अनुपात में भरती किया जाए। दूसरे, कुछ महत्त्वपूर्ण स्थान ब्रिटिश सैनिकों के लिए सुरक्षित रखे जाएँ, तीसरे विभिन्न जातियों तथा वर्गों के सैनिकों को मिलाकर रखा जाए, ताकि वे आपस में लड़ते रहें तथा उनमें एकता की भावना न हो। भारत मंत्री चार्ल्स वुड का मत था, ''भारत में ऐसी सेना होनी चाहिए, जो वास्तव में भारतीय न हो।'' चौथे, भारतीय सेना का भारतीय जनता के साथ संपर्क न रखा जाए और भारतीय समाचारपत्र भी सैनिकों तक कम-से-कम पहुँचें। पाँचवें, जहाँ तक संभव हो तोपखाने में भारतीयों को स्थान न मिले। छठे, यूरोपीय सैनिकों की अधिक से अधिक भरती की जाए।

नवीन नीति के आधार पर सेना का पुनर्गठन किया गया। सेना में भारतीयों के मुकाबले यूरोपीय सैनिकों का भाग बढ़ाया गया। बंगाल की सेना में यह अनुपात पहले

एक और दो का था तथा मद्रास (तमिलनाडु) और बंबई (मुंबई) में दो और पाँच का था। 1861 में इस दृष्टि से कटौती की गई। दूसरे, तोपखाने पर पूर्णतः यूरोपियन नियंत्रण कर दिया गया। तीसरे, 1857 से पूर्व स्थानीय उद्देश्यों की पूर्ति के लिए यूरोपीय सैनिकों की नियुक्ति की जाती थी, जो विवादास्पद विषय था। 1860 में ब्रिटिश संसद् ने एक कानून द्वारा तय किया कि भविष्य में स्थानीय कार्यों के लिए यूरोपियन भरती न की जाए। इस समय तक जो भी ऐसे सैनिक थे, उन्हें शेष सेना के साथ मिला दिया गया। पाँचवें, पुलिस सेना समाप्त कर दी गई। यहाँ यह उल्लेखनीय है कि ब्रिटिश राज का उत्कर्ष मुख्यतः 19वीं शताब्दी के उत्तरार्द्ध में हुआ। अंग्रेजों ने इस विस्तार को भारतीय सेना की सहायता से किया। 1870-1900 के बीच तीस वर्षों में ब्रिटिश साम्राज्य तेजी से बढ़ा।[2] 1900 के लगभग, ब्रिटिश साम्राज्य लगभग 13 मिलियन मील फैला था तथा इसमें 366,783,000 की जनसंख्या आती थी।[3] अधिकतर ये विजय तथा विस्तार भारतीय सेनाओं के बलबूते पर था। ए.पी. थार्नटन ने लिखा[4] कि भारतीय सैनिकों की भूमिका 1854-1856 में क्रिमिया युद्ध, 1856-57 फारस में, 1859 चीन में, 1860-61 न्यूजीलैंड, 1867 अबीसीनिया में, 1875 में मलाया, 1878 में माल्टा, 1878-81 में अफगानिस्तान, 1882 में मिस्र, 1885 में सूडान, 1895 तक सुक्रेन गैरीसन में, 1896 में मोम्बासा, 1896-99 तक पुनः सूडान में महत्त्वपूर्ण रही। इसी भाँति 1899-1902 में बाक्सर युद्धों में तथा 1904 बाक्सर विद्रोह के दमन में भारतीय सेना ने भाग लिया। अतः भारतीय सेना का उपयोग केवल सुरक्षा के लिए ही नहीं, बल्कि किसी भी अनहोनी घटना के लिए कार्यों में लिया गया।[5]

परंतु यह भी निश्चित है कि भारत की सुरक्षा ब्रिटिश साम्राज्य का मुख्य आधार थी। 1902 में मि. बेलफोर की अध्यक्षता में भारत की सुरक्षा को एक अत्यंत अलग से महत्त्वपूर्ण मुद्दा माना गया। 1902-1909 के दौरान 80 बैठकों में से 50 में भारत की सुरक्षा प्रमुख मुद्दा रही।[6] 1908 में कमेटी ऑफ इंपीरियल डिफेंस में भारत में 100,000 सैनिकों को भारत की सुरक्षा की मुख्य बात कही गई।

यदि प्रथम महायुद्ध में भाग लेनेवाले ब्रिटिश सैनिकों के आँकड़े देखे तो पता चलता है कि यूनाइटेड किंगडम (यू.के.) की ओर से कुल 5,704,446 सैनिक युद्ध में लगाए गए थे। स्वशासित ब्रिटिश उपनिवेशों के कनाडा, आस्ट्रेलिया, न्यूजीलैंड, साउथ अफ्रीका, न्यूफाउंडलैंड व अन्य छोटे-छोटे उपनिवेशों को मिलाकर कुल 1,425,864 सैनिक थे, जबकि अकेले भारत ने 1,401,450 सैनिक भेजे थे अर्थात् तमाम उपनिवेशों को मिलाकर लगभग आधे थे।[7] एक विद्वान ने अपने नवीनत शोध से यह स्पष्ट किया है। इसमें भारत से 60,000 सैनिक कभी वापिस न लौटे। उन्हो 9,200 सैनिक विजय पत्र प्राप्त किए, जिसमें 11 विक्टोरिया क्रास थे, जो ब्रिटिश साम्राज्य का उच्चतम सैनिक

पदक था। वे जब लड़े जबकि सैनिक की केवल 15 रुपया मासिक वेतन मिलता था। उन्होंने विश्व के मानचित्र को बदल दिया था।[7]

साथ ही प्रथम महायुद्ध के दौरान ब्रिटिश सरकार में जो भारतीय सैनिक कष्ट सह रहे थे, ब्रिटिश सरकार ने उन्हें तरह-तरह के आश्वासन दिए थे, परंतु उन्हें शीघ्र ही लगा कि भारतीय सैनिकों को अपने साहिबों द्वारा पूर्व आश्वासन केवल प्रचार था, झूठे आश्वासन थे।[8] अत: 1857 के पश्चात् भारतीय सैनिकों में पहली बार पुन: गहरा असंतोष प्रकट हुआ। वस्तुत: यह अत्यंत दु:खद विषय रहा कि भारतीय स्वतंत्रता के पश्चात् भी लोग उन्हें भूल गए। 1923 में जनरल स्टाफ (General Staff) ने भारतीय सेना में बढ़ते असंतोष तथा गैर वफादारी को बताया। बढ़ते हुए असंतोष से 1927 में भारतीय सेना के भारतीयकरण की प्रक्रिया प्रारंभ हुई। ब्रिटिश तथा भारत के अधिकारी इस प्रक्रिया से सतर्क हो गए।[9]

इस संदर्भ में ब्रिटिश इतिहासकार तथा प्रसिद्ध 'टाइम्स' के विदेश विभाग के डाइरेक्टर सर वेलेटाइन शिरोल के विचार महत्त्वपूर्ण हैं। वह भारत में सतरह बार आया था तथा कुल मिलाकर 6-7 वर्ष भारत रहा था। उसने नेपाल को भारतीय सेना की दृष्टि से एक अत्यंत मूल्यवान सेना की भरती का केंद्र कहा था। उसका कथन था कि भारतीय सैनिकों को धीरे-धीरे उन्नति देते हुए उच्च स्थान दिए जाएँ जैसा कि मिस्त्र में भी मिस्त्र की सेना को दिया है।[10] उसने ईशर कमेटी रिपोर्ट के आधार पर भारत में बढ़ते सैनिक असंतोष से सतर्क किया[11] तथा भारतीय राजस्व से सेना पर खर्च की स्थिति बतलाई। उदाहरणत: 1920-21 के घाटे के बजट में कुल घाटा 130 करोड़ में 19 करोड़ का घाटा था, इसमें 62 करोड़ रुपया सैनिक खर्चे पर था जो कुल बजट का लगभग तमाम खर्चे का आधे के लगभग था। 1924-25 के बजट में सैनिकों के लिए कुल 131 करोड़ रुपए में से 64 करोड़ रुपए था। शिरोल ने इसे भारतीय सेना की राजनीतिक तथा सैनिकों के लिए महत्त्वपूर्ण कहा था। उसने भारतीय सेना को एक महान् संघर्षशील इंजिन बताया, जिसे ब्रिटिश ने बनाया, चलाया तथा ब्रिटिश ने नियंत्रित किया,[12] पर व्यक्तियों की नई सामग्री भारत ने प्रदान की।[13] उसने भारतीय सेना की निपुणता के आधार पर उन्हें उन्नति देने की बात कही, पर इतना सत्य है कि ब्रिटिश अधिकारियों में भयंकर आतंक बना रहा जैसे इल्बर्ट बिल विवाद के समय था।[14] शिरोल की भाँति कुछ विद्वानों ने भारतीय सेना के भारतीयकरण की धीमी गति की भी आलोचना की।[15]

यह विचारणीय है कि जब 1 सितंबर, 1939 को दूसरे महायुद्ध की घोषणा हुई, ब्रिटिश सरकार ने भारतीयों से बिना पूछे उन्हें भी युद्ध में धकेल दिया। इस पर कांग्रेस ने भी कटु विरोध किया। कांग्रेस ने नारा दिया, 'ना कोई भाई, न कोई पाई। विरोध स्वरूप कांग्रेस ने 7 प्रांतों में बने सभी मंत्रिमंडलों से त्यागपत्र दे दिया।

इस संदर्भ में भारत के महान् राष्ट्रीय नेता सुभाषचंद्र बोस तथा उनकी आजाद हिंद फौज ने देशभक्ति, राष्ट्रप्रेम तथा अद्भुत त्याग का परिचय दिया तथा उनकी सेना का स्थान महानतम पराक्रमी सेनाओं में माना गया। सुभाष बोस ने भारतीय स्वतंत्रता की इस चिंगारी को 45,000 सैनिकों की फौज खड़ा करके प्रज्वलित किया। वर्तमान ब्रिटिश सरकार, ब्रिटिश इतिहासकारों तथा विद्वानों ने इसे पिछले 368 वर्षों (1645-2013) में भीषणतम तथा महानतम ब्रिटिश युद्ध (Greatest British battle) माना है।[16] उल्लेखनीय है कि गत 20 अप्रैल, 2013 को चेल्सी स्थित ब्रिटिश सरकार के ब्रिटिश आर्मी म्यूजियम में ब्रिटिश द्वारा लड़े गए विभिन्न युद्धों की सूक्ष्म समीक्षा हुई, इसमें ब्रिटिश द्वारा गत 20 युद्धों का वर्णन किया गया है। जापान की सेना से मिलकर सुभाष बोस की आजाद हिंद फौज के संघर्ष को जो इम्फाल-कोहिमा के मोर्चे पर लड़ा गया, महानतम युद्ध[17] स्वीकार किया। 1944 में हुए इस भयंकर युद्ध का विस्तृत वर्णन इंग्लैंड के प्रसिद्ध लेखक तथा रायल हिस्टोरिकल सोसायटी के फैलो डॉ. राबर्ट लीमेन ने स्वयं किया है। इस अकेले युद्ध में आजाद हिंद फौज तथा जापानी सेना के लगभग 53,000 सैनिक मारे गए थे तथा ब्रिटिश सेना के इंफाल में 12000 तथा लगभग 4000 कोहिमा में मारे गए थे।

स्वतंत्रता से पूर्व सुभाष चंद्र बोस तथा उनकी आजाद हिंद फौज पहले भारतीय थे, जिसने भारत में एक अस्थायी सरकार की स्थापना की थी, जिसे विश्व के नौ देशों ने मान्यता दी थी। वे पहले व्यक्ति थे, जिन्होंने भारत की स्वतंत्रता का तिरंगा झंडा कोहिमा की पर्वत की चोटी पर लहराया था।

यह सैनिक अभियानों के इतिहास में एक चमत्कारिक तथा दिशाबोधक, विश्व की महानतम घटना थी, जिसने राष्ट्रीयता की भावना तथा देशभक्ति पैदा की। इस युद्ध को 'पूर्व का स्टालिन ग्रेड' कहा गया है,[18] परंतु स्वतंत्रता के पश्चात् भी भारत सरकार ने अपने देश की युवा पीढ़ी को कोई ऐसा संदेश न दिया, जो तत्कालीन ब्रिटिश सेना अधिकारियों ने कोहिमा में मरनेवाले ब्रिटिश सैनिकों के एक स्मृति पटल पर उनकी कब्रों पर लिखा, "when you go home, tell them of us and say for your tomorrow, we gave our today."

यह और भी अधिक शोचनीय तथा चिंताजनक है कि इस महान् संघर्ष में न राष्ट्रीय पुरुष गांधी का समर्थन मिला, न तत्कालीन कांग्रेस अध्यक्ष मौलाना अबुल कलाम आजाद का, बल्कि उन्हें पं. जवाहरलाल नेहरू के शत्रुतापूर्ण रवैये को सहना पड़ा। 1942 में जब देश की आजादी के लिए सुभाषचंद्र बोस ने बंगाल पर आक्रमण करने की अंग्रेजों को धमकी दी तो पं. जवाहरलाल नेहरू ने कोलकाता की एक सभा में कहा, "यदि सुभाष इस ओर आएगा, तो मैं हाथ में तलवार लेकर उसका मुकाबला

करूँगा।'' यह सर्वज्ञात है कि स्वतंत्रता के पश्चात् भारत सरकार आगामी चालीस वर्षों तक सुभाष के प्रति शत्रुतापूर्ण रवैया अपनाती रही तथा न कभी पं. जवाहरलाल नेहरू ने आजाद हिंद फौज के कृत्यों को सराहा।[19] इसके साथ भारतीय कम्युनिस्ट पार्टी आजाद हिंद फौज को लुटेरों की सेना कहती रही।

सही यह भी है कि द्वितीय महायुद्ध की समाप्ति से पूर्व ही ब्रिटिश सरकार का भारतीय सैनिकों के प्रति अविश्वास बढ़ता गया था। वे तभी से भारत छोड़ने की एक निश्चित तिथि तय करने में लग गए थे।[20] तत्कालीन भारत के गवर्नर जनरल लार्ड लिन लिथगो की एक तरफा भारतीय सेनाओं की भागीदारी जरा भी पसंद न की गई। दूसरा गवर्नर-जनरल लार्ड वैवेल 1943 में जब भारत आया तो वह भी भारतीय सेना से विचलित हो गया। उसने भयभीत हो सीधे ब्रिटेन से 4-5 ब्रिगेड सेना इंग्लैंड से भारत भेजना का अनुरोध किया जो तत्कालीन ब्रिटेन की परिस्थितियों के कारण स्वीकृत न हुआ।

आजाद हिंद फौज की वीर तथा गौरव गाथाओं से प्रभावित हो 20 जनवरी, 1946 को भारतीय वायु सेना के कुछ सैनिकों ने अंग्रेजी सरकार के विरुद्ध हड़ताल कर दी। यह हड़ताल मुंबई, लाहौर तथा दिल्ली में फैली। लगभग 5200 वायु सैनिकों ने इसमें भाग लिया। इनकी प्रमुख माँग थी कि भारतीय तथा अंग्रेज सैनिकों के प्रति समान व्यवहार किया जाए।

द्वितीय विश्वयुद्ध में भाग लेने के पश्चात् रायल इंडियन नेवी के सैनिक भारत वापस लौटे। इनमें से एक जलयान के सैनिकों ने कुछ समय के लिए बर्मा (म्यांमार) के अरकान नगर में भ्रमण करते हुए स्थानीय भारतीयों से बातचीत की। कइयों ने सैनिकों के द्वारा अंग्रेजों की मदद की आलोचना भी की। कुछ ने सुभाष चंद्र बोस का चित्र अपने सामने रख 'जयहिंद' का उद्घोष किया। इन विचारों से प्रभावित तथा उत्साहित हो भारतीय सैनिक बंदरगाह पर पहुँचे।

19 फरवरी, 1946 को कुछ भारतीय नौसेना की टुकड़ियों ने अंग्रेजों के विरुद्ध संघर्ष शुरू कर दिया। हजारों ने आजाद हिंद फौज के बिल्ले लगाए। भारतीय नौ सैनिकों ने अंग्रेज नौ सैनिकों के समान वेतन की माँग की तथा साथ ही भोजन में भेदभाव तथा समय-समय पर अंग्रेजों द्वारा भारतीयों को बोली जानेवाली भद्दी गालियों से अपमानित होने की भर्त्सना की। भारतीय सैनिकों ने कुछ जलपोतों पर अधिकार कर लिया। ब्रिटिश सरकार ने तोपें चढ़ा दी। गोली-बारी की तैयारी हो गई।

भारतीय जन समाज में भी इसकी तीव्र प्रतिक्रिया हुई। इन हड़तालों में मुंबई के नागरिकों ने भी भाग लिया। वहाँ के छात्रों ने सार्वजनिक हड़ताल का आह्वान किया। कुछ को गिरफ्तार भी किया गया। सरकार ने गोलियाँ चलाईं। किसी तरह सरदार

वल्लभ भाई पटेल के बीच-बचाव से यह संघर्ष टला। कोलकाता में हड़ताल के दौरान सरकारी संपति की हानि हुई। पुलिस तथा सेना में टकराव हुआ। इसमें 284 व्यक्तियों की मौत हुई। शीघ्र ही यह हड़ताल कराची, विशाखापट्टनम, तमिलनाडु, कोच्चि तक फैल गई। इसमें लगभग 20000 से अधिक नौ सैनिकों ने भाग लिया। अनेक स्थानों से यूनियन जैक उतार दिया गया तथा तिरंगा झंडा फहराया गया।[21] नौसेना के संघर्ष से ब्रिटिश शासकों में बेचैनी बढ़ी तथा उनका भारत की नौसेना की राजभक्ति से विश्वास उठ गया। "भारतीय इतिहास में यह पहला अवसर था जब देश के अंदर सैनिक तथा असैनिक के विचारों में एक सामूहिक तथा संयुक्त उद्देश्य की प्राप्ति के लिए तालमेल हुआ।"[22]

संक्षेप में भारतीय सेना के दो सौ वर्षों (1746-1947) का इतिहास प्रारंभ से अंत तक अत्यंत महत्त्वपूर्ण रहा है। जहाँ ईस्ट इंडिया कंपनी के झूठे आश्वासनों पर भारतीय सेना ने कंपनी के शासन को दृढता प्रदान की, वहाँ उसे 1857 के महासमर में उखाड़ फेंकने में कोई कसर न रखी। देश की स्वतंत्रता के लिए लाखों सैनिकों ने अपना खून बहाया। इसी भाँति भारत में सीधे ब्रिटिश सरकार की स्थापना से लेकर रानी विक्टोरिया की कोरी कागजी घोषणा तथा अन्य भारत मंत्रियों तथा ब्रिटिश वायसरायों के झूठे वायदों पर आस्था रख आगामी 90 वर्षों तक ब्रिटिश साम्राज्य के विस्तार में सहायता की, वहाँ भारत की स्वतंत्रता के लिए आजाद हिंद फौज, वायु तथा जलसेना द्वारा प्रतिरोधकर साम्राज्य की जड़ें हिला दीं। परिणामस्वरूप भारतीय सेना के प्रबल प्रतिरोध तथा राजभक्ति से निराश हो, अंग्रेजों को भारत से भागना पड़ा। निश्चय ही भारतीय सेना का भारत की स्वतंत्रता तथा अखंडता बनाए रखने में भारतीय राजनीतिज्ञों से कम योगदान नहीं था।

स्वतंत्र भारत में सैनिकों का अद्भुत योगदान

1947 में जब भारत का विभाजन हुआ, वहाँ देश की भूमि के साथ, यहाँ के जन, धन के साथ सेना का भी विभाजन हुआ। अंग्रेजों की कूटनीतिक चालों के कारण पहले से ही सेना के बड़े अधिकारियों की संख्या मुसलमानों की थी तथा सामान्य सैनिक अधिक मात्रा में हिंदू थे। दोनों प्रकार के सैनिकों का स्थानांतर किया गया, परंतु निःसंदेह भारतीय सेना राष्ट्रप्रेम, देशभक्ति तथा अनुशासन से परिपूर्ण रही। उन्होंने स्वतंत्रता के पश्चात् भी अदम्य उत्साह, वीरता तथा सैनिक क्षमता का अद्भुत परिचय दिया। भारतीय सेनापति जनरल एस के सिन्हा का यह कथन सही है कि भारतीय सेना राष्ट्रीय स्थायित्व, राष्ट्रीय एकात्मकता, राष्ट्रीय सुरक्षा व राष्ट्रीय नेतृत्व में पूर्ण सहायक रही। राष्ट्रीय नीति में वे पूर्णतः राजनीति से अलिप्त रही। विकट तथा भीषण परिस्थितियों में तथा पुराने

शस्त्रों का प्रयोग करते हुए भारत राष्ट्र को सबल, सक्षम तथा समर्थ बनाने का भरपूर प्रयत्न किया। इतना ही नहीं देश की आंतरिक सुरक्षा में अपेक्षा से अधिक सहयोग दिया। फिर चाहे वह सांप्रदायिक दंगों का दमन हो या बाढ़ अथवा उत्तरप्रदेश में पुलिस विद्रोहों का दमन हो। इसके साथ ही चाहे उत्तराखंड में 2013 की महान् प्राकृतिक आपत्ति हो या दक्षिण भारत, उड़ीसा, आंध्र का फिलीन का समुद्री संकट हो।

स्वतंत्रता के पश्चात् अगले 67 वर्षों के महत्त्वपूर्ण बड़े युद्धों, सीमांत उल्लंघनों, विदेशी आतंकी हमलों या बड़ी मात्रा में विदेशी घुसपैठ हो, यह स्पष्ट हो जाता है कि प्रत्येक चुनौती पर भारत की सेनाओं ने अद्भुत शौर्य व कौशल का परिचय दिया। यहाँ भारत की सुरक्षा के लिए पाकिस्तान तथा चीन के साथ केवल बड़े युद्धों की चर्चा करना युक्ति संगत होगा।

पाकिस्तान का कश्मीर पर आक्रमण (1947)

पाकिस्तान मजहब के आधार पर परस्पर कटुता तथा घृणा के स्वरूप अस्तित्व में आया था। संभवतः इसका बने रहना भी घृणा के भाव पर आधारित है तथा इसकी समाप्ति का भी यह भविष्य में कारण बने। कश्मीर पिछले 67 वर्षों में भारत तथा पाकिस्तान के संघर्ष का मुख्य मुद्दा रहा है।

स्वतंत्रता के पश्चात् कश्मीर भारत की सबसे बड़ी रियासतों में से था। भौगोलिक दृष्टि से जम्मू, लद्दाख तथा कश्मीर का कुल क्षेत्रफल 2,22,236 वर्ग किलोमीटर है तथा 1947 ई. में इसकी जनसख्या चार मिलियन से अधिक थी। कश्मीर सामरिक महत्त्व का स्थान है, जहाँ पाकिस्तान, अफगानिस्तान, रूस (पहले सोवियत यूनियन) तथा चीन की सीमाएँ मिलती हैं।[23] ब्रिटेन तथा संयुक्त अमेरिका भी सदैव कश्मीर के प्रति सतर्क रहे ताकि वे न केवल इसकी भूमि या साधनों का प्रयोग कर सकें, बल्कि यह अंतरराष्ट्रीय राजनीतिक खेल का भी अखाड़ा बन सकें। सांस्कृतिक तथा धार्मिक दृष्टि से भी कश्मीर सदैव भारत का अभिन्न अंग रहा है। इसे भारत का मुकटमणि, भारतीय संस्कृति का प्रतीक, भगवान् अमरनाथ के साथ असंख्य शैव मंदिरों की भूमि तथा वैष्णो देवी की पुण्य स्थली माना गया है। प्रसिद्ध ग्रंथ मेघदूत, कुमार संभव तथा अभिज्ञान शकुंतलम् इसी के अमर फल रहे है। यहीं कल्हण, विल्हन तथा महाकवि वामन हुए।

यह माना जाता है कि कभी मां पार्वती यहीं पर दलदल झील में हीं, जो कमी 'सतीसर' कहलाती थी, नौका विहार करती थी। प्रजापति कश्यप ने एक राक्षस जलोदमय का वध कर कश्मीर की नींव डाली थी। चार कल्प तक कश्मीर में लोग गर्मियों में ही रहते थे। यक्षों द्वारा भारतीय ग्रंथों में यहाँ का यशोगान किया गया है। महाभारत काल में गोवंद जरासंध का संबंधी था। सम्राट अशोक ने कश्मीर की राजधानी श्रीनगर को

बसाया था। कनिष्क की प्रसिद्ध तीसरी बौद्ध सभा यहीं पर हुई। मेघवाहन, प्रवरसेन आदि यहाँ के प्रमुख शासक हुए। ललितादित्य का काल (699-736) कश्मीर के इतिहास का स्वर्णकाल माना जाता है। उसी के काल में प्रसिद्ध मार्तंड मंदिर का निर्माण हुआ था। इसी भाँति अंविवर्मन, शंकरवर्मन, जयसिंह प्रसिद्ध शासक हुए। इसी काल में कश्मीर का प्रसिद्ध इतिहासवेत्ता कल्हण हुआ, जिसने प्रसिद्ध रचना 'राजतरंगिनी' लिखी। 1339 तक कश्मीर का इतिहास पूर्णतः हिंदू इतिहास था। अभी तक कश्मीर में एक भी मुसलमान न था।

जिस प्रकार गांधार शीघ्र ही अफगानिस्तान बन गया, ऐसे ही 14वीं शताब्दी में खुरासन के जुलकदर खाँ ने कश्मीर पर आक्रमण किया। यहाँ के शासक राजा सहदेव को आवश्यक सहायता न मिली। 1320 में रेचन (रेन चंद शाह) नामक एक तिब्बती ने भी कश्मीर पर आक्रमण किया। यहाँ के शासक को मारकर वह स्वंयं शासक बन बैठा था। वह पहला मुसलमान बना तथा शरफुद्दीन नाम से शासन किया। शीघ्र ही कश्मीर का अधिकतर भाग मुसलमान मजहब का अनुयायी बन गया था।

1348 से 1819 तक का काल कश्मीर के इतिहास में मध्यकाल माना जाता है, जबकि यहाँ के मुसलिम शासकों ने जर्बदस्त अत्याचार किए। मंदिरों को नष्ट किया, जजिया कर लगाया। मुगलकाल में अकबर, जहाँगीर ने कश्मीर में बहुत रुचि ली। जहाँगीर ने तो कई बाग लगवाए, परंतु औरंगजेब के काल में पुनः कश्मीरी ब्राह्मणों पर जर्बदस्त अत्याचार हुए। कश्मीर के पंडितों का एक प्रतिनिधिमंडल आनंदपुर में गुरु तेग बहादुर से भी मिला। इसी संघर्ष में गुरु तेग बहादुर का दिल्ली में बलिदान हुआ था। बाद में यह राज्य महाराजा रणजीत सिंह के राज्य का भी भाग रहा।

1846 से 1947 तक कश्मीर में डोगरा राज्य रहा। राजा गुलाब सिंह ने अंग्रेजों द्वारा विजित राज्य एक करोड़ में खरीद कर यहाँ अपना राज्य स्थापित किया। डोगरा राज्य में क्रमशः गुलाबसिंह, रणवीर सिंह, प्रताप सिंह तथा महाराजा हरीसिंह शासक हुए। भारत विभाजन के समय कश्मीर के महाराजा हरिसिंह थे। मजहबी उन्माद में बने पाकिस्तान ने इसके निर्माण के लगभग दो मास पश्चात् विश्व की इस सुंदरतम घाटी कश्मीर पर कबाइली झुंडों को लेकर पाकिस्तान की सेना ने उस पर अचानक धावा बोल दिया था। कश्मीर घाटी शीघ्र ही मुसलिम ध्वंस, इसलामीकरण, अलगाव, टकराव तथा पाकिस्तान षड्यंत्र का केंद्र बन गई। देश विभाजन के पश्चात् कश्मीर मुश्किल से 70 दिन तक पूर्ण स्वतंत्र रहा।

इस आक्रमण से पूर्व कश्मीर की तत्कालीन राजनीतिक भूमिका जानना महत्त्वपूर्ण होगा। स्वतंत्रता के साथ, कश्मीर का शेख अब्दुल्ला कश्मीर को अपने नेतृत्व में एक स्वतंत्र राज्य, पाकिस्तान का मि. जिन्ना इसे पाकिस्तान का एक भाग तथा भारतीय

विभाजन के पश्चात् रहे भारत का प्रथम गवर्नर लार्ड माउंटबेटन भौगोलिक स्थिति की आड़ में इसे पाकिस्तान को देने के पक्ष में था। भारत के प्रधानमंत्री पं.जवाहरलाल नेहरू कश्मीर के प्रश्न पर पहले से ही अत्यधिक संवेदनशील थे। वास्तव में कश्मीर केवल एक मात्र भारतीय रियासत थी, जिसका नियंत्रण पं. नेहरू ने तत्कालीन भारत के गृहमंत्री सरदार वल्लभ भाई पटेल को न देकर स्वयं ही अपने हाथों में रखा था, साथ ही वे शेख अब्दुल्ला के परम मित्र थे। कश्मीर के प्रश्न पर पं. नेहरू ने लार्ड माउंटबेटन के विचारों को श्रद्धापूर्वक महत्त्व दिया था। वे सदैव माउंटबेटन को अपना मित्र, मार्गदर्शक तथा महानतम सलाहकार मानते थे। वह भी पं. नेहरू को 'एक शानदार व्यक्ति', सर्वथा विश्वसनीय, कल्पनाशील तथा सैद्धांतिक समाजवादी मानता था।

इसी भाँति पं. नेहरू के शेख अब्दुल्ला के साथ भी गहरे मित्रतापूर्ण संबंध थे। शेख अब्दुल्ला ने 1932 में अलीगढ़ मुसलिम विश्वविद्यालय से एम.एससी. किया था। फिर वह श्रीनगर के एक सरकारी हाईस्कूल में अध्यापक नियुक्त हुआ था, परंतु अनुशासन हीनता के कारण स्कूल से हटा दिया गया था। वह शीघ्र ही ब्रिटिश सरकार से अपना तालमेल बैठाने का प्रयास करता रहा। अंत में उसने कश्मीर में अपना भाग्य आजमाया। उसने कश्मीर में मुसलिम कॉन्फ्रेंस की स्थापना की, जो केवल मुसलमानों के लिए थी।[24] परंतु 1939 में उसने मुसलिम कॉन्फ्रेंस के द्वार अन्य पंथों तथा मजहबों को माननेवाले के लिए खोल दिए। इसका नाम बदलकर 'नेशनल कॉन्फ्रेंस' रख दिया।[25] शेख अब्दुल्ला ने मुख्य अतिथि के रूप में नेशनल कांफ्रेंस में पं. नेहरू को बुलाया। तब तक उसने नेहरू के प्रजा मंडल आंदोलन के साथ अपने को जोड़ लिया था। शीघ्र ही नेहरू तथा शेख अब्दुल्ला की दोस्ती गहरी होती गई। शेख अब्दुल्ला समय-समय पर अपनी शब्दावली बदलते रहे तथा पं. नेहरू को धोखा देते रहे। उदाहरणत: 1946 में वे 'भारत छोड़ो अभियान' की तर्ज पर कश्मीर छोड़ो आंदोलन चलाते रहे।[26] बाद में यही दोस्ती शेख अब्दुल्ला के परिवार से बढ़ती गई। श्रीमति इंद्रागांधी, राजीवगांधी तथा अब राहुल गांधी से क्रमश: शेख अब्दुल्ला, फारुख अब्दुल्ला तथा उमर अब्दुल्ला से दोस्ती रही है।

दुर्भाग्य से कश्मीर के महाराजा हरिसिंह (1925-1953) से न ही शेख अब्दुल्ला और न पं. नेहरू के साथ संबंध सौहार्दपूर्ण रहे। महाराजा कश्मीर हरिसिंह पहले से ही शेख अब्दुल्ला की कुटिल चालों, स्वार्थी तथा अलगाववादी सोच तथा कश्मीर में हिंदू विरोधी रवैये से भली-भाँति परिचित थे। वे इससे भी परिचित थे कि क्विट कश्मीर आंदोलन के माध्यम से शेख अब्दुल्ला महाराजा को हटाकर स्वयं स्वतंत्र शासक बनने के लिए बेचैन तथा आतुर है। इसके साथ एक घटना ने भी महाराजा तथा पं. नेहरू में कटुता बढ़ा दी थी। शेख अब्दुल्ला के श्रीनगर में एक कॉन्फ्रेंस में पं. नेहरू को आने के

लिए एक निमंत्रण पर, जिसमें कॉन्फ्रेंस का मूल प्रस्ताव महाराजा कश्मीर को हटाने का था, यह पूर्व जानकर, मजबूर होकर महाराजा ने पं. नेहरू को न आने को कहा था, परंतु पं. नेहरू न माने, पर पं. नेहरू श्रीनगर न जा सके। पं. नेहरू ने जम्मू में ही अपना रोष व्यक्त किया। पं. नेहरू ने इसे अपना अपमान समझा तथा वे इसे कभी न भूले। इस घटना से शेख अब्दुल्ला को दोहरी प्रसन्नता हुई थी। इससे वह पं. नेहरू को खुश करने तथा महाराजा को कुपित करने में सफल हुआ।

पाकिस्तान का मोहम्मद अली जिन्ना, कश्मीर पर पाकिस्तान का कब्जा चाहता था। उसने अपने सैन्य सचिव को तीन बार महाराजा कश्मीर से मिलने भेजा था।[27] तत्कालीन कश्मीर के प्रधानमंत्री काक ने भी उससे मिलाने का वायदा किया था, पर महाराजा ने बार-बार बीमारी का बहाना बनाकर बातचीत टाल दी थी। मि. जिन्ना ने गर्मियों की छुट्टी कश्मीर में बिताने की बात कही, परंतु महाराजा ने विनम्रतापूर्वक इस आग्रह को भी टालते हुए कहा था कि वह एक पड़ोसी देश के गवर्नर जनरल को ठहराने की औपचारिकता पूरी नहीं कर पाएगा।

लार्ड माउंटबेटन भी जून, 1947 में तीन दिन कश्मीर रहा। वह कश्मीर का विलय पाकिस्तान में चाहता था। उसने कश्मीर के नए प्रधानमंत्री मेहरचंद महाजन से कहा था कि 'भौगोलिक स्थिति' को देखते हुए कश्मीर को पाकिस्तान का अंग बनाना उचित होगा।[28] यह भी ध्यान रखना जरूरी है कि रामचंद्र काक पाक समर्थक था तथा उसकी अंग्रेज पत्नी थी, जिसकी ब्रिटिश रेजीमेंट में बड़ी आवाभगत होती थी।[29] इस प्रसंग में श्री माधवरावसदाशिव राव गोलवलकर, राष्ट्रीय स्वयंसेवक संघ के तत्कालीन सरसंघचालक की भूमिका अत्यंत महत्त्वपूर्ण है। वे कश्मीर के महाराजा से वार्ता करने 18 अक्तूबर को अर्थात पाकिस्तान आक्रमण से केवल चार दिन पूर्व श्रीनगर पहुँचे थे। विचार विनिमय के पश्चात् महाराजा कश्मीर अपनी रियासत को भारत में विलय के लिए पूरी तरह तैयार हो गए थे। उल्लेखनीय है कि इस विलय के लिए कोई शर्त न थी, परंतु जब पाकिस्तान को धूर्त कूटनीति से सफलता न मिली, तब पाकिस्तान ने बल प्रयोग के द्वारा कश्मीर हथियाने की कोशिश की। 22 अक्तूबर को पाकिस्तानी सेना ने कबाइलियों के साथ मुजफ्फराबाद की ओर कूच कर किया। पहले मि. जिन्ना ने इसे कबाइलियों का आक्रमण कहा, फिर कश्मीरी मुसलमानों के प्रति भाईचारे की दुहाई देकर जिहाद की घोषणा कही।

कश्मीर के नए प्रधानमंत्री मेहरचंद महाजन ने बार-बार भारत सरकार अर्थात् पं. नेहरू से सहायता के लिए अनुरोध किया, परंतु भारत सरकार बिल्कुल उदासीन रही। भारत सरकार के गुप्तचर विभाग ने इस संदर्भ में कोई पूर्व जानकारी भी न दी। कश्मीर के ब्रिगेडियर राजेंद्र सिंह ने बिना वर्दी के अपने मुट्ठी भर 250 जवानों के साथ

पाकिस्तान सेना को 24 घंटे तक उरी नामक स्थान पर रोके रखा, परंतु भारत के गवर्नर जनरल लार्ड माउंटबेटन ने अब भी कोई ध्यान नहीं दिया। आखिर पं. नेहरू की सलाह पर लार्ड माउंटबेटन ने 24 अक्तूबर को सुरक्षा कमेटी की बैठक की अनुमति दी, परंतु अब भी, बिना पूर्ण विलय की शर्तों पर हस्ताक्षर किए बिना, किसी भी प्रकार की सहायता देने का निर्णय नहीं दिया। 26 अक्तूबर को पुनः कमेटी की बैठक हुई। आखिर 26 अक्तूबर को ही सरदार पटेल ने अपने सचिव वी.पी. मेनन को महाराजा के विलय के दस्तावेजों पर हस्ताक्षर कराने भेजा। सरदार पटेल, वी.पी. मेनन की वापसी पर स्वयं हवाई अड्डे पर पहुँचे। इससे पूर्व अभी भी महाराजा के हस्ताक्षर के बिना लार्ड माउंटबेटन किसी प्रकार से भी इच्छुक न था।[30] माउंटबेटन का विचार उसके शब्दों में था "No precipete action should be taken until the Government had further information." माउंटबेटन ने इसे 26 अक्तूबर की बैठक में दोहराया।[31] आखिर 27 अक्तूबर को पूर्ण विलय के हस्ताक्षर प्राप्ति के पश्चात् ही वायुयानों द्वारा भारतीय सेना श्रीनगर में भेजी गई। वस्तुतः भारत के प्रधानमंत्री पं. जवाहरलाल नेहरू ने अदूरदर्शिता का परिचय देते हुए लार्ड माउंटबेटन की जिद के सम्मुख घुटन टेककर यह भयंकर भूल की थी।[32]

शीघ्र ही पाकिस्तान के विरुद्ध भारतीय सेना ने अद्‌भुत शौर्य तथा वीरता का प्रदर्शन किया। कश्मीर की राजधानी श्रीनगर में भारत वायुयानों ने पाकिस्तानी सेना पर आक्रमण करना प्रारंभ किया। स्क्वाड्रन के डाकोटा विमानों ने बहुत कम समय में पाकिस्तानी सेना को खदेड़ दिया।

परंतु जब भारतीय विजयवाहिनी सेनाएँ कबाइलियों तथा पाकिस्तानी सेनाओं को भयंकर रूप से भगा रही थीं तथा 7 नवंबर तक कश्मीर का बारामूला (या वराहमूला) क्षेत्र कबाइलियों से मुक्त करा लिया गया था। पं. नेहरू ने शेख अब्दुल्ला की सलाह पर युद्ध विराम घोषित कर दिया, जो पुनः एक बड़ी भारी गलती थी। इसके विनाशकारी परिणाम हुए। कश्मीर का 1/3 भाग, जिसमें मुजफ्फराबाद, पुँछ, मीरपुर, गिलगित आदि के महत्त्वपूर्ण क्षेत्र आते हैं, पाकिस्तान के पास ही रहे, जिन्हें आज 'आजाद कश्मीर' के नाम से पाकिस्तान सरकार कहती है। शीघ्र ही भारत के लिए यह क्षेत्र पाकिस्तानी घुसपैठियों व आतंकवादियों का अड्डा बन गया, जिसका परिणाम पिछले 67वर्षों से भारत को सहना पड़ रहा है।

माउंटबेटन की सलाह पर पं. नेहरू एक जनवरी, 1948 को कश्मीर का मामला संयुक्त राष्ट्र संघ की बैठक में ले गए। संभवतः पं. नेहरू इसके द्वारा विश्व पंचायत में अपनी ईमानदार छवि का प्रदर्शन करना चाहते थे तथा विश्वव्यापी प्रतिष्ठा प्राप्त करना चाहते थे, परंतु 67 वर्षों के बाद भी यह प्रश्न विश्व की राजनीति मंच पर मखौल का

विषय आज भी बना हुआ है। निःसंदेह भारत की वीर सेनाएँ जीतीं, पर भारतीय राजनीति खोखली साबित हुई।

इसी भाँति भारत के प्रधानमंत्री पं. नेहरू ने अपने विश्वस्त मित्र शेख अब्दुल्ला की सलाह पर 17 अक्तूबर, 1949 को जबकि संविधान लगभग बन गया था।[33] इसमें 370 का अनुच्छेद डलवाकर कहने के लिए 'अस्थायी', पर व्यवहार में कश्मीर का दर्जा भारत के अन्य राज्यों से भिन्न कर दिया। निश्चय ही यह भविष्य में विभेदकारी, अलगाववादी तथा विघटनकारी साबित हुआ। इस संदर्भ में पं. नेहरू ने तत्कालीन नेताओं के विचारों की उपेक्षा की। इसके साथ ही पं. नेहरू ने शेख अब्दुल्ला को कश्मीर का प्रधानमंत्री बनाकर भूल की। तत्कालीन नेताओं ने कश्मीर में अलग से विधान, प्रधान तथा दो निशान बनाने का विरोध किया। इतना ही नहीं, देश के वरिष्ठ नेता भारतीय जनसंघ (वर्तमान भारतीय जनता पार्टी) के अध्यक्ष डॉ. श्यामाप्रसाद मुखर्जी ने इसके लिए देशव्यापी आंदोलन किया। वे बिना किसी परमिट के श्रीनगर चल दिए, जहाँ ऊधमपुर में ही उन्हें गिरफ्तार कर लिया गया। उन्हें श्रीनगर जेल में रखा गया। वहीं जेल में ही अकारण उनकी मृत्यु हुई, जिसकी आज तक कोई जाँच नहीं की गई।

संभवतः बहुत देर बाद पं. नेहरू को अपनी गलती महसूस हुई। अब देर बहुत हो गई थी। शेख अब्दुल्ला को जेल में डाल दिया गया, परंतु पं. नेहरू ने अपनी मृत्यु से पूर्व 1964 में उसे रिहा कर दिया। बाद में पं. नेहरू की गलती को उनके परिवार की श्रीमती इंदिरा गांधी तथा राजीव गांधी ने भी दोहराया। कुल मिलाकर लगभग 12 दिन के इस युद्ध में भारतीय सेना ने अपनी वीरता का परिचय बहुत कम समय में पाकिस्तान की सेना को ध्वंस करके दिया तथा उन्हें भगाकर दिया, परंतु भारत के नेताओं ने अचानक युद्ध विरामकर विजय-वाहिनी सेनाओं को रोक दिया तथा भारत का 1/3 कश्मीर का भाग गँवा दिया, जिसका कुछ भाग पाकिस्तान ने 1963 में चीन के हवाले कर दिया।

यहाँ यह बताना गलत न होगा कि इस काल में पं. नेहरू तत्कालीन ब्रिटिश महासेनापति क्लोड ओचीनलीक को स्वतंत्रता के पश्चात् भी भारत का महासेनापति बनाए रखना चाहते थे, परंतु भारत के वरिष्ठ सैनिक अधिकारियों ने इस पर तीव्र प्रतिक्रिया की थी। दक्षिण सेना के कमाण्डर लेफ्टिनेन्ट जनरल ठाकुर नाथ सिंह, जिसे कश्मीर आक्रमण पर दिल्ली बुलाया गया था।[33] एक बैठक में जब नेहरू ने उनसे युद्ध की रणनीति के बारे में पूछा तो उसने पूरी ताकत से लाहौर पर कब्जा करने की बात कही थी। यद्यपि यह मानी नहीं गई।[34] नेहरूजी ने जब बैठक में कहा कि भारत में कोई अनुभवी अधिकारी नहीं है, इस पर पुनः उसने उत्तर दिया कि आपके सम्मुख जो भी अधिकारी बैठे हैं, प्रत्येक को 15 वर्षों का अनुभव है तथा वे सभी दायित्व वहन करने में सक्षम हैं। साथ ही उसने पं. नेहरू से पूछ लिया, जहाँ तक अनुभव का प्रश्न है, श्रीमन्

(पं. नेहरू) को प्रधानमंत्री पद पर रहने का कितना अनुभव है? प्रश्न से बैठक में सन्नाटा छा गया। इस बैठक का भारतीय सेना की दृष्टि से पहला सुखदायक परिणाम तब हुआ जब 15 जनवरी, 1949 को जनरल करिअप्पा को भारत का मुख्य सेनापति बनाया गया।

चीन का भारत पर आक्रकण (1962)

जहाँ कश्मीर का एक तिहाई भाग गँवाना भारतीय राजनेताओं की अदूरदर्शिता तथा मूर्खता का परिणाम था, वहाँ चीन का भारत पर आक्रमण पं. नेहरू की अंतरराष्ट्रीय ख्याति की चाहत तथा नेतृत्व प्राप्त करने की मनोकामना का दुष्परिणाम साबित हुआ। चीन की सैदव परंपरागत महत्त्वाकांक्षा, दृष्टि तथा मनोवृत्ति विस्तारवादी रही है।[35] इसका पोषण चीनी तथा विदेशी आक्रमणकारी दोनों ने ही किया है। पहले हान, तांग, मिंग ने, बाद में मंगोलों तथ मन्चुओं ने इसमें सहयोग दिया। इन वंशों के शासकों द्वारा अन्य देशों पर आक्रमण कर, व्यापार का सहारा लेकर दूसरे देशों पर कब्जा किया गया। उदाहरणतः हान के काल में चीनियों ने मध्य एशिया में प्रवेशकर बैक्ट्रिया को अपना निवास बनाया। मंगोल यद्यपि विदेशी थे, परंतु चीनियों ने मंगोलों द्वारा जीते गए तिब्बत को नहीं, बल्कि मंगोलिया को भी अपने अधीन घोषित कर दिया। विदेशी शासक मंचू द्वारा विजित सिक्यांग को भी चीन ने अपना हिस्सा माना। विदेशी शासकों द्वारा जीते गए भू-भागों पर चीन अपना अधिकार जबरदस्ती जताता रहा। कोरिया तथा भारत के उत्तरपूर्व के क्षेत्रों के बारे में चीन ऐसी ही असंगत बातें कहता रहा है। इतना ही नहीं, 15वीं शताब्दी में चीनी जलयान कभी अंडमान पहुँचा था तो चीन अंडमान पर भी अपना अधिकार जताना नहीं भूला।[36] इसी आधार पर इंडोनेशिया, थाइलैंड, मलाया आदि पर चीन की विस्तारवादी दृष्टि आज भी स्पष्ट रूप से देखी जा सकती है। एक अक्तूबर, 1949 को माओत्सेतुंग के नेतृत्व में चीन साम्यवादी चीनी गणराज्य की स्थापना की घोषणा की गई। आगामी लगभग 28 वर्षों (1949-1976) तक वह चीन का निरंकुश शासक रहा। चीन में अपना प्रभुत्व बनाए रखने में उसने सोवियतसंघ के क्रूर तथा अधिनायकवादी स्टालिन को भी मात कर दिया। उसके लंबे अत्याचारी शासनकाल में सामान्य जनता, कृषक, मजदूर, सैनिक एवं पंथिक नेता सभी इतने भयभीत हो गए कि सभी कहने लगे, ''माओ कभी गलती नहीं करता।''

व्यावहारिक दृष्टि से माओत्सेतुंग ने चीन में अपने अधिनायक तंत्र की स्थापना कर विस्तारवादी नीति के अंतर्गत विश्व विजय की योजना प्रारंभ कर दी। 1951-1956 के दौरान अमेरिकन विदेश समिति की गुप्त वार्ताओं से (Transcripts of secret hearings by the Foreign Affairs committee 1951-1956) यह जानकारी प्राप्त

होती है कि मार्च, 1953 में माओ ने चीन के प्रधानमंत्री चाऊ-इन लाई को मास्को भेजा था। अमेरिकन समिति के सदस्य मेजर स्टीवर्ड ने इसकी पुष्टि की है।[37]

योजना के अनुरूप सोवियतसंघ तथा चीन के 'साम्राज्यवादी' साम्यवादियों ने विश्व विजय की महत्त्वाकांक्षा को परस्पर के सहयोग से तीन चरणों में पूरी करने की योजना बनाई। योजना का प्रथम चरण 1960 में पूरा होना था, जिसमें भारत में भी साम्यवादी शासन किया जाना था। 1965 तक पूरी होनेवाली योजना के दूसरे चरण में फिलीपीन्स, इंडोनेशिया, थाइलैंड, सिंगापुर में साम्यवादी प्रभुत्व स्थापित करना था। तीसरे चरण तक यह आशा थी कि चीन तथा सोवियत संघ की शक्ति इतनी बढ़ जाएगी, जिसमें जापान को शांतिपूर्वक और यदि आवश्यकता पड़ी तो बलपूर्वक अपने अधिकार में कर लिया जाएगा। जापान जीतने के बाद भारत पर विजय की बात कही गई थी। यह संपूर्ण योजना 1953 से प्रारंभ होकर अगले बीस वर्षों में पूरी होनी थी, परंतु अचानक 1953 में स्टालिन की मृत्यु से योजना खटाई में पड़ गई।

माओ की इस विश्वव्यापी विजय की योजना को निराधार नहीं कहा जा सकता, क्योंकि साम्यवादी चीनी गणराज्य की स्थापना से पूर्व तथा 1953 के पश्चात् भी उसकी महत्त्वाकांक्षी घोषणाएँ होती रही हैं। जैसे हमें दक्षिण-पूर्वी एशिया मिलना चाहिए, जिसमें वियतनाम, थाइलैंड, बर्मा, म्यांमार, मलाया तथा सिंगापुर आते हैं। दक्षिणी-पूर्वी एशियाई क्षेत्र बहुत समृद्ध है, इसे प्राप्त करने के लिए प्रयत्न लाभकारी है।[38] निःसंदेह माओ के अधिनायकवाद के प्रारंभ होने से विश्व की राजनीति में भारी परिवर्तन हुआ तथा विश्व में प्रचलित संतुलन तेजी से बदला।[39]

स्टालिन की मृत्यु से चीन ने अपनी विदेश नीति में बदलाव किया। शीघ्र ही चीन ने सोवियतसंघ से टकराव की नीति अपनाई तथा सोवियत संघ को साम्यवाद का 'संशोधनवादी' बताकर अपने को साम्यवाद का असली पोषक बतलाया।

भारत 1950 में चीन गणराज्य को मान्यता देनेवाले प्रथम राष्ट्रों में से था, परंतु हिंसक तथा विस्तारवादी चीन ने प्रारंभ से ही भारत के विरुद्ध कुटिल चालें चलनी शुरू कर दीं। भारत ने अपने को तटस्थ घोषित कहा, पर वह अप्रत्यक्ष रूप से सोवियतसंघ तथा चीन के साम्यवादी खेमों की ओर झुकता गया। भारत सरकार चीन के इरादों को भाँपने में पूर्णत असफल रही। भारत अपने को अंतरराष्ट्रीय शांति तथा स्वतंत्र राष्ट्रों के विकास का हामी बताकर आत्म प्रशंसा से मुग्ध होता रहा।[40] पं. नेहरू प्रारंभ से ही चीन शासन के प्रति अंधश्रद्धा तथा स्तुति गायन में लगे रहे। भारत विश्व में एकमात्र देश रहा है, जो चीन के लिए प्रतिवर्ष लगभग नौ वर्षें तक संयुक्त राष्ट्र संघ का सदस्य बनाने के लिए एड़ी-चोटी का जोर लगाता रहा। ये प्रयत्न भारत 19 सितंबर, 1950, 13 सितंबर, 1951, 11 नवंबर, 1951, 24 अक्तूबर, 1952, 28 सितंबर, 1953, सितंबर, 1954, 20

सितंबर, 1955, 10 नवंबर, 1956 तथा 1 फरवरी, 1961 तक करता रहा। उल्लेखनीय है कि सरदार पटेल ने 1950 में ही पं. नेहरू को लिखे एक पत्र में राजनीतिक दूरदर्शिता का परिचय देते हुए चीन को अपना दुश्मन, व्यवहार में अभद्रतापूर्ण बताया और चीन के पत्रों की भाषा को किसी मित्र की नहीं, बल्कि भावी शत्रु की भाषा बतलाया था, परंतु पं. नेहरू उनसे सहमत न थे। 1952 में भारत के प्रबुद्ध राष्ट्र नेता संघ के सरसंघचालक श्री गुरुजी (माधवराव सदाशिवराव गोलवलकर) ने भी दिल्ली की एक विशाल सभा में देश को चीन की भारत पर क्रूर आक्रमक योजना से सावधान किया था, परंतु भारत सरकार ने उन्हें 'पागल' कहा।

इस परिप्रेक्ष्य में चीन की तिब्बत हड़पने की नीति जग जाहिर है। भारतीय सीमाओं पर घुसपैठ सतत होती रही।[41] जब चीन सरकार ने तिब्बत के दलाई लामा को पीकिंग बुलाया तो वह सहायता के लिए दिल्ली आया, परंतु भारत सरकार के प्रमुख अधिकारियों ने उसे पीकिंग जाने की सलाह दी, परंतु इससे पहले दलाई लामा पीकिंग पहुँचे, चीन की सेनाएँ तिब्बत में घुस गई थीं। पं. नेहरू को आश्चर्य हुआ। चीन ने नेहरू को 'साम्राज्यवादियों का कुत्ता' भी कहा। इस वर्ष भारत-चीन की सीमाएँ तय करने की इच्छा व्यक्त की गई। भारत ने चीन गणराज्य को 19 सितंबर, 1950 को संयुक्त राष्ट्र संघ के सदस्य बनाने में पहला प्रयत्न किया, पर मान्यता न मिली, बल्कि अमेरिका नाराज हो गया। तिब्बत के बारे में भी दो बार संयुक्त राष्ट्र संघ में असफल प्रयत्न किए। इसी बीच तिब्बत को मजबूर होकर अपनी विदेश तथा सुरक्षा नीति चीन को सौंपनी पड़ी। यह निश्चित हुआ कि चीन, तिब्बत की क्षेत्रीय स्वतंत्रता, राजनैतिक ढाँचे, आंतरिक प्रशासन तथा दलाई लामा की स्थिति में कोई परिवर्तन नहीं करेगा।

जब चीन ने कोरिया युद्ध में भाग लिया तो भारत सरकार चुप रही, बल्कि अमेरिका के सामूहिक सुरक्षा के लिए किए प्रयत्नों अथवा समझौते (जुलाई, 1954) के विपरीत बतलाया। 8 सितंबर, 1954 को जब मनीला में सीटों की स्थापना हुई, तब भी भारत ने कड़ा विरोध किया तथा इसे जेनेवा भावना के विपरीत तथा शांति क्षेत्र में रुकावट बतलाया।[42]

प्रारंभ में भारत सरकार चीनी घुसपैठ तथा उसके काले कारनामों को छुपाती रही। भारतीय जन समाज लंबे समय तक भारत-चीन संबंधों के बारे में अपरिचित रहा। अत्याधिक असंतोष होने पर बाद में 1959 में भारत को पहला व्हाइट पेपर (श्वेत पत्र) प्रकाशित करना पड़ा। इसके पश्चात् भारत सरकार ने 13 अन्य श्वेत पत्र भी प्रकाशित किए।

भारत-चीन संबंधों की दृष्टि से 1954 का वर्ष महान् 'भूलों का वर्ष' कहा जा सकता है। भारत सरकार द्वारा प्रकाशित कुल तेरह श्वेत पत्र, दोनों देशों की सरकारों की

मानसिकता तथा क्रियाकलापों का दर्पण है। इससे भारत की दुर्बल नीति तथा चीन की आक्रामक साम्राज्यवादी नीति स्पष्ट रूप से प्रकट होती है। भारत सरकार का पहला श्वेत पत्र 1954 से 1959 के बीच दोनों देशों में घटित घटनाओं तथा वार्ताओं पर प्रकाश डालता है। इसमें सबसे महत्त्वपूर्ण तथा कष्टप्रद 29 अप्रैल, 1954 का समझौता है। इसमें पंचशील सिद्धांतों की दुहाई दी गई। इस समझौते के आधार पर भारत-चीन मैत्री के नाम पर तिब्बत की बलि दे दी गई। प्रथम श्वेत पत्र के अनुसार इसमें छह धाराएँ हैं प्रथम धारा व्यापार की एजेंसियों के बारे में हैं। इसमें भारत के लिए यातुंग, ग्यात्सें गारटूक केंद्र बनाए गए तथा चीन के लिए नई दिल्ली, कोलकाता व कलिंगपोंग। धारा दो में चीन तथा भारत के मार्किटों में स्थान बताए गए। तीसरी धारा में धार्मिक यात्राओं की छूट का वर्णन है। धारा चार में छह दर्रों- शिपकी ला, नीति, कुगंरी वुंगरी, धर्मां, लिपू झील व मान दर्रों की चर्चा की गई। पाँचवीं धारा पासपोर्ट व वीजा तथा धारा छह में समझौते की अवधि आठ वर्ष अर्थात् चीन के भारत आक्रमण तक तय हुई।

चीन का प्रधानमंत्री चाउ-इन-लाई 25 जून, 1954 को राजकीय यात्रा पर दिल्ली आया। 28 जून को पं.जवाहरलाल नेहरू तथा चीन के प्रधानमंत्री ने पंचशील की संयुक्त घोषणा की। इस घोषणा के लगभग डेढ़ महीने पश्चात् 17 जुलाई, 1954 को चीन ने सीधे भारत के साथ छेड़छाड़ प्रारंभ कर दी। भारत-चीन संबंधों की जानकारी यहीं से पहले श्वेत पत्र द्वारा मिलती है। 17 जुलाई को चीन ने भारत के कन्सुलेट से शिकायत की कि भारत के 30 सैनिक चीन के अंतर्गत तिब्बत क्षेत्र के अली क्षेत्र में बूजे (wu-je) में घुस आए हैं। चीन सरकार ने भारत के उत्तरप्रदेश राज्य के बड़ा होती क्षेत्र, जिसे चीनी वूजे कहते हैं, में चीन ने भारतीय सैनिकों की उपस्थिति का विरोध किया। वूजे से नीति दर्रे तक जाने का एक दिन लगता है। चीन ने तुरंत काररवाई की माँग की।[43]

भारत सरकार ने पूरी तरह खोजबीन के पश्चात् चीन सरकार के आरोप को बिल्कुल निराधार बतलाया। स्पष्ट रूप से बतलाया कि किसी भी भारतीय सैनिक ने नीति दर्रे में उत्तर की ओर पार नहीं किया है।[44] इसके विपरीत यह भी बतलाया कि कुछ तिब्बती अधिकारियों ने होती मैदान (Hoti Plain) की भारत भूमि को पार किया है। उन्होंने चरवाह कर वसूल किया। वस्तुतः यह चीन द्वारा भारत सीमा का पहला अतिक्रमण था। भारत सरकार ने समझौते के अंतर्गत भविष्य में सावधानी रखने को कहा।[45] चीन की शरारत तथा बदसलूकी बराबर चलती रही। 18 अक्तूबर को चीन ने अपने मानचित्रों में भारत भूमि का 50,000 वर्ग मील क्षेत्र दिखलाया। पं. नेहरू ने अक्टूबर, 1954 में ही चीन की यात्रा की। चाउ-इन-लाई ने मानचित्रों के बारे में कहा, ''नक्शे पुराने हैं तथा पीपुल्स रिपब्लिकन चीन को सुधारों का मौका नहीं मिला।''

अप्रैल, 1955 बाडुंग में अफ्रीका एशिया सम्मेलन हुआ, जिसमें भारत, बर्मा

(म्यांमार) श्रीलंका, इण्डोनशिया तथा पाकिस्तान ने भाग लिया। इसमें चीन को आग्रहपूर्वक बुलाया गया। अदूरदर्शिता का परिचय देते हुए स्वयं पं. नेहरू ने चाउ-इन-लाई के व्यक्तित्त्व की बढ़-चढ़कर प्रशंसा की। चीन को प्रसन्न करने के लिए, चीन की प्रार्थना पर भारत ने कृष्ण मेनन को पीकिंग भेजा, पर चीन के द्वारा भारत की सीमा पर अतिक्रमण चलते रहे। 15 सितंबर को उत्तरप्रदेश के दमजान क्षेत्र में चीनियों ने घुसपैठ की। मार्च, 1956 में भारत के जम्मू-लद्दाख क्षेत्र में अक्सचीन (अक्षय चिह्न) में चीन ने एक मार्ग का निर्माण प्रारंभ कर दिया। इसमें अक्षय चिह्न पश्चिमी तिब्बत से यारटोवा, सिक्यांग स्योढोक से जोड़ता है तथा वहाँ से यह उन सड़कों को जोड़ता है, जो बाहरी संगोलिया व सोवियतसंघ से जोड़ती हैं। 1956 में 28 अप्रैल को चीन ने निलांग (Nilang) के पूर्व में आधा मील पर अपना शिविर स्थापित किया। इसके विरोध में भारत ने पहली बार 2 मई, 1956 को विरोध किया। इसी समय 10 सितंबर व 20 सितंबर को चीनी सेना ने शिपकी दर्रे को पार किया, परंतु बाद में इसे चीन ने अपनी गलती माना। इस बीच चीन ने तिब्बत में भयंकर आतंक तथा दमन प्रारंभ कर दिया। 28 नवंबर, 1956 को चाउ-इन-लाई दूसरी बार भारत आया। आते ही उसने कहा, ''सीमा का कोई विशेष झगड़ा नहीं है।'' साथ ही यह भी कहा कि बर्मा (म्यांमार) के बारे में मैकमोहन लाइन को मानते हैं, पर भारत के बारे में नहीं।[46]

1957 का वर्ष भी चीनी अतिक्रमण से शांत न था। अक्तूबर में चीन ने लोहित सीमांत डिवीजन के क्लोंग तक चीनी घुसपैठ जारी रखी। 1958 में चीनी घुसपैठ की अनेक घटनाएँ लद्दाख व बडा होती क्षेत्र में होती रहीं। 2 जुलाई को खुर्नाक किले में चीनी घुसे। 18 अक्तूबर तक चीन ने अक्षय चिह्न के क्षेत्र में मोटर लायक सड़क बना ली। अक्तूबर में पुनः लोहित डिवीजन में प्रवेश किया। अक्तूबर में ही चीनियों ने उत्तर-प्रदेश के लपथाल व सायचर मल्ला में अपनी सैनिक चौकियाँ स्थापित कर लीं।

इसी के साथ जुलाई, 1958 में चीन ने 'चित्रमय' चीन में एक नक्शा प्रकाशित किया।[47] इसमें भारत के नेफा के पाँच डिवीजनों को चीन का भाग दिखलाया। इसमें चीन के अंतर्गत उत्तर प्रदेश का कुछ उत्तरी भाग, लद्दाख का विशाल भाग, पूर्वी भूटान का तांगीगंज क्षेत्र व उत्तर-पश्चिम भूटान का भाग भी दिखलाया। इन नक्शों के प्रकाशन से भारत में उत्तेजना फैली। वहाँ पं. नेहरू व चाउ-एन-लाई के पत्र व्यवहार की भाषा भी कटु होती गई। पं. नेहरू के पत्रों के उत्तर में स्पष्ट रूप से 23 जनवरी, 1959 को प्रधानमंत्री चाउ-एन-लाई ने लिखा,[48] सर्वप्रथम ''मैं यह बताना चाहूँगा कि चीन-भारत की सीमा कभी भी निश्चित नहीं की गई। ऐतिहासिक रूप से कोई संधि या समझौता चीन-भारत की सीमा के बारे में कभी चीन की केंद्रिय सरकार तथा भारत सरकार के न कभी बीच न हुआ। जहाँ तक आंतरिक स्थिति है, दोनों ओर से सीमा के बारे में मतभेद

है। पिछले कुछ वर्षों से चीन तथा भारत की ओर से कूटनीति ढंग से वार्ता भी हुई, तमाम बातें यह प्रकट करती हैं कि चीन व भारत के बीच सीमा विवाद है।" चाउ-एन-लाई ने यह भी लिखा, "मैकमोहन लाइन चीन में तिब्बती क्षेत्र के विरुद्ध ब्रिटिश नीति के आक्रामक रवैया की देन है।"[49] इसे कानूनी नहीं माना जा सकता। इससे चीनी जनता में बड़ा रोष है। साथ ही यह भी कहा कि तिब्बत के स्थायी अधिकारी भी इस एकपक्षीय धारा से असंतुष्ट हैं। चीन के पहले मानचित्रों के अनुरूप भारत के 50,000 वर्गमील क्षेत्र को उसने अपना बताया।

चीन की दमनकारी नीति के कारण दलाई लामा ने भारत में शरण ली। इससे भी टकराव बढ़ा। चीन ने भारतीय सीमा में स्थान-स्थान पर घुसपैठ की। आगामी एक वर्ष में नौ नए क्षेत्र विवाद खड़े हो गए तथा 25 कूटनीतिपूर्ण पत्रों का लेनदेन हुआ।[50] उदाहरणत: 28 जुलाई को लद्दाख में पश्चिम पागोंग झील के क्षेत्र में चीनी घुसे, छह भारतीयों को गिरफ्तार किया व स्पागुर में शिविर स्थापित किए। 7 अगस्त खिज़्रमैन में प्रवेश किया। 25 अगस्त को चीनियों ने स्वर्णगिरी डिवीजन में घुसपैठ की। गोली व लाग्जू पर कब्जा किया। 20 अक्तूबर को लद्दाख क्षेत्र में चांग चेन्मी घाटी के भारतीय क्षेत्र में 80 मील आगे तक घुस आए। चीनी कागदा दर्रे तक पहुँच गए तथा नौ भारतीयों की हत्या कर दी तथा दस अन्य को बंदी बनाया। एक भारतीय नेता ने इस दु:खद स्थिति का वर्णन करते हुए लिखा, "तिब्बत एक हथेली है, लद्दाख, भूटान, सिक्किम, नेपाल व असम चीनी हाथ की पाँच अंगुलियाँ हैं।"

भारत के प्रधानमंत्री ने पुन: दोहराया कि बडा होती भारत का अंग है। चीन के नक्शे में दिखलाया बहुत सा भूटान का भाग पूर्व निर्धारित बताया तथा इसके अनेक प्रमाण भी दिए। 9 मार्च, 1959 को पुन: नेहरू ने भारत की संसद् में बतलाया कि चीन ने भारत के 12,000 वर्ग मील क्षेत्र पर कब्जा कर लिया है, पर साथ ही लज्जाजनक वाक्य भी कहे कि वहाँ पर कोई भारतीय नहीं रहता। केवल भारतीय चरवाहे गर्मियों में जाते हैं।

तिब्बत में हो रहे चीनियों के अत्याचारों की भारत में प्रतिक्रिया हुई। अनेक समाचारपत्रों तथा नेताओं ने चीन की कटु आलोचना की। तिब्बत को एक स्वतंत्र राष्ट्र कहा गया। भारत के एक प्रसिद्ध पत्र में संपादकीय में इसे 'तिब्बत का बलात्कार' (The Rape of Tibet) भी कहा।[51]

भारत में 'तिब्बत दिवस' मनाया गया। भारतीय जनसंघ (वर्तमान भारतीय जनता पार्टी) ने नई दिल्ली तथा मुंबई में चीनी दूतावास व चीनी कन्सुलेट के समक्ष विरोध प्रदर्शन किया। प्रजा सोशिलिस्ट पार्टी ने तिब्बत में चीनी दमन की तुलना हंगरी में सोवियतसंघ के दमन से की। इसे भारत पर सीधा खतरा बतलाया तथा भारत सरकार

की दब्बू नीति की कटु आलोचना की[52] परंतु 31 मार्च को भारत की कम्युनिस्ट पार्टी ने चीनियों की भाषा बोली तथा कहा कि भारत सरकार कलिम्पोंग के विद्रोहियों की गतिविधियों की जाँच करे, साथ ही चीन की कम्युनिस्ट पार्टी को बधाई भेजी, जो चीन की पीपुल्स सरकार के निदेश में तिब्बत के लोगों के मध्यकालीन अंधकार से सभ्यता तथा समानता की ओर अग्रसर है।[53] भारतीय जनमानस ने कम्युनिस्ट पार्टी ऑफ इंडिया की कटु आलोचना की यहाँ तक कि पं. नेहरू ने भी कटु भाषा में कहा, "पार्टी (कम्युनिस्ट) ने अपने को इससे भी अधिक दिखलाया जैसे कि हम संदेह करते हैं। मस्तिष्क का असंतुलन तथा राष्ट्रवाद तथा सौम्य भावना की अनुपस्थिति, वे क्या हैं। मैं नहीं जानता। वे अगर इस ढंग से बातें करते हैं तो भारतीय नहीं कहलाए जाने चाहिए।"[54] परंतु दुर्भाग्य से संयुक्त राष्ट्र संघ में भारत के प्रतिनिधि वी.के.कृष्णमेनन ने कायरतापूर्ण ढंग से तिब्बत के प्रश्न पर तटस्थ रुख अपनाया तथा विश्वास दिलाया कि चीन सरकार के साथ भारत के संबंध अच्छे हो जाएँगे।

1960 में चीन का रवैया कटु से कटुतर होता गया। चीन के प्रधानमंत्री पुनः नई दिल्ली आए तथा 19 अप्रैल–25 अप्रैल तक वार्ता, बातचीत तथा सम्मेलन द्वारा समस्याओं को सुलझाने को कहा गया। इस सम्मेलन की उल्लेखनीय बात यह है कि 47 बैठकें हुईं, 18 पीकिंग में, 19 दिल्ली में तथा 10 रंगून में, परंतु कोई हल न निकला। इसके विपरीत भारत पर चीन ने अपने दोषारोपण किए। चाउ-एन-लाई ने जम्मू-कश्मीर के उत्तर में कराकोरम दर्रे के पश्चिमी भाग पर बात न करने को कहा, क्योंकि इसके कुछ भाग पर भारत-पाकिस्तान का कानूनी झगड़ा है। इसी भाँति भूटान व सिक्किम की उत्तरी सीमाओं को भी विवादास्पद बतलाया, परंतु भारत की स्थिति दब्बू व दयनीय ही बनी रही।

इसी के साथ चीन ने सिक्किम के साथ तिब्बत की 140 मील लंबी सीमा पर चीनी सेना का जमाव किया। 6 दिसंबर, 1959 से लेकर 9 मार्च, 1960 तक चीन ने कम-से-कम 49 बार वायुयानों द्वारा हवाई नियमों का उल्लंघनकर भारत की सीमाओं का अतिक्रमण किया।[55] चीन ने सिवाय इसे नकारने के कुछ न किया।[56] चीन ने 3 जून को कामेंग डिवीजन में घुसपैठ की। 22 दिसंबर को जनवेला दर्रे के निकट सिक्किम से घूँसे। इसी भाँति 13 अक्तूबर का हार स्प्रींग में पहुँचे।

भारत सरकार द्वारा प्रकाशित भारत-चीन के संबंध में पाँचवाँ श्वेत पत्र भी बहुत महत्त्वपूर्ण तथा जानकारी देनेवाला है। इसमें नवंबर, 1960 से नवंबर, 1961 तक की घटनाओं को विस्तार से दिया है।[57] अब चीन ने पूरी तरह से भारत पर आक्रमण की सैनिक तैयारियों को पूरा करना शुरू किया। मई में चुसुल के निकट सेनाएँ पहुँच गईं। जुलाई में चेमीकर पीला, जो कामेंग डिवीजन में है, तक चीनी सेनाएँ पहुँच गईं। अगस्त में लद्दाख में चीन की तीन नई चौकियां स्थापित की।[57]

1962 के प्रारंभ में,[58] जनवरी में चीनी सेनाओं लाग्जू पारकर रोई ग्राम तक और अप्रैल-मई तक चिपचैप क्षेत्र में अपना प्रभाव, जमाव तथा लद्दाख में अपनी गश्त बढ़ाई। 2 जून को नई चौकियाँ बनाईं। इसी प्रकार 10 जुलाई को गलवान नदी पर नई चौकियाँ बनाईं। चिपचैप, चाग चे-मो प्रदेश में घुसपैठ की। अत: जुलाई, 1962 तक चीन ने अपनी तैयारी पूरी कर ली।

जुलाई, 1962 में[59] चीन ने अपने नक्शों में पुन: बदल किया। अब उसने भारत भूमि के 50,000 वर्ग मील क्षेत्र की बजाय 70,000 वर्गमील क्षेत्र पर अपना अधिकार जताया। 1962 तक चीन ने 14,000 वर्ग मील भारतीय क्षेत्र पर कब्जा भी कर लिया। चीन ने भारत पर आक्रमण को 'एक पेचीदा क्षेत्र' बताया।[60] चीन ने कूटनीति से प्राय: भारत के सभी पड़ोसी देशों को भारत के पक्ष में न रखने की स्थिति में रखा। भारत के पड़ोसी बर्मा (म्यांमार) नेपाल, पाकिस्तान, अफगानिस्तान कोई भी चीन के विरोध में न बोले। एक विद्वान् के अनुसार इस[61] आक्रमण को चीन के भूमि का विस्तार न बताकर इसे वैचारिक अभिव्यक्ति कहकर पूरा किया।

विद्वानों ने चीन के भारत आक्रमण की कारण मीमांसा करते हुए अनेक तर्क दिए हैं।[62] प्रथम, चीन जो 1947 में ब्रिटिश साम्राज्य का महत्त्वपूर्ण भूमि का भाग था, वह भारत से प्राप्त करना चाहता था। दूसरे, चीन वास्तविक रूप से उन प्रदेशों पर कानूनी अधिकार चाहता था, जो उसने हड़प लिये थे। तीसरे, चीन अफ्रीकन एशियन देशों तथा तटस्थ देशों में, जहाँ भारत ने अपना प्रभाव स्थापित किया था, उसे नष्टकर अपना प्रभाव स्थापित करना चाहता था। चौथे, वह अपने देश को घरेलू मामलों में आर्थिक संकट से मुक्त करना चाहता था। पाँचवें, चीन की समस्याएँ- फारमोसा (ताईवान), दक्षिण-पूर्वी एशिया व सोवियत संघ से बढ़ रही थीं। वह उससे ध्यान बँटाना चाहता था। छठे, चीन को यह भय भी था कि शांति अस्तित्व के चक्कर में कई देश उससे अलग न हो जाए।

चीन की विस्तारवादी महत्त्वाकांक्षा तथा रवैये के अलावा वर्तमान चीन के उच्चकोटि के कूटनीतिज्ञ वांग जिसी (Wang Jisi) जो पीकिंग विश्वविद्यालय के अंतरराष्ट्रीय अध्ययन स्कूल के डीन तथा चीन के विदेश नीति के सलाहकार समिति के सदस्य हैं, उन्होंने चीनी युद्ध की पचासवीं वर्षगाँठ पर किसी उपरोक्त कारणों को स्वीकार न किया, बल्कि एक प्रसंग का वर्णन करते हुए इसका प्रमुख कारण चीन में माओत्सेतुंग का पार्टी के नियंत्रण को पुन: प्राप्त करने का प्रयास था,[63] क्योंकि 1962 के युद्ध से तीन वर्ष पूर्व माओत्सेतुंग के ग्रेट लीप फारवर्ड (जी.एल. एफ) में अपनी शक्ति खो दी थी। वह द्वितीय श्रेणी के नेता वर्ग पर आ गया था, परंतु उपरोक्त कारण आंशिक रूप से ही उचित लगता है।

अमेरिका के विद्वान् रोडिक मैकपार्कहर ने भारत पर चीन के इस आक्रमण को

'माओ का युद्ध' कहा है। चीन के प्रधानमंत्री चाऊ-एन-लाई ने इस युद्ध को 'भारत को सबक सिखाने के लिए' बताया। पेंटागन की रिपोर्ट 2010 के अनुसार चीनी नेताओं ने अपनी आक्रामक सैनिक काररवाई को रक्षात्मक बतलाया है। चीनी कम्युनिस्ट पार्टी की वैचारिक पत्रिका 'क्यूसी' जरनल में लिखा—अगर युद्ध न किया होता तो चीन में कभी शांति की स्थापना न होती। इसे युद्ध के द्वारा ही प्राप्त किया जा सकता था।

यह युद्ध 20 अक्तूबर से 21 नवंबर, 1962 तक अर्थात लगभग 32 दिन चला। एक ही महीने में चीन ने लद्दाख, नेफा तथा तेजपुर के बाहरी क्षेत्रों पर कब्जा कर लिया। सामरिक महत्त्व का तेजपुर शीघ्रता से खाली होने लगा। एक बार लगा कि असम भी भारत के हाथ से गया। यह बड़ी विडंबना है कि देश के राजनेताओं तथा तत्कालीन सेना अधिकारियों ने बिना किसी सैनिक तैयारी के भारतीय सेना को युद्ध में झोंक दिया। भारतीय सैनिक बर्फीली चट्टानों पर सूती मौजे और खाली स्वेटर पहनकर, पुराने शस्त्रों के साथ लड़े। चीन के पास स्वचालित राइफलें थीं, जबकि भारतीयों के पास पुरानी 303 मार्कवाली राइफलें थी। चीनी तोपों की मार भारत से कई गुणा अधिक थी। अनेक मोर्चे पर जैसे रेजांज दर्रे, तोपलेट दर्रे, लद्दाख क्षेत्र तथा अन्य स्थानों पर भारत के अनेक सैनिक अधिकारी तथा जवान मारे गए।[64] एक आँकड़े के अनुसार इसमें 725 चीनी मारे गए तथा 3840 भारतीय सैनिकों का बलिदान हुआ।[65] चीन ने भारत के बड़े भाग पर अवैध कब्जा कर लिया। विपरीत परिस्थिति में भी भारतीय सैनिक जी-जान से लड़े। उदाहरणतः रेजांज दर्रे (लद्दाख) में सी कंपनी अपने आखिरी सैनिक तथा आखिरी गोली तक लड़ती रही। सिख स्क्वाड्रन अरुणाचलम प्रदेश में तोपलेट दर्रे में एक पहाड़ी की रक्षा के लिए तब तक लड़ती रही, जब तक कि उनकी गोलियाँ खत्म न हुईं, साथ ही यह भी विचित्र अवस्था है कि 21 नवंबर को चीनी सेनाएँ, स्वयं युद्ध समाप्त कर चली गईं। किसी स्वतंत्र देश के नागरिकों के लिए इससे बड़ी विडंबना तथा परेशानी क्या हो सकती है कि इतना बड़ा आक्रमण होने पर आधिकारिक रूप से वे इससे आज भी (2014)में अपरिचित हों। भारतीयों को यह भी ज्ञात न हो कि चीनी आक्रमण क्यों हुआ? चीन सेना की वापसी अचानक क्यों हो गई? भारतीय गुप्तचर विभाग तथा भारतीय राजनीतिज्ञों का कितना खोखलापन हो सकता है? इतिहास का यह प्रत्यक्ष कष्टप्रद उदाहरण है। ज्वलंत प्रश्न है कि इस संदर्भ में भारतीय दस्तावेज क्या कहते हैं! यह सही है कि भारत के तत्कालीन प्रधानमंत्री पं. नेहरू ने इस अपमानजनक पराजय के पश्चात् एक एंग्लों इंडियन जनरल टी.वी. हैंडरसन ब्रुक्स तथा भगत को इस युद्ध के बारे में एक रिपोर्ट तैयार करने के लिए कहा था। हैंडरसन ब्रुक्स को 1930 में भारत सेना में कमीशन प्राप्त हुआ था। सेना में लेफ्टिनेंट जनरल के पद पर रहते हुए 1963 में रिटायर हुआ था। इसमें दूसरा सहायक प्रमेंद्र सिंह भगत (1918-1975) सेना

में लेफ्टिनेंट जनरल था। यह भी सत्य है कि सेना में सबसे वरिष्ठ सेना अधिकारी होने के बाद भी श्रीमती इंदिरा गांधी की सरकार ने उसे आर्मी चीफ न बनाया था,[66] परंतु आज भी भारतीय विश्लेषकों के लिए यह गोपनीय है तथा उपलब्ध नहीं है, जबकि 1963 में वह रिपोर्ट देकर, ऑस्ट्रेलिया चला गया था। भारतीयों के लिए आज भी 'टॉप सीक्रेट' (Top secret) है। यह भी आश्चर्यजनक है कि उपरोक्त हैंडरसन ब्रुक्स-भगत रिपोर्ट, भारत में ही स्थित नेविले मैक्सवेल नाम के एक विदेशी पत्रकार को भारत-चीन युद्ध के संदर्भ में पुस्तक लिखने के लिए दे दी गई, जो 1971 में 'इंडियाज चाइना वार' के रूप में प्रकाशित हुई। इसमें स्पष्ट रूप से बतलाया गया कि इसमें ऐसा कुछ भी नहीं है, जो भारत की सैनिक स्थिति को प्रभावित करे। यह भी उल्लेखनीय है कि स्वयं चीन ने भारत-चीन संघर्ष के बारे में पर्याप्त जानकारी अमेरिका को भी दे दी है। विचारणीय प्रश्न यह भी है कि गत 52 वर्ष पूर्व हुए, 1962 के चीन के भारत-आक्रमण संबंधी दस्तावेजों को क्यों छिपाया जा रहा है?[67] इसे गोपनीय क्यों बताया जा रहा है? आखिर भारत सरकार को इसे सार्वजनिक करने में भय क्यों है?

उल्लेखनीय है कि अप्रैल 1963 में यह रिपोर्ट तैयार कर दी गई थी। कांग्रेस सरकार ने क्लासीफाइड़ का दरजा देते हुए इसे मार्च, 2014 तक कभी सार्वजनिक नहीं किया,

यह सर्वविदित है कि चीन को युद्ध में सफलता मिली। युद्ध में संयुक्त राष्ट्र अमेरिका तथा सोवियतसंघ शांत रहे। अफ्रीकी एशियाई राष्ट्रों ने चीन के पक्ष में अपनी सहमति नहीं दी। भारत के पड़ोसी देश मजबूरी में कुछ न बोले। चीन ने भारत को आक्रामक के रूप में दर्शाया। उसने अन्य देशों को वार्ता द्वारा भारत की सीमाओं की सुरक्षा का आश्वासन दिया। सोवियतसंघ ने चीनी आक्रमण के संदर्भ में संयमित भाषा का प्रयोग करते हुए ख्रुश्चेव ने एकतरफा युद्ध विराम को 'युक्ति संगत' बताया।[68] चीन को शांति, समानता तथा मैत्रीपूर्ण अंतरराष्ट्रीय सहयोग के सिद्धांतों का हामी बतलाया, साथ ही संयुक्त राष्ट्र संघ में चीन को सदस्यता देने तथा ताइवान प्रदेश देने को कहा। उसने शांतिपूर्ण उपायों से एक गोलमेज कॉन्फ्रेंस द्वारा समस्या हल करने को कहा।

निश्चय ही यह भारत की शर्मनाक तथा अपमानजनक हार थी। पराजय का मुख्य कारण पं. नेहरू तथा उनके रक्षामंत्री कृष्णमेनन की युद्ध के प्रति ढुलमुल नीति, अकर्मण्यता तथा अदूरदर्शिता थी। यह भारतीय कूटनीति की असफलता का परिचायक थी। ब्रिगेडियर जान पुरुषोत्तम दलवी ने अपनी पुस्तक में[69] इसे भारतीय नेताओं का इतिहास से कोई शिक्षा न लेने का कारण बताया। पूर्व वायुसेना के सेनापति ए.वाई. टिप्पणीस ने लिखा,[70] "अंतरराष्ट्रीय नेता बनने की अपनी महत्त्वाकांक्षा को पूरा करने के लिए पं. नेहरू ने राष्ट्र के सुरक्षा हितों को त्याग दिया। युद्ध में अपमानजनक पराजय के लिए वे उत्तरदायी

हैं। 'भारत 'युद्ध के 50 वर्ष बाद' विषय पर आयोजित एक सम्मेलन में उन्होंने यह भी कहा, ''युद्ध की अपमाजनक पराजय के लिए नेहरू मुख्य रूप से जिम्मेदार हैं।'' 2012 में ही वायुसेना प्रमुख एन.ए.के. ब्राउन ने कहा, ''चीन के साथ युद्ध में यदि वायुसेना की आक्रामक भूमिका होती तो शायद युद्ध का परिणाम भिन्न होता।''[71] वस्तुत: पं. नेहरू को यह भय था कि कहीं वायुयान आक्रमण से चीन भारतीय नगरों को अपना निशाना न बनाए। उल्लेखनीय है कि प्रसिद्ध पत्रकार कुलदीप नैयर ने एक आर.टी.आई. के अंतर्गत हैंडरसन ब्रुक्स-भगत रिपोर्ट से जानकारी मांगी तो भारत के मुख्य इनफोर्मेशन कमिश्नर हबीबुल्ला से ज्ञात हुआ[72] कि इस रिपोर्ट में दिया है कि तत्कालीन भारतीय सेना के अधिकारी अयोग्य थे (The incompetency of the Indian Military top brass) इससे स्पष्ट होता है कि जानबूझकर इस गुप्त रिपोर्ट को क्यों रोका गया। सभी को ज्ञात है कि चीन के आक्रमण पर हार का कारण तत्कालीन सेना अधिकारियों की अयोग्यता के साथ-साथ, बल्कि भारतीय राजनीतिज्ञों की कायरता का अपमानजक परिणाम था। ब्रिगेडियर दर्शन खुल्लर ने पराजय के दो प्रमुख कारण बताए—शत्रु की कम जानकारी तथा तोपखाना की महत्त्वपूर्ण भूमिका। उसके अनुसार ऊँचे कमांड की असफलता का कारण जाँचना शेष है।[73] जनरल एस.के. सिन्हा का मत भी है कि हम सभी मुद्दों में जीते सिवाय 1962 के और वह भी दोषी राजनैतिक तथा सैनिक नेतृत्व की गलती के कारण[74] नि:संदेह यह आक्रमण भारतीय इतिहास का एक अपमानजनक प्रसंग था। इससे विश्व में भारत की प्रतिष्ठा को गहरा धक्का लगा। तत्कालीन विदेश सचिव जे.एन. दीक्षित ने अपनी पुस्तक में[75] बताया कि नेहरू द्वारा तिब्बत को चीन का आंतरिक मामला मानना एक गलती थी। इतना ही नहीं, भारत के विदेश विभाग ने इस संदर्भ में इनकार करने का उन्हें सुझाव दिया था। लिखने की आवश्यकता नहीं कि ऑस्ट्रेलियाई पत्रकार नेवेल मैक्सवेल ने हैंडरसन ब्रुक्स-भगत रिपोर्ट के सौ से अधिक पृष्ठ बेबसाइट पर डालकर बड़े-बड़े दिग्गज राजनीतिज्ञों होने का दंभ भरनेवाले की पोल-पट्टी खोल दी। भारतीय डिफेंस रिव्यू वेबसाइट ने इन अंशों को उपलब्ध कराया है। इससे ज्ञात होता है कि 5 नवंबर, 1961 को प्रधानमंत्री पं. नेहरू की अध्यक्षता में हुई बैठक में आगे बढ़ने की नीति (Forward Policy) की नीति को मंजूरी दी गई थी, जबकि स्थिति का आकलन गलत था। इसके लिए उपयुक्त तैयारी न थी, रिपोर्ट में सरकार, सेना तथा गुप्तचर एजेंसियों की अकर्मण्यता तथा चीन के प्रति विपरीत आकलन था।[76] एक प्रमुख पूर्व सैन्य अधिकारी आर. विक्रम सिंह का कथन है, ''आदर्शवादी कल्पना में डूबे हुए हमारे पलायनवादी राष्ट्रीय नेतृत्व में न तो राष्ट्रहित की रणनीतिक समझ थी और न ही सेनाओं को नेतृत्व देने की क्षमता।[77]

भारत को बाद में अपनी भूलों का अहसास हुआ। 1950 में चीन द्वारा तिब्बत पर

आक्रमण से भारत की चुप्पी, 1954 का व्यापारिक समझौता, पंचशील पर हस्ताक्षर, चीन की सुरक्षा, शांति तथा साम्राज्य विस्तार की आशंका, चीनी आक्रमण, सभी ने भारत को वस्तुस्थिति से अवगत कराया। यह ताज्जुब है कि भारत सरकार ने अपने ही देश के लोगों को 1959 तक अँधेरे में रखा। भारतीयों को पहली बार जानकारी प्रकाशित श्वेतपत्रों से ही मिली प्रारंभ हुई। आखिर अक्तूबर, 1962 में भारत के प्रधानमंत्री पं. नेहरू को भारतीय संसद् में मानना पड़ा, ''हम आधुनिक विश्व की सच्चाइयों से अछूते थे। हम स्वयं अपने बनाए कृत्रिम वातावरण में रह रहे थे तथा हमें इसका बड़ा धक्का लगा है।''

भारत की इस दब्बू नीति के अनेक दूरगामी परिणाम हुए। न ही चीन भारत का कभी मित्र या सहायक बना और न ही भारत के पड़ोसी देश भारत के साथ रहे, विशेषकर पाकिस्तान जैसे देश ने भारत को आँखें दिखानी पुनः शुरू कर दी। उसने 1963 में चीन को बाटलिक स्थान में भूमि दे दी तथा उसके बाद अपने कब्जे में हथियाई कश्मीर की 1/3 भूमि अर्थात् 5180 वर्ग किलोमीटर चीन को सौंप दी। नेपाल जो विश्व में एकमात्र हिंदू राष्ट्र माना जाता था। चीन ने नेपाल को काठमांडू में तिब्बतियों के गुरु दलाई लामा से कार्यालय को बंद करने, चीन के साथ व्यापारिक तथा सैनिक हथियारों के समझौते से, वह भारत के विरोध के लिए तैयार हुआ। चीन के प्रति घुटने टेक नीति से बर्मा (म्यांमार), श्रीलंका, भूटान, यहाँ तक कि मालदीव जैसे छोटे-छोटे देशों का भी चीन की ओर झुकाव बढ़ता गया।

पं. नेहरू को मजबूरी में अपनी चीन के प्रति नीति बदलनी पड़ी। 1962 के इस चीनी आक्रमण को भारत की विदेश नीति तथा सुरक्षा नीति को एक विभाजक रेखा के रूप में देखा जा सकता है। भारत कोरी नैतिकता, आदर्शवाद तथा पंचशील तथा 'हिंदी चीनी भाई-भाई' के नारों से निकलकर वास्तविक कूटनीति तथा शक्ति की राजनीति की ओर अग्रसर हुआ। चीन के आक्रमण से काल्पनिक नारों की मोह निद्रा को तोड़कर भारत के लोग अपनी भीरूता तथा नैराश्य से हटकर संघर्ष की मुद्रा में आ गए।[78] सिवाय कम्युनिस्ट पार्टी ऑफ इंडिया के सभी राजनीतिक दलों ने चीन के आक्रमण तथा बाद में एकपक्षीय युद्धविराम की कटु आलोचना की। सभी ने एक संयुक्त वक्तव्य में इसे चीन द्वारा योजनापूर्वक कुछ समय प्राप्त करने का षड्यंत्र बतलाया। पं. नेहरू ने दिसंबर, 1962 में परस्पर मतभेदों को भुलाकर शांतिपूर्वक समस्याओं को सुलझाने की बात कही।[79] 10 दिसंबर, 1962 को सिलोन में तटस्थ राष्ट्रों-सिलोन, कम्बोडिया, इंडोनेशिया, बर्मा (म्यांमार) यूनाइटेट अरब लीग तथा घाना देशों का सम्मेलन हुआ। इन सब पर चीन व भारत का दबाव बना रहा। इसमें केवल वार्ता हुई, कोई निर्णय नहीं। बर्मा तथा कम्बोडिया चीन के पक्ष में बोले। मिस्त्र ने भारत का साथ दिया। चीन ने एशिया तथा

अफ्रीका के सभी राष्ट्रों को पत्र लिखकर भारत में 1,25000 वर्ग मील क्षेत्र पर अपना दावा प्रस्तुत किया। भारत पर चीन के आक्रमण का सबसे दु:खद परिणाम भारतीय जनमानस पर मनोवैज्ञानिक हुआ। उसे भारत सरकार की कथनी और करनी में स्पष्ट अंतर दिखने लगा। धोखेबाज चीन से सतर्क रहने की बात दोहराई गई।[80]

सच्चाई यह है कि 1962 के चीन आक्रमण की छाया से भारत अभी भी निकल नहीं पाया है। यदि 1962 के बाद की घटनाओं को 20वीं शताब्दी के अंतिम दशक तक की घटनाओं को देखें तो लगता है कि भारत-चीन के बीच सीमा विवाद ज्यों का त्यों है। चीन द्वारा भारत सीमा में घुसपैठ रुकी नहीं। पं. नेहरू के पश्चात् श्री लालबहादुर शास्त्री के अल्प प्रधानमंत्रित्व काल में भी चीन ने 1965 में लद्दाख क्षेत्र में सेना की घुसपैठ, सड़कों की मरम्मत तथा निर्माण क्रम चलता रहा। सितंबर, 1965 में भारत-पाक युद्ध के कारण परस्पर कटुता बढ़ी। 8 सितंबर, 1965 को चीन ने भारत पर अतिक्रमण का आरोप लगाया। दोष मढ़ा कि भारत चीन सिक्किम सीमा पर गैर कानूनी सैनिक जमाव हटा दे तथा भारत चीन सीमा पर पश्चिम, मध्य एवं पूर्वी चीन भारत सीमा व सेक्टरों से सेनाएँ हटाए। वस्तुत: यह भारत एवं सिक्किम को खतरे की घंटी थी। 16 सितंबर को चीन ने पुन: धमकी दी। भारत तीन दिन के अंदर चीन-सिक्किम सीमा से भारतीय सेनाएँ हटा ले। यह भी दोहराया कि भारत-गैर-कानूनी रूप से मैकमोहन के दक्षिण में 10,000 वर्ग किलोमीटर पर कब्जा किए हुए है। भारत ने इस पर एक तटस्थ खोजी दस्ता भेजने को कहा, पर चीन ने अस्वीकार कर दिया। चीन की इस चेतावनी से भारत को अपनी सेनाएँ कश्मीर से हटाकर अन्य सैनिक तैयारी में लगानी पड़ीं। इसके पीछे चीन का उद्देश्य पाकिस्तान से दोस्ती मजबूत तथा पुष्ट करना था। मार्च, 1963 में पाकिस्तान ने चीन को बाटलिक स्थान की भूमि दे दी थी।[81] यह भी कथनीय है कि चीन-पाक समझौते के अंतर्गत, पाकिस्तान ने अपने कब्जे में हथियाई 1/3 कश्मीर की भूमि 5180 वर्ग किलोमीटर का क्षेत्र चीन को सौंप दिया था।

1971 में भारत-पाक युद्ध के समय चीन में कुछ हलचल अवश्य हुई, पर साथ ही इंडो-सोवियतसंघ से भारत को पर्याप्त बल मिला। चीन तथा भारत के संबंध कुछ वर्षों तक कटु बने रहे। जुलाई, 1976 में पुन: दोनों के बीच कूटनीति संबंध स्थापित हुए। ये संबंध 1961 में टूट गए थे। जनता पार्टी के शासनकाल में अटल बिहारी वाजपेयी ने विदेश मंत्री के रूप में चीन की यात्रा की, परंतु उन्हें शीघ्र लौटना पड़ा, क्योंकि पीकिंग ने वियतनाम पर आक्रमण कर दिया था। 1980 के दशक में चीन-पाक संबंध दृढ हुए। चीन को यूरेनियम की उपलब्धि में पाकिस्तान ने सहायता की, कराकोरम का मार्ग सीधे चीन व पाकिस्तान के बीच खुल गया।

चीन ने गोर्मा दक्षमण तेल पाइपलाइन बिछाई, जो प्रतिदिन ल्हासा को 1400 टन

तेल देती है। 1987 में चीन ने सभदोरोग चू वेली (Sumdorong chu Valley) में घुसपैठ की। विद्वानों ने इसे Trial by Baloon बताया, जिसका उद्देश्य यह दिखलाना था कि मैकमोहन लाइन निश्चित नहीं है।[82] इससे यह भी लगा कि केवल सुरक्षा कवच काफी नहीं है, तेजधारवाली तलवार भी चाहिए।[83] आवश्यक है कि भारतीय सेना दृढता दिखलाए। 1988 में भारत के तत्कालीन प्रधानमंत्री राजीव गांधी ने पीकिंग में चीन को आश्वासन दिया कि भारत में रह रहे तिब्बितियों को किसी भी राजनीतिक कार्यों की छूट न दी जाएगी।[84] इतना ही नहीं, 1989 में नई दिल्ली में तिब्बत व दक्षिण एशिया पर एक अंतरराष्ट्रीय विचार गोष्ठी हुई, भारत के तत्कालीन विदेश मंत्री नटवरसिंह ने इसके प्रति नकारात्मक रुख अपनाया और भारत सरकार की ओर से दु:ख प्रकट किया।[85] कांग्रेस (इंदिरा) की ओर से महासचिव गुलाम नबी आजाद ने भी दु:ख प्रकट करके संभावना जताई कि इस सम्मेलन से भारत-चीन संबंधों में कोई अंतर नहीं आएगा।[86]

दिसंबर, 1991 में तत्कालीन चीनी प्रधानमंत्री ली फेंग ने भारत की यात्रा की। बाद में भारत के तब के प्रधानमंत्री नरसिंह राव भी 1993 में चीन आए तथा नियंत्रण रेखा के आधार पर शांति स्थापना के प्रयत्न हुए। यही क्रम 1996 में भी दोहराया गया।

वस्तुत: भारत सीमा संबंधों में कुछ उल्लेखनीय सुधार या दृढता कभी स्थापित न हुई। 21वीं शताब्दी के प्रथम 13 वर्षों से (अर्थात् 2014 के प्रारंभ तक) संबंधों में सुधार नहीं, बल्कि द्रुतगति से व्यवधान आए। 2003 से 2006 में भी ढुलमुल प्रयत्न चलते रहे। चीन ने 2008 से 2013 के बीच कम-से-कम 500 बार घुसपैंठ का प्रयत्न किया। 15 अप्रैल, 2013 को भारत, चीन सीमा के पश्चिम सेक्टर में पूर्वी लद्दाख के दौलत बेग ओल्ड़ी क्षेत्र में बर्म नामक स्थान पर चीनी सैनिकों द्वारा तंबू गाड़ दिए तथा 20 दिन बाद स्वयं चीन द्वारा उन्हें हटाना—चीन की मनमानी का प्रमाण है। चीन के विदेश विभाग के प्रवक्ता ले चुनायिंग ने इसे 'फलदायक सलाह' का परिणाम बताया। इसी के साथ 16 अप्रैल, 2013 को चीन ने अपनी चीनी सरकार का आठवाँ श्वेतपत्र भी प्रसारित किया, जिसमें अपना उद्देश्य स्पष्ट करते हुए, नियोजित चीनी सैनिकों के द्वारा विस्तार तथा अंतरराष्ट्रीय महत्त्वाकांक्षाओं तथा चारों ओर से भारत को घेरने की नीति को बतलाया है। 22 अक्तूबर, 2013 में प्रधानमंत्री डॉ. मनमोहन सिंह ने चीन की यात्रा की। सम्भवत: यह केवल इस बात की पुष्टि थी कि मन बहलाने का खयाल अच्छा है। इससे परस्पर संबंधों में जरा भी अंतर न पड़ा।

भारत-पाक युद्ध (1965)

1965 के भारत-पाकिस्तान युद्ध की जड़ें, पाकिस्तान के कृत्रिम, अप्राकृतिक, घृणा एवं मजहबी आधार पर इसके निर्माण तथा 1947 में जबरदस्ती हथियाई 1/3

कश्मीर भूमि पर कब्जे में निहित हैं। अनेक बार पाकिस्तान की अंतरराष्ट्रीय सीमाएँ निश्चित हो जाने के पश्चात भी पाकिस्तान सतत इसका उल्लंघन करता रहा है। जहाँ 1962 का भारत-चीन का युद्ध, प्रमुख रूप से चीन के अधिनायक माओत्सेतुंग की आंतरिक असफलताओं तथा क्षुद्र महत्त्वाकांक्षाओं का परिणाम था, वहाँ भारत पर 1965 का पाकिस्तान आक्रमण पाकिस्तान के सैनिक तानाशाह जनरल अयूब खाँ (1958-1969) की क्षुद्र मानसिकता तथा राजनैतिक महत्त्वाकांक्षाओं का द्योतक है। यह युद्ध 8 अप्रैल, 1965 से 16 सितंबर, 1965 तक अर्थात् पाँच महीने से अधिक रहा, जिसमें पाकिस्तान की भारतीय सेनाओं द्वारा भयंकर पराजय हुई।

पाकिस्तान ने इस युद्ध को भी कश्मीर में सैनिक घुसपैठ, छापामार युद्ध नीति तथा अंतरराष्ट्रीय सीमा के बार-बार उल्लंघन तथा अतिक्रमण से प्रारंभ किया। कुछ समय तक भारत अपनी गलती के कारण कश्मीर के प्रश्न के हल को लिए संयुक्त राष्ट्र संघ की सुरक्षा परिषद् में ले गया था, परंतु इससे परस्पर दुश्मनी बढ़ी थी। समस्या गहराती गई। सीमांत टकराव बढ़े। टकराव का एक प्रमुख कारण गुजरात का कच्छ का रण था, जो भारत भूमि का भाग था। 1956 से ही पाकिस्तान का जनरल अयूब खाँ इससे क्षुब्ध था। जनवरी, 1965 में पाकिस्तान ने इस ओर कड़ी चौकसी तथा सैनिक जमाव प्रारंभ कर दिया था। परिणामस्वरूप दोनों के द्वारा एक-दूसरे की चौकियों पर 8 अप्रैल, 1965 को हमले होने लगे थे। जून, 1965 में ब्रिटिश प्रधानमंत्री हेरोल्ड विल्सन ने दोनों देशों में समझौते के लिए प्रयत्न किया था। उसने एक ट्रिब्यूनल भी स्थापित करवाया था, जिसका फैसला युद्ध के पश्चात् अर्थात 1968 में आया, जिसमें कच्छ के रण में पाकिस्तान को 350 वर्गमील (900 वर्ग किलोमीटर) का भाग तथा भारत को 3500 वर्गमील (9100 वर्गकिलोमीटर) का भाग रखने को कहा गया था।

जनरल अयूब खाँ 1962 के भारत-चीन आक्रमण के समय चीप-ब्राउन की स्थिति का लाभ न उठा सका था तथा वह उस समय परिस्थिति का लाभ उठाकर जम्मू-कश्मीर क्षेत्र पर अपना कब्जा न करने पर बड़ा क्षुब्ध तथा दुःखी था तथा वह इसे 'खो दिया अवसर' मानता था। युद्ध से पूर्व पाकिस्तान को आशा थी कि चीन पूरी तरह से पाकिस्तान का समर्थन करेगा। संभवतः इसीलिए चीन में भी सैनिक हलचल प्रारंभ से होने लगी थी। पाकिस्तान की दोस्ती अमेरिका के साथ भी चल रही थी। 1959 के एक परस्पर सहयोग समझौते के अंतर्गत अमेरिका पाकिस्तान को सैनिक मदद भी दे रहा था। पाकिस्तान के प्रार्थना पत्र[87] पर 1965 के युद्ध के समय अमेरिका को लगता था कि पाकिस्तानी की गलती है, अतः उसने सैनिक सहायता कम कर दी थी।[88] 1965 में युद्ध से पूर्व तक अमेरिका भारत को 246 मिलियन डॉलर की धनराशि का ऋण तथा अनुदान के रूप में तथा 38.2 मिलियन डॉलर आयात-निर्यात बैंक कर्ज के रूप में दे चुका था,

जबकि पाकिस्तान को 182.3 मिलियन डॉलर ऋण तथा अनुदान के रूप में दे चुका था, परंतु कोई भी आयात-निर्यात का बैंक ऋण न दिया था।[89] पाकिस्तान को चीन के अलावा इरान-इंडोनेशिया से भी सहायता की आशा थी। भारत-पाक युद्ध के समय जनरल अयूब खाँ का अंदाजा था कि 1962 के पश्चात् भारत की स्थिति चरमरा गई है तथा भारतीय जन समाज में गहरी निराशा है। उसे लगता था कि अक्तूबर, 1947 में कश्मीर का 1/3 भाग गँवाने से तथा 1962 की चीन द्वारा अपमानित पराजय से भारतीय सेनाओं तथा जनता का मनोबल अत्यंत गिरा हुआ होगा, साथ ही भारतीयों को अपनी सरकार के प्रति अत्यधिक असंतोष होगा।

अतः अगस्त, 1965 में वह आक्रमण का सही अवसर मानता था। जनरल अयूब खाँ ने 26000-33000 पाकिस्तानी सेना के साथ भारत पर आक्रमण किया। उसने अपने इस आक्रमण को 'आप्रेशन जिब्राल्टर' नाम दिया। प्रारंभ में भारतीय सेना को सफ़लता न मिली तथा पर्वतीय क्षेत्रों में उसने अधिकार किया। पाकिस्तान ने जम्मू-कश्मीर को निशाना बनाते हुए तिथवाल, उरई तथा पुँछ के कुछ भाग पर कब्जा कर लिया, परंतु भारतीय सेनाओं ने उसे मुँह तोड़ उत्तर दिया। इसके साथ भारत की सेनाओं ने पाकिस्तान के कब्जे में रहे कश्मीर के भाग में आठ किलोमीटर अंदर तक जाकर महत्त्वपूर्ण प्रसिद्ध सामरिक स्थान हाजी पीर दर्रे तक भारतीय झंडा लहरा दिया।[90]

1 सितंबर, 1965 को पाकिस्तान ने एक और आक्रमण 'आपरेशन ग्रेंड सलाम' नाम से जम्मू के सामरिक महत्त्व के नगर अख्नूर पर कब्जा करने के लिए किया। यह स्थान भारत की सप्लाई सामग्री के लिए महत्त्वपूर्ण था। जनरल अयूब खाँ को लगता था कि एकाएक भीषण आक्रमण से भारतीयों का नैतिक साहस समाप्त हो जाएगा। अतः उसने विशाल सेना तथा नवीनतम शस्त्रों से लैस टैंकों से आक्रमण किया। इसमें भारत की आवश्यक तैयारी के अभाव में बड़ी हानि हुई, पर भारत ने इसका उत्तर वायुसेना द्वारा पाकिस्तान पर आक्रमण से दिया। शीघ्र ही पाकिस्तान की योजना असफल हो गई तथा पाकिस्तान अख्नूर पर कब्जा न कर सका।

6 सितंबर को भारत के मेजर जनरल प्रसाद ने 15वीं पैदल डिवीजन को लेकर अंतरराष्ट्रीय सीमा पार इच्छोगिल नहर के पश्चिमी क्षेत्र में युद्ध का मोर्चा खोल दिया। दूसरे प्रयत्न में उसने नहर पारकर, उसके पूर्व में बर्की नामक गाँव पर, पुल पारकर, लाहौर जिले के पूर्वी भाग पर भी अधिकार कर लिया। भारतीय सेना के भय से लाहौर के अंतरराष्ट्रीय वायु सैनिक अड्डे को खतरा लगने लगा। अचानक अमेरिका ने एक अस्थायी युद्ध विराम की प्रार्थना की ताकि लाहौर खाली किया जा सके। इसी बीच पाकिस्तान की सेनाओं ने खेमकरण, भारतीय सेनाओं से छीन लिया। साथ ही पाकिस्तानी सेनाएँ तेजी से लाहौर की रक्षा के लिए तीन टैंक रेजीमेंट के साथ पहुँचीं। नहर के पुल

पर पुनः कब्जा किया ताकि भारतीय सेना लाहौर तक न पहुँच सके। तीसरी जाट रेजीमेंट ने इच्छोगिल नहर को पारकर, नहर के पश्चिम में बाटापुर नगर पर कब्जा कर लिया।[91] इसी दिन पाकिस्तान की बख्तरबंद गाड़ियों, पैदल सेना तथा पाकिस्तान के सब्रे वायुयानों ने भारत की 15वीं पैदल सेना डिवीजन को इच्छोगिल नहर के पश्चिमी तट से हटने के लिए मजबूर किया। बाटापुर विजय का समाचार न मिलने से भारतीय सेना की अपार क्षति हुई। बाटापुर से भी सेनाएँ हटानी पड़ी। इससे बड़ा असंतोष हुआ,[92] परंतु बाद में 21 सितंबर को तीसरी जाट रेजीमेण्ट ने डोगराई पर विजय प्राप्त की।

इसी के साथ जोधपुर से 250 किलोमीटर दूर मुन्नाबाऊ (Munnabao) नामक सामरिक स्थान की सुरक्षा के लिए प्रयत्न किए, पर यह 10 सितंबर को पाकिस्तान कब्जे में आ गया तथा इससे पुनः प्राप्त करने के प्रयत्न सफल न हुए।[93] 9 सितंबर का दिवस भारत तथा पाकिस्तानी सेनाओं के लिए भारी क्षति तथा अपार हानि का था। भारत की प्रथम बख्तरबंद डिवीजन ने स्यालकोट पर आक्रमण किया, पर पाकिस्तान की छठी बख्तरबंद डिवीजन ने पीछे खदेड़ दिया। इसमें भारी टैंकों का नुकसान हुआ। इसी भाँति पाकिस्तानी सेना ने अपनी सफलता से मुग्ध हो आप्रेशन विनड्यूप (Windup) किया, जिससे भारतीयों को पीछे हटना पड़ा। इसी भाँति पाकिस्तान ने प्रथम बख्तरबंद डिवीजन से खेमकरण पर धावा बोला, जिसका उद्देश्य अमृतसर तथा जालंधर की व्यास नदी के पुल पर कब्जा करना था, जो असफल रहा।

पाकिस्तानी सेना खेमकरण न जीत सकी, पर 10 सितंबर को पाकिस्तानी प्रथम बख्तरबंद डिवीजन की भारतीय चौथी माउन्टेन डिवीजन द्वारा बुरी हालत हुई। भारतीय इतिहास में इस लड़ाई को 'असल उत्तर' अर्थात् पाकिस्तान को वास्तविक रूप से उत्तर दिया गया, कहा गया। इसमें अमेरिका के बने पाकिस्तानी टैंकों की भारी तबाही हुई। नष्ट हुए अमेरिकन पैंटन टेंकों का वह स्थान 'पैंटन नगर' कहा जाने लगा। एक अनुमान के अनुसार पाकिस्तान के 97 टैंक नष्ट तथा ध्वंस हुए तथा भारत के कुल 32 टैंक।

1965 के भारत-पाक टैंकों के युद्ध द्वितीय महायुद्ध के बाद का सबसे बड़ा युद्ध माना जाता है इसमें पाकिस्तान के पास टैंक संख्यात्मक तथा गुणात्मक दोनों दृष्टियों से बढ़िया थे,[94] परंतु इसमें भारतीय सेनाओं द्वारा पाकिस्तानी टैंकों की खिलौने की भाँति दुर्गति हुई।

इस प्रसंग में यह बताना महत्त्वपूर्ण होगा कि ऐसी भीषण युद्ध की परिस्थिति में चीन की भूमिका पाकिस्तान के प्रति सहज तथा सहानुभूतिपूर्ण रही। जैसे ही भारतीय सेना ने अंतरराष्ट्रीय सीमा पारकर लाहौर की ओर कूच किया, चीन ने भारत को 'आक्रमक' कहा तथा अमेरिका को भी दोषी ठहराया कि वह भारत के साथ पक्षपात कर रहा है। चाउ-एन-लाई ने अमेरिका की भृत्र्सना की तथा सोवियतसंघ की भूमिका को एक बहुत

अनदेखी (a most unseemly role) बताया।[95]

चीन का रवैया पाकिस्तान के लिए एक वरदान था। पूर्वी पाकिस्तान में भारत के आक्रमण का भय था। चीन ने एक कूटनीतिक पग उठाया। चीन ने भारत को चेतावनी दी कि अपने सभी सैनिक स्थल नष्ट कर दें, जो चीन-सिक्किम सीमा के साथ हैं, साथ ही कहा कि तीन दिन के अंदर नहीं हटाए तो भयंकर परिणाम होंगे। इसका परिणाम यह हुआ कि भारत ने पीछे हटकर पाकिस्तान के पश्चिम फ्रंट पर दबाव बनाया। संभवत: इसीलिए पाकिस्तान के विदेश मंत्री ने संयुक्त राष्ट्र में चीन के पक्ष में बोलते हुए कहा कि तीन कारणों से भारत ने पूर्वी पाकिस्तान पर हमला न किया। ये थे, ''खुदा, मानसून तथा चीन द्वारा चेतावनी।''[96]

जहाँ इस युद्ध में भारत की स्थल सेना ने अपूर्व शौर्य तथा योग्यता का परिचय दिया, वहाँ वायु सेना की भूमिका भी कम महत्त्वपूर्ण न थी। यद्यपि भारत की वायुसेना ने अपनी प्रतिभा पाकिस्तान द्वारा कश्मीर के अक्तूबर 1947 के युद्ध में दिखलाई थी, पर सही अर्थों में यह द्वितीय महायुद्ध के पश्चात् पहला महत्त्वपूर्ण वायुसेना युद्ध था। इस वायु युद्ध में भारत के विमान होकर हंटर भारत के तैयार किए फौलैंड नॉट, हैनीलैंड वैम्पाइरस तथा ई ई कैनबरा बोम्बर तथा कुछ मिग 21 थे, जबकि पाकिस्तान के विमान 102 एफ-86 एफ सब्रे, 12एफ-104 स्ट्रेटफाइटर तथा 24 बी- 57 कैनबरा बाम्बर थे। मोटे रूप से पाकिस्तानी सेना अमेरिकन लड़ाकू विमानों से तथा भारत की ब्रिटिश तथा सोवियतसंघ के विमानों से सुसज्जित थी, परंतु दोनों की संख्या में बड़ा अंतर था। पाकिस्तान के विमानों का भारत की तुलना में पाँच : एक का अनुपात था।[97]

1 सितंबर, 1965 को पाकिस्तान छम्ब-जोड़िया क्षेत्र में शक्तिशाली बख्तरबंद सेनाएँ अचानक भारत की सीमा में घुँस आईं। स्वाभाविक है कि भारत को बड़ी चिंता हुई। भारत के रक्षामंत्री ने वायुसेना के सेनापति से पूछा, ''कितने समय में छंब जोड़िया में भारत की हवाई छतरी प्रदान की जा सकती है? उत्तर था, ''केवल एक घंटे में'' और वही हुआ। एक घंटे बाद भारत के वैंपाइरस तथा मिनिस्टयर विमानों ने पाकिस्तान सेना को तहस-नहस कर डाला। इसी दिन भारत के विमानों ने 26 उड़ाने भरीं तथा पाकिस्तान के 13 टैंकों, 2 तोपों, 62 वाहनों सहित अनेक सैनिकों तथा शस्त्रों के ठिकानों को नष्ट कर दिया।

इस युद्ध में नौसेना की सीमित भूमिका रही। 7 सितंबर को पाकिस्तान के एक नौसेना के जहाजी बेड़े ने एस.एम. अनवर के नेतृत्व में द्वारका के राडार स्टेशन पर हमला किया।[98] इसका परिणाम यह हुआ कि भारत भविष्य के प्रति सावधान हो गया। पाकिस्तान ने भारत की वायुसेना को भ्रमित करने के लिए कई आक्रमण किए, जो प्राय: असफल रहे। संक्षेप में इस युद्ध में दोनों ओर से अपार धन-जन की हानि हुई। एक

आंकलन के अनुसार इसमें भारत के लगभग 3000 तथा पाकिस्तान के 3800 सैनिक मारे गए। भारतीय सेनाओं ने 710 वर्गमील (1840 वर्ग किलोमीटर) पाकिस्तान की भूमि पर कब्जा किया, जबकि पाकिस्तान ने केवल 210 वर्ग मील (545 वर्ग किलोमीटर) भारत की भूमि पर कब्जा किया। भारत ने स्यालकोट, लाहौर की उपजाऊ भूमि तथा 'आजाद' कश्मीर की भूमि पर भी कब्जा किया, जबकि पाकिस्तान ने सिंध के दक्षिण में रेगिस्तान तथा कश्मीर के उत्तर में छंब-क्षेत्र में अपना अधिकार किया।

निश्चय ही यह युद्ध भारत की शानदार विजय तथा पाकिस्तान की अपमानजनक पराजय थी। विश्व के अधिकतर देशों तथा विद्वानों ने इस युद्ध के संदर्भ में पाकिस्तान के अहंकार की भर्त्सना की। टाइम पत्रिका ने जहाँ पाकिस्तानी महत्त्वपूर्ण भूमि को खोने की बात कही। यह भी माना कि पाकिस्तान लगभग आधे शस्त्रों से वंचित रह गया।[99] विश्व के अनेक विद्वानों ने इसे पाकिस्तान की बुरी तरह पराजय[100] अथवा भारतीय सेनाओं की एक निर्णायक विजय कहा।[101]

अमेरिका तथा सोवियत संघ ने महत्त्वपूर्ण ढंग से कूटनीतिज्ञता का परिचय देते हुए दोनों देशों के बीच युद्ध विराम कराया। अलेक्सी कोशिगन ने युद्ध विराम समझौते के लिए दोनों देश के नेताओं को ताशकंद (वर्तमान उजबेकिस्तान) बुलाया। पाकिस्तान से तत्कालीन प्रेसीडेंट अयूब खाँ तथा भारत के तब के प्रधानमंत्री लालबहादुर शास्त्री गए। पाकिस्तान के विदेश मंत्री जुल्फिकार ने ताशकंद में अयूब खाँ को भेजने का विरोध किया। उसे लगा कि अयूब खाँ ने युद्ध में धोखा दिया है।[102] इसे अयूब की कमजोरी का परिचायक बताया। यह भी कहा, "अगर पाकिस्तान को सही अर्थ में समझना है तो कश्मीर आजाद होना ही चाहिए।[103] दो दिन बाद जुल्फिकार ने त्याग पत्र देकर अयूब खाँ की सरकार छोड़ दी।

नि:संदेह इस युद्ध में लालबहादुर शास्त्री एक विजेता के रूप में गए। कद-काठी से छोटे तथा दुबले-पतले थे, जो ताशकंद के ऊँचे अधिकारियों से बात करने जा रहे थे। जाते समय उनसे किसी ने चुटकी लेते पूछा, "आप उनसे (सोवियतसंघ के नेताओं से) कैसे बात कर सकोगे?" स्वाभिमानी तथा विजयी सेना की गौरवपूर्ण विजयों से उन्मुक्त मुद्रा में शास्त्रीजी ने तपाक से उत्तर दिया, "मैं उनसे सिर उठाकर बात करूँगा तथा वे मुझसे सिर झुकाकर बात करेंगे।" ताशकंद समझौता हुआ। दोनों देशों को इस बात के लिए कहा गया कि वे अगस्त पूर्व की स्थिति को स्वीकार करें तथा इसका क्रियान्वयन 25 फरवरी, 1966 तक पूरा कर लें। पराजित पाकिस्तान ने युद्ध सामग्री के अभाव में देरी किए बिना युद्ध विराम को स्वीकार कर लिया।[104] भारत के सैनिक अधिकारियों ने इसका विरोध किया, परंतु भारत ने अंतरराष्ट्रीय दबाव में आकर इस युद्ध विराम को स्वीकार किया।[105] अत: 22 सितंबर को संयुक्त राष्ट्र संघ की सुरक्षा परिषद् ने प्रस्ताव

पास कर इसे दोनों से बिना शर्त युद्ध विराम का नाम दिया। अतः युद्ध 23 सितंबर को समाप्त हो गया।

भारत के प्रधानमंत्री लालबहादुर शास्त्री युद्ध विराम समझौते पर हस्ताक्षर तो अवश्य कर पाए, पर संभव है इस युद्ध विराम को भारतीयों की विजयों की हुँकार में सह न सके। उसी रात्रि हृदय पर गहरे आघात से उनकी मृत्यु हो गई। वस्तुतः यह भारतीय इतिहास का अत्यन्त दुःखद प्रसंग है कि शास्त्री की अचानक मृत्यु से भारत की शासक कांग्रेस पार्टी ने सहानुभूति तो बटोरी,[106] परंतु उनकी रहस्यमय मृत्यु की कोई भी जाँच पड़ताल न की गई। यह विजय उसी प्रकार की थी, जो शिवाजी महाराज के काल में 'गढ आया पर सिंह गया' जैसी थी।

कुछ भी हो, इसमें संदेह नहीं है कि भारत के विभाजन के पश्चात् यह पहला अवसर था, जब भारत के प्रधानमंत्री लालबहादुर शास्त्री ने भारतीय सेना तथा जन समाज के नैतिक बल, वीरता तथा शौर्य तथा स्वयं युद्ध में सहयोगी बनाने में तत्परता दिखाई। स्वयं प्रधानमंत्री ने देश को जय जवान, जय किसान का उद्घोष कर जन-जीवन में एक नव उत्साह भर दिया। इस युद्ध में देश की जनता ने स्थान-स्थान पर भारी मात्रा में एकत्रित हो युद्धरत सैनिकों को खाद्य सामग्री, गर्म वस्त्र ही नहीं पहुँचाए बल्कि बड़ी मात्रा में रक्तदान शिविर लगाकर तथा उसे सैनिकों के लिए भेजकर राष्ट्र स्वाभिमान का परिचय दिया। शास्त्रीजी ने सभी सामाजिक तथा सांस्कृतिक संस्थाओं से इसमें प्रत्यक्ष सहयोग माँगा। उल्लेखनीय है कि इसके लिए स्वयं प्रधानमंत्री ने राष्ट्रीय स्वयंसेवक संघ के सरकार्यवाह (महासचिव) एकनाथ रानाडे से बात की तथा बाद में सरसंघचालक श्री गुरुजी से बात की। भारत के विभिन्न प्रांतों से संघ के कार्यकर्ताओं ने मोर्चों तक पहुँचकर रजाइयाँ, ऊनी वस्त्र, दवाइयाँ, यहाँ तक कि रोटियाँ तक पहुँचाई। भारतीय सैनिकों ने स्वाभिमान तथा वीरता के साथ संघर्ष किया, बलिदान दिए।

पाश्चात्य विद्वानों ने इस विजयोपरांत भारत को एक विकसित होती 'एशिया की शक्ति' के रूप में देखा।[107] इस युद्ध को भारत की 'राजनीतिक-सामरिक विजय'[108] कहा। भारत के प्रधानमंत्री को सम्मान के साथ एक राष्ट्रीय नेता कहा गया।[109]

इसके साथ युद्ध में कुछ भारत की सैनिक तैयारी के दोष भी सामने आए। युद्ध में भारत के गुप्तचर विभाग की कमजोरी लगी। वह समय पर पाकिस्तान के आक्रमण की जानकारी न दे सका। भारत सरकार के दस्तावेजों[110] से ज्ञात होता है कि युद्ध में पाकिस्तान की भयंकर हानि तथा भारत की विजय की ओर बढ़ते समय, भारत की युद्ध विराम में जल्दी, गलत जानकारी का परिणाम था। भारत के प्रधान सेनापति जनरल जी.के. चौधरी ने बताया कि भारत के युद्ध के मुख्य मोर्चे पर युद्ध सामग्री खत्म हो गई है, जबकि यह केवल 14 प्रतिशत खत्म हुई थी। इसके विपरीत उस समय पाकिस्तान की 80 प्रतिशत

सामग्री नष्ट हो गई थी, साथ ही यह भी ज्ञात हुआ कि भारत की वायुसेना के वाइस मार्शल पी.सी. लाल ने बताया कि भारत की स्थल सेना तथा वायु सेना में परस्पर संतुलित तालमेल न था, परंतु इन दोषों की जानकारी आगामी युद्धों के लिए भारतीय सेना के दक्ष करने में उपयोगी साबित हुई। भारत की परस्पर संचार व्यवस्था को सुधारा गया, विदेशी जानकारी के लिए गुप्तचर विभाग, भारत ने एक अलग से रिसर्च एंड एनालिसेस विंग की स्थापना की गई।

अत: संक्षेप में इस पाँच माह के संघर्ष में भारत को भारी सफलता मिली। भारत ने पाकिस्तान की न केवल बंदर भभकी को शांत कर दिया, बल्कि उसका कुछ समृद्ध तथा उपजाऊ क्षेत्र भी प्राप्त किया। यद्यपि यह युद्ध विराम से अधिक लाभकारी न रहा। भारत के लौटे स्वाभिमान की दृष्टि से विश्व के इतिहास में यह गौरव का मील का पत्थर था।

भारत पाकिस्तान युद्ध (1971)

यद्यपि बँगलादेश के युद्ध संबंधी 1971 के अनेक दस्तावेज गायब हैं या नष्ट कर दिए गए हैं,[111] जिसमें बंगाल में मुक्ति वाहिनी सेना की स्थापना, तत्कालीन महत्त्वपूर्ण आदेशों तथा उनकी क्रियात्मक गतिविधियों का विस्तृत वर्णन था, तथापि अन्य सूत्रों से इस तेरह दिन के युद्ध (3 दिसंबर, 1971-16 दिसंबर, 1971) की जानकारी मिलती है।

मूलत: यह युद्ध पश्चिमी तथा पूर्वी पाकिस्तान के युद्ध से प्रारंभ हुआ था। यह युद्ध बंगालवासी पाकिस्तानियों का पश्चिम पाकिस्तान के सैनिक शासन के पाशविक अत्याचारों, घोर उपेक्षा तथा क्रूर शोषण के विरुद्ध था। इतना ही नहीं, पश्चिमी पाकिस्तान के अहंकारी शासकों ने बंगाल की संस्कृति, भाषा तथा परस्पर सौहार्द को भी नष्ट करने का पूरा प्रयत्न किया था। बंगाल का यह स्वतंत्रता संघर्ष शीघ्र ही बंगाल की मुक्ति वाहिनी सेना के रूप में प्रकट हुआ।

1970 के चुनाव में पूर्वी पाकिस्तान की आवामी लीग को 169 में से 167 स्थान प्राप्त हुए थे तथा कुल 303 सीटोंवाली पाकिस्तान की संसद् (मजलिस-ए-शूरा) में बहुमत प्राप्त किया था। अत: अवामी लीग के नेता मुजीबुर्रहमान रहमान ने 6 सूत्री बिंदुओं के आधार पर पूर्वी पाकिस्तान में, संपूर्ण पाकिस्तान के अध्यक्ष याह्या खाँ से, पूर्वी पाकिस्तान में सेना स्थापित करने का अधिकार माँगा था, परंतु पाकिस्तान पीपुल्स पार्टी (पी.पी.पी.) के नेता जुल्फिकार अली भुट्टो ने इसे अस्वीकार किया तथा अध्यक्ष याह्या खाँ ने अवामी लीग की माँगों को स्वीकार करने की बजाय, उनके विरुद्ध सेना बुला ली थी।[112] विशाल स्तर पर पूर्वी पाकिस्तान के अनेक नागरिकों को गिरफ्तार किया गया तथा वहाँ की सेना तथा पुलिस को भी निःशस्त्र करने का प्रयत्न हुआ। शीघ्र ही इस व्याप्त असंतोष ने जन आंदोलन का रूप ले लिया। आवामी लीग को गैर-कानूनी घोषित

कर दिया गया। 25 मार्च, 1971 को पश्चिमी पाकिस्तान के शासकों ने पूर्वी पाकिस्तान की राजधानी ढाका पर सेना भेजकर आक्रमण कर दिया। अनेक नेता भूमिगत हो गए या भारत भाग गए। मुजीबुर्रहमान को भी 25-26 मार्च रात्रि को गिरफ्तार कर पश्चिमी पाकिस्तान भेज दिया गया। 26 मार्च को पूर्वी पाकिस्तान के एक मेजर जियाउर रहमान ने पूर्वी पाकिस्तान को बँगलादेश के रूप में स्वतंत्र घोषित कर दिया,[113]साथ ही 'आपरेशन सर्चलाइट' के द्वारा पूर्वी पाकिस्तान में बुद्धिजीवियों का कत्ल प्रारंभ हुआ।[114] अप्रैल मास में आवामी लीग के नेताओं ने मेहरपुर में अपनी निर्वासित सरकार (A Government in Exile) घोषित कर दी। पूर्वी पाकिस्तान की सेना को मुक्तिवाहिनी नाम दिया गया तथा इसका मुख्य सेनापति जनरल मोहम्मद आतुल गनी उस्मानी को बनाया गया।

पाकिस्तानी सेना ने क्रूरतापूर्वक पूर्वी पाकिस्तान की जनता, मुख्यत: हिंदुओं का कत्लेआम किया।[115] लगभग 10 मिलियन लोग[116] भारतीय सीमा से लगे विभिन्न प्रदेशों की सरकारों द्वारा पश्चिमी बंगाल, बिहार, असम, मेघालय, त्रिपुरा आदि में लगाए शरणार्थी शिविर में रहे। स्वाभाविक रूप से इसने भारत की आर्थिक व्यवस्था को भी बुरी तरह प्रभावित किया।[117]

पाकिस्तान के जनरल टिक्का खाँ ने भयंकर हत्याकांड किया। उसे बंगाल का कसाई के नाम से पुकारा गया।[118] 25-26 मार्च, 1971 की शांतिपूर्ण रात्रि चारों ओर आग, दहशत तथा कराहटों से भर गई। उसने अपने काले तथा भयंकर अत्याचारों से बुखारा तथा बगदाद के क्रमश: चंगेज खाँ तथा हलाकू के क्रूर हत्याकांडों को भी मातकर दिया। उसने अपनी सेना को आदेश दिया, ''मुझे व्यक्ति नहीं, भूमि चाहिए।'' मेजर हो जनरल फर्मान ने अपनी डायरी में लिखा, ''पूर्वी पाकिस्तान की हरी घाटी खून से लाल हो जाएगी।'' और यह बंगाली लाल रक्त से रँग गई।[119] ढाका विश्वविद्यालय के अध्यापक, छात्र-छात्राएँ उसके हत्याकांड के मुख्य बिंदु बने रहे हैं। 6 महीने तक हजारों लोगों का वध चलता रहा। इतिहास में ऐसा खूनी गृह युद्ध शायद ही कहीं अन्यत्र हुआ हो। कई लाख लोग मारे गए।

सुसेन वी. मित्रा ने अपने एक लेख एगेंसट अदर विल : मैन, वीमेन एंड रेप (Against other will : Men, women and Rape) में लिखा, पाकिस्तानी सेना ने युद्ध की नीति के रूप में 4,00,000 (4 लाख) महिलाओं का बलात्कार किया।[120] यहाँ तक कि नाबालिग लड़कियों को भी नहीं छोड़ा। विश्व के इतिहास में इससे शर्मनाक बात क्या हो सकती है?

इस अमानुषिक अत्याचार के विरुद्ध भारत सरकार ने बार-बार अंतरराष्ट्रीय समुदाय को हस्तक्षेप के लिए कहा। अंत में भारत की प्रधानमंत्री श्रीमती इंदिरा गांधी ने 27 मार्च, 1971 को बँगलादेशी स्वतंत्रता आंदोलन में पूर्ण समर्थन का आश्वासन दिया। भारत

सरकार को लगा कि केवल शरण देने की बजाय क्रूर हत्याकांड को रोकना अत्यंत आवश्यक होगा। अत: इन शरणार्थियों को आश्रय देने की बजाय इन्हें सैनिक ट्रेनिंग देना उपयुक्त समझा। शीघ्र ही पाकिस्तान खुलकर पूर्वी पाकिस्तान तथा भारत के खिलाफ सैनिक कार्यों में लग गया। पाकिस्तान के प्रमुख नगरों—रावलपिंडी, इसलामाबाद, लाहौर में प्रदर्शन तथा नारे लगाये गए। 'क्रश इंडिया' (crush India),[121] हेंग द ट्रेटर (Hang the traitor) आदि नारे लगाए। कलुषित भाषा में भारत के विरुद्ध अभियान चला। 23 नवंबर को याह्या खाँ ने पाकिस्तान में आपातकाल की घोषणा की तथा जनता को संघर्ष करने को तत्पर रहने को कहा।

आखिर 3 दिसंबर, 1971 को सायंकाल (5.40 बजे) पाकिस्तान की वायु सेना (पी.ए.एफ.) ने भारत के उत्तर-पश्चिम में ग्यारह हवाई ठिकानों पर हल्ला बोला। ये आक्रमण आगरा तक हुए। इस टकराव को 'आप्रेशन चंगेज खाँ' नाम दिया गया। भारत के प्रधानमंत्री ने उसी शाम रेडियो से पाकिस्तान के विरुद्ध युद्ध की घोषणा कर दी।[122]

अत: इसी दिन को भारत-पाक युद्ध की सरकारी घोषणा माना जाता है। शीघ्र ही यह युद्ध जल, वायु तथा स्थल सेनाओं का संघर्ष बन गया। युद्ध में जहाँ भारत का लक्ष्य पूरब में बँगला देश की स्वतंत्रता थी, वहाँ पश्चिम की ओर पाकिस्तान की ओर से भारत की सीमाओं पर रोकना था, न कि पाकिस्तान के किसी क्षेत्र में आक्रमक रूख अपनाना। पाकिस्तान के साथ भारतीय जल सेना युद्ध, पूर्वी तथा पश्चिमी क्षेत्र में हुआ। भारतीय नौसेना के वाइस एडमिरल एस.एन. कोहली ने 4-5 दिसंबर की रात्रि को आप्रेशन ट्राइडेन्ट (Operation Trident) के तहत कराची बंदरगाह पर सफलतापूर्वक आक्रमण किया। शीघ्र ही पाकिस्तान की खैबर मुहाफिज तथा शाहजहाँ पनडुब्बियों को भारी नुकसान पहुँचाया। 720 पाकिस्तानी नौसैनिक मारे गए या घायल हुए। इसके साथ आप्रेशन पाईथौन (Operation Python) द्वारा कराची बंदरगाह पर 8-9 दिसंबर को आक्रमण करके कई पाकिस्तान के व्यापारिक जहाजों तथा युद्ध समग्री से युक्त जहाजों को नष्ट कर दिया।

भारत के पूर्वी क्षेत्र में भारत के नौसेनापति वाइस एडमिरल कृष्णनन ने पाकिस्तान नौ सेना को बंगाल की खाड़ी में बुरी तरह त्रस्त कर दिया। 4 दिसंबर से भारत के 'विक्रांत' के अनेक समुद्री लड़ाकू आक्रमणों ने पूर्वी पाकिस्तान के तटीय नगरों चटगाँव काक्स बाजार को हानि पहुँचाई।[123] पाकिस्तान की पनडुब्बी 'गाजी' रहस्यमय ढंग से डूब गई, परंतु 9 दिसंबर को भारतीय जलसेना की भारी हानि हुई, जब पाकिस्तान की पनडुब्बी 'हनगोर' ने भारत के एक जलयान खूखरी को अरब सागर में डुबा दिया, जिसमें भारत के 18 अधिकारी तथा 176 नाविक मारे गए। यह भारत की महानतम युद्धकालीन हानि थी।[124] इस युद्ध में बंगाल की खाड़ी में अनेक नौसेना जलपोतों पनडुब्बी

ध्वसंक, समान ढोनेवाले जलयानों, मर्चेंट्स जलयानों आदि की भारी हानि हो गई। दस छोटे जहाज भारतीयों के द्वारा पकड़े गए। इसमें लगभग 1900 व्यक्ति मारे गए, जबकि ढाका में 1413 सैनिक पकड़े गए। इन युद्धों में भारी मात्रा में दोनों ओर की हानि हुई, एक पाकिस्तानी विद्वान् के अनुसार पाकिस्तान की 1/3 सेना नष्ट हो गई।[125] वायु हमले में पाकिस्तान ने प्रारंभ से ही सुरक्षात्मक रवैया अपनाया। जैसे-जैसे भारतीय वायु सेनाओं ने विवादित क्षेत्रों में हमले शुरू किए, धीरे-धीरे पाकिस्तान के हमले कम होते गए। पाकिस्तानी सेना में अधिकतर गैर बंगाली तकनीकी सैनिक थे।[126] बहुत जल्दी ही पूरब क्षेत्र में भारतीय प्रभाव साबित होने लगा। शीघ्र ही ढाका का वायुसेना अड्डा नष्ट कर दिया गया।[127] पश्चिमी क्षेत्रों में भी पाकिस्तान की योजना सफल न हुई। जार्डन मिडिल ईस्ट तथा सउदी अरब ने भी सीमित सहायता की। भारत ने, पश्चिमी क्षेत्र में पाकिस्तान के विस्तृत क्षेत्र पर कब्जा कर लिया। इन हवाई युद्धों में पाकिस्तान की अपार क्षति हुई। एक आँकड़े के अनुसार पाकिस्तान के 8000 व्यक्ति मारे गए तथा 25,000 घायल हुए, जबकि भारत के 3000 व्यक्ति मारे गए तथा 12000 घायल हुए।[128] यह पाकिस्तान की एक बड़ी हार थी।[129]

इस युद्ध में भारत की थल सेना भी मजबूत रही। पाकिस्तान ने भारत की सीमा पर आक्रमण किया। भारत की स्थिति सुदृढ रही तथा कई महत्त्वपूर्ण सफलताएँ प्राप्त की। भारत ने 5000 वर्ग मील (14000 वर्ग किलोमीटर) पाकिस्तान की भूमि पर कब्जा कर लिया।[130]

भारतीय सेना ने पूर्वी क्षेत्र में बंगाल की मुक्तिवाहिनी से मिलकर मित्रो वाहिनी सेना बनाई। नौ सेना तथा वायु सेना तथा थल सेना में परस्पर अद्भुत तालमेल रहा। आखिर 15 दिसंबर को ढाका पर भारतीय मुक्तिवाहिनी सेना ने अधिकार कर लिया।

लेफ्टनेंट जनरल जगजीत सिंह अरोड़ा, जिन्होंने 8वीं, 23वीं तथा 57वीं डिवीजन का नेतृत्व किया था, उन्हीं के सम्मुख 16 दिसंबर दोपहर 4.31 मिनट पर ढाका के रमण रेसकोर्स में पाकिस्तानी सेना ने समर्पण किया। समर्पण के दस्तावेजों पर पाकिस्तान के लेफ्टिनेंट जनरल ऐ.ऐ.के. नियाजी ने हस्ताक्षर किए। जैसे ही नियाजी ने अपनी विशाल सेना सहित समर्पण किया, रेसकोर्स में एकत्रित भारी जनसमूह ने नियाजी विरोधी तथा पाकिस्तान के विरुद्ध नारे बोलने शुरू कर दिए।[131] पाकिस्तान के लगभग 90,000 युद्ध बंदी बनाए गए। इसमें 79,626 कैदी यूनिफार्म में थे। इसमें से भी 55,692 सेना के, 16354 पैरा मिलेटरी, 5296 पुलिस, 1000 नौसेना तथा 800 पाकिस्तानी वायुसेना के थे। शेष कैदी सैनिक परिवारों अथवा उनके समर्थकों (रजाकारों) में से थे।[132] बाद में पाकिस्तान ने अपनी इस बुरी पराजय की जाँच-पड़ताल तथा पराजय के कारणों को जाँचने के लिए एक कमीशन न्यायाधीश हमीदूर रहमान कमीशन बिठलाया, जिसने

अपनी रिपोर्ट में उपरोक्त कैदियों में लगभग 15,000 बंगाली नागरिक भी बतलाये थे तथा कैदियों की कुल संख्या 90,368 दी है। जनरल नियाजी तथा उसके अनेक सैनिकों को भारत में जबलपुर की तथा अन्य जेलों में रखा गया।

इसमें कोई संदेह नहीं कि 1971 का युद्ध पाकिस्तान की महानतम हानि तथा शर्मनाक पराजय थी। विश्व के इतिहास में कहीं भी सिवाय, द्वितीय महायुद्ध में जापान के, इतनी बड़ी संख्या में युद्धबंदियों का आत्मसमर्पण नहीं हुआ। यह युद्ध जहाँ विश्व के दो राष्ट्रों के सम्मुख आश्चर्यचकित करने वाला दृश्य था, वहाँ पाकिस्तान के नेताओं के लिए आत्मग्लानि से पूर्ण था। संभवतः जुल्फिकार अली भुट्टो ने संयुक्त राष्ट्र संघ की सुरक्षा परिषद में अपनी खीझ मिटाने के लिए कहा था, "हम अगले सौ वर्षों तक लड़ेंगे,[133] साथ ही उन्होंने कागज फाड़ते हुए दुःख व्यक्त किया था, "मेरा देश मुझे ध्यान से सुनता है, मैं अपना समय सुरक्षा परिषद् में क्यों अपव्यय करूँ?"[134]

1971 के भारत-पाक संघर्ष का विश्व व्यापी प्रभाव हुआ। सोवियत संघ ने पहले ही बँगलादेश के प्रति अपनी पूर्ण सहानुभूति व्यक्त की थी, साथ ही भारतीय तथा मुक्तिवाहिनी को आश्वासन दिया था कि अमेरिका या चीन द्वारा विरोध होने पर वह भारत का समर्थन करेगा। यह आश्वासन अगस्त, 1971 की भारत-सोवियत मैत्री में दिया था। अमेरिका का पाकिस्तान को राजनैतिक तथा भौतिक समर्थन प्राप्त था। अमेरिका के प्रेसीडेंट रिचर्ड निक्सन तथा सेक्रेटरी ऑफ स्टेट किस्सीनर को डर था कि कहीं सोवियत संघ दक्षिण तथा दक्षिण पूर्व एशिया में विस्तार न करे। निक्सन ने इसे देखते हुए पाकिस्तान के मित्र चीन के साथ भी वार्ता की थी। निक्सन ने ही जोर्डन तथा ईरान को पाकिस्तान के लिए सैनिक सहायता भेजने के लिए उत्साहित किया था। इसी कारण अमेरिका ने बंगाल में हुए भीषण खूनी हत्याकांड की जानकारी होते हुए भी आँखें बंद कर ली थी। स्वाभाविक है कि इसकी अमेरिका की कांग्रेस तथा अंतरराष्ट्रीय प्रेस में बड़ी थू-थू हुई थी।[135] यह भी सत्य है कि युद्ध के दौरान संयुक्त राष्ट्र में अमेरिका के राजदूत एच.डब्ल्यू. बुश ने, जो बाद में अमेरिका के 41वें अध्यक्ष बने, पाकिस्तान की हार देखते हुए, तत्काल युद्ध रोकने के लिए एक प्रस्ताव रखा था तथा दोनों देशों की सेनाओं को वापिस लौटने को कहा था, परंतु सोवियत संघ ने इस पर वीटो का प्रयोग किया था। इसके साथ अमेरिका ने पूर्वी क्षेत्र में अमेरिका से सैनिक मदद के लिए प्रयास किए गए थे, जो सोवियतसंघ द्वारा विफल कर दिए गए थे।

इतना ही जब चीन, भारत-पाक युद्ध से सावधान था, अमेरिका के तब के प्रेसीडेंट निक्सन ने चीन को भारत की सीमाओं के साथ अपनी सेनाओं को लगाए रखने के लिए उत्साहित किया था, परंतु चीन ने उस पर ध्यान न दिया था, परंतु चीन तुरंत युद्ध विराम के लिए अवश्य कहता रहा था। वस्तुतः यह विश्व के उन देशों में से था, जिन्होंने अंत

में बँगलादेश की स्वतंत्रता को मान्यता दी थी।

भारत-पाक युद्ध तथा बँगलादेश की स्वतंत्रता के परिणाम बड़े महत्त्वपूर्ण तथा दूरगामी हुए। इस युद्ध से 1947 से चला आ रहा पाकिस्तान का पूर्वी भाग हमेशा के लिए उसके हाथ से निकल गया। पाकिस्तान अपनी जनसंख्या से आधे से अधिक से वंचित हो गया तथा उसकी एक सेना का पर्याप्त भाग भारतीयों द्वारा युद्ध बंदी बना लिया गया। निश्चय ही इससे भारत के सैनिकों का प्रभाव स्थापित हो गया। इस युद्ध में पाकिस्तान की आधी जलसेना, एक चौथाई वायु सेना तथा एक तिहाई थल सेना नष्ट हो गई।[136]

पाकिस्तान की यह सैनिक पराजय पूर्ण तथा शर्मनाक थी।[137] यह अपने कठोर प्रतिद्वंद्वी भारत के विरुद्ध एक मनोवैज्ञानिक पराजय थी।[138] इसने पाकिस्तानी सेना के सम्मान को धूल धूसरित कर दिया था।[139] यह पाकिस्तान के दो राष्ट्रवाद के सिद्धांत को चुनौती लगी तथा जिसमें इसलामी विचारधारा बँगलादेश को बनाए रखने में असफल हो रही थी,[140] परंतु पाकिस्तान की हालत ऐसी थी मानो पूरी रस्सी जल गई, पर बट नहीं गए। पाकिस्तानी जनता को प्रारंभ में अपनी पराजय का विश्वास ही नहीं हुआ, क्योंकि पाकिस्तानी रेडियो तथा समाचार पत्रों ने पाकिस्तान की काल्पनिक विजयों का वातावरण बनाया हुआ था।[141] वास्तविक स्थिति जानने पर स्थान-स्थान पर पाकिस्तान की ही जनता ने विशाल प्रदर्शन किए। पाकिस्तान शासकों को जन विरोध सहना पड़ा। प्रेसीडेंट याह्या खाँ को इस्तीफा देना पड़ा तथा जुल्फिकार अली भुट्टो को 20 दिसंबर, 1971 को शक्ति सौंप दी गई। अब पाकिस्तान का स्वरूप छोटा हो गया, जो 16 दिसंबर से ही बन गया था।

एक पाकिस्तानी विद्वान् के अनुसार इस पराजय के लिए कोई व्यक्ति दोषी नहीं था, बल्कि पाकिस्तान का भ्रष्ट तरीका तथा सामाजिक व्यवस्था थी। उसका निष्कर्ष है कि यह हमारा सामूहिक व्यवहार है, जिसने शत्रु को हमसे अलग करने का अवसर दिया।[142]

निश्चय ही भारत-पाक युद्ध बँगालवासियों के लिए एक स्वर्ण दिवस था। बँगलादेश के रूप में अब वह पूर्वी पाकिस्तान के नाम से मुक्त हो गया। बँगलादेश के रूप में एक स्वतंत्र राष्ट्र का निर्माण हुआ, जो विश्व में मुसलिम राज्यों की जनसंख्या में चौथे स्थान पर है। आवामी लीग के नेता मुजीबुर्रहमान को पश्चिमी पाकिस्तान की जेल से छोड़ दिया गया, जो 10 जनवरी, 1972 को ढाका पहुँचा तथा उन्हें बँगलादेश का पहला प्रेसीडेंट तथा बाद में प्रधानमंत्री बनाया गया।

परंतु पराजय के भय से पाकिस्तानी सेना ने 14 दिसंबर को पूर्वी पाकिस्तान में योजनापूर्वक भीषण रक्तपात किया। उन्हेंने अपना निशाना बंगाली डॉक्टरों, अध्यापकों

तथा अन्य बुद्धिजीवियों को बनाया।[143] उनके निशाने पर विशेषकर अल्पसंख्यक हिंदू बुद्धिजीवी थे, साथ ही उनके निशाने पर बंगाल का युवक वर्ग था। मारे जानेवालों की संख्या एक से तीन मिलियन बताई जाती है।[144] बँगलादेश सरकार ने इसे तीन मिलियन मानी है। 2010 में बंगाल सरकार ने एक ट्रिब्यूनल इसकी जाँच-पड़ताल के लिए बैठाया ताकि हत्याकांड, बलात्कार तथा लूटमार करनेवालों को सजा दी जा सके। इतना ही नहीं, पाकिस्तान ने धूर्तता की हद करते हुए, पाकिस्तान की भारी पराजय के पश्चात्, पाकिस्तान के 90000 युद्ध बंदी होने पर इस प्रसंग पर राजनैतिक उद्देश्य से विश्व समर्थन प्राप्त करने के लिए तथा मदद प्राप्ति के लिए एक रुपए पच्चीस पैसे का डाक स्टाप भी चालू किया।

भारत की इस शानदार विजय से भारतीय समाज में एक स्वाभिमान, आत्मविश्वास, जागृति हुई। भारतीय सैनिकों ने 1962 की अपमानजनक स्थिति के पश्चात् पुनः विश्व में अपना स्थान बनाया। भारत विश्व के देशों में एक शक्तिशाली देशों में उभरकर आया।

2 जुलाई, 1972 को भारत की प्रधानमंत्री श्रीमती इंदिरा गांधी ने शिमला समझौता[145] किया, जिसमें पाकिस्तान ने बँगलादेश की स्वतंत्रता को मान्यता दी। 1925 के जेनेवा कन्वेशन के[146] अंतर्गत युद्ध बंदियों की अदला-बदली हुई। पाँच महिनों में पाकिस्तान के 90,000 युद्ध बंदी छोड़ दिए गए।[147] इतना ही नहीं, भारत सरकार ने सद्भाव दिखलाते हुए ऐसे 200 सैनिक भी छोड़ दिए, जो उनके क्रूर अत्याचारों के कारण बँगलादेश के लोग दंड देना चाहते थे।

परंतु भारत सरकार ने 1947, 1965 की भाँति गलती को पुनः दोहराया। भारत ने सैनिकों द्वारा 5500 वर्ग मील (14000 वर्ग किमी.) का क्षेत्र वापिस कर दिया। इसमें पाकिस्तान के कश्मीर, पंजाब, सिंध के क्षेत्र थे। केवल कुछ सामरिक महत्त्व की जगहों को अपने पास रखा। वस्तुतः यह भारत की कूटनीतिज्ञ क्रमजोरी का प्रतीक था। संभवतः भारत ने इस संदर्भ में पुराने अनुभवों से जरा भी न सीखा। इससे सबसे बड़ी हानि यह हुई कि पाकिस्तान अपनी धूर्ततापूर्ण तथा शरारतों से बाज नहीं आया। अब गुप्त रूप से जुल्फिकार अली भुट्टो ने पाकिस्तान में अणुबम बनाने का प्रोग्राम शुरू किया। अतः विदेश में काम कर रहे पाकिस्तानी वैज्ञानिकों को वापिस बुलाया गया। इस प्रकार भारत से पुनः संघर्ष की तैयारी प्रारंभ कर दी। भारत ने साँप को रौंद दिया, पर वह मरा नहीं। इसके साथ इसने भारत के विरुद्ध जिहादी के रूप में एक गुट को तैयार किया। भारत के कुछ प्रमुख विद्वानों का यह र्भ। मत है कि बँगलादेश का निर्माण कर दूरगामी परिणामों की दृष्टि से भारत ने एक भयानक भूल की। भारत ने पूरब में बँगलादेश (जो पहले पूर्वी पाकिस्तान) था, को एक और नए शत्रु देश को जन्म दिया। जिन बंगाल के लोगों के

साथ पहले भारत के लोगों के साथ परस्पर अच्छे संबंध थे, शीघ्र ही वह भारत के साथ सीमा समस्याओं तथा अलगाव की ओर बढ़ता गया। बँगलादेश से भारत में लाखों की संख्या में निरंतर मुसलिम घुसपैठ प्रारंभ हुई, जो भारत के लिए आज भी एक चौंकानेवाली समस्या बनती जा रही है। इसने न केवल आर्थिक बोझ बढ़ाया, बल्कि एक राजनैतिक तथा सांस्कृतिक विकट समस्या भी बनता जा रहा है।

कारगिल युद्ध (1999)

कारगिल का युद्ध भारत का पाकिस्तान के साथ 1947, 1965, 1971 के पश्चात् चौथा युद्ध था। यह युद्ध पहाड़ियों की बेहद ऊँचाइयों में लड़ा गया युद्ध था। यह पहला युद्ध था, जिसमें पहली बार दो परमाणु संपन्न राष्ट्र, प्रत्यक्ष रूप से परंपरागत युद्ध में आमने-सामने आए, परंतु भारत के लिए पाकिस्तान की ओर से युद्ध कोई अचानक घटना न थी। पाकिस्तान पहले से ही पीठ पीछे से छुरा घोंपने की कायरता करता रहा है।[148] हाँ, इसके युद्ध करनेवाले चेहरे बदलते रहे हैं। इस बार इसका नया चेहरा अक्तूबर, 1998 में पाकिस्तान की कमान संभालनेवाला जनरल परवेज मुशर्रफ था, जिसे 'कमांडो राष्ट्रपति', ''जिहादियों का असली चेहरा या 'कारगिल का राक्षस' भी कहा जाता है।

यह युद्ध कश्मीर के कारगिल जिले में तथा भारत-पाक की वास्तविक नियंत्रण रेखा (एल.ओ.सी.) के निकट हुआ। संघर्ष 3 मई, 1999 से 26 जुलाई, 1999 अर्थात् लगभग पाँच मास रहा। इस समय भारत के प्रधानमंत्री भारतीय जनता पार्टी के नेता अटल बिहारी वाजपेयी तथा पाकिस्तान के प्रधानमंत्री नवाज शरीफ थे। हमेशा की भाँति इस युद्ध में भी पाकिस्तान को बुरी तरह मुँह की खानी पड़ी।

जहाँ तक युद्ध स्थल कारगिल का प्रश्न है, यह भारत विभाजन से पहले लद्दाख के बालटिस्तान जिले का भाग है, जहाँ भारत की विभिन्न जातियों, भाषाओं तथा पंथिक संप्रदायों के लोग रहते हैं। 1947 में कश्मीर के भारत-पाक युद्ध के समय भी लद्दाख का कारगिल जम्मू-कश्मीर के भारतीय क्षेत्र को दिया गया था।[149] 1971 के युद्ध के पश्चात् भी 2 जुलाई, 1972 में हुए शिमला समझौते में, दोनों देशों में किसी ने भी सीमा पर सैनिक टकराव न करने का भी समझौता एक अंग के रूप में किया गया था।[150] कारगिल श्रीनगर से 205 किलोमीटर (127 मील) तथा पाकिस्तान से स्कार्डू नगर से 173 किलोमीटर (107 मील) की दूरी पर है। यातायात के साधनों की दृष्टि से यह पाकिस्तानी सेना तथा युद्ध सामग्री के लिए अधिक सुविधाजनक तथा आसान है।

1971 की भयंकर पराजय के पश्चात् लगभग अगले 28 वर्षों तक पाकिस्तान की हिम्मत किसी बड़े संघर्ष की न हुई। यद्यपि छोटी-मोटी घटनाएँ निरंतर होती रहीं। 1980 के दशक में पाकिस्तान, सियाचिन के ग्लेशियर कर कब्जा करने की कोशिश

करता रहा तथा समय-समय पर निकट की पहाड़ियों पर अपनी सैनिक चौकियाँ स्थापित करने का प्रयत्न करता रहा। 1990 के दशक में भी आजाद कश्मीर के 'मुसलिम कश्मीर' तथा भारतीय कश्मीर के क्षेत्र में भी पाकिस्तान की छेड़छाड़ चलती रही। पाकिस्तान ने कश्मीर में अलगाववादी तत्त्वों को प्रोत्साहन दिया। 1998 में पाकिस्तान के पहले अणु शक्ति में सफल प्रयोग तथा एक अणु शक्तिवाले देश के रूप में उभर कर आने से, उसमें भारत के विरुद्ध उत्तेजना को बढ़ावा मिला था। दोनों देशों में बढ़ते तनाव व टकराव की स्थिति पर दोनों देशों में फरवरी, 1999 में लाहौर की संयुक्त घोषणा भी की गई थी, जिसमें कश्मीर के प्रश्न पर शांतिपूर्वक तथा बातचीत द्वारा आपस में समस्या सुलझाने की सहमति बताई गई थी।

1998-1999 की सर्दियों में पाकिस्तानी सेना मुजाहिद्दीन के नाम से नियंत्रण रेखा पारकर भारतीय सीमा में घुस आई थी। इन घुसपैठियों ने अपने को 'आपरेशन बद्र' का नाम दिया गया। आप्रेशन बद्र का उद्देश्य कश्मीर को लद्दाख से जोड़नेवाली एक मात्र सड़क एन.एच.-1 पर कब्जा करना, सियाचिन ग्लेशियर में भारतीय सेना को पीछे हटाना तथा इस आधार पर कश्मीर विवाद पर भारत को समझौतों के लिए मजबूर करना तथा साथ ही इस तनाव से कश्मीर के प्रश्न को एक अंतरराष्ट्रीय विवाद का विषय बनाना था ताकि इसका हल शीघ्रातिशीघ्र हो। इसके साथ भारतीय कश्मीर में असंतोष पैदा करना तथा वहाँ के मुसलमानों का समर्थन प्राप्त करना भी मकसद था।

उल्लेखनीय है कि इस तनावपूर्ण वातावरण में भी भारत सरकार की ओर से शांति तथा परस्पर सहयोग के लिए प्रयत्न होते रहे। 20 फरवरी, 1999 को भारत के प्रधानमंत्री अटल बिहारी वाजपेयी ने भी ऐतिहासिक यात्रा कर बस द्वारा लाहौर गए तथा नवाज शरीफ के साथ महत्त्वपूर्ण कई समझौते किए। ऐतिहासिक तथ्यों के आधार पर यह भी सिद्ध होता है कि इस युद्ध की साजिश तथा तैयारी पाकिस्तान सेना जनरल परवेज मुशर्रफ ने की थी। तत्कालीन पाकिस्तान के प्रधानमंत्री नवाज शरीफ ने भी जनरल मुशर्रफ को जिम्मेदार ठहराया है। जिस प्रकार अक्तूबर, 1947 में पाकिस्तानी सेना द्वारा आक्रमण को पहले कबाइलियों की घुसपैठ बताया गया था, इसी प्रकार इसे पहले मुजाहिद्दीन की घुसपैठ मात्र बताया गया। पाकिस्तान के इन झूठ कथनों को स्वयं पाकिस्तान के सैनिक अधिकारियों तथा प्रशासकों ने स्वीकार किया है। पाकिस्तान के आई.एस.आई.के. एनिलिसिस विंग के प्रमुख अवकाशप्राप्त लेफ्टिनेंट जनरल शाहिद अजीज ने तत्कालीन पाक-सेनापति मुशर्रफ के झूठे कथनों को बेनकाब किया है। पाकिस्तानी अखबार 'द नेशन' में छपे जनवरी, 2013 के एक लेख में रहस्योघाटन करते हुए शाहिद अजीज ने लिखा, ''कारगिल की लड़ाई में मुजाहिद्दीन नहीं थे, सिर्फ वायरलैस पर मुजाहिद्दीनों के नाम पर झूठे संदेश भेजे जा रहे थे। इससे किसी को

बेवकूफ नहीं बनाया जा सकता। हमारे सैनिकों को हथियार और गोला बारूद देकर खंदकों में बैठाया गया था।[151] उसका यह भी कहना है कि कारगिल में घुसपैठ के पीछे तत्कालीन सेनापति परवेज मुशर्रफ की ही साजिश थी। इस साजिश की तत्कालीन प्रधानमंत्री नवाज शरीफ को भी जानकारी थी। इस घुसपैठ के दौरान मुशर्रफ नक्शों के साथ प्रधानमंत्री से मिला करते थे।[152] यह जानने योग्य है कि नवाज शरीफ 2012 तक यह दावा कर रहे थे कि कारगिल घुसपैठ की जानकारी तब हुई, जब भारत के प्रधानमंत्री ने उनसे फोन पर बात की। शाहिद अजीज ने नवाज शरीफ के इस कथन को भी झूठ बतलाया है।[153] मुशर्रफ का मत है कि कारगिल योजना से पहले, वाजपेयी की यात्रा से पहले ही शरीफ को ज्ञात था।[154] इसी प्रकार से पाकिस्तान सेना के कर्नल अशफाक हुसैन ने अपने पुस्तक में मुशर्रफ के झूठ को बताते हुए कहा कि युद्ध में पाकिस्तान सेना ने भी हिस्सा लिया था।[155] एक बार नवाज शरीफ ने पाकिस्तान सैन्य अभियान के दौरान आपरेशन के सीनियर सैन्य अधिकारियों से भी पूछा था, ''आप हमें कश्मीर कब दे रहे हैं?''[156] 3 मई, 1999 से सीधे युद्ध से पूर्व पाकिस्तान की कारगिल क्षेत्र में हलचल प्रारंभ हो गई थी। अभी तक प्राय: यह होता था कि भयंकर सर्दी के दिनों में दोनों ओर से सेनाएँ अपने-अपने क्षेत्र में अगली सुरक्षा चौकियों से हट जाती थी। दोनों ओर से सैनिक-चौकसी भी कम हो जाती थी, परंतु थोड़ी कम सरदी होने पर पुन: नियंत्रण रेखा पर आ डटती, परंतु फरवरी 1999 में पाकिस्तान ने अपनी चौकियों पर पुन: कब्जा कर लिया था। साथ ही पाकिस्तान ने भारत की सीमा के अंदर भी घुसकर कुछ चौकियों पर कब्जा कर लिया था।[157] 28 मार्च, 1999 को पाकिस्तान के सेनापति परवेज मुशर्रफ ने एक हेलीकॉप्टर से 11 कि.मी. भारत की सीमा में घुसकर जिकारिया मुस्तफा नामक स्थान पर रात्रि बिताई, उसके साथ ब्रिगेडियर मसूद आलम भी था। मुशर्रफ का विश्वास था कि भारतीय सेना को पार करने की घटना का जून मास के प्रारंभ से पूर्व तक पता न चलेगा। पाकिस्तान की नार्थन लाइट इन्फेंट्री की चार-पाँच बैटालियन तथा स्पेशल सर्विस कार्पस के सैनिकों ने कुछ भारतीय चौकियों पर कब्जा कर लिया। पाकिस्तान सेनाओं की यह घुसपैठ द्रास में मुशकोह घाटी, कारगिल के निकट ककसार में, सिंधनदी के पूरब में बाटलिक क्षेत्र में, चोरबटला क्षेत्र जहाँ सीमा नियंत्रण उत्तर की ओर मुड़ता है तथा सियाचिन क्षेत्र के तुरकोट भाग में हुई थी।

प्रारंभ में भारत की गुप्तचर सूचना के अभाव में भारतीय सेना को पाकिस्तानी घुसपैठ की जानकारी न हुई। अत: आगे की चौकियों पर भारतीय सैनिक न भेजे गए, परंतु 3 मई को कैप्टन सौरभ कालिया की टुकड़ी को गश्त करते समय बाटलिक भाग में एक स्थानीय चरवाहे ने पाकिस्तान घुसपैठ की जानकारी दी। संभवत भारतीय सैनिकों ने पाकिस्तानी घुसपैठियों को जिहादी समझा, जो कुछ समय पश्चात् लौट जाएँगे, परंतु

सीमा नियंत्रण रेखा तथा अन्य जानकारी के कारण भारतीय सैनिक अधिकारी चौकन्ने हो गए। एक अनुमान के अनुसार पाकिस्तानी घुसपैठिए 130–200 वर्ग किलोमीटर तक फैल गए थे।[158]

मई, 1999 में पाकिस्तानी सेना की घुसपैठ का पता चलते ही भारत सरकार ने 'आपरेशन विजय' की घोषणा की। भारत के दो लाख सैनिकों को संगठित किया गया। भारत के सेनापति वी.पी. मलिक के अनुसार युद्ध क्षेत्र के लिए प्रारंभ में 20,000 भारतीय सैनिकों के साथ,[159] कुछ हजार पैरा मिलेटरी सेना व वायु सेना को लगाया गया। अत: कारगिल–द्रास क्षेत्र के लिए 30,000 सैनिक लगाए गए। घुसपैठियों की संख्या लगभग 5000 थी।[160] इसके साथ ही पाकिस्तान द्वारा कब्जे में किए कश्मीर क्षेत्र से सहायता के लिए तोपखाना था।

भारतीय वायुसेना ने 'ऑपरेशन सफेद सागर' के नाम से तैयारी की। इसका मुख्य कार्य भारत की स्थल सेना की मदद करना था। इतनी ऊँचाई पर लड़ाई में वायु सेना की भूमि बड़ी सीमित थी।

इसी भाँति भारत की नौसेना भी 'ऑपरेशन तलवार' के अंतर्गत तैयार थी। इसका उद्देश्य कराची बंदरगाह को अवरुद्ध करना था। इसने पाकिस्तान के समुद्र व्यापार को अवरुद्ध किया तथा इसके लिए भयानक बम वर्षा की। कारगिल तक पहुँचने के दो ही मार्ग हैं—पहला तथा महत्त्वपूर्ण मार्ग श्रीनगर से लेह तक है जो राष्ट्रीय मार्ग आई.डी. था तथा दूसरा मार्ग एक लंबा मार्ग हिमाचल प्रदेश से लेह तक पहुँचने का है। भौगोलिक दृष्टि से युद्ध की स्थिति पाकिस्तानी सैनिकों के पक्ष में थी। कश्मीर का क्षेत्र पहाड़ी तथा ऊँचाई पर है तथा श्रीनगर–लेह मार्ग पर पाकिस्तान सेना के कब्जे में था। अत: भारतीय सेना के लिए युद्ध की सामग्री पहुँचाना अत्यधिक कठिन था, साथ ही पाकिस्तानी सैनिक छोटे हथियार मोर्टार, तोपखाने तथा वायुसेना विनाशक बंदूकों से लैस थे। अत: भारतीय सेना को शत्रु से भूमि की प्राप्ति तथा राष्ट्रीय मार्ग की सुरक्षा परम आवश्यकता थी।

भारतीय सेना के सम्मुख नेशनल हाईवे आई.डी. के निकट ऊँची चोटियों पर पुन: कब्जा करना था। अत: भारतीय सेना का पहला लक्ष्य द्रास क्षेत्र में टाइगर हिल तथा तोलोलिग को प्राप्त करना था, जो श्रीनगर लेह का मुख्य भाग था। इसके साथ बाटलिक–तुरतोक क्षेत्र था, जो सियाचिन ग्लेशियर पहुँचने का मार्ग था। इसी भाँति पाकिस्तान की सुरक्षा के लिए चोटी क्रमांक 4590 व 5353 अत्यंत महत्त्वपूर्ण थी।

भारतीय सैनिकों ने अत्यंत संघर्ष तथा सैनिकों के बलिदान से 14 जून, 1999 को 4590 चोटी पर विजय प्राप्त की थी। यह भारतीय सेना की महत्त्वपूर्ण सफलता थी। शीघ्र ही भारतीय सेना ने 5060 तथा 5100 चोटी पर भी 29 जून को सफलता प्राप्त की थी।

यद्यपि 15 जून को ही अमेरिका के प्रेसीडेंट बिल क्लिंटन ने एक फोन द्वारा पाकिस्तान प्रधानमंत्री नवाज शरीफ से कारगिल से हटने को कहा था, पर वह नहीं माना। 12 जुलाई को भारत ने कारगिल के विरुद्ध भयंकर संघर्ष किया। 4 जुलाई को भारतीय सेना ने 11 घंटे के संघर्ष से पुनः टाइगर हिल पर कब्जा कर लिया। आखिर 5 जुलाई को नवाज शरीफ ने कारगिल से पाकिस्तानी सेनाओं को हटने को कहा था। जुलाई 14 को भारत के प्रधानमंत्री ने 'ऑपरेशन विजय' को सफल घोषित किया। आखिर 26 जुलाई को पूर्णतः युद्ध की समाप्ति हुई तथा कारगिल पाकिस्तानी आक्रमणकारियों से बिल्कुल खाली हो गया। इसी बीच पाकिस्तान की यूनाइटेड जिहाद काउंसिल ने पाकिस्तान की सेनाओं को हटाने का विरोध भी किया। एक-एक करके कारगिल की सभी पहाड़ी चोटियों पर भारतीय झंडा लहराने लगा। भारत में विजय दिवस मनाया गया।

कारगिल युद्ध के संदर्भ में समस्त विश्व में प्रायः पाकिस्तान की कटु आलोचना हुई। पाकिस्तानी सैनिक या घुसपैठियों में न ही लड़ने की योग्यता थी और न ही वे कोई सुरक्षा कर पाए। पाकिस्तान के हितैषी अमेरिका के प्रेसीडेंट बिल क्लिंटन ने भी नवाज शरीफ को कारगिल से सेनाएँ हटाने को कहना पड़ा।[161] जी-8 के राष्ट्रों ने पाकिस्तान द्वारा नियंत्रण रेखा पार करने की आलोचना की। इसी भाँति यूरोपियन यूनियन ने पाकिस्तान द्वारा सीमा लाँघने का विरोध किया। एशियन रीजनल फोरम (ASEAN Regional Forum) ने भी भारत का समर्थन किया।[162] चीन ने सीमा के पार वापिस सेनाओं को हटाकर सीमा विवाद को शांतिपूर्वक हल करने की बात की।

कारगिल युद्ध में कितनी क्षति हुई, इस संदर्भ में भारत के सरकारी रूप से निश्चित आँकड़े प्राप्त हैं। इसके अनुसार भारत के 527 सैनिक मरे तथा 1363 घायल हुए। इसके साथ एक पायलेट पकड़ा गया। एक फाइटर जेट नष्ट कर दिया तथा एक अन्य जेट फाइटर तथा एक हेलीकॉप्टर को नष्ट कर गिरा दिया।

जहाँ तक पाकिस्तान के आँकड़े हैं, इस संदर्भ में अनेक मत है। पाकिस्तान सरकार के अनुसार इसमें 453 सैनिक मारे गए, 665 घायल हुए तथा 8 पाकिस्तानी बंदी बनाए गए। भारत की आधिकारिक जानकारी के आधार पर 700 पाकिस्तानी सैनिक मारे गए। अमेरिका के अनुसार लगभग 700 पाकिस्तानी सैनिक मारे गए। पाकिस्तान 'व्हाइट पेपर' में यह संख्या 3000 तक बतलाता है। पंजाब पीपुल पार्टी के अनुसार हजारों व्यक्ति मारे गए। स्वयं नवाज शरीफ का अनुमान 4000 मरे या घायल हुए। उपरोक्त आकड़ों से ज्ञात होता है कि पाकिस्तान में सरकारी तथा गैर सरकारी आँकड़ों में भारी अंतर है, संभवतः ये जनमत का ध्यान में रखकर दिए गए हों।

कारगिल युद्ध की दृष्टि से भारत के लिए महत्त्वपूर्ण परिणाम हुए। देशभक्ति के

समूचे देश में स्थान-स्थान पर विशाल प्रदर्शन हुए। युद्ध में बलिदानी सैनिकों के शव पहली बार उनके गाँवों, कस्बों में ले जाए गए, वहाँ उनका सम्मानपूर्वक दाह संस्कार हुआ। एक पायलट अजय आहूजा, जो पाकिस्तान द्वारा युद्ध बंदी बनाया गया था, समाचारों द्वारा यह जानकारी मिली कि उसकी हत्या कर दी गई तथा उसके शरीर को छेद दिया। भारत में इसकी कटु आलोचना हुई, कारगिल युद्ध के शहीदों और सेना के लोगों को रहने के लिए मुंबई के कोलाबा में आदर्श सोसायटी बनाई गई। द्रास में कारगिल शहीदों की स्मृति में 'कारगिल वार मेमोरियल' बनाया गया, जिसमें सभी शहीदों के नाम दिए गए, साथ ही एक 'वार म्यूजियम' भी ऑपरेशन विजय' की सफलता में बनाया गया। 15 किलो वजन का राष्ट्रीय झंडा भी लहराया गया। कारगिल युद्ध से संबंधित भारत में अनेक डॉक्यूमेंट्री तथा फिल्में हिंदी भाषा में एल.ओ.सी. (2003 में), लक्ष्य (2004), धूप (2003) आदि तथा कन्नड़ मलयालम आदि अन्य भाषाओं में प्रदर्शित की गईं।

भारत तथा पाकिस्तान के संबंध विच्छेद हो गए। भारत ने अपनी सैनिक व्यवस्था तथा साधनों की ओर ध्यान दिया तथा सैनिक बजट को बढ़ाया गया, साथ ही मीडिया द्वारा सेना संबंधी कमियाँ भी खुलकर सामने आईं। विशेषकर कारगिल क्षेत्र में गुप्तचर विभाग की अयोग्यता ध्यान में आई। जिसने उचित समय पर घुसपैठ की सूचना न दी। रॉ, आइबी और सैन्य गुप्तचर विभाग के होते कारगिल में घुसपैठ कैसे हुई? साथ ही सैनिक नेतृत्व की कमी की ओर भी ध्यान आकर्षित हुआ। 2006 में वायु चीफ मार्शल (रिटायर्ड ऐ.वाई टिपनीस ने कहा[163] कि भारतीय सेना ने घुसपैठ की पूरी जानकारी सरकार को नहीं दी और मुख्य सेनापति वेद प्रकाश मलिक ने वायु सेना के प्रति ढुलमुल नीति अपनाई, सिवाय हेलीकॉप्टर की सहायता के साथ ही सरकार ने संपूर्ण सीमा नियंत्रण रेखा पर बाड़ लगाने की योजना पर ध्यान दिया।[164]

भारत-अमेरिका संबंध सुधरे तथा अमेरिका को लगा कि भारत के प्रयत्नों से युद्ध सीमित भाग में ही हुआ, साथ ही स्वतंत्रता के पश्चात् पहली बार भारत-इजराइल संबंध भी मजबूत हुए, क्योंकि युद्ध में युद्ध सामग्री देने में उसने कुछ सहायता की थी।

अटल बिहारी वाजपेयी की सरकार ने गुप्तचर विभाग की कमियों की जाँच पड़ताल के लिए एक कारगिल रिव्यू कमेटी, प्रसिद्ध युद्ध विशेषज्ञ के. सुब्रह्मयम के नेतृत्व में बनाई, परंतु शीघ्र यह विवादास्पद हो गई। पाकिस्तान के लिए कारगिल युद्ध आर्थिक तथा सैनिक दृष्टि से हतोत्साहित करनेवाला साबित हुआ। युद्ध में विशेषकर नार्थन लाइट इंफ्रेंट्री की भारी हानि हुई। पाकिस्तान सरकार ने अनेक शवों को लेने से मना कर दिया, जिससे असंतोष तथा प्रदर्शन हुए, साथ ही पाकिस्तान सरकार मृतकों की संख्या बताने में आना-कानी करती रही, पर बाद में नवाज शरीफ ने बताया कि युद्ध में

4000 सैनिक मारे गए हैं। इस पर परवेज मुशर्रफ ने कहा कि पाकिस्तान से अधिक भारतीय सैनिक मरे। कारगिल युद्ध लंबे समय तक पाकिस्तान मीडिया का विषय बना रहा। युद्ध संबंधी कई विषयों पर पाकिस्तान के प्रधानमंत्री नवाज शरीफ एवं सेनापति परवेज मुर्शरफ में टकराव बढ़ता गया, जिसका परिणाम 12 अक्टूबर, 1999 को जनरल मुर्शरफ ने तख्त पलटकर नवाज शरीफ को पदहस्त कर दिया।

पाकिस्तान सरकार की विरोधी दलों ने कड़ी आलोचना की। बेनजीर भुट्टो ने कारगिल युद्ध को पाकिस्तान की महानतम भूल (Pakistan greatest blunder) कहा। कई उच्च सैनिक तथा गुप्तचर विभाग के अधिकारियों ने युद्ध को समय की बर्बादी किसी भी लाभ के बिना बताया। लेफ्टिनेंट जनरल अली कुली खाँ खटटक ने इसे "पूर्वी पाकिस्तान जैसी दुर्घटना से अधिक विनाशकारी" (A disaster bigger than the East Pakistan's Tragedy) बतलाया। पूर्व जनरल शाहिद अजीज ने एक लेख में लिखा, "कारगिल की तरह हमने जो भी मतलब की लड़ाई लड़ी है, उनसे हमने कोई सबक नहीं लिया। वास्तविकता यह है कि हमारे गलत कार्यों की कीमत हमारे बच्चे अपने खून से दे रहे हैं।[165] लेखक ने आखिर में पुनः लिखा, "राष्ट्रहित के नाम पर हम अब भी ऐसे ही मूर्खतापूर्ण कामों में जुटे हैं। हम शहीदों के ताबूतों पर और कितने मैडल रखेंगे और कितने गीत गाएँगे? अपनी चुप्पी के पीछे हम और कितने शहीदों की शहादतों को छुपाएँगे? अगर युद्ध के पीछे कोई मकसद है तो हम सीमा पर लड़ने को तैयार हैं, लेकिन अगर उसकी सच्चाई को छुपाना पड़े तो लोग सवाल उठाएँगे ही, यह लड़ाई क्यों लड़ी।"[166]

चारों ओर जाँच कमीशन की माँग के बाद भी कोई कमीशन न बिठाया गया। पाकिस्तान मुसलिम लीग ने 2006 में 'एक श्वेत पत्र' प्रकाशित किया, जिसमें रहस्योद्घाटन किया नवाज शरीफ ने एक जाँच कमेटी बनाई थी, जिसने जनरल मुर्शरफ के कोर्ट मार्शल की सिफारिश की थी, परंतु मुर्शरफ ने तख्त पलटकर अपने को बचाने के लिए रिपोर्ट चुरा ली थी। संक्षेप में कारगिल युद्ध शत्रुतापूर्ण वातावरण में समाप्त हुआ। अक्तूबर, 1999 में जहाँ भारत में पुनः अटल बिहारी वाजपेयी की सरकार आई, पाकिस्तान में मुर्शरफ ने सत्ता पर अधिकार कर, पुनः भारत के विरुद्ध आवश्यक सैनिक परिवर्तन किए तथा योजनाएँ बनाईं।

कारगिल के पश्चात् पाकिस्तान तथा चीन

कारगिल के पश्चात् भी भारत सरकार का रवैया नरम रहा। दोनों देशों के बीच में कटुता कम करने तथा सौहार्दपूर्ण संबंध के लिए प्रयत्न होते रहे। जुलाई, 2000 में भारत के प्रधानमंत्री अटल बिहारी वाजपेयी तथा पाकिस्तान के नए शासक परवेज मुर्शरफ के

बीच आगरा में शिखर सम्मेलन हुआ, पर वार्ता सफल न हुई। इसके विपरीत दिसंबर, 2001 में पाकिस्तानी आतंकवादियों ने भारतीय संसद् पर सीधा हमला बोल दिया। इसमें पाँच आतंकियों सहित 14 व्यक्ति मारे गए। इसमें दो प्रसिद्ध आतंकवादी संगठन लश्कर-ऐ-तैयबा व जैश-ए-मुहम्मद ने भाग लिया था, पर पाकिस्तान इस आतंकी आक्रमण पर आना-कानी करता रहा। पुनः संबंध कटु हुए।

नवंबर, 2003 में पाकिस्तान ने नई शुरुआत का नाम लेकर नियंत्रण रेखा पर शांति रखने की घोषणा की। भारत ने इस कदम का स्वागत किया। पाकिस्तान सरकार ने यह माना कि हो सकता है लश्कर-ए-तैयबा आतंकवादी हो, साथ ही सेना नायकों को आक्रमक (to be aggressive and offensive) होने को भी कहा। शांति विराम के पश्चात् भी पाकिस्तान के द्वारा सीमा का उल्लंघन होता रहा। श्रीनगर से मुस्तफाबाद तथा मुस्तफाबाद से श्रीनगर तक बस सेवा भी बनी।[167] यह सेवा अप्रैल, 2005 से प्रारंभ हुई।

2004 में भारत तथा पाकिस्तान के बीच एक शांति समझौता भी हुआ, जिसमें कूटनीति, खेलों तथा व्यापार में परस्पर हितों की बात कही गई। 2004-7 तक सामान्य संबंध ठीक रहे, यद्यपि बीच-बीच में देश में पाकिस्तानी आतंकवादी हलचलों से खटास पैदा होती रही।

26 नवंबर, 2008 को पाकिस्तानी आतंकवादियों ने[168] भारत की आर्थिक राजधानी मुंबई में हमला कर दिया। हमले के पीछे पाकिस्तान के सैन्य अधिकारी थे। संसद् के हमले के पश्चात् इसकी योजना भी पाकिस्तान में शीर्ष स्तर पर बनी थी। भारत की ओर से इस हमले में भी भारतीय गुप्तचर विभाग की एक विफलता थी।

पाकिस्तान ने इन हमलों के लिए पहले अपने को दोषी न माना। पाकिस्तान के विदेश विभाग ने इसके लिए सबूत माँगे। इस हमले से संबंधित भारत ने 600 पृष्ठों में पाँच महत्त्वपूर्ण तथ्यों को देते हुए[169] पाकिस्तान से आतंकवादियों के विरुद्ध कारवाई करने को कहा। इस हमले में लश्कर का आतंकी जकी-उर रहमान और हाफिज सईद भी थे। इन प्रमाणों में सुप्रीमकोर्ट के फैसले की प्रति, मारे गए नौ आतंकवादियों की पोस्टमार्टम रिपोर्ट्स आदि भी थीं।

2004-2014 तक भारत के तत्कालीन प्रधानमंत्री मनमोहन सिंह की कमजोर तथा ढुलमुल नीति ने भी पाकिस्तान के हौसले बढ़ाए। भारत तथा पाकिस्तान के संबंध मैत्रीपूर्ण तथा सहयोगी न बन पाए। भारत के प्रधाननंत्री मनमोहन सिंह कश्मीर के संदर्भ में अपनी नीति एवं विचार को 'नया कश्मीर' या नया ब्लू प्रिंट कहकर काल्पनिक उड़ान करते रहे।

इन संबंधों में सबसे बड़ी अड़चन सदैव ही पाक सेना, अधिनायकवादी शासक

तथा अहंकारी राजनैतिक नेतृत्व रहा है। पाकिस्तानी उग्रवादी तथा कट्टर पंथियों के सम्मुख पाकिस्तानी उदारवादियों का स्थान नहीं है। यह सर्वज्ञात है कि पाकिस्तान सरकार का रवैया आतंकी संगठनों का साथ देना तथा स्वयं को आतंकवाद से पीड़ित बतलाना है। अमेरिका की ओसामा बिन लादेन की पाकिस्तान में एबटाबाद में उसकी हत्या कर पाकिस्तान के झूठे दावों को बेनकाब कर दिया।[170]

बी.बी.सी. ने 2011 में अपने सर्वे में पाकिस्तान को सबसे नकारात्मक देशों की सूची में उत्तर कोरिया तथा ईरान की श्रेणी में रखा है।[171] ब्रिटिश पत्रकार जॉर्ज फुल्टन जिसने परवेज मुशर्रफ के कार्यकाल में पाकिस्तान की नागरिकता भी स्वीकार की थी, वहाँ की अवस्था देखते हुए, "पाकिस्तान को विश्व के सर्वाधिक हिंसक देशों में माना है।[172] उसने यह भी लिखा कि, "ये लोग हर बुराई के लिए हिंदुओं, यहूदियों और अमरिकन को जिम्मेदार ठहराते हैं।" अतः उसने मजबूरी में पाकिस्तान छोड़ दिया और कहा, 'खुदा हाफिज पाकिस्तान।' दुर्भाग्य से कारगिल के पश्चात् भारत, पाकिस्तान की प्रत्येक गलती को माफ करता आ रहा है, जबकि पाकिस्तान अपनी गलती मानने को तैयार ही नहीं है।

पाकिस्तान से संबंधों की भाँति भारत ने चीन से भी अच्छे संबंध चाहे। भारत के तत्कालीन प्रधानमंत्री अटल बिहारी वाजपेयी ने चीन से सीमा वार्ता की। वे स्वयं चीन गए तब चीनी राष्ट्रपति हू जिंताओ थे। दोनों ने अपने विशेष प्रतिनिधि नियुक्त किए। तत्कालीन भारत के मुख्य सचिव भारत की ओर से राजनीति वार्ताकार थे। भारत ने तिब्बत पर चीन की प्रभुता स्वीकार की तथा चीन ने 1975 में हुए भारत में सिक्किम के विलय को स्वीकार किया। दोनों ने अपने-अपने क्षेत्र में विरोधी राजनीतिक गतिविधियों को अनुमति न देने का भी वचन दिया। चीन ने सीमा के साथ व्यापार की सहमति जताई तथा बाद में सिक्किम को भारत का अंग मानकर चीन ने नक्शों में भी बदलाव किया।

2005 में दोनों पक्षों में राजनीति, मानवता और मार्गदर्शक सिद्धांतों का प्रतिपादन किया गया। चीन ने परस्पर सहयोग, इतिहास के सम्मान और वास्तविकता के आधार पर उलझे सीमा विवाद का उचित समाधान निकालने की इच्छा जताई। 2008 में भारत के तत्कालीन प्रधानमंत्री डॉ. मनमोहन सिंह चीन गए। जाने से पूर्व डॉ. मनमोहन सिंह ने चीन संबंधी अध्ययन किया। नेहरू पेपर्स भी पढ़े। वे नेहरू की गलतियों को दोहराना नहीं चाहते थे। दोनों ने 21वीं सदी के संवाद दृष्टि घोषणा-पत्र पर हस्ताक्षर किए। सीमा समस्या पर वार्ता हुई, पर कोई सफलता न मिली।

साथ ही चीन ने पुराने दावे उछालने शुरू किए। आक्रमक ढंग से निगरानी शुरूकर दी, जिसे भारत 1993 के एल.ओ.सी. समझौते का उल्लंघन मानता रहा है। चीन ने सिक्कम विवाद को पहले मान लिया था, पुनः विवाद किया। उसने हिमालय क्षेत्र में

घुसपैठ की। बीजिंग और ल्हासा के बीच रेल लिंक बनाने से चीन की पकड़ मजबूत हो गई। इसी कारण 2008 में तिब्बत में दंगों का दमन किया गया। चीन ने रेलवे लाइन को सिक्कम में नाथुला और निइगची तक ले जाना चाहा। उसकी योजना बाद में निइगची से अरुणाचल प्रदेश की थी।

शीघ्र 2005 की स्थिति बदल गई। सीमा विवाद की 15 दौर तक वार्ता हुई। दोनों ने 2005 के समझौते की अपनी-अपनी व्याख्या की। चीन ने भारत के लगभग 60000 किलोमीटर पर अपना दावा किया, जिसमें अरुणाचल प्रदेश और तवाँग का प्रदेश है।

निश्चय ही 21वीं शताब्दी के प्रथम दशक में चीन ने आर्थिक क्षेत्र में तीव्र गति से प्रगति की। एक विद्वान् ने इसे चीन 'पहेली' कहा है।[173] एक विद्वान् का मत है कि चीन 19वीं तथा 20वीं शताब्दियों में पाश्चात्य तथा जापान द्वारा अपमान महसूस करता था, अत: सम्मान चाहता था तथा 2010 की अपेक्षा 2020 में अपने देश का जीडीपी दुगना चाहता है। भारत के तब के विदेश मंत्री सलमान खुर्शीद[174] भी भारत की दृष्टि से चीन को महत्त्वपूर्ण मानते हैं, जिसका प्रमुख मुद्दा चीन की आर्थिक तथा क्षेत्रीय सुदृढता है तथा भारत की महानतम व्यापारिक भागीदार है। एक अन्य विद्वान् ने[175] चीन के महासचिव जी जिनपिंग की भावना व्यक्त करते हुए चीन राष्ट्र के पुनुरुत्थान, एक समृद्ध देश व एक मजबूत सैनिक शक्तिवाला लक्ष्य लेकर चलने वाला देश बताया है।

चीन ने बुलेट रेलवे, विशाल मॉल बनाए। चीन के बड़े शहरों में महिलाएँ सुरक्षित हैं। हाल में ही चीन ने 300 किलोमीटर प्रति घंटा चलनेवाली रेलगाड़ियाँ प्रारंभ की। इसके साथ यह भी कठोर सत्य है कि चीन का नागरिक व्यक्तिगत स्वतंत्रता के लिए छटपटा रहा है। सेंसरशिप के खिलाफ चीन में प्रदर्शन हुए हैं।[176] चीन में स्वतंत्र मीडिया का प्रश्न ही नहीं है।[177] बीजिंग में अत्यधिक दूषित वायु है।

सुरक्षा तथा सैनिक दृष्टि से आज चीन भारत तथा सीमावर्ती पड़ोसी देशों के लिए सबसे बड़ा दुश्मन बना हुआ है। सीमावर्ती देश म्यांमार व बँगलादेश में चीन हथियार एवं अन्य युद्ध सामग्री भेज रहा है। वह वहाँ के आतंकी गिरोहों को उकसा रहा है। यही अवस्था उसने नेपाल में भी बना दी है। चीन सरकार ने तिब्बत से ब्रह्मपुत्र नदी (चीनी भाषा में यारलुंग जांग के) पर तीन बाँध बनाने की स्वीकृति दी है। डाँग, त्रियाचा, जिएम्यू के लिए चीन सरकार ने स्वीकृति दे दी। यह उनकी चीन की 12वी पंचवर्षीय योजना का अंग है। इसके साथ ही चीन के विदेश मंत्रालय के प्रवक्ता हाग लेई ने यह भी कह दिया, 'चीन ने अंतरराष्ट्रीय नदियों के प्रति हमेशा जिम्मेवार रुख अपनाया है।' इसके साथ चीन ने अपने पाँव, भारत के समुद्र में भी फैलाने शुरू कर दिए हैं। चीन के मित्र पाकिस्तान ने ग्वादर बंदरगाह पर चीनी नियंत्रण दे दिया है, जो होर्मुज जल डमरू मध्य से केवल चार सौ किलोमीटर दूर है और अरब सागर के मुहाने पर स्थित चीन के

लिए सामरिक दृष्टि से अत्यंत महत्त्व का है। ग्वादर से चीन तक 900 किलोमीटर लंबी सड़क के निर्माण और इसके अफगानिस्तान तथा मध्य एशिया से संपर्क के लिए मार्गों के निर्माण की योजना बनाई है। यह भविष्य में हिंद महासागर के लिए बड़ा खतरा हो सकता है। चीन ने भारत के साथ लगे समुद्री देशों में भी अपनी हलचल शुरू की हुई है। उसके संबंध बँगलादेश, म्यांमार, श्रीलंका, यहाँ तक कि मालद्वीव जैसे छोटे, परंतु सामरिक महत्त्व के देश से बढ़ रहे है। चीन इन समुद्री पड़ोसी राष्ट्रों के साथ अपना वर्चस्व स्थापित करने को बेचैन हो रहा है। पाकिस्तान तो पूरी तरह से उसके साथ है ही।

2012 में 20 अक्तूबर को भारत के तत्कालीन रक्षामंत्री ए.के. एंटोनी ने 50 वर्ष पूर्व चीन के आक्रमण पर भारत के शहीदों को अपनी श्रद्धांजलि व्यक्त करते हुए कहा, 'आज का भारत 1962 का भारत नहीं है। हमने इतिहास से सबक सीख लिया है। भारत अपनी भूमि की रक्षा के लिए सक्षम है,' गंभीर प्रश्न है कि क्या भारत ने इस चुनौती को व्यावहारिक रूप से स्वीकार कर लिया है?[178]

पिछले दशक (2004–2013) तक चीन की चहल कदमी भारत की सीमाओं पर तेजी से बढ़ी हैं। 2008 से 2013 के प्रारंभिक चार–पाँच महीनों तक लगभग 600 बार चीन ने घुसपैठ की तथा सीमा का अतिक्रमण किया।[179] चीन ने 15 अप्रैल, 2013 को भारत–चीन सीमा के पश्चिमी सेक्टर में पूर्वी लद्दाख के दौलत बेग ओल्डी क्षेत्र में चीनी सैनिकों द्वारा तंबू गाड़ दिए, साथ 20 ही दिन बाद चीन ने उन्हें हटा लिया, यह चीनी मनमानी का प्रभाव है। चीन के विदेश विभाग के प्रवक्ता ले चुनायिंग ने इसे 'फलदायक सलाह' का परिणाम बताया। इसी के साथ 16 अप्रैल, 2013 को चीन ने अपनी सरकार का आठवाँ 'श्वेतपत्र' भी प्रसारित किया, जिसमें अपना उद्देश्य स्पष्ट करते हुए नियोजित चीन सैनिकों के द्वारा विस्तार और अंतरराष्ट्रीय महत्त्वाकांक्षाओं तथा चारों ओर से भारत को घेरने की मुहिम बतलाया है।[180]

इस सबके बीच 14 नवंबर, 1962 के भारतीय संसद् में पारित संकल्प तथा 27 फरवरी, 1994 के संसद् में सर्वसम्मति से पारित प्रस्ताव के रूप में की गई घोषणा, जो क्षेत्र चीन द्वारा 1962 व पाकिस्तान द्वारा 1947 में कब्जा कर लिए गए, 'हम वापिस लेकर रहेंगे और इन क्षेत्रों के बारे में कोई सरकार समझौता नहीं कर सकती। ऐसा लगता है कि भारतीय संसद् और उसके सांसद भूल गए हैं। इसीलिए पाकिस्तान तथा चीन बार–बार भारतीय सीमा में घुस रहा है। वस्तुत: यह उदासीनता, हीनता की भावना भारत के लिए बड़ी महँगी हो सकती है। आखिर यह अनदेखी बहुत खतरा साबित होगी।[181]

संदर्भ–

1. बी.एल. ग्रोवर एवं यशपाल, आधुनिक भारत का इतिहास (नई दिल्ली 2001) पृ. 206
2. 1854 से 1947 तक भारतीय सेना की विस्तृत गतिविधियों के लिए देखें, सतीशचंद्र मित्तल, राष्ट्रीय चेतना के प्रकाश में, भारत का स्वाधीनता संघर्ष (नई दिल्ली, 2012), पृ. 223-243; जे.के. होलीसन, इंपीरियलिज्म (लंदन, 1902)
3. राबर्ड रोहड्स जेम्स, द ब्रिटिश रिव्यूलुशन (1889-1939) न्यूयार्क, 1977, पृ. 20
4. ए.पी. थार्नटन, द इंपीरियल आइडिया एंड इट्स एनीमीज, (लंदन 1959) पृ. 97
5. एस.सी. मित्तल, इंडिया डिस्टोरेटेड : ए स्टडी ऑफ ब्रिटिश हिस्टोरियन्स ऑन इंडिया, भाग तीन, नई दिल्ली, 1998 पृ. 363
6. माइकेल होवर्ड, द कांटीनेन्टल कमिटमेंट, द डलिमा ऑफ ब्रिटिश डिफेंस पॉलिसी इन द इरा ऑफ द वर्ल्ड वार्स, (1973, यू.एस.ए. 1989) पृ. 16
7. यंग इंडिया (उद्धरित) भाग—1, 26 जुलाई, 1919

7 (अ). मंदिर नैयर, ए लीगेसी लांग फारगोटन, द वीक, 30 मार्च, 2014, पृ. 53

8. के.एम. पन्निकर, एशिया एंड वेस्टर्न डोमीनेन्स (लंदन, 1953), पृ. 262; वी.शिरील, इंडिया ओल्ड एंड न्यू (लंदन 1921, पुर्नप्रकाशित नई दिल्ली 1975), पृ. 85
9. एस.सी. मित्तल, इंडिया डिस्टोरटेड : ए स्टडी ऑफ ब्रिटिश हिस्टोरियन्स आन इंडिया, भाग-तीन, (नई दिल्ली, 2012) पृ. 364
10. वी.शिरील, इंडियन अनरेस्ट, लंदन, 1910
11. वी.शिरील, इंडिया ओल्ड एंड न्यू (लंदन, 1926), पृ.230-261; शिरोल, इंडिया (लंदन, 1926) पृ. 249
12. वी.शिरील, इंडिया ओल्ड एंड न्यू, पृ. 232
13. एस.सी. मित्तल, इंडिया डिस्टोरटेड भाग-3, पृ. 224
14. वही, पृ. 365
15. एडवर्ड थांपसन, द रिकंस्ट्रक्शन ऑफ इंडिया, (लंदन 1930) पृ. 224
16. विस्तार के लिए देखें, सतीशचंद्र मित्तल, नेताजी सुभाषचंद्र बोस का इम्फाल-कोहिमा का संघर्ष 1944, पाञ्चजन्य, 2 मार्च, 2014; विनोद कुमार लखनपाल, भारतीय स्वतंत्रता संघर्ष (उन्नाव-2009) पृ. 249-265
17. देखें लेख, ग्रेटेस्ट बैटिल : वेस्टर्नस फोरगोटन, टाइम्स ऑफ इंडिया, 30 अप्रैल, 2013
18. विन आवर, नेताजी, आइ.एन.ए.इज. यूकेज ग्रेटेस्ट बैटिल, टाइम्स ऑफ इंडिया, 20 अप्रैल, 2013
19. सतीशचंद्र मित्तल, आजाद हिंद फौज तथा पं. नेहरू, पाञ्चजन्य, 2 मार्च, 2008
20. डॉ. राजेंद्र सिंह कुशवाहा, द गिल्म्पसेज ऑफ द भारतीय इतिहास (नई दिल्ली, 2003) पृ. 403
21. वही, पृ. 405
22. बी.एल. ग्रोवर तथा यशपाल, पूर्व उद्धरित, पृ. 495
23. वाई.वी. गणकोवस्की व एल.आर. गोर्डन पोलोआनस्की, ए हिस्ट्री ऑफ पाकिस्तान (मास्को, 1964) पृ. 1
24. पोलिटिक्स अवेकनिंग इन जम्मू रीजन फ्राम 1904-1953, इतिहास दर्पण, वर्ष नौ, अंक

दो, अक्टूबर, 2002. पृ. 38
25. वही, पृ. 40
26. के.एल. गावा, इनसाइड पाकिस्तान (दिल्ली, 1947) पृ. 141
27. मेहरचंद महाजन, कश्मीर का कटु सच, विश्व संवाद केंद्र पत्रिका, 14 अक्तूबर, 2001, पृ. 18
28. वही, पृ. 15
29. के.एल. गावा, पूर्व उद्धरित, पृ. 142
30. वी.पी. मेनन, द इंटीग्रेशन ऑफ इंडिया स्टेट्स, पृ. 397
31. वही, पृ. 399
32. विस्तार के लिए सतीश चंद्र मित्तल, कश्मीर और पं. नेहरू की पाँच अक्षम्य भूलें, पाञ्चजन्य, 28 नवंबर, 2010; जी.आर. पावगी, कश्मीर समस्या और पंडित नेहरू, विश्व संवाद केंद्र पत्रिका, 14 अक्तूबर, 2001
33. पाथेय कण, जयपुर, पाक्षिक, 16 अक्तूबर, 2007
34. वी.के. सिंह, लीडरशिप इन द इंडियन आर्मी
35. विस्तार के लिए सतीश चंद्र मित्तल, विश्व में साम्राज्यवादी साम्यवाद का उत्थान और पतन (नयी दिल्ली, 2006)
36. के.एम. पन्निकर, 'द स्ट्रेंज स्टोरी ऑफ चाइनीज एक्सपेन्शन थ्रू द एजेज', द आर्गनाइजर, 28 जनवरी, 1963
37. द ट्रिब्यून 21 जनवरी, 1981 : सतीश चंद्र मित्तल, साम्यवादी चीन की भारत हड़पने की योजना, पाञ्चजन्य 14 सितंबर, 2008
38. वोहाडा एन, माओइज्म : फ्राम अल्ट्रा रेवुल्युशनरीज टू क्लास विद रिएक्शन, इन्टरनेशनल अफेयर्स (मास्को) अप्रैल, 1976
39. रोम टेररील, द चायना : डिफरेन्स ए पोटरेट ऑफ लाइफ टुडे-इन्साइड द कन्ट्री ऑफ वन बिलियन (यू.एस.ए./कनाडा 1979) पृ. 4
40. विस्तार के लिए देखें, सतीशचंद्र मित्तल, विश्व में साम्राज्यवादी साम्यवाद का उत्थान और पतन, पृ. 235-241
41. जवाहरलाल नेहरू, इंडियन फौरेन पॉलिसी : सलेक्टेड स्पीचेज, सितंबर, 1946, अप्रैल, 1961 (नई दिल्ली 1971) पृ. 396-8
42. वही
43. इंडिया, मिनिस्ट्री ऑफ एक्सटर्नल अफेयर्स, नोट्स, मेमोरंडा एंड लेटर्स एकजीस्ट एंड एग्रीमेंट साइंड बिटवीन द गवर्नमेंट ऑफ इंडिया एंड चीन (1954-1959) व्हाइट पेपर (प्रथम) 1959 (इससे आगे के लिए केवल श्वेतपत्र लिखा जाएगा) पृ. 1
44. श्वेतपत्र (प्रथम) पृ. 3
45. वही, पृ. 3
46. वही, पृ. 46-47
47. श्वेतपत्र (प्रथम), पृ. 46
48. वही, पृ. 52-53
49. वही, पृ. 53

50. वही श्वेतपत्र (दो), सितंबर-नवंबर, 1959 तक के श्वेतपत्र
51. देखें, द हिंदुस्तान टाइम्स, 30 मार्च, 1959
52. वही, 6 अप्रैल, 1959
53. द टाइम्स ऑफ इंडिया, 1 अप्रैल, 1959
54. द स्टेमैन, 6 अप्रैल, 1959
55. श्वेतपत्र (चार) (मार्च, 1960-नवंबर, 1961) तथा श्वेतपत्र (तीन) (नवंबर, 1959-मार्च 1960) देखें
56. वही
57. श्वेतपत्र (पाँचवाँ) नवंबर, 1960-नवंबर, 1961 तक
58. 1962 के प्रारंभिक चीन अतिक्रमणों के लिए देखें, श्वेतपत्र (छठा) (नवंबर, 1961-जुलाई, 1962, तक
59. श्वेतपत्र (साँतवाँ), जुलाई, 1962, अक्तूबर, 1962) तक
60. फ्रेडरिक ए ग्रीन हट, द तिब्बतेन फ्रंटियर्स कन्कसन फ्राम कर्जन टू द कोलंबो कांफ्रेंस (नई दिल्ली, 1982), पृ. 136
61. वही, Territorial expansion is less of a dominant motive than ideological and hegemecrial type of expansion, P.135
62. वही, पृ. 136
63. देखें भारत-चीन युद्ध की 50वीं वर्षगाँठ पर वांग जेसी का भाषण, टाइम्स ऑफ इंडिया, 10 अक्तूबर, 2012
64. राजीव चंद्रशेखर, वीरता की अप्रतिभ गाथाएँ, दैनिक जागरण, 21 नवंबर, 2012
65. एक दूसरे आँकड़े के अनुसार भारतीय सैनिकों के बलिदान की संख्या 3250 है।
66. अशोक मलिक, 'फैंथम्स ऑफ द माइंड, द टाइम्स ऑफ इंडिया, 20 मार्च, 2014; दैनिकजागरण 19 मार्च, 2014
67. सतीशचंद्र मित्तल, 'इन दस्तावेजों में किसके राज छिपे हैं, पाञ्चजन्य, 3 मार्च, 2013; आखिर कब तक भारतीय दस्तावेजों को अँधेरे में रखा जाएगा।' पाञ्जन्य, 26 सितंबर, 2010
68. 1962 में सोवियत संघ की सर्वोच्च सोवियत में खुश्चेव की रिपोर्ट, सोवियत भूमि, अंक 24 का परिशिष्ट, 12 दिसंबर, 1962
69. ब्रिगेडियर जान पुरुषोत्तम दलवी, द हिमालयन बलंडर
70. 1960 में टिप्पणीस फाइटर पॉयलेट के रूप में नियुक्त हुए थे। 1998 में वह वायुसेना के प्रमुख बने। देखें, लेख 'नेहरू के कारण लड़ाई हारे' दैनिक जागरण, 21 नवंबर, 2012
71. द टाइम्स ऑफ इंडिया, सात अक्तूबर, 2012
72. हिमांशी धवन, आर्मी ब्रास इन इनइक्वीलिटी इन 62 वार रीवील्ड, टाइम्स ऑफ इंडिया, 27 अक्तूबर, 2010
73. ब्रिगेडियर दर्शन खुल्लर, वेन्ह जर्नल्स, फेल्ड : द चायनीज इन्वेजन (नई दिल्ली, 1990)
74. देखें मार्शल करिअप्पा मेमोरियल लेक्चर में 'प्री एंड पोस्ट इंडिपेंडस इंडियन आर्मी एंड इट्स रोल इन नेशनल अवेकनिंग' पर जनरल एस.के. सिन्हा का भाषण, द टाइम्स ऑफ

इंडिया, 13 अक्तूबर, 2012
75. जी.एन. दीक्षित, इंडियन फॉरेन सर्विस : हिस्ट्री एंड चैलैंज (2005)
76. 'नेहरूज' फावर्ड पालिसी बलैमेड फार 1962 वार रूट' द टाइम्स ऑफ इंडिया 19 मार्च, 2014; नेहरू के कारण चीन से हारे, दैनिक जागरण, 19 मार्च, 2014
77. आर विक्रम सिंह, नाकामी के काले पन्ने, दैनिक जागरण, 5 अप्रैल, 2014; संपादकीय, सच से शरमाती सरकार, पाञ्चजन्य, 6 अप्रैल, 2014
78. के.एम. मुंशी, देखें लेख, द ट्रिब्यून, 25 नवंबर, 1962
79. श्वेतपत्र (आठवाँ) (अक्तूबर, 1962 से जनवरी 1963) पृ. 28-29
80. डॉ. गौरीशंकर राजहंस, चीन का छल कपट, दैनिक जागरण, 18 अक्तूबर, 2012
81. राजेश, रामचंद्रन, द चायना, द हिंदुस्तान टाइम्स, 20 जून, 1999
82. जनरल एस.के. सिन्हा, द हिमालयाज टाइम्स फार ए न्यू स्ट्रेटेजी, द इंडियन एक्सप्रेस, 10 मई, 1987
83. वही
84. आलोक कुमार शास्त्री, भारत की तिब्बत नीति, राष्ट्रीय सहारा, 1 अगस्त, 1993
85. वही
86. वही
87. देखें, पाकिस्तान : द इंडो-पाक वार ऑफ 1965, (यू.एस.ए., अप्रैल 1994)
88. वही
89. मोहम्मद अहसान चौधरी, पाकिस्तान एंड द ग्रेट पावर्स, पृ. 50
90. 'अंडर एस्टीमेटिंग इंडिया', इंडियन एक्सप्रेस, 4 सितंबर, 2009
91. ब्रिगेडियर देशभोन्ड ई हेडे, द बैटिल ऑफ डोगराई एंड बाटापुर (नई दिल्ली, 2006)
92. द ट्रिब्यून, 18 सितंबर, 2005
93. द हिंदुस्तान टाइम्स, 17 दिसंबर, 2009
94. देखें, ए हिस्ट्री ऑफ द पाकिस्तानी आर्मी, डिफेन्स जनरल, पाकिस्तान
95. ए डोटर्स मैमायर, सांग्स ऑफ ब्लड एंड सोर्ड (पैंगुइन, 2010) पृ. 64; एम.ई. चौधरी, पूर्व उद्धरित, पृ. 96
96. एम.ई. चौधरी, पूर्व उद्धरित, पृ. 97
97. जॉन फ्रीकर, पाकिस्तांन एयर पावर (फ्लाइट इंटरनेशनल अंक, 1969) पृ. 89
98. लार्न जान केवी, इंडियाज क्वेस्ट फार सिक्योरिटी डिफेंस पालिसीज 1947-1965 (कैलिफोर्निया यू.प्रेस, 1967); पृ. 190; जे.एम. हिरा नंदनी, ट्रांसज़ीशन टू टाइम्स हिस्ट्री ऑफ द इंडियन नेवी 1965-1975, लेन्सर, 2000
99. टाइम मैगजीन, 1 अक्तूबर, 1965
100. डेविड हैगर्टे साउथ एशिया इन वर्ल्ड पॉलिटिक्स 2005
101. गर्टजेन डिजनिक, नेशनल आडेन्टी एण्ड पॉलिटिकल विजंस : मैप्स ऑफ पराइड
102. ऐ डोटरर्स मैमायर्स, पूर्व उद्धरित, पृ. 65-66
103. अहमद शूजा पाशा, पाकिस्तान, ए पालिटिक्स प्रोफाइल (1947-1988) पृ. 205
104. वर्जिनिया फोर्तना, पीस टाइम : सीज फायर एग्रीमेंटस् एंड द डयूरेबिलिटी ऑफ पीस, प्रींसिटन, 2004

105. वही,
106. राबर्ट डिलजर, अमेरिकन ट्रांसपोरटेशन पालिसी, 2003
107. देखें लेख साइलेंट गन्स, वैरी काम्वेटेन्टस, टाइम्स मैगजीन अक्तूबर 1965
108. इन्साइक्लोपीडिया ब्रिटेनिका, देखें लेख द 1965 वार विद पाकिस्तान
109. वहीं
110. विस्तार के लिए देखें, द ऑफिशियल हिस्ट्री ऑफ द 1965 वार (मिनिस्ट्री ऑफ डिफेन्स ऑफ इंडिया, 1992)
111. द टाइम्स ऑफ इंडिया, 10 मई, 2010
112. शर्मिला बोस, अनाटोपी ऑफ वाइलैंस : अनालिसिस ऑफ सिविल वार इन पाकिस्तान इन 1971 : मिलटेरी एक्सेस; आप्रेशन सर्चलाइट, द इकोनोमिक एंड पॉलिटिकल वीकली, 8 अक्तूबर, 2005
113. लेफ्टि. जनरल कमाल मतनुद्दीन, ट्रेजेडी ऑफ एरर, ईस्ट पाकिस्तान क्राइसेस (1968-1971) (लाहौर, 1994), पृ. 255; हकीम अरशाद कुरेशी, थ्रू द 1971 क्राइसेस : एन आइविटनेस एकाउन्ट बाई ए सोल्जर (आक्सफोर्ड, 2003), पृ. 33
114. ब्रुक्स ओ रिडेल, डैडली इम्ब्रेस : पाकिस्तान, अमेरिका एंड द फ्यूचर ऑफ द ग्लोबल जिहाद, 2011, पृ. 10
115. ईस्ट पाकिस्तान : 'इवन द स्काई वीप, टाइम, 25 अक्तूबर, 1971
116. वही, इंडिया : ईजी विक्टरी, अनईजी पीस, टाइम, 27 दिसंबर, 1971,
117. वही, पूर्व उद्धरित 28 अक्तूबर, 1971
118. ए डोटर्स मैमायर्स, पूर्व उद्धरित, पृ. 100
119. हुसैन हक्कानी, पाकिस्तान बिटविन मोस्क एंड द मिलेटरी 2005, पृ. 74
120. देखें ए डोटर्स मैमायर्स, पूर्व उद्धरित, पृ. 101
121. पाकिस्तान ओबजर्वर, 'क्रश इंडिया', 30 नवंबर, 1971
122. इंडिया एंड पाकिस्तान : ओवर द एज, टाइम मैग्जीन, 3 दिसंबर, 1971
123. जान एन ड्रीस ओलसेन, ग्लोबल, ऐयर पावर, 2011 पृ. 237
124. त्रिडेंट, ग्रेंड सलाम एंड पाइथौन : एटैक आन काश्मीर, भारत रक्षक, 20 अक्तूबर, 2009
125. तारिक अली, कैन पाकिस्तान सरवाईन? द डैथ ऑफ ए स्टेट (पेनगुइन, 1983)
126. इंडो पाकिस्तानी वार ऑफ 1971, ग्लोबर सिक्योरिटी, 20 अक्तूबर, 2009
127. वही
128. क्रीस विशप (संपादन) द इन्साइक्लोपोडिया ऑफ ट्वन्टीएथ एयर वार फेयर (प्र.स. 1977), पृ. 384-387
129. वही
130. एम.जे. चिटकारा, बेनजीर, ए प्रोफाइल, 1996
131. कुलदीप नैयर, देखेलेख, द इंडियन एक्सप्रेस, 3 फरवरी, 1998
132. ह्यूज बैग ऑफ प्रिसनर्स इन अवर हैंड्स, भारत रक्षक, 20 अक्तूबर, 2009
133. देखें, ए डोटर्स मैमायर्स, पूर्व उद्धरित, पृ. 103
134. वही
135. ज्योससी हेनीमाकी, द फ्लोइड आर्किटेक्ट : हेनरी किस्सनर एंड अमेरिकन फॉरेन पॉलिसी

(आक्सफोर्ड 2004); द यू.एस.ए. पॉलिसी ऑफ शैम्वल्स, टाइम मैगजीन, 20 दिसंबर, 1971

136. तारिक अली, पूर्व उद्धरित
137. इंडिया ईजी विक्टरी : अनईजी पीस, टाइम, 27 दिसंबर, 1971
138. हुसैन हक्कानी, पूर्व उद्धरित, पृ. 87
138. वही
140. वही
141. वही, पृ. 87
142. पाकिस्तानी मेजर जनरल हकीम अरशद कुरेशी, पूर्व उद्धरित
143. तजीम एम. मुरशीद, स्टेट, नेशन, आइडेंटिटी : द क्वेस्ट फार लेजिटीमैसी इन बँगलादेश, साउथ एशिया : जनरल ऑफ साउथ एशियन स्टेडिज, 2 दिसंबर, 1997। एक अनुमान के अनुसार अकेले दासा नगर के बाहर 125 व्यक्ति मिले, जिनके हाथ पीछे से बंधे थे। कुछ ने इनकी संख्या 300 बताई है।
144. रूडोल्फ जे रूम्मेल, स्टेटिस्टिक्स ऑफ डेमोसाइड : जीनोसाइट एंड मास मर्डर सिन्स 1900
145. विस्तार के लिए देखें, द शिमला एग्रीमेंट 1972
146. बँगलादेश : आउट ऑफ वार, ए नेशन इज बोर्न, टाइम, 20 दिसंबर, 1971
147. एम.ए.जी. चिटकारा, पूर्व उद्धरित 1996
148. राष्ट्रधर्म, जून, 2008
149. जावेद हुसैन, कारगिल व्हाइट माइट हैव हैपंड, डान, 21 अक्तूबर, 2006
150. परवेज इकबाल चीमा, द आर्म्ड फारसेंज ऑफ पाकिस्तान 2003, पृ. 4
151. देखें संपादकीय, मुशर्रफ के फरेब का पर्दाफाश, दैनिक जागरण, 28 जनवरी, 2013; कवर स्टोरी, कारगिल वार, पाकिस्तान फेस सेविंग रिट्रीट, इंडिया टूडे, 26 जून, 1999
152. दैनिक जागरण 29 जनवरी, 2013
153. बलैम्स मुशर्रफ फार कारगिल, द टाइम्स ऑफ इंडिया, 28 मई, 2006
154. कारगिल प्लांड, बिफोर वाजपेयी'ज, विजिट, इंडियन एक्सप्रेस 13 जुलाई, 2007
155. कर्नल अशफाक हुसैन, विटनेस टू ब्लंडर-कारगिल स्टोरी अनफोल्ड, इंडिया टूडे
156. अब शरीफ हुए बेपर्दा, दैनिक जागरण, 30 जनवरी, 2013
157. हाऊआर स्टार्टड ए वार : टाइम, 12 जुलाई, 1999
158. प्रफुल बिदवई, वार इन कारगिल, द ट्रिब्यून, 7 जून, 1999
159. जनरल वी.पी. मलिक, लेसंस फ्रॉम कारगिल; भारत रक्षक पुनः 20 मई, 2009
160. 1999 कारगिल, ग्लोबल सिक्योरिटी, पुनः 20 मई, 2009
161. बिल क्लिंटन, माई लाइफ, 2004, पृ. 865
162. 'एशियन बैक्स इंडियाज स्टेंड', द ट्रिब्यून 24 जुलाई, 2007
163. ए. वाई टिपनीस, आर्मी वाज रिलेक्टेंट टू ऐल गवर्नमेंट अबाउट कारगिल, द टाइम्स ऑफ इंडिया, 7 अक्तूबर, 2006
164. फेंसिग डयूइल, इंडिया टुडे, 21 अप्रैल, 2001
165. शाहिद अजीज, लेख 'पुटिंग अवर चिल्ड्रन इन लाइफ ऑफ फायर', द नेशन, 6 जनवरी,

2013; दैनिक जागरण, 28 जनवरी, 2013
166. वही
167. दैनिक जागरण, 15 जनवरी, 2013
168. विस्तार के लिए अगला अध्याय देखें
169. 26/11, हमले के पाँच अहम सुबूत पाक को सौंपे, दैनिक जागरण, 28 अक्तूबर, 2013
170. संजय गुप्ता, लाइलाज पाकिस्तान, दैनिक जागरण, 8 मई, 2011
171. राजीव शर्मा का लेख, खुदा हाफिज पाकिस्तान, दैनिक जागरण 24 अप्रैल, 2011
172. वही
173. राजीव भाटिया, द चाइनीज कनण्ड्रम, टाइम्स ऑफ इंडिया, 15 दिसंबर, 2012
174. देखें, द टाइम्स ऑफ इंडिया, 20 दिसंबर, 2012
175. नयन चंदा, चीन रैचेट्स अप एग्रेशन, द टाइम्स ऑफ इंडिया, 22 दिसंबर, 2012
176. दैनिक जागरण, 8 जनवरी, 2013
177. द टाइम्स ऑफ इंडिया, 9 जनवरी, 2013
178. सतीशचंद्र मित्तल, चीन की विस्तारवादी नीति से सावधान रहना होगा, पाञ्चजन्य 2 जून, 2013
179. सतीशचंद्र मित्तल, भारत की सिकुड़ती सीमाओं के लिए जिम्मेवार कौन, पाञ्चजन्य, 28 जुलाई, 2013
180. वही
181. वासुदेवपाल, यह अनदेखी बहुत खतरनाक साबित होगी, पाञ्चजन्य, 30 दिसंबर, 2012

□

5

कांग्रेस राजनीति यानी मुसलिम तुष्टीकरण

तुष्टीकरण का सामान्य अर्थ है—किसी को सान्त्वना देना या शांत करना। परंतु राजनीतिक शब्दावली में इसके अर्थ बिल्कुल बदल गए हैं। इसका अर्थ है लोभ, लालच व स्वार्थमूलक तत्त्वों, भावों से अयोग्यता को पुरस्कृत करना। यह एक असंतुलित, अवैध, क्षणिक तथा गैर-स्थायी समझौता है। यह तुष्टीकरण यथार्थ में जहाँ एक वर्ग के स्वाभाविक विकास को रोकता है तथा उनके आर्थिक, सामाजिक तथा शैक्षणिक पिछड़ेपन को बढ़ावा देता है, वहाँ दूसरे वर्ग की व्यक्तिगत तथा राजनीतिक आकांक्षाओं की पूर्ति करता है, परंतु समाज तथा राष्ट्र को दुर्बल करता है।

विश्व के इतिहास में महानतम जनसंख्या की अदला-बदली तथा भयंकर खून-खराबे के पश्चात् 15 अगस्त, 1947 को देश का विभाजन हुआ। अंगेज सरकार ने बिना किसी जनमत संग्रह अथवा राष्ट्रव्यापी चुनाव के भारत की राजसत्ता कांग्रेस को सौंप दी। पाश्चात्य माडल पर भारत का संविधान 26 जनवरी, 1950 को लागू हुआ। न यह भारत के अतीत से जुड़ा था, न भारतीय संस्कति, इतिहास, दर्शन से और न ही भारत के जनमानस से और न ही इसमें भारतीय जनता की भागीदारी थी इसको बनाने में।

सत्ता हस्तांतरण के साथ कांग्रेस ने अंग्रेजी राज की विरासत के रूप में वे सब हथकंडे तथा अलगाववादी, विभेदकारी तथा विघटनकारी तरीके अपनाए, जिस कारण भारत का विभाजन हुआ था। अंग्रेजों की भाँति उन्होंने भी 'बाँटो और राज करो' की नीति का अनुसरण किया। भारत के दो प्रमुख समुदायों-हिंदुओं तथा मुसलमानों को बाँटने का सतत प्रयत्न किया। अंग्रेजों की भाँति बहुसंख्यक-अल्पसंख्यक तथा सांप्रदायिकता का भेदभाव बढ़ाया। ब्रिटिश शासन की भाँति मुसलिम संरक्षण, पोषण तथा आरक्षण को बल दिया। कांग्रेस शासन ने भी अंग्रेजो की भाँति भारत के मुसलमानों को राष्ट्र की मूल तथा मुख्यधारा से अलग रखने का भरपूर प्रयास किया। संक्षेप में

मुसलिम तुष्टीकरण तथा उनके विरोध के ढँगों को अपनी नीति का प्रमुख अंग बनाया।

1952 के प्रथम देशव्यापी राजनैतिक चुनाव से राज सत्ता की दौड़ तेजी से प्रारंभ हुई। नए बने कांग्रेस नेताओं ने सत्ता हथियाने का पूरा प्रयत्न किया। सत्ता में भागीदारी के लिए अन्य राजनीतिक दलों की गतिविधियाँ भी बढ़ीं। आगामी चुनावों में कांग्रेस की प्रतिष्ठा तथा प्रभाव निरन्तर घटते दिखे। अत: कांग्रेस प्रशासन ने चुनावी वोट की राजनीति को बलवती बनाया। मुसलिम तुष्टीकरण के लिए अनेक प्रपंचों, छलावों तथा अलगाव के नियमों का प्रोत्साहन तथा सहारा दिया। क्षुद्र व्यक्तिगत तथा राजनीतिक स्वार्थवश, राष्ट्रहित, राष्ट्रोत्थान तथा राष्ट्र के पुनर्निर्माण से अधिक महत्त्वपूर्ण तथा सर्वोपरि हो गए। पार्टी हित के सम्मुख राष्ट्रहित गौण हो गया। व्यक्ति की महत्त्वाकांक्षा, परिवार का अहंकार, पार्टी की प्रतिष्ठा, राष्ट्र के गौरव गरिमा से अधिक प्रभावी हो गए।

गत 67 वर्षों में चतुराई तथा चालाकी से चुनावी राजनीति से मुसलिम वोट बटोरने, उन्हें खुश करने तथा लुभाने के लिए अनेक असंगत, असंतुलित, अनुपयुक्त तथा राष्ट्रहित विरोधी मार्ग अपनाए गए। निश्चय ही इससे भारतीय प्रजातंत्र, राष्ट्रीय एकता तथा इसकी सुदृढता की भारी हानि हुई।

भारत के इतिहास के 67 वर्षों (15 अगस्त, 1947–मई 2014) में तो भारतीय राजनीति का अर्थ मुसलिम तुष्टीकरण अथवा मुसलिम समस्या का निराकरण हो गया। इस अध्याय में ऐसे ही कुछ महत्त्वपूर्ण आधारभूत सैद्धांतिक तथा वैचारिक संबंधित मुद्दों की ऐतिहासिक संदर्भ में विश्लेषण तथा चर्चा की गई है, जो विचारणीय तथा भारत के राष्ट्रचिंतन तथा विकास के लिए महत्त्वपूर्ण है।

(i) सेकुलरिज्म

अंग्रेजी का सेकुलरिज्म शब्द भारत में पहली बार 3 जनवरी, 1977 को देश में आपातकाल के दिनों में आया, जिस समय सत्ताधारी कांग्रेस तथा कम्युनिस्ट पार्टी ऑफ इंडिया (सी.पी.आई.) के अलावा देश के सभी प्रमुख दलों के राष्ट्रीय नेता, राजनीतिज्ञ विद्वान्, विचारक तथा चिंतक जेलों के सींखचों के पीछे थे। भारतीय संविधान में केवल दस मिनट में 42वें संशोधन को पारित कर लागू हुआ। इससे पूर्व यह भारतीय संविधान की उद्देशियका में न था।

मूलत: यह शब्द 1851 में इंग्लैंड में एक राजनीतिक, नकारात्मक तथा प्रतिक्रियावादी विचार के रूप में जन्मा था। सामान्यत: यूरोप में इसे नास्तिकता के दर्शन के रूप में लिया गया। सेकुलरिज्म शब्द की सही कारण मीमांसा के लिए इसे ऐतिहासिक परिप्रेक्ष्य में देखना उपयोगी होगा।

यूरोप में मजहबी संघर्ष

पाश्चात्य जगत में सेकुलरिज्म चिंतन की जड़ें प्राचीन ग्रीक, रोम, यहूदी तथा ईसाइयत में है। प्राचीन ग्रीक में राजा और चर्च में कोई अंतर नहीं था, देवता की पूजा नागरिकता की पहली कसौटी थी। अफलातून ने राज्य को एक रिलीजियस कनफैशन माना है। रोम के शासकों को भगवान् माना जाता था तथा उनकी पूजा होती थी। यहूदी राजकीय कानून को भगवान् की इच्छा मानते थे। ईसाई मत शीघ्र ही एक चुनौती के रूप में आया। ईसाइयों का अगले तीन सौ वर्षों तक तीव्र विरोध हुआ। उन्हें चोर, डाकू, धोखेबाज, देशद्रोही आदि कहा गया। रोम के शासन कांसटेंटाइनन ने जब ईसाई मत अपना लिया, तब अत्याचारों का यही दौर गैर ईसाईयों पर चला, यूरोपीय इतिहास में यही क्रम अगले एक हजार वर्ष तक चलता रहा। मजहबी युद्धों ने सभी मानवीय मूल्यों की हदें पार कर दीं। यूरोप के इस मध्यकाल (500 ई. से 1500 ई. तक) में विचारों पर चर्च का पूर्ण नियंत्रण रहा। 15वीं शताब्दी में ग्रीक समाज में जागृति आई तथा अपने को उन्होंने 'विश्व की महानतम सभ्यता का वंशज' बतलाया। ग्रीकों का चर्च से टकराव हुआ। यह संघर्ष ग्रीक, रोमन विरासत तथा सैमेटिक प्रभाव, जिसका नेतृत्व चर्च करता था, के बीच हुआ।[1] संघर्ष में सेकुलर शक्तियों को बढ़ावा मिला। इतना ही नहीं, चर्च के विभिन्न संप्रदायों में आपस में मारकाट चलती रही, चर्च और राज्य की प्रभुता को लेकर अनेक प्रश्न तथा विवाद चले। इसी दौरान पुनर्जागरण तथा सुधारों का काल भी आया। पादरी मार्टिन लूथर ने 16वीं शताब्दी में प्रोटेस्टेंट मत की स्थापना की। शासक का धर्म जनता का धर्म बन गया और हजारों लोगों को अपना घर छोड़कर भागना पड़ा।

18वीं शताब्दी के उत्तरार्द्ध में अमेरिका में सेकुलरिज्म के लिए आंदोलन हुए। 1786 ई. में धार्मिक स्वतंत्रता स्थापित करने के लिए बिल रखा।[2] इस अर्थ में अमेरिका विश्व का पहला सेकुलरवादी राज्य बना। 1791 ई. में अमेरिका के संविधान में इसे मान्यता दी गई। अमेरिका के प्रारंभ के अध्यक्षों जार्ज वाशिंगटन, जैफरसन, मैडीसोन, जॉन एडम्स सभी के लेखों से ज्ञात होता है कि वे नास्तिक थे। यद्यपि उन्हें सेकुलरवादी कहा गया है।[3] परंतु कभी व्यावहारिक कभी न बन पाया।[4] नास्तिकों के वर्तमान नेता तथा संगठक रिचर्ड डाकिन्स का कथन है कि आज भी राष्ट्राध्यक्ष के चुनाव में खड़े व्यक्ति को अपने को नास्तिक कहना उसकी राजनैतिक आत्माहत्या की भाँति है।[5]

इंग्लैंड भी इन धार्मिक झगड़ों में पीछे न था। इंग्लैंड ने प्रोटेस्टेट संप्रदाय को अपनाया था। 1832 ई. के प्रथम सुधार नियम के समय रिलीजन और राजनीति को अलग करने को कहा गया। ईश्वर व ईसाइयत के अस्तित्व को भी चुनौती दी गई थी, परंतु यह इंग्लैंड को स्वीकार न था। इतना ही नहीं, इंग्लैंड के सम्राट/साम्राज्ञी के लिए प्रोटेस्टेंट मत मानना आज का अनिवार्य है। इंग्लैंड के वर्तमान प्रधानमंत्री डेविड केमरु

का मानना है कि इंग्लैंड एक ईसाई राष्ट्र है। शाब्दिक दृष्टि से सेकुलरिज्म का प्रयोग सर्वप्रथम इंग्लैंड के जार्ज जैकब होलीयाक (1817–1906) ने किया। यह शब्द अंग्रेजी के 'सेकलुशन' के प्रयोग से बना, जिसका अर्थ है अलग होना।[6] अत: यह सरकार द्वारा प्रचलित चर्च या पंथ से अलग होने की घोषणा थी। जैकब ने इसका अर्थ बतलाया 'व्यक्ति का आत्मविवेक एवं आत्मचेतनानुसार स्वतंत्रता चिंतन की व्यवस्था।' उसने अपनी पुस्तक में इसकी प्रकृति की विस्तृत व्याख्या की है।[7] अनेक ने इसका अर्थ नास्तिकता से लिया। आधुनिक विद्वान् बर्टेण्ड रसैल तथा राबर्ट इन्मेटशोअल इस श्रेणी में आते हैं।

भारत में पंथनिरपेक्षता की गहरी जड़ें

भारत में सेकुलरिज्म की प्रासंगिकता, अर्थ तथा स्थिति को समझने के लिए इससे पूर्व धर्म तथा रिलीजन के अर्थ में अंतर समझना अपरिहार्य होगा।[8] पाश्चात्य देशों में धर्म के लिए रिलीजन (धर्मोत्पासना) शब्द का प्रयोग किया गया, जो वस्तुत:समानार्थी या पर्यायवाची नहीं है। धर्म का व्यापक अर्थ कर्तव्य, नैतिकता, आचरण, जीवन के नैतिक मूल्य तथा आध्यात्मिकता है, जबकि रिलीजन का अर्थ है कि यह किसी विशिष्ट संप्रदाय, वर्ग, पंथ अथवा पूजा पद्धति के साथ जुड़ा है। धर्म कर्तव्य की अनुभूति कराता है, जबकि रिलीजन राजनीतिक अधिकार का अनुभव कराता है। पश्चिमी जगत में सतत धार्मिक युद्धों के विपरीत, भारत के प्राचीनकाल से धार्मिक सहिष्णुता, उदारता तथा समरसता का बोलबाला रहा है। इसे धार्मिक आस्था की स्थली कहा गया है। ऋग्वेद में कहा गया है कि सत्य एक है, परंतु विद्वानों ने इसे भिन्न -भिन्न शब्दावली में बताया है। बृहदाराण्यक उपनिषद् में धर्म को सर्वोपरि बताया है, महाभारत में कहा है कि यद्यपि राजा को अधिकार तथा शक्ति दी गई है, परंतु असली प्रभुसत्ता धर्म है, राजा नहीं, कोई धर्म के ऊपर नहीं है। यही बातें गीता, धर्म सूत्रों तथा अन्य ग्रंथों में कही गई हैं। मनुस्मृति में राजा को निर्देश देते कहा गया जैसे पृथ्वी माता सभी प्राणियों को समान सहायता देती है, एक राजा को भी बिना किसी भेदभाव के सहायता करनी चाहिए।[9] कौटिल्य के अर्थशास्त्र में राज्य का कर्तव्य सबकी सुरक्षा, चाहे वह किसी मत, पंथ का मानने वाला हो पद्धति बतलाया है।[10]

भारत के प्राय: सभी शासकों ने धर्मोपासना के आधार पर कभी भेदभाव न किया। मौर्य सम्राट अशोक तथा गुप्त शासकों ने सभी पंथों तथा संप्रदायों को आश्रय दिया। चंद्रगुप्त (द्वितीय)के मंत्री बौद्ध तथा शैव थे। हर्षवर्धन ने सभी ब्राह्मणों, श्रमणों का सम्मान किया था। इतना ही नहीं; भारत में पारसियों तथा सीरियन ईसाइयों को आश्रय दिया था। जहाँ पारसियों के लिए अग्नि मंदिर बनवाए, वहाँ त्रावनकोर के हिंदू राजाओं

ने पहला गिरजाघर बनवाया था। भारत के दक्षिण में पश्चिमी तट पर पहली मसजिद का निर्माण भी कराया गया था। विजयनगर के प्रसिद्ध सम्राट कृष्णदेवराय ने अपने राज्य में मसजिद के साथ दो मुसलिम बस्तियों को भी स्थान दिया था। एक पुर्तगाली यात्री बारबोसा ने लिखा[11]—राजा ने इतनी स्वतंत्रता दे रखी है कि कोई भी व्यक्ति अपनी इच्छानुसार विचरण कर सकता है तथा अपने धर्म के अनुसार जीवन बिता सकता है। उसे न कोई कष्ट देगा और न यह पूछेगा कि तुम ईसाई, यहूदी, मुसलमान अथवा हिंदू हो। महाराजा शिवाजी, महाराजा रणजीत सिंह की अनेक घटनाएँ ऐसे प्रसंगों से जुड़ी हैं। संक्षेप में भारत में सदैव सर्व पंथ समभाव यहाँ का विश्व में एक वैशिष्ट्य रहा है।

देश-विदेश के अनेक विद्वानों ने भारत के इस सर्वपंथ समभाव की मुक्त कंठ से प्रशंसा की है। महात्मा गांधीजी ने माना है कि हिंदू धर्म कोई पंथ नहीं है, इसे अनेक रिलीजनों का समुच्चय (Common Wealth of Religions) माना है।[12] उन्होंने हिंदू धर्म को सत्य की अथक खोज का दूसरा नाम तथा सबसे अधिक सहिष्णु बताया तथा एक ऐसा धर्म, जिसमें सैद्धांतिक कट्टरता नहीं तथा आत्माभिव्यक्ति का अधिक-से-अधिक अवसर देने वाला बताया।[13] उन्होंने पुन: कहा हिंदू मूर्खता की हद तक असांप्रदायिक है। विश्व विख्यात भारतीय दार्शनिक तथा भारत के पूर्व राष्ट्रपति सर्वपल्ली राधाकृष्णन ने लिखा—'भारत जैसी उदारता विश्व में कहीं भी नहीं है।'[14] साथ ही यह भी कहा, हिंदू किसी पद्धति या पुस्तक या पैगंबर से नहीं बना है, बल्कि निरंतर नव-अनुभवों के आधार पर सत्य की चिरंतन खोज है।[15] उन्होंने पुन: लिखा, भारत ने धर्म का प्रयोग राज्य विस्तार के लिए कभी नहीं किया।[16] भारत के पूर्व मुख्य न्यायधीश गजेंद्र गडकर ने भारत की धार्मिक उदारता तथा सभी मत-पंथों के प्रति सामंजस्य की बात कही।[17] विश्व प्रसिद्ध इतिहासकार आर.सी. मजूमदार ने भारत के धर्म को इसकी उदारता का सर्वोत्कृष्ट स्मारक बतलाया है। प्रसिद्ध इतिहासकार सर जदुनाथ सरकार ने लिखा—हिंदुत्व कोई धर्म नहीं है,बल्कि धर्मों (संप्रदायों)का संयोग, विश्वासों का सहयोगी तथा दर्शन की संघ रचना है।

भारतीयों की भाँति विदेशी विद्वानों ने भी सर्वपंथ समभाव की प्रशंसा की है। उदाहरण के लिए फ्रेंच दार्शनिक रोमा रोला ने हिंदुत्व को विभिन्न संप्रदायों का एक 'सुंदर गुलदस्ता' माना है। ब्रिटेन के प्रसिद्ध बर्नार्ड शॉ ने हिंदू धर्म को 'विश्व का सर्वाधिक उदार धर्म' बतलाया। विश्व के प्रसिद्ध समाजशास्त्री मैक्स वेबर ने माना है कि हिंदू सहिष्णुता की हद है तथा इसे धर्म की कोटि में नहीं रखा जा सकता,[18] ए.के. बार्डर हिंदुओं को 'अत्यधिक सहिष्णु' पाता है।[19]

भारतीय संविधान सभा में चर्चा

बड़े आश्चर्य का विषय है कि लगभग तीन वर्षों (10 दिसंबर, 1946-26 नवंबर,

1949) में भारतीय संविधान सभा में इतनी लंबी अवधि में इसकी कार्यवाहियों के दस्तावेजों[20] में कहीं भी सेकुलरिज्म पर कोई विशिष्ट वार्ता नहीं है। इस शब्द का प्रयोग नाम मात्र का हुआ है। उल्लेखनीय है कि 15 नवंबर, 1948 को संविधान सभा में भारतीय संविधान को अंतिम रूप देने में प्रत्येक अनुच्छेद पर विचार प्रारंभ हुआ। जब सेकुलर शब्द के प्रयोग की बात की गई, तब भारतीय संविधान के अनुच्छेद एवं राज्यों के संघ कहने पर चर्चा हुई, तब एक सदस्य प्रोफेसर के.टी. शाह[21] ने इसे सेकुलर फेडरल सोशलिस्ट यूनियन, कहने को कहा, परंतु इसे अस्वीकार किया गया, सेकुलर शब्द की मामूली चर्चा मौलिक अधिकारों के प्रसंग पर भी हुई, परंतु चर्चा ने पक्ष की बजाय विरोधी रूप अधिक ले लिया। सेकुलर राज्य के विचार को श्री लोकनाथ मिश्र ने फिसलनकारी बताया[22] तथा इसका उद्देश्य भारत की प्राचीन संस्कृति के दमन का तरीका बतलाया। उन्होंने अनुच्छेद 18 का चार्टर... 'अत्यधिक अपमानजनक तथा भारतीय संविधान का कालिमा पूर्ण भाग' कहा। उनके शब्दों में a charter of Hindu Enslavement...the most disgrarceful article, the blackest Part of the Indian Constitution कहा, श्री शिब्बन लाल सक्सेना ने सेकुलर शब्द कहीं नहीं, तो राज्य के नीति निदेशक तत्त्वों में जोड़ने को कहा, परंतु उनका यह प्रस्ताव भी स्वीकार न हुआ। 17 अक्तूबर, 1949 को श्री बृजेश्वर प्रसाद ने पुनः सेकुलर शब्द जोड़ने का आग्रह किया। तर्क था कि इससे अल्पसंख्यकों को नैतिक बल मिलेगा, पर प्रस्ताव स्वीकार न हुआ। उल्लेखनीय है कि सेकुलर शब्द के बारे में डॉ. बी.आर. अंबेडकर की भूमिका सुस्पष्ट थी, यहाँ तक कि पंडित जवाहरलाल नेहरू भी भारतीय संविधान के अंतर्गत अपनी सेकुलर संबंधी महत्त्वाकांक्षा को पूरी न कर सके।[23] डॉ. बी.आर. अंबेडकर ने 1951 में भारतीय संसद् में कहा, 'यह संसद् किसी धर्म विशेष को शेष लोगों पर थोपने की अधिकारिणी नहीं होगी।'[24]

संविधान में सेकुलर शब्द जोड़ना

उल्लेखनीय है कि सेकुलरिज्म शब्द भारतीय संविधान की उद्देश्यिका में इमरजेंसी के क्रूर दिनों में हड़बड़ी में 3 जनवरी, 1977 को दस मिनट में पारित कर दिया गया। निःसंदेह इसने अनेक प्रश्नों का जन्म दिया। आपातकाल में ऐसी कौन सी आवश्यकता आ पड़ी, जो इसे अलोकतांत्रिक ढंग से जनमत को समझे बिना भारतीय संविधान का भाग बनाया गया। क्या यह पं. नेहरू की महत्त्वाकांक्षा की पूर्ति थी? क्या यह श्रीमती इंदिरा गांधी की असुरक्षा को दूर करने या प्रभुता स्थापित करने का उपाय था? क्या यह भारतीय मुसलमानों तथा ईसाइयों को प्रसन्नकर हिंदू प्रतिरोध या भविष्य के लिए एक राजनैतिक चाल थी? क्या यह शब्द जोड़कर अनेक कांग्रेसियों की पूर्व की खटास को

दूर करने का प्रयत्न था?

कम-से-कम इसमें कोई संदेह नहीं कि पंडित जवाहरलाल नेहरू तथा उनकी पुत्री इंदिरा गांधी को भारत के बहुसंख्यक हिंदू धर्म तथा हिंदुत्व से कोई लगाव न था। विश्व के प्रसिद्ध नास्तिक, पं. नेहरू को भी नास्तिक मानते है।[25] पं. नेहरू ने अपनी रचना में मार्क्स के विचार 'धर्म को अफीम की पुड़िया' को माना है।[26] एक-दो उदाहरण देना उपयोगी होगा। नेहरू ने अपनी आत्मकथा में लिखा, 'भारत में तथा अन्यत्र भी धर्म या कम-से-कम संगठित धर्म को देखकर मुझे अत्यंत घृणा होती है और मैंने प्राय: इसकी भर्त्सना की है तथा इसको पूर्णत: नष्ट करने की इच्छा की है। ऐसा प्रतीत होता है कि इसने प्राय:अंधविश्वास, प्रतिक्रिया, शोषण, मतांधता और विशेष हितों को प्रश्रय दिया है।[27] पं. नेहरू ने यह भी चाहा कि सामाजिक नियमों में, विवाह में, उत्तराधिकार के नियमों में, दीवानी और फौजदारी न्याय में तथा अन्य प्रकार की बातों में धार्मिक विश्वासों में स्वतंत्र रखा जाए।[28] पं. नेहरू का कथन था, 'यदि ईश्वर का अस्तित्व है तो यह अच्छा हो कि हम उसकी ओर न देखें या उस पर निर्भर रहें, आदि प्राकृतिक तत्त्वों पर निर्भर रहना मानव में आत्मविश्वास समाप्त करता है तथा उसकी अपनी सृजनात्मक योग्यता को कम करता है।'[29] उन्होंने पुन: लिखा, 'कोई आत्मा है या नहीं, मृत्यु के पश्चात् कोई अस्तित्व रहता है या नहीं, मैं नहीं जानता। इन प्रश्नों का क्या महत्त्व है, मुझे जरा भी परेशान नहीं करते।'[30] माइकेल ब्रीचर ने नेहरू के व्यक्तित्व का वर्णन करते हुए लिखा कि वे हिंदू होकर या हिंदुत्व से कटा, पूरब-पश्चिम का एक अजीब गठजोड़, जो हर जगह अजनबी, जिसका घर कहीं भी नहीं महसूस करते थे।[31]

निश्चय ही श्रीमती इंदिरा गांधी द्वारा भारत की लोकतांत्रिक तथा सांस्कृतिक उपेक्षाकर पाश्चात्य ढंग के सेकुलरिज्म को भारत पर थोपने में उनके पिता की मानसिक विरासत रही। उसने भी अपने पिता की भाँति हिंदू प्रतिरोध को अपनाया तथा भारतीय कम्युनिस्टों से मिलकर शिक्षा, संस्कृति तथा धार्मिक चिंतन में परिवर्तन किया। निश्चय ही इसके पीछे मुसलिम सहयोग प्राप्त कर उसका राजनैतिक लाभ उठाना उसका उद्देश्य था।

भारतीय संविधान में सेकुलरिज्म शब्द जुड़ने से इसके अर्थ को विभिन्न ढंगों से विभिन्न हितों में उपयोग किया गया। देश के कुछ विद्वानों ने तथा कुछ राजनीतिज्ञों ने इसका अर्थ धर्मनिरपेक्ष, धर्मसापेक्ष, धार्मिक तटस्थता, सर्व धर्मसमभाव, नास्तिकता का बोधक, हिंदू विरोधी, मुसलिम तुष्टीकरण का पोषक, साम्राज्यवाद का दूसरा नाम आदि शब्दावली में प्रयोग किया। कुछ गिने-चुने राजनीतिज्ञों ने इसे राजनीतिक स्थायित्व व राष्ट्रीय एकता के रूप में बतलाया। अधिकतर विद्वानों ने इसे ब्रिटिश मानसिकता की उपज तथा यूरोप से आयातित विचार बतलाया, जिसने अनेक भ्रांतियों को जन्म दिया।

कुछ भी हो, संविधान में आपातकाल में हुए इस संशोधन के दूरगामी परिणाम

हुए। इससे हिंदू-मुसलिम कटुता बढ़ी-सेकुलर के अंतर्गत मुसलमानों को अतिरिक्त सुविधाओं को देने से परस्पर संबंधों को कटु बनाया। शीघ्र ही राजनीतिज्ञों में यह शब्द कैचवर्ड बन गया। कुछ अपने को सेकुलरवादी कहकर मनमाने ढंग से अहंकारी भाषा बोलने लगे। इसने भारत जैसे आस्तिक देश में नास्तिकता को प्रोत्साहन दिया। मार्क्सवादी तथा छद्म सेकुलरवादियों ने संविधान की मूल धारणा के विपरीत, इस पर प्रहार करते हुए इसके लिए धर्मनिरपेक्ष शब्द का प्रयोग किया, जो सर्वधा असंवैधानिक तथा विपरीत अर्थ की अभिव्यक्ति करता है। राजनीतिक प्रेरित विकृत तथा दोहरी मानसिकता तथा मापदंड को बल मिला। यह राष्ट्र में कोई सकारात्मक सोच[32] न पैदा कर सका। भ्रामक शब्दावली के कारण यह बहुसंख्यक समुदाय के विरोध का पर्याप्त बन गया।[33] इसने भारत में विघटनकारी तथा विभेदकारी तथा अलगाववादी ताकतों को बढ़ावा दिया। यह भारतीय संविधान का कोई मुख्य सिद्धांत नहीं, बल्कि भारतीय गणतंत्र के लिए राजनैतिक सत्ता लोलुपता के षड्यंत्र का भाग बन गया।[34] संक्षेप में इसने पार्टी हितों को सर्वोपरि तथा राष्ट्रहितों को गौण कर दिया।

यहाँ पर यह भी विचारणीय है कि जब हिंदू धर्म में सेकुलरिज्म की विशद भावना पहले से ही विद्यमान है, क्या इसलाम तथा ईसाई धर्म भी इसे मानते हैं? जहाँ तक इसलाम का विचार है, यह सर्वविदित है कि वे मोहम्मद साहब के जीवन, कुरान, शरीयत एवं हदीस में वर्णित विवरण के अलावा किसी अन्य धर्म या चिंतन को स्वीकार नहीं करते। इस संदर्भ में जामियामिलिया के पूर्व उपकुलपति एवं इतिहासकार मुशीरुल हक ने[35] गंभीर अध्ययन के पश्चात् भारतीय मुसलमान के बारे में विचार दिए हैं, जिसमें कुछ महत्त्वपूर्ण कथन हैं—"भारतीय मुसलमानों में एक छोटे से वर्ग को छोड़कर, बहुसंख्यक समाज किसी भी प्रकार से सेकुलर नहीं है। उनमें से अधिकतर (उलेमाओं का विश्वास है कि राज्य तो सेकुलर रहे, मगर मुसलमानों को सेकुलरिज्म से बचाया जाए।'

प्रो. हक पुन: लिखते है[36]—मुसलमानों की सेकुलरिज्म और सेकुलर राज्य की अवधारणा को शरियत के आधार पर स्वीकृत या अस्वीकृत करना होगा। सेकुलर राज्य जैसा हम देख चुके हैं, इसलाम के इतिहास में भी है। अत: स्वीकार्य है, लेकिन सेकुलरिज्म का सिद्धांत इसलाम की मान्यताओं के अनुकूल नहीं है।

भारत ही नहीं, अनेक विदेशी मुसलिम विद्वानों ने भी इस पर गंभीरता से विचार किया है। मुख्यत: उन्होंने इसलाम को प्रमुखता देते हुए बाकी धर्मों को गौण या अपना विरोधी बताया है।

मलयेशिया के प्रसिद्ध विद्वान् मुहम्मद नकीब अल अतरस ने अपनी प्रसिद्ध पुस्तक में स्पष्ट रूप से लिखा है[37] "सेकुलरिज्म की अवधारणा ईसाई धर्म में ईसा पूर्व यूनानी

तथा रोमन दार्शनिकों के प्रभाव से (जो यूरोपियन थे) आई, क्योंकि ईसाई मत की राजगद्दी अपने मूल स्थान जेरूसलेम (एशिया) से हटकर रोम हो गई। सेकुलरिज्म के मामले में इसलाम ओर ईसाई मत में कोई समानता नहीं, न धार्मिक क्षेत्र में न सभ्यता के।'' अल अतरस ने सेकुलरिज्म का न केवल ईसाई के विरोध में बताया, बल्कि गैर-इसलामी विचारधारा बतलाया। उसने लिखा,[38] ''सेकुलरिज्म केवल गैर इसलामी विचारधारा ही नहीं, बल्कि सरासर इसलाम विरोधी है और मुसलमानों को चाहिए कि जहाँ भी इसे पाएँ-अपनों के बीच अथवा अपने मन में, इसका तीव्र विरोध करें और कुचल दें, क्योंकि यह सच्चे धर्म के लिए घातक विष है।''

उसने सेकुलरिज्म को इसलामी जगत् की न केवल पूर्णत: एक गैर इसलामी अभिव्यक्ति बतलाया, बल्कि इसे पूरी तरह से इसलाम विरोधी भी कहा। अल अतरस ने सेकुलरिज्म को जड़ों से उखाड़ते हुए पुन: आह्वान किया[39] कि ''इसलामीकरण का मुख्य कार्य मनुष्य को पहले जादू-टोना, पौराणिक गाथाओं, जड़ों की पूजा तथा राष्ट्रीय संस्कृति व परंपराओं' से मुक्ति दिलाना है और उसके बाद उसके मस्तिष्क पर छाई उसकी भाषा और विवेक को सेकुलर नियंत्रण से मुक्त करना है। इसलाम को समर्पित वही व्यक्ति है, जिसकी भाषा और ज्ञान जादू-टोना, पौराणिक गाथाओं, तरह-तरह देवी-देवताओं अपनी राष्ट्रीयता व परंपराओं और सेकुलरिज्म के प्रभाव से मुक्त हो।''

अत: यह स्पष्ट रूप से कहा जा सकता है कि सेकुलरिज्म की पाश्चात्य विचारधारा को न सामान्यत: भारत के मुसलमान मानते हैं और साथ ही विश्व के अनेक मुसलिम देशों के मुसलमानों ने सेकुलरिज्म का प्रबल विरोध किया है। भारत में अनेक मुल्ला-मौलवियों, यहाँ तक कि दिसंबर, 1986 में दिल्ली जामा मसजिद के इमाम बुखारी ने इसकी कटु आलोचना की। इतना ही नहीं, विदेशों में अनेक मुसलिम देशों में सेकुलरिज्म की वकालत करनेवाले मुसलिम नेताओं की हत्याएँ कर दी गईं।[40] मुसलमानों की भाँति अधिकतर ईसाई समाज भी सेकुलरिज्म के पक्ष में नहीं है, समय-समय पर ईसाइयों के पोप के धार्मिक आदेश इस संदर्भ में आते रहे। उदाहरणत: तेरहवें पोप लियो ने[41] 21 अप्रैल, 1978 को घोषणा की थी, ''सेकुलरिज्म निंदनीय है। विश्व युद्धों सहित तमाम बुराइयों की जड़ प्रजातंत्र और सेकुलर चिंतन है। इसी भाँति जून, 1928 में जेरुसलम के रूपस जोन्स ने कहा था,[42] आज विश्व में ईसाइयत का सबसे बड़ा शत्रु न इसलाम है, न हिंदुत्व, न बौद्धमत और न कन्फ्यूशियसिज्म जितना कि विश्व व्यापी सेकुलर जीवन पद्धति।[43] इतिहासकार मुशीरुल हक[44] ने जहाँ यह लिखा कि अधिकतर मुसलमान इसे नहीं मानते, वहाँ यह भी स्वीकार किया कि ''भारत के मुसलिम समुदायों ने भी सेकुलर राज्य का स्वागत किया है, क्योंकि उन्हें डर है कि इसका विकल्प हिंदू राज्य ही होगा।'' भारतीय जीवन दर्शन का अध्ययन न करने से उनका भय आंशिक रूप से ठीक हो

सकता है, परंतु मानसिक रूप से तैयार न होने पर उनके स्वागत का कारण इससे प्राप्त होनेवाली सुविधाएँ थीं, जो किसी भी सेकुलर मापदंड से वांछित न थीं।

मूलत: यह डर न केवल मुसलमानों का, बल्कि देश की तब की प्रधानमंत्री इंदिरा गांधी को भी था। उसने उसका प्रत्यक्ष दृश्य 1967 के चुनाव में देखा था। उसे हिंदुओं से उस समर्थन की अपेक्षा न थी, जो उसे राजसत्ता में बताए रखे, अत: उसे अन्य वर्गों—इसलाम व ईसाइ मत का समर्थन आवश्यक लगता था। उसने राजनीतिक आकांक्षा पूर्ति से प्रेरित हो भारतीय संविधान में आपातकाल में संशोधन करना समयोचित समझा और इतना ही नहीं, इसके पश्चात् सेकुलर की मूल प्रेरणा के विपरीत मुसलमानों को अनेक विशेष सुविधाओं से भर दिया।

कुछ भी हो, आपातकाल में हुए इस संशोधन के दूरगामी परिणाम हुए। इससे हिंदू-मुसलमान, जो 1962 के भारत-चीन युद्ध के बाद की स्थितियों से एक-दूसरे के निकट आए थे, उनकी परस्पर मेल-मिलाप की दूरी बढ़ी। सेकुलर संविधान होने पर मुसलमानों को दी गई अतिरिक्त सुविधाओं ने परस्पर कटुता का बढ़ाया। शीघ्र ही राजनीतिज्ञों के लिए यह शब्द कैचवर्ड बन गया। कुछ अपने को सेकुलरवादी कहकर मनमाने ढंग से अहंकारवादी भाषा बोलने लगे। इससे नास्तिकता को पोषण मिला। मार्क्सवादी तथा वामपंथी भी सेकुलरिज्म की आड़ में हिंदू धर्म, संस्कृति तथा दर्शन का प्रतिरोध करने लगे। उन्होंने संविधान के बिल्कुल विपरीत सेकुलरिज्म का अर्थ पंथ निरपेक्षवाद न कहकर उसकी मूल भावना पर प्रहार करते हुए धर्मनिरपेक्ष कहा, पर उन्हें इसके लिए न कभी दंडित किया गया, बल्कि आज भी यह शब्द खूब बोला जाता है।

उपरोक्त राजनैतिक प्रेरित विकृत सेकुलरिज्म के दोहरे मापदंड[45] अपनाए जाने लगे। उदाहरणत: जहाँ पैगंबर साहब के निंदनीय कार्टून पर देशव्यापी हिसंक विरोध किया गया, वहाँ हुसैन द्वारा भारत माता के नग्न चित्र दिखलाने पर सेकुलरवादी चुप हो गए तथा इसे अभिव्यक्ति की स्वंतत्र कहा तथा हुसैन के इन चित्रों पर आपत्ति करनेवालों को फासिस्ट एवं सभ्य समाज का शत्रु कहा। गुजरात दंगों से पीड़ित मुसलमानों के संदर्भ में रोष प्रदर्शित किया, वहाँ कश्मीर के हिंदुओं के मामले में वे मौन रहे। एक भारतीय विद्वान् के अनुसार इस नए ढंग के सेकुलरिज्म को भारतीयों ने पसंद न किया। उसने लिखा[46] वस्तुस्थिति यह है कि भारत में विरासत में हजारों सालों की धार्मिक सहनशीलता तथा उदारता है। सेकुलरिज्म लाखों भारतीयों के हृदयों तथा मस्तिष्कों में घुसा नहीं है। यह बनावटी व जबरदस्ती लादा हुआ है। सेकुलरिज्म न इस देश में कोई कार्य करेगा और न अन्य किसी देश में।''

ऐतिहासिक अनुभवों तथा तर्क की कसौटी के आधार पर यही कहा जा सकता है कि 1977 में भातीय संविधान में इसे जोड़ने के पश्चात् भी आगामी उन्तालीस वर्षों में

राष्ट्र में यह कोई सक्रात्मक सोच न पैदा कर सका, उलटे स्पष्ट परिभाषा के अभाव में यह बहुसंख्यक समुदाय के विरोध का पर्याय बन गया है। एक प्रसिद्ध पत्रकार का मत है कि भारत में प्रचलित सेकुलरिज्म हिंदू सभ्यता के विरुद्ध चुनौती बन गया है। उसने जहाँ भारत में विघटनकारी तथा विभेदकारी तथा अलगाववादी ताकतों को जोड़ा है, वहाँ भारत के विरुद्ध देशी–विदेशी शक्तियों को प्रोत्साहन दिया है। यह भारतीय संविधान का कोई मुख्य सिद्धांत नहीं, बल्कि भारतीय गणतंत्र के लिए राजनैतिक सत्ता लोलुप षड्यंत्र का भाग बन गया है। इसने पार्टी हितों को सर्वाधिक महत्त्वपूर्ण तथा राष्ट्रहित को गौण कर दिया है।

एक विद्वान् ने तो धर्मनिरपेक्षता को एक काला धन माना है तथा कामना की है कि दूसरे नंबर की धर्मनिरपेक्षता का स्थान एक नंबर का बने। संस्कृत के विद्वानों ने इसका अर्थ नास्तिक के निकटतम माना है। प्रोफेसर वेदवृत वेदालंकार ने इससे भयंकर विस्फोटक की संभावना बतलाई है। सामान्य अनेक स्वार्थी नेताओं ने इसे धर्मनिरपेक्ष या अज्ञानवश सर्वधर्म समभाव के रूप में प्रयुक्त करते हैं, जो सर्वथा असंवैधानिक, अपमानजनक तथा अपराधमूलक है। भारतीय संविधान में भी सेकुलरिज्म का हिंदी अर्थ 'पंथ निरपेक्ष' है, जो सदैव भारतीय चिंतन का मूल भाव रहा है। वस्तुतः सेक्लरिज्म भारतीय परिप्रेक्ष्य में एक बनावटी, भ्रामक तथा जबरदस्ती लादा हुआ शब्द है,[47] जिसकी इस देश में जरा भी आवश्यकता न थी। प्रसिद्ध विचारक मनोज राखित का प्रश्न भारत के संदर्भ में आज भी अत्यंत महत्त्वपूर्ण है कि धर्म निरपेक्षता के नाम पर पनपता पाखंड सेमेटिक धर्मों की मदद के लिए सदैव तत्पर रहता है।

अल्पसंख्यकवाद

कांग्रेस ने मुसलिम तुष्टीकरण का दूसरा मार्ग ब्रिटिश नीति का आधार अपनाया अल्पसंख्यकवाद। विश्व के इतिहास में कोई भी देश ऐसा नहीं है, जहाँ अल्पसंख्यक को वहाँ के बहुसंख्यक समाज से अतिरिक्त विशेष सुविधाएँ तथा अधिकार दिए हो, जितने भारत में। इसी भाँति विश्व में कोई भी ऐसा देश नहीं है, जहाँ अल्पसंख्यक कही जानेवाली श्रेणी में रहकर वह बहुसंख्यक समाज का अंग न बनकर स्वाभिमान महसूस करता हो। वस्तुतः स्वाधीनता के पश्चात् भारतीय राजनैतिक चिंतन का केंद्र बिंदु दलीय विकास तथा सत्ता प्राप्ति का हथियार अल्पसंख्यक बन गया है। अधिकतर राजनैतिक दल इसका उपयोगकर भारतीय संविधान की गरिमा तथा अंर्निहित भावना से खिलवाड़ कर रहे हैं, जो उसकी मूल प्रेरणा तथा धारणा के विपरीत है। चुनाव में वोट बटोरने की राजनीति में वह इतना गिरता जा रहा है कि उसे देश की राष्ट्रीयता, स्वतंत्रता, अखंडता तथा एकता की परवाह नहीं है। समय रहते यदि भारतीय न चेते तो इसके परिणाम

विध्वंसक तथा देश के पुन: बँटवारे का मार्ग अपना सकते हैं। इसके संभावित, दुष्परिणामों से इसको समझाना आवश्यक होगा।

अल्पसंख्यक की धारणा

इनसाइक्लोपीडिया ब्रिटेनिका[48] के अनुसार—अल्पसंख्यक एक विस्तृत समाज में एक विशिष्ट सांस्कृतिक वंशीय या सामाजिक समूह के रहनेवालों को (A Culturally, ethnically or socially distinct group living in larger Society) कह सकते है। अत: यह दल या समूह उक्त क्षेत्र में रहनेवाले समाज से सांस्कृतिक तथा वंशीय दृष्टि से भिन्न होगा। इसी भाँति इंटरनेशनल इनसाइक्लोपीडिया ऑफ द सोशल साइंसेज में[49] अल्पसंख्यक को व्यक्तियों का एक समूह, जो उसी समाज में रहा, राष्ट्रीयता, धर्म या भाषा में दूसरों से भिन्न हो। (A Group of people differentiated from others in the same society by race, nationlity, religion or language) माना है, उपरोक्त धारणा में राष्ट्रीयता के भाव को भी अलग माना है। संयुक्त राष्ट्र संघ के प्रस्तावों में अंतरराष्ट्रीय कानून की दृष्टि से कोई स्पष्ट परिभाषा नहीं दी है।

व्यावहारिक दृष्टि से पश्चिमी देशों में अल्पसंख्यक का अर्थ है—कोई ऐसा समुदाय, जिसे निरंतर सताया जाता रहा है तथा जिसे वास्तव में किसी प्रबल बहुसंख्यक समुदाय से अपमान, हिंसा, प्रताड़ना आदि झेलनी पड़ती रही हो।

अल्पसंख्यक सुरक्षा का प्रश्न

मूल प्रश्न है अल्पसंख्यक की सुरक्षा का प्रश्न कैसा आया? यदि विश्व इतिहास की ओर दृष्टिपात करें तो इस चिंतन का विकास प्रथम महायुद्ध के पश्चात् युद्ध की परिस्थितियों तथा विभिन्न संधियों द्वारा कुछ देशो में वहाँ के समुदाय के अनेक प्रदेशों में हो जाने की स्थिति से हुआ। लीग ऑफ नेशंस में भावी शांति तथा सुरक्षा पर विचार हुआ। अत: उन समुदायों के अधिकारों का संरक्षण हो, जिन्हें विवश हो जाना पड़ा या दूसरे राज्यों के अंतर्गत रहना पड़ा। लीग ऑफ नेशंस में विभिन्न संधियों में अल्पसंख्यकों की स्थिति को संधि का भाग बनाया। इसके साथ ही बाद में अंतरराष्ट्रीय स्तर पर मानव अधिकारों की पुन: व्याख्या में संयुक्त राष्ट्र व्यवस्था में अल्पसख्यकों के अधिकार को भी भाग बनाया गया। उल्लेखनीय है कि 1966 की इंटनेशनल कावीनेंट ऑफ सिविल एंड पालिटिकल राइट्स में 27वीं धारा के अंतर्गत उन देशों में, जहाँ वंशीय, धार्मिक या भाषायी अल्पसंख्यक हैं कहा गया कि उन्हें अधिकारों से वंचित न किया जाए तथा उन्हें अपनी संस्कृति, धर्म तथा अपनी भाषा के प्रयोग का अधिकार होना।[50]

संयुक्त राष्ट्र में अल्पसख्यकों के प्रति भेदभाव दूर करने तथा उनकी सुरक्षा के

लिए इसकी निम्न परिभाषा दी है।[51]

"A Group of numerically inferi or to the erest of the population of a State, in a non-dominant position, whose members—being nationals of the State-possess ethnic, religious or linguistic charateristics differing from those of the rest of the population and show, if only inplicity, a sense of soliderity, directed towards preserving their culture, traditions, religion or lenguage."

भारतीय संविधान में अल्पसंख्यक समुदाय के संदर्भ में सरदार वल्लभ भाई पटेल की अध्यक्षता में एक विशेष उप-समिति भी बनाई गई थी। इसने 11 मई, 1949 का अपना निर्णय दिया कि धारासभाओं में शिड्यूल्ड जातियों के अलावा अल्पसख्यकों के लिए कोई भी आरक्षण की व्यवस्था समाप्त की जाए।[52] इतना ही नहीं, 25 मई, 1949 को सरदार पटेल ने कहा, "भविष्य में,यह सबके हित में होगा कि इस देश में बहुसंख्यक या अल्पसंख्यक जैसी कोई चीज नहीं हो, बल्कि भारत में केवल एक ही समुदाय है।"[53]

उल्लेखनीय है कि अल्पसंख्यक क्या है, यह प्रश्न टी.एम.ए. फाउंडेशंस बनाम कर्नाटक सरकार के बीच में उठा, पर तब भी इस प्रश्न की कोई परिभाषा न दी गई।[54]

उदाहरणतः यूरोपीय देशों में यहूदी अथवा जिप्सी समुदाय, संयुक्त राज्य अमेरिका में नीग्रो, मिस्र में कोप्टिक ईसाई, लेबनान में द्रूज और सेरोनाइट ईसाई या पाकिस्तान, बँगलादेश में हिंदू अल्पसंख्यक का प्रश्न उठा।[55] सामान्यतः अल्पसंख्यक वे ही होते हैं, जो दूसरे देशों से किसी भी कारण से अपना देश छोड़कर आते हैं।

ऐसे अनेक देश है, जहाँ कहीं भी अल्पसख्यकों ने अपने लिए सुविधाएँ नहीं माँगी हैं। कुछ ने ये सुविधाएँ प्राप्त करना अपना अपमान या भावी विकास में बाधा माना है। उदाहरण के लिए दक्षिण अफ्रीका में श्वेत अल्पसंख्यक हैं, साथ ही सरकार में भी हैं, परंतु उन्हें कोई अलग अतिरिक्त सुविधाएँ नहीं हैं। थाईलैंड या ब्राजील में अल्पसंख्यक विभिन्न संप्रदायों तथा जातियों के लोग रहते हैं। यदि भारत के संदर्भ में देखें तो केवल यहूदी तथा पारसी हैं, जो अपना देश छोड़कर भारत आए। उल्लेखनीय है कि पारसियों ने भारतीय संविधान बनाते समय किसी भी प्रकार की अतिरिक्त सुविधाओं तथा सहायता को अस्वीकार कर दिया था।

भारत के संविधान में अल्पसंख्यक

भारत के संविधान में अल्पसंख्यक शब्द की अलग से कई परिभाषा नहीं दी गई है, परंतु संविधान की प्रस्तावना में इसकी गारंटी की उद्घोषणा की गई है कि प्रत्येक नागरिक को विचार, अभिव्यक्ति, विश्वास, निष्ठा तथा पूजा की स्वतंत्रता होगी। भारतीय संविधान की धारा 25 से 30 तक में सभी के अधिकारों की रक्षा की गारंटी दी है।

वस्तुत: उपरोक्त गारंटी में सभी के मजहबी, सांस्कृतिक और शिक्षा संबंधी अधिकारों की रक्षा की बात कही गई हैं, अत: इसके पश्चात् अल्पसंख्यक या बहुसंख्यक जैसी अलगाव तथा टकराव पैदा करनेवाली शब्दावली की आवश्यकता नहीं रहती है। संभवत: इसीलिए अल्पसंख्यक शब्द की परिभाषा नहीं दी गई है।

परंतु यह भारतीय इतिहास की विडंबना है कि जिस अलगाव तथा शासनकारों की नीति को हिंदुओं तथा मुसलमानों के संबंध में अंग्रेजों ने अपनाया था, उसी नीति का अनुसरण करते हुए कुछ भारत के राजनीतिज्ञों ने अपने स्वार्थों तथा अपनी राजनैतिक पार्टी की सत्ता बनाए रखने के लालच में यह मार्ग अपनाया। व्यावहारिक दृष्टि से भारत में किसी भी संप्रदाय, मजहब या जाति के आधार पर यूरोप के विपरीत न ही अपमानित किया और न ही प्रताड़ित। पर शीघ्र ही भारत में मुसलिम 'अल्पसंख्यक' का पर्यायवाची बन गया। तथ्य भी इस बात के साक्षी हैं कि भारत में हिंसा तथा दंगों प्राय: मुसलमानों द्वारा हुए, संसद् में गृह मंत्रालय की एक रिपोर्ट अनुसार देश में 1968 से 1970 के बीच चौबीस दंगों में तेईस दंगे मुसलिमों द्वारा आरंभ किए गए। तब से अब तक भी अनेक घटनाएँ यही प्रमाणित करती हैं। 1992में भारतीय संसद् ने राष्ट्रीय आयोग की स्थापना के लिए एक अल्पसंख्यक कानून (Minority Act.) पास किया, परंतु अल्पसंख्यक की कोई परिभाषा नहीं दी गई। कहा गया कि इस बारे में भारत सरकार के गजट में सूचित किया जाएगा। सरकार ने बिना तर्क के मुसलिम, ईसाई, सिख तथा पारसी को अल्पसंख्यक घोषित कर दिया। इसी भाँति राज्य अल्पसंख्यक आयोग की स्थापना में भी अल्पसंख्यक की कोई परिभाषा नहीं दी गई है।

अल्पसंख्यकवाद और सर्वोच्च न्यायालय

इस संदर्भ में जैन संप्रदाय[56] को अल्पसंख्यक का दर्जा दिए जाने के संदर्भ में दायर याचिका को खारिज करते हुए 8 अगस्त, 2005 का निर्णय अत्यंत महत्त्वपूर्ण है। इस मुकदमे न. 4730 (वर्ष 1999) को महत्त्वपूर्ण निर्णय की भूमिका में बतलाया गया है। इसमें संविधान की धारा 25-30 तक की धाराओं के साथ संविधान की प्रस्तावना देने से इस शब्द की आवश्यकता नहीं रहती,बतलाया गया है।

एक प्रसिद्ध विद्वान् ने[57] सर्वोच्च न्यायालय के निर्णय को स्पष्ट करते हुए इसमें निहित महत्त्वपूर्ण तत्त्वों का उल्लेख किया है, जो उन्ही के शब्दों में दिए जा रहे हैं।

1. अल्पसंख्यक आयोग का यह दायित्व है कि वह अल्पसंख्यकों की उन्नति और विकास तथा उनके मजहबी, सांस्कृतिक एवं शैक्षणिक अधिकारों से संबंधित मुद्दों पर ध्यान दे।
2. अल्पसंख्यक आयोग का दायित्व नहीं है कि समाज के मजहबी या भाषायी

अल्पसंख्यकों से पहचान करे। यह काम स्टेट का अर्थात सरकार का है।

3. जैन संप्रदाय अल्पसंख्यक है या नहीं, यह निर्धारित करने के पूर्व प्रादेशिक स्तर पर उसकी पहचान होनी चाहिए।
4. केंद्रीय सरकार को केवल आयोग (अल्पसंख्यक) की सिफारिशों पर ही नहीं, किंतु हर प्रदेश में जैन समुदाय की सामाजिक, सांस्कृतिक और धार्मिक अवस्था पर विचार करना चाहिए।
5. कोई समुदाय अल्पसंख्यक है या नहीं, यह बताने के लिए केवल जनसंख्या संबंधी आँकड़े प्रस्तुत करना एक मात्र कसौटी नहीं हो सकता।
6. यदि यह पाया जाता है कि समुदाय के अधिकाश लोग संपन्न वर्ग के उद्योगपति हैं, व्यापारी हैं, व्यवसायी हैं तो यह आवश्यक नहीं है कि उनको अल्पसंख्यकों की श्रेणी में रखकर उन्हें सुरक्षा संबंधी विशेष व्यवहार दिया जाना चाहिए।
7. संविधान की धारा 25 से 30 तक जो प्रावधान हैं, वे मजहबी या भाषायी अल्पसंख्यकों को एक सुरक्षात्मक कवच प्रदान करते हैं, जिसके चलते उनके मजहबी या भाषायी मौलिक अधिकारों पर कोई आँच नहीं आ सकती।
8. संविधान के मौलिक अधिकार व मौलिक कर्तव्यवाले अध्याय की धाराओं से यह स्पष्ट होता है कि संवैधानिक आदर्श स्थिति यह है कि समाज में ऐसी परिस्थितियाँ निर्मित होनी चाहिए, जिनसे अल्पसंख्यकों को या बहुसंख्यकों की रक्षा की बात आवश्यक हो जाए।
9. उपर्युक्त संवैधानिक लक्ष्य को केंद्रीय या प्रादेशिक स्तर के अल्पसंख्यक आयोगों का ध्यान में रखना चाहिए और उन्हें अपने क्रियाकलापों की दिशा इस प्रकार निर्धारित करनी चाहिए, जिससे भारत की अखंडता और एकता बनी रहे तथा धीरे-धीरे अल्पसंख्यकों तथा बहुसंख्यकों को समान किया जा सके। यदि केवल किसी भिन्न मजहबी विचार या कम जनसंख्या के आधार पर या स्वास्थ्य, संपदा, शिक्षा या सामाजिक अधिकारों की कमी के आधार पर भारतीय समाज के किसी वर्ग को अल्पसंख्यक का दर्जा देने की बात सोची जाती है और मान ली जाती है तो भारत जैसे बहुधर्मी और बहुभाषी समाज में ऐसे दावों की समाप्ति कभी न होगी। निर्णय में यह भी कहा गया कि अल्पसंख्यावाद आयोग इस प्रकार काम करें कि बहुवर्गीय भारतीय समाज में बहुराष्ट्रवाद का भाव न पैदा हो। निर्णय में यह भी कहा गया कि संविधान में हर भारतीय के लिए एक सी ही नागरिकता मानी है। उसका मजहब, भाषा या संस्कृति चाहे जो भी हो। नागरिकता के लिए केवल एक ही आवश्यकता है, वह भारत में जन्मा हो। हमारा संवैधानिक लक्ष्य है कि देश में एक ऐसी नागरिकता का विकास हो,

जिसके अंतर्गत हर नागरिक का मजहब, निष्ठा और पूजा पद्धति को पूर्ण मौलिक स्वतंत्रता हो और अल्पसंख्यक या बहुसंख्यक किसी भी के व्यक्ति को किसी से भी हस्तक्षेप का भय न हो।

संक्षिप्त में सर्वोच्च न्यायालय ने अल्पसंख्यकवाद से जुड़े अनेक प्रश्नों का तर्क-संगत तथा संविधान की मूल भावना के अनुकूल निर्णय दिया। उपर्युक्त निर्णय में राष्ट्र की स्वतंत्रता, अखंडता तथा एकता पर सर्वाधिक बल दिया तथा बढ़ते हुए बहुराष्ट्रवाद की भावना को गलत बतलाया, इसने भारत के केंद्रीय तथा प्रादेशिक के अल्पसंख्यक आयोगों की उनकी सीमाओं तथा उत्तरदायित्व से भी सावधान किया।

ऐतिहासिक परिपेक्ष्य में

अतीत काल से भारत को मजहबी आधार पर अल्पसंख्यक तथा बहुसंख्यक ढंग से बाँटने का प्रयत्न चलता रहा। 1947 में भारत विभाजन शुद्ध मजहबी आधार पर हुआ। भारत विभाजन से पूर्व के यदि एक हजार वर्षों के इतिहास पर दृष्टिपात करें तो ज्ञात होता है कि मुसलिम शासकों ने भारत को मतांधता तथा मजहबी उन्माद के आधार पर मुसलिम तथा जिम्मी अथवा काफिरों के आधार पर बाँटा। ईस्ट इंडिया कंपनी ने प्रारंभ में भारत को मुसलिम तथा गैर मुसलिम के रूप में देखा। सीधे ब्रिटिश शासन स्थापित होने पर उन्होंने अल्पसंख्यक तथा बहुसंख्यक शब्दों को गढ़ लिया तथा हिंदू-मुसलिम अलगाव को धार्मिक दृष्टि से बढ़ाया।

जनसंख्या के आधार पर भारत की जनसंख्या मजहबी उन्माद, जेहाद, मत परिवर्तन, गुलाम बनाने की स्थिति में भारत की जनसंख्या तो बढ़ी, परंतु काफिरों के सामूहिक हत्याकांड तथा प्रकृति के प्रकोप ने उसे अत्यधिक प्रभावित किया। निम्न तालिका से भारत की स्थिति को समझा जा सकता है।

भारत की जनसंख्या

वर्ष	जनसंख्या मिलियन में
1000 ई.	200
1500 ई.	170
1600 से 1800	सामान्यत: स्थिर रही
1871	208
1881	254
1891	285
1901	294

1911	315
1921	319
1931	353
1941	389 म्यांमार (ब्रह्मा के अलावा)

उपर्यक्त जनसंख्या के आकड़ों से स्पष्ट ज्ञात होता है कि भारत में 1000 ई. में अर्थात महमूद गजनवी के आक्रमणों के समय भारत की जनसंख्या अनुमान 20 करोड़ थी, जो आगामी पाँच सौ वर्षों में घटकर 17 करोड़ रह गई।[58] संख्या घटने का कारण दिल्ली सल्तनत के मुसलिम शासकों के अत्याचार, नरसंहार, जिहाद, मतांतरण तथा गुलाम बनाने की प्रक्रिया थे। 1600-1800 ई. के लगभग 200 वर्षों में जनसंख्या में कोई विशेष परिवर्तन नहीं हुआ। इस काल में न केवल भारत में बल्कि समूचे विश्व में यही अवस्था रही है। भारत में केवल .26 प्रतिशत जनसंख्या की वृद्धि हुई।

अंग्रेजों द्वारा 1871 से दस वर्षीय जनगणना का क्रम प्रारंभ हुआ, पर वह संपूर्ण भारत में नहीं हुआ। पहली बार 1881 की जनगणना को देशव्यापी तथा प्रमाणित कह सकते हैं।

1947 में भारत और पाकिस्तान का विभाजन पूर्णतः मजहबी आधार पर किया गया। मुसलमानों की जनसंख्या 24 प्रतिशत थी, परंतु उन्हें भारत की 30 प्रतिशत भूमि दी गई। इस विभाजन के लिए भारत के 96 प्रतिशत से भी अधिक मुसलमानों ने इसके विभाजन के पक्ष में वोट दिया था, परंतु इसके बाद भी साढ़े तीन करोड़ मुसलमान भारत में बने रहे।

भारत विभाजन के पश्चात् जनसंख्या वृद्धि

भारत विभाजन से पाकिस्तान को निकालकर भारत की जनसंख्या निम्न ढंग से बढ़ी।

भारत की जनसंख्या

वर्ष	जनसंख्या मिलियन में
1951	375
1971	548
1981	684
1991	821
2001	961
2010	1083

26 जनवरी, 1950 से भारत में गणतंत्र की स्थापना के पश्चात् चुनाव में वोट की राजनीति प्रारंभ हुई। छदम् सेकुलरवादी पार्टियों तथा वामपंथियों ने मुसलमानी मजहबी भावना को प्रोत्साहन देकर उनकी सहानुभूति प्राप्त करने का प्रयत्न किया। उन्हें अल्पसंख्यक माना। मुसलिम अल्पसंख्यकों के वोट बटोरने के लिए भारतीय स्वतंत्रता, एकता तथा अखंडता की मूल भावना की भी परवाह नहीं की गई। विभिन्न राजनैतिक दलों एवं सरकारों द्वारा उन्हें तरह-तरह की सुविधाएँ तथा आश्वासन दिए गए। इससे अल्पसंख्यकों की स्थिति बहुसंख्यक से भी बेहतर हो गई। अब मुसलिम अल्पसंख्यकों ने परिस्थिति का लाभ उठाते हुए अपनी नई-नई माँगें रखनी प्रारंभ कर दी। यदि पिछली दो दसवर्षीय जनगणना के आँकड़ों को देखें तो मुसलिम अल्पसंख्यकों का बढ़ता प्रभाव स्पष्ट दिखलाई देता है।

भारत की जनसंख्या

वर्ष	हिंदू	मुसलमान	ईसाई
1991	82.00	12 00	2.3
2001	80.5	13.4	2.3

वस्तुत: भारत विभाजन के पश्चात् बढ़ती हुई मुसलिम जनसंख्या के आँकड़े चौंकानेवाले हैं। इस काल में मुसलिम जनसंख्या 1991 में 34.5 के औसत से बढ़ी। इसके विपरीत हिंदू बहुसंख्यक की जनसंख्या, जो 1991 में 25.3 बढ़ी थी, वह घटकर 2001 में केवल 20.3 रह गई।

बहुसंख्यक समाज का यह तीव्रता से विघटन संपूर्ण भारत में हुआ। कुछ प्रांतों में हिंदुओं का यह विघटन आश्चर्यजनक तथा चिंताजनक है। यह निम्न आँकड़ों से स्पष्ट होता है कि कुछ प्रदेशों में मुसलिम जनसंख्या बढ़ी।

प्रांतों में मुसलिम जनसंख्या में वृद्धि 1991-2001

प्रांत	वर्ष 1991	वर्ष 2001
जम्मू-कश्मीर	64.19	67.00
दिल्ली	9.44	11.07
उत्तर प्रदेश	17.33	18.05
बिहार	14.81	17.05
प.बगांल	23.06	25.02
महाराष्ट्र	09.99	10.06
गोवा	05.25	06.08

भारत-पाकिस्तान में हिंदू अल्पसंख्यकों की स्थिति

यदि भारत के ही मुसलमानों द्वारा बने पाकिस्तान में हिंदू तथा मुसलिम की स्थिति का अवलोकन करें तो स्पष्ट हो जाता है कि पिछली अर्द्धशताब्दी में पाकिस्तान में हिंदू अल्पसंख्यक तथा भारत में ही हिंदू बहुसंख्यक की अवस्था क्षीण होती गई, यद्यपि इसके कारण भिन्न रहे।

पाकिस्तान, जिसकी रचना मजहब के आधार पर हुई, एक बिगड़ैल बच्चे की तरह रहा, जिसे जनसंख्या के अनुपात से अधिक भूमि मिली। पाकिस्तान के निर्माण के समय पश्चिमी पाकिस्तान में 1951 में हिंदुओं की आबादी 14.01 प्रतिशत थी, जो घटते-घटते 1981 में केवल 3.00 प्रतिशत रह गई, जो पिछले दशक में मुसलमानों के अत्याचारों, धर्म मतांतरण तथा हिंदुओं के सामूहिक पलायन से एक प्रतिशत से भी कम रह गए हैं।

यह कहना हास्यास्पद है कि पिछले दशकों में पाकिस्तान में हिंदुओं को मुसलमानों के समान अधिकार प्राप्त रहे हैं। एस.ओ. मुहम्मद का कथन है[59] कि शरियत में अल्पसंख्यकों को पूरे अधिकार प्राप्त हैं, इससे दो कदम आगे बढ़कर तत्कालीन प्रेसीडेंट परवेज मुर्शरफ ने घोषणा की थी[60] कि पाकिस्तान में हिंदुओं को समान अधिकार प्राप्त हैं। उसका कथन था, ''मेरे मस्तिष्क में जरा भी संदेह नहीं है कि पाकिस्तान एक इसलामिक गणतंत्र है। कायदे-आजम जिन्ना के चिंतन से यहाँ अल्पसंख्यकों को समान अधिकार हैं। वे उसी प्रकार पाकिस्तानी हैं, जैसे मुसलिम हैं।'' उसने यह भी दावा किया कि उसने अल्पसख्यकों के लिए बहुत कुछ किया है, उन्हें एक निश्चित प्रतिनिधित्व दिया वस्तुतः राजनैतिक दृष्टि से दोहरा लाभ।

परंतु इस संदर्भ में सैयद शहाबुद्दीन का पत्र वास्तविकता के अधिक निकट है, जिसमें वह कहता है कि (पाकिस्तान में) हिंदू का राजनैतिक प्रशासन, उच्च पद, नागरिक तथा सैनिक सेवाओं में कोई स्थान नहीं होता, बल्कि अल्पसंख्यक पर भारी जुर्माना देना होता है। सैयद शहाबुदीन ने एस.ओ. मुहम्मद की कटु आलोचना की।

आलोचना करते हुए लिखा कि पाकिस्तान में जनमत बनाने में गैर-मुसलमानों का कोई योगदान नहीं है। कोई भी गैर-मुसलमान निर्णायक अथवा नीति निर्देशक संस्थाओं का सदस्य नहीं बन सकता, बल्कि उसे जजिया देना पड़ता है।[61] अतः पाकिस्तान एक इसलामिक राज्य है और गैर मुसलिम उसके संरक्षण में हैं तथा उसे समान अधिकार नहीं है।[62]

इसी भाँति वर्तमान बंगलादेश में जहाँ, 1951 में हिंदुओं की जनसंख्या 22 प्रतिशत थी,[63] जो 2001 में घटकर कुल 8 प्रतिशत रह गई थी, परंतु पिछले दशक में यहाँ भी हिंदुओं की जनसंख्या तीव्रता से कम हुई थी। हिंदू अल्पसंख्यकों की स्थिति अत्यधिक

दयनीय तथा असहनीय हो गई। बँगलादेश की हिंदुओं की स्थिति को निम्न आँकड़ो से समझा जा सकता है।

बँगलादेश की जनसंख्या का वृत्त (1941-2001) तक[64]

वर्ष	मुसलिम	हिंदू	बौद्ध	ईसाई	अन्य
1941	70.30	28.30	00	0.1	1.6
1951	76.90	22.00	0.9	0.3	1.6
1961	80.60	18.50	0.7	0.3	0.1
1971	85.40	13.50	0.6	0.3	0.1
1981	86.70	12.01	0.6	0.3	0.2
1991	87.40	11.50	—	1.1	0.3
2001	90.00	8.00	0.6	1.1	0.3
2013		6.00 से कम			

बँगलादेश में अल्पसंख्यक हिंदुओं की

बँगलादेश हिंदुओं के लिए सतत भय, आतंक दशा का वर्णन अनेक विद्वानों[65] से किया है। धन-संपति की लूट तथा हिंदुओं के अपमान का प्रतीक बन गया है। अकारण हिंदुओं को पकड़ना,पुलिस द्वारा असहनीय पीड़ा देना, इसलाम धर्म अपनाने अथवा देश छोड़कर खाली हाथ भागने को बाध्य करना वहाँ का नित्य का कार्य हैं[66] मुसलिम कट्टरवादियों की टोलियों द्वारा हिंदुओं की हत्याएँ, जबरदस्ती खेती करवाना,[67] हिंदुओं की संपति को शत्रु की संपत्ति तथा विनिष्ट संपति (Abondoned Property) घोषित कर कब्जा करना सामान्य बात है,[68] जमायते-ए-इसलाम इस संदर्भ में बढ़कर भाग लेती है,[69] हिंदुओं की अवस्था कैदियों जैसी है, जिनकी अवस्था गुलामों जैसी है। बँगलादेश में हिंदुओं की इस असहाय अवस्था के दृश्य वहाँ के इतिहास का एक सामान्य भाग बने हुए हैं।[70]

उपरोक्त संक्षिप्त विवरण से स्पष्ट है कि भारत भूमि के टुकड़ों पर निर्मित पाकिस्तान तथा बँगलादेश में हिंदुओं अल्पसंख्यकों की क्या दुरावस्था है तथा उनकी संख्या निरंतर तीव्रता से प्रयासपूर्वक कम कर दी गई हैं। यदि यही क्रम रहा तो शीघ्र ही ये दोनों देश हिंदूविहीन हो जाएँगे। आज भी पाकिस्तान में, भारत में मुसलमानों से सर्वथा विपरीत, हिंदू अल्पसंख्यकों को प्राय: सभी सुविधाओं तथा अवसरों से वंचित रहना पड़ता है। उदाहरणत: पाकिस्तान में सभी इसलामिक पार्टियाँ इस बात से सहमत हैं कि किसी भी निर्णायक कमेटी, राष्ट्र के अध्यक्ष, मुख्य सेनापति आदि महत्त्वपूर्ण स्थानों पर कोई भी

हिंदू नहीं होगा। हिंदू न ही किसी मंत्रिमंडल का सचिव बन सकता है और न ही वहाँ मुख्य न्यायाधीश, वह केवल कुछ टैक्सों का भुगतानकर जीवित एवं सुरक्षित रह सकता है। कहने का भाव है कि पाकिस्तान में हिंदू एक सामान्य नागरिक की भाँति भी नहीं रह सकता।

भारत में मुसलिम अल्पसंख्यकों की बढ़ती जनसंख्या

भारत में मुसलमानों की तीव्रता से बढ़ती जनसंख्या तथा नित्य प्रति उनकी माँगों तथा कुछ राजनैतिक स्वार्थियों द्वारा उनको रिझाने के तरीकों ने देश के बड़े-बड़े राष्ट्र चिंतकों तथा समाज सुधारकों को चिंता में डाल दिया है। इसने न केवल भारत की सुरक्षा, एकता, अखंडता को खतरे में डाल दिया है, बल्कि दूसरे पाकिस्तान के बनाने का भी मार्ग खोल दिया है। प्रसिद्ध विद्वान् पी. के. राय ने अपने एक लेख में लिखा है कि जिन देशों में मुसलिम अल्पसंख्यक हैं, वे किसी भी देश या उस देश के विशेष भाग या क्षेत्र में गंभीर समस्याएँ खड़ी कर देते हैं, जैसे ही उनकी जनसंख्या 20 प्रतिशत तक हो जाती है। एक अन्य विद्वान् ने भी अनेक देशों म्यांमार (बर्मा) इंडोनेशिया, मलेशिया, फिलीपाइंस, थाइलैंड, सिंगापुर ,चीन, रूस से लेकर यूगोस्लाविया तक के स्पष्ट उदाहरण दिए हैं। इतना ही नहीं, म्यांमार में मुसलमानों की जनसंख्या कुल 4 प्रतिशत है,[71] परंतु वहाँ की सरकार उनसे परेशान है, श्रीलंका में मुसलमान केवल 8 प्रतिशत है, परंतु सरकार उनसे बेचैन है।[72]

भारत में मुसलिम जनसंख्या 1947 से पूर्व तथा भारत विभाजन के पश्चात् तीव्रता से बढ़ी है। भारत की विभिन्न जनगणना रिपोर्ट्स के आधार पर 1947 से पूर्व मुसलिभ जनगणना की निम्न स्थिति रही।

भारत में मुसलिम जनसंख्या का अनुपात

वर्ष	अनुपात
1881	19.97
1891	20.41
1901	21.28
1911	22.39
1921	23.23
1931	23.49
1941	24.28

उपरोक्त जनसंख्या के आधार पर 1947 में भारत का विभाजन हुआ। इसके पश्चात् भी तथाकथित 'अल्पसंख्यक' कहे जानेवाले मुसलिम जनसंख्या का अनुपात तेजी से बढ़ा।

भारत विभाजन के पश्चात् मुसलिम जनसंख्या का अनुपात इस प्रकार रहा।

वर्ष	अनुपात
1951	9.91
1961	10.70
1971	11.21
1991	12.00
2001	13.04
2011	14.00

वर्तमान विकट परिस्थिति के लिए उत्तरदायी कौन?

प्रश्न है कि इसके लिए कौन उत्तरदायी है? वस्तुत असंवैधानिक ढंग से मुसलिम को अल्पसंख्यक घोषित करना, हिंदू बहुसंख्यकों के विरुद्ध उन्हें भड़काना तथा मुसलिम तुष्टीकरण की अराष्ट्रीय नीतियाँ ही इसकी जड़ में रही हैं। भारत विभाजन के पश्चात् मुख्यतः कांग्रेस पार्टी ही इसके लिए जिम्मेदार है। भारत के प्रथम प्रधानमंत्री पं. जवाहर लाल नेहरू के आश्वासन पर भारत के अनेक मुसलमान, जिन्होंने पाकिस्तान बनाने के लिए सक्रिय रूप से कार्य किया था, पाकिस्तान बनने पर वहाँ नहीं गए, बल्कि वहाँ से अनेक लौट आए। 1950 में भारत के गणतंत्रात्मक संविधान बनने से मुसलिम अल्पसंख्यकों के हौसले बढ़ गए। भारतीय राष्ट्रीय कांग्रेस ने बहुत तेजी से घटते हुए जनाधार से बचने के लिए मुसलमानों का सहारा लिया। सत्ता में बने रहने के लिए उसने राष्ट्र घातक तथा संविधान की मूल भावना के विपरीत पग उठाया तथा मुसलमानों को भारत की मुख्य राष्ट्रीय धारा के साथ जोड़ने की बजाय उनके तुष्टीकरण के मार्ग को अपनाया।

भारत के मुसलिम अल्पसख्यकों को तरह-तरह की सुविधाए दी गईं। यदि 1950 के संविधान लागू होने से मई 2014 ई. की सूची बनाई जाए तो वह बहुत विस्तृत तथा कई शोध ग्रंथों के लिए पर्याप्त सामग्री होगी। इस संदर्भ में समय-समय पर सर्वोच्च न्यायालय के सुझावों को ठुकराने से ही जहाँ मुल्ला-मौलवियों की महत्ता बढ़ी, वहाँ भारतीय संविधान की प्रतिष्ठा तथा मर्यादा भी कम हुई। मुसलिम अल्पसंख्यक संप्रदायवाद का बढ़ावा मिला तथा देश में अलगाव तथा विघटनकारी शक्तियों को बढ़ावा मिला।

(iii) मिश्रित संस्कृति

मिश्रित संस्कृति एक भ्रामक धारणा,[73] विकृत सोच तथा एक राजनैतिक प्रयोग है। विश्व के किसी भी देश के इतिहास में इस अस्पष्ट शब्द का प्रयोग संस्कृति के अर्थ में कभी नहीं किया गया है। भारत में भी मुसलमानों के एक हजार वर्ष के आक्रमण काल में कहीं भी, यहाँ तक कि सम्राट अकबर के काल में भी इस शब्दावली का प्रयोग नहीं हुआ। वस्तुतः यह मुसलमानों के तुष्टीकरण के लिए अथवा इसलामिक मजहब के संरक्षण-संवर्धन तथा विस्तार के लिए छद्मवेशी सेकुलरवादियों तथा वामपंथियों द्वारा प्रयुक्त शब्द है।

मिश्रित संस्कति की भ्रामक अवधारणा

मिश्रित (composite) शब्द की यदि व्युत्पति[74] देखें तो इसका अर्थ पृथक् भागों की निर्मिति (made up of vaious parts) से है। इसका सर्वप्रथम प्रयोग डॉ. जानसन के शब्द कोष में हुआ तथा इसका प्रयोग स्थापत्य के भाव से व्यक्त हुआ है। बाद में इसका प्रयोग गणित में भी हुआ। वनस्पति विज्ञान में कई बार फूलों के संदर्भ में भी इसका प्रयोग हुआ। फोटोग्राफी में भी इसका प्रयोग तब हुआ, जब एक फोटो कुछ अलग-अलग भागों को जोड़कर बनाया गया। सामान्य भाषा में इसका प्रयोग अलग भागों को जोड़कर बनाया गया है। सामान्य भाषा में इसका प्रयोग तब भी किया गया, जब उसके विभिन्न भागों को मिश्रित किया गया है।

अतः शब्दकोष के अर्थ में मिश्रित का अर्थ है, विभिन्न भागों से बनी। अंग्रेजी में इसके विपरीत शब्द इन-टि-ग्रेशन (Integration) अर्थात जोड़ना है। इसका अर्थ है विभिन्न भागों को मिलाकर एक करना या बनाना। संक्षेप में जब मिश्रित शब्द का प्रयोग होता है तो इसका अर्थ है अलग-अलग भागों का स्वतंत्रत अस्तित्व बने रहना। अतः दोनों को पूर्णतः एकाकार नहीं किया जा सकता, उनका सदैव अलग अस्तित्व बना रहता है।

भारतीय संस्कृति का वैशिष्ट्य

भारतीय संस्कृति सभी धर्मों, संप्रदायों, पूजा पद्धतियों के प्रति समानता, समरसता, सहिष्णुता तथा समन्वय का भाव रखती है। भारतीय संविधान का सम्मान करना इसका स्वभाव रहा है। भारतीय संस्कृति सदैव से एक सद विप्राः बहुधा वदन्तिः अर्थात परम सत्य तो एक ही है, परंतु उसकी प्राप्ति के मार्ग भिन्न हो सकते हैं। इसी भाँति सर्वधर्म समभाव अथवा आनो भद्राः कृतके अन्तु विश्वतः में भी यही भावना व्यक्त है। भारतीय संस्कृति के उदात्त विचार कभी वसुधैव कुटुंबकम तो कभी सर्वे भवन्तु सुखिनः की

भावना में प्रकट हुए हैं। भारतीय संस्कृति, एक विश्व सस्कृति है। इसके विकास में अनेक सदियों तथा हजारों पीढ़ियों का योगदान रहा है। इसने संपूर्ण मानव जीवन के कल्याण के शाश्वत मूल्यों को प्रयुक्त किया है। वर्तमान काल में इस समन्वयात्मक भावना को विविध उपासना पद्धति से मुक्ति मार्ग को दर्शाया स्वामी रामकृष्ण परमहंस ने। स्वामी विवेकानंद ने अमेरिका में गर्व से कहा था, ''मैं उस संस्कृति से आया हूँ, जहाँ भाषा (संस्कृत) में नकारात्मक (exclusive) नाम का कोई शब्द है ही नहीं। भारतीय संस्कति विविधता में एकता के महती सिद्धांत में पूर्ण आस्था रखती है इन्ही कारणों में भारत में अनेक मतों, संप्रदायों व पंथों का विकास हुआ तथा सभी एक स्थान पर रह सके।

भारतीय संस्कृति का आधार आध्यात्मिक तथा ईश्वरोमुखी रहा। अत: यहाँ भौतिक सुखों तथा आर्थिक लाभों को संतुलित महत्त्व दिया गया। यहाँ की संस्कृति असीम प्रेम तथा त्याग पर आधारित है, अत: हिंसा, आतंकवाद, दूसरों के प्रति घृणा, जबरदस्ती मतांतरण आदि को कोई स्थान नहीं है। इस संस्कृति का वैशिष्ट्य इसकी सदैव वैश्विक दृष्टि है। व्यष्टि, समष्टि तथा परमेष्टि का विकास सदैव इसका प्रमुख भाग रहा है। यहाँ के जनमानस में नर से नारायण तक पहुँचने की आकांक्षा रही है। भारतीय संस्कृति ने कभी भी मुसलमानों या ईसाइयों की भाँति, अपने ही मार्ग को एक मात्र नहीं बताया। इसीलिए विश्व के श्रेष्ठ विचारक विल डयूरैट, अर्नोल्ड टायनबी भारत के मार्ग को सर्वश्रेष्ठ मानते हैं।

मिश्रित संस्कृति : एक भ्रामक धारणा

विश्व के किसी भी देश में 19वीं शताब्दी तक कहीं भी मिश्रित संस्कृति शब्द का प्रयोग नहीं हुआ। हाँ विश्व में उधार ली हुई संस्कृति या नकल की हुई संस्कृति का प्रयोग अवश्य हुआ। इस संदर्भ में भारत के कुछ प्रसिद्ध विचारकों के मत जानना आवश्यक होगा, जैसा कि ऊपर बताया गया, डॉ. हर्ष नारायण इस मिश्रित संस्कृति को एक 'मिथक' मानते हैं उन्होंने भारतीय संस्कृति का विकास क्रम वेदों तथा उपनिषदों से बताया, साथ ही खिलाफत आंदोलन के समय तथा बाद में भारत विभाजन में मुसलमानों की भूमिका तथा भारत की राजनीति में सेकुलरवाद के पदार्पण से हिंदू-मुसलिम कृत्यों को मिश्रित संस्कृति के नाम दिए जाने का वर्णन किया है।

प्रसिद्ध इतिहासकार प्रो. ए.आर. खान[75] ने मिश्रित संस्कृति की कटु आलोचना करते हुए कहा, ''तीन दशकों (1940-1970 ई.) से हम पठन-पाठन में मिश्रित संस्कृति पर अत्याधिक जोर दे रहे हैं। हमें लग रहा है कि हम राष्ट्र की बड़ी सेवा कर रहे हैं तथा आदर्शों की प्राप्ति में बड़ा सहयोग क़र रहे है।'' उन्होंने विविध क्षेत्रों में मिश्रण की

प्रक्रिया दिखलाने की वृत्ति पर कठोर प्रहार किए हैं। उन्होने कहा कि हमें लगता है भारत मिश्रित संस्कृति की धर्मपल्ली बन गया हैं। वे प्रश्न करते है कि क्या मिश्रित संस्कृति एक राष्ट्र के अस्तित्व के लिए अनिवार्य है? क्या इससे एक-दूसरे के प्रति अतिक्रमण तथा विद्रोह नहीं भड़केंगे।

विश्वविख्यात इतिहासवेत्ता बी.आर. नंदा[76] ने भारत में किसी भी प्रकार की मिश्रित संस्कृति को स्वीकार नहीं किया है। उनका स्पष्ट कथन है कि यहाँ तक की गुगल सम्राट अकबर के काल में भी मिश्रित संस्कृति न थी और यदि थी भी तो केवल दरबार के अंदर। दरबार के बाहर इसके कोई चिह्न न थे। उनका यह भी कथन है भारतीय मुसलमान कभी भी भारतीय अतीत से न जुड़े?

मध्यकालीन इतिहास के विशेषज्ञ प्रो. के.एस. लाल[77] ने मिश्रित संस्कृति को एक भ्रामक धारणा माना है। वस्तुतः यह मुसलिम संस्कृति को महिमामंडित करने का ढंग है। इसे भारतीय मुसलमानों को अलग रखने का षड्यंत्र भी कहा जा सकता है।

प्रसिद्ध मानव शरीर शास्त्र के ज्ञाता प्रो. टी.एन. मदान[78] ने मिश्रित संस्कृति को पंथनिरपेक्षता के उत्तर में अपर्याप्त माना है। उन्होंने मिश्रित संस्कृति को भारत के संदर्भ में एक विशेष अर्थ में बतलाया है। उन्होंने कहा है कि हिंदू तथा मुसलिम सांस्कृतिक तत्त्वों को भिन्न धार्मिक रीतियों में मिलाने का प्रयत्न किया, जो सर्वथा अस्पष्ट है। डॉ. मदान के अनुसार मिश्रित नगरीय संस्कृति लोगों के जीवन को प्रकट करती है, जो बाहरी आडंबर को दर्शाती है, न कि आंतरिक जीवन मूल्यों एवं उसकी विविधता को। अतः उन्होंने मध्यकालीन धार्मिक रीति-रिवाजों पर अनेक प्रश्न उठाए हैं। उनका मत है कि मिश्रित संस्कृति सामान्यतः उत्तरी भारत में हिंदू उच्च वर्ग में इसके प्रभाव को बतलाती है, जो मुसलिम शासक वर्ग से जुड़े रहे। इसमें वे अवध के कायस्थों तथा कश्मीर के पंडितों का नाम गिनाते हैं। संक्षेप में वे एक मिश्रितकुलीन हिंदू-मुसलिम संस्कृति को भी अतीत की बातें मानते हैं।

भ्रमजाल के योजक

व्यावहारिक रूप से 1940 के दशक में मिश्रित संस्कृति के भ्रमजाल का जन्म तथा विस्तार हुआ। इसके प्रमुख योजक थे प्रसिद्ध इतिहासकार डॉ. ताराचंद,[79] टी.बी. सप्रू, सैयद अहमद तथा पंडित सुंदर लाल तथा उन्हें आशीर्वाद प्राप्त था पंडित जवाहरलाल नेहरू का। पंडित सुंदर लाल ने जून, 1942 में भारत में एक सांस्कृतिक संस्था का निर्माण चाहा। पं. नेहरू ने[80] इस योजना से सहमति जताई और कहा, ''मैं पूर्णतः समान संस्कृति के विकास के सुझाव से सहमत हूँ।'' पं. नेहरू ने पुनः कहा कि मैं दृढ़तापूर्वक मानता हूँ कि अकबर के काल में बहादुरशाह जफर के काल तक एक समान संस्कृति

विकसित हुई, जिसमें हिंदुओं तथा मुसलमानों ने महत्त्वपूर्ण योगदान दिया। मेरे लिए यह दुख: का विषय है कि हम जाने अथवा अनजाने में कोई ऐसा कार्य न कर सके, जिससे हम समान संस्कृति का आधार मजबूत कर सके।[81] ये लोग शिक्षा मंत्री मौलाना अबुल कलाम आजाद के पास गए, परंतु इसे टालते हुए कहा[82] मेरे पास बहुत काम है। अत: इस कार्य के लिए डॉ. भगवानदास का नाम सुझाव के रूप में दे रहा हूँ।

इस संदर्भ में एक महत्त्वपूर्ण प्रसंग देना गलत न होगा। भारतीय गणतंत्र के प्रथम राष्ट्रपति डॉ. राजेंद्र प्रसाद 20 जनवरी, 1951 को जब दिल्ली विश्वविद्यालय के छात्रों को उपाधियाँ देने आए, उन्होंने अपने भाषण में कहा, "भारत में दो संस्कृतियाँ है—प्राचीन हिंदू संस्कृति तथा दूसरी अरब संस्कृति।"[83] मौलाना अबुल कलाम आजाद ने कुछ दिनों बाद विरोध स्वरूप कहा, "भारत में कभी भी अरब संस्कृति नहीं रही। भारत पर सर्वाधिक असर ईरानी संस्कृति का रहा है। इसने कभी भी अलग मार्ग नहीं अपनाया। इसके विपरीत यह भारतीय संस्कृति का अंग बन गई। अत: भारतीय संस्कृति, प्राचीन, मध्यकालीन तथा आधुनिक काल का मिश्रण है।"[84]

निश्चित रूप से पंडित जवाहर लाल नेहरू मिश्रित संस्कृति की भ्रामक धारणा के महान् पोषक थे तथा उसके विस्तार में बढ़-चढ़कर भाग ले रहे थे। एक उदाहरण से उनकी मनोभावना पूर्णत: स्पष्ट होती है। जब 15 अगस्त, 1947 ई. को देश स्वतंत्र होनेवाला था, भारतीय संविधान सभा के अध्यक्ष डॉ. राजेंद्र प्रसाद के पास लगभग 3000 पत्र व तार पहुँचे थे, जिसमें भारत की स्वतंत्रता की घोषणा के साथ भारत में पहला कानून गोहत्या पर पूर्ण प्रतिबंध की घोषणा करने के रूप में आग्रह था। अत: डॉ. राजेंद्र प्रसाद ने पं. नेहरू का एक पत्र लिखकर अनेक व्यक्तियों की इस माँग को स्वीकार करने को कहा। इसके उत्तर में पं. नेहरू ने 6 अगस्त, 1947 को डॉ. राजेंद्र प्रसाद को एक लंबा पत्र लिखा।[85] इस पत्र में पं. नेहरू ने भारतीय जनमानस की इस माँग को एकदम अस्वीकार कर दिया। पत्र में उन्होंने गांधीजी का नाम लेते हुए तर्क दिए कि गांधीजी ने कभी गोहत्या बंद करने को नहीं कहा। वास्तव में गांधी की आड़ में पं. नेहरूजी का यह उत्तर झूठा, अतार्किक, अनुचित तथा अमान्य था।[86] पं. नेहरू ने इस कानून को भारत की मिश्रित संस्कृति के लिए खतरा बतलाया। उन्होंने बाद में इसे एक राजनीतिक स्टंट बतलाया। संभवत: यह कानून इसलिए नहीं बना, क्योंकि पं. नेहरू मुसलमानों, ईसाइयों, यहूदियों को भारतीय संस्कृति की मुख्य धारा से अलग रखना चाहते थे।

भारत के कम्युनिस्टों ने सँभाला इस विरासत को

भारत के कम्युनिस्टों ने प्रधानमंत्री नेहरू तथा श्रीमती इंदिरा गांधी व उनके प्रछन्न

राष्ट्रवादियों ने इस विरासत को अपने प्रचार का माध्यम बनाया। मिश्रित संस्कृति को आधार मानकर इतिहास की नई पुस्तकें 1969 में गढ़ी गईं। सांस्कृतिक राष्ट्रवाद अथवा भारतीय संस्कृति के पोषक विद्वानों को 'सांप्रदायिक' 'प्रतिक्रियावादी' अथवा 'लड़ाकू राष्ट्रवादी' कहा गया। उन्होंने उपरोक्त विद्वानों को भला-बुरा कहा[87] उन्होंने इस प्रसंग में लोकमान्य तिलक, महर्षि अरविंद घोष जैसे नेताओं को भी लपेट लिया। कुछ ने मिश्रित संस्कृति का विकास काल 14वीं से 18वीं शताब्दी तक माना है। इनका मत है कि 16वीं तथा 17वीं शताब्दी में यह सर्वोच्च बिंदु पर थी।[88] वे इसका स्वरूप अकबर की सुलहकुल की नीति व मुगल चित्राकला में ढूँढ़ते हैं। किसी-किसी ने संत कबीरदास तक की समन्वय भावना में भी कंपोजिट कल्चर को ढूढँने की कोशिश की।[89] प्रसिद्ध वामपंथी लेखिका रोमिला थापर ने हिंदू-मुसलिम के मिश्रण को मध्यकाल में मिश्रित संस्कृति का 'एक महत्त्वपूर्ण आयाम' माना है।

यहाँ यह उल्लेखनीय है कि भारतीय कम्युनिस्ट लेखक, राष्ट्रवादी इतिहासकारों द्वारा लिखित पुस्तकों को दोषी मानते हैं, साथ ही तत्कालीन भाषणों, समाचारों, नाटकों द्वारा प्रचार तथा सार्वजनिक मंचों पर दिए भाषणों को गलत मानते हैं, परंतु वही मार्ग वे मिश्रित संस्कृति के पक्ष में अपनाते हैं, परंतु ऐतिहासिक सच्चाइयों पर आधारित न होने पर उन्हें निराशा ही हाथ लगी।

प्रसिद्ध वामपंथी विद्वान् तथा जवाहरलाल नेहरू विश्वविद्यालय में रहे वरिष्ठ प्रोफेसर के.एन. पन्निकर ने लिखा,[90] 'सहमत', एकता तथा सांप्रदायिकता विरोधी आंदोलन जैसे कुछ संगठनों और जन नाट्य मंच तथा निशांत जैसे नाट्य दलों के अच्छे काम के बावजूद संस्कृति के क्षेत्र को उभारने में आगे न आ सका।''

संक्षेप में ऐतिहासिक तथ्यों तथा अनुभवों के आधार पर यह कहा सकता है कि हजारों सालों से चली आ रही भारतीय संस्कृति की धारा अक्षुणय है। राष्ट्र के अस्तित्व के लिए वामपंथियों अथवा तथाकथित सेकुलरवादियों की मिश्रित संस्कृति की भ्रामक धारणा कभी फलीभूत न होगी और न ही इस कोरी कल्पना से हिंदू-मुसलिम एक-दूसरे के निकट आ सकेंगे।

(iv) समान सिविलकोड

भारतीय संविधान के राज्य के नीति निर्देशक तत्त्व के अनुच्छेद 44 में कहा गया है, ''नागरिकों के लिए एक समान सिविल संहिता। राज्य भारत के समस्त राज्य क्षेत्र में नागरिकों के लिए एक समान सिविल संहिता प्राप्त करने का प्रयास करेगा।[91]

परंतु व्यावहारिक रूप से कांग्रेस शासन ने मुसलिम तुष्टीकरण को ध्यान में रखकर कभी कोई कदम नहीं उठाया। अप्रत्यक्ष रूप से देश में हिंदू-मुसलिम को एक होने में,

यह एक प्रभावी रोड़ा रहा है। यह आश्चर्यजनक है कि भारतीय संविधान के अंतर्गत सत्ताधारी शासकों ने इसका दुरुपयोग देश में मुसलिम अल्पसंख्यकों को जोड़ने की बजाय तोड़ने में किया। इससे भारतीय मुसलमानों में भारतीय संविधान के प्रति श्रद्धा तथा आस्था कम ही नहीं हुई, बल्कि उनमें सुविधाएँ प्राप्त कर टकराव को बढ़ावा मिला। विश्व में कहीं भी, कोई भी देश ऐसा न होगा, जहाँ बहुसंख्यक समाज की उपेक्षाकर अल्पसंख्यकों को इतना महत्त्व दिया गया है।

यह आश्चर्यजनक है कि भारतीय मुसलमानों द्वारा इस संदर्भ में भारतीय संविधान या उच्चतम न्यायालय द्वारा पारित कानूनों की उपेक्षा की जाती है। भारत में कानून बनाने के न्याय सिद्धांत के 'नेशनल ला' का सबसे बड़ा रास्ता अवरुद्ध किया हुआ है। सरकार की तुष्टीकरण की नीति का लाभ उठाकर देश के मुसलमान मुसलिम पर्सनल लां के अंतर्गत अपने मनगढ़ंत तरीके से इसका विरोध करते रहे हैं। संभवत: डॉ. बी.आर. अंबेडकर इस प्रश्न पर स्पष्ट नहीं हैं, यद्यपि वे समान सिविलकोर्ट के 'तगड़े पैरोकार' थे।[92]

ऐतिहासिक संदर्भ में देखें मुसलिम पर्सनल ला बोर्ड का जन्म 1972 में समान सिविल कोड को रोकने के लिए हुआ। मात्र 201 लोगों की यह संस्था कानून और राष्ट्र में शरीय: कानून को सर्वोच्च मानती है और भारत में यह कानून न लागू होने की बात करती है। इसलामी दृष्टिकोण से सर्वाधिक महत्त्वपूर्ण है कि मुसलमान हो और शरियत का पालन करता हो[93] अरब के शहंशाह फैजल ने 1966 में कहा था[94] 'संविधान, किसलिए? संसार का प्राचीनतम और सर्वश्रेष्ठ संविधान तो कुरान है।' भारत की संविधान सभा में सिविल कोड के प्रश्न पर 23 नवंबर, 1948 को बहस हुई। एक सदस्य मोहम्मद ईसमाइल ने इसका विरोध किया[95] कहा, वाह इसमें निम्नलिखित 'प्रावधान जोड़ा जाए', पर किसी वर्ग, संप्रदाय, जाति या कोई निजी कारण हो तो उसे वह कानून छोड़ने के लिए बाध्य नहीं किया जाएगा।[95] देश में समन्वय उत्पन्न करने तथा बढ़ाने के लिए यह अपेक्षित नहीं है कि लोगों को उनके निजी कानून छोड़ने के लिए बाध्य किया जाए[96]। एक-दूसरे मुसलिम सदस्य नजीरूद्दीन अहमद ने कहा,[97] पर किसी जाति का निजी कानून उस जाति की पूर्ण सहमति के बिना परिवर्तित न किया जाएगा और यह सहमति उस प्रणाली द्वारा निहित की जाएगी जो कि संघीय कानून मान्य कानून द्वारा निश्चित करे इसके विपरीत बिहार के एक मुसलिम सदस्य हुसैन इमान ने अपेक्षाकृत सरल भाव से कहा, "श्रीमान मेरे विचार से, एक विधि कानून बनाना सर्वथा उपयुक्त तथा अति वांछनीय है, किंतु बहुत समय पश्चात् ऐसा करना चाहिए।"

मोटे रूप से मुसलिम सदस्यों ने पर्सनल लॉ को जरूरी तथा नेशनल लॉ को अनुचित तथा गलत बताया। इसके लिए मैलिक अधिकारों का भी सहारा लिया गया।

के.एम. मुंशी ने कहा कि किसी भी प्रभुत्व देश में प्रत्येक अल्पसंख्यक जाति के

निजी कानून को इतना अटल नहीं माना गया है कि व्यवहार संहिता बनाने का निषेध हो[98]। उन्होंने उदाहरण देते हुए बतलाया कि उदारवादी टर्की या मिस्त्र देश में किसी अल्पसंख्यक को ऐसे अधिकार नहीं दिए गए हैं। उन्होंने यह भी बतलाया कि पुराने साम्राज्य में केंद्रीय विधानमंडल ने सब शरियत कानून पारित किया था, तब खोजा और कच्छी मैमन अत्यंत असंतुष्ट थे।

डॉ. बी.आर. अंबेडकर ने अपने वक्तव्य में कहा[99] ''मैं असंख्य उदाहरण दे सकता हूँ, जिनसे यह सिद्ध हो जाएगा कि इस देश में लगभग एक ही व्यवहार संहिता है, जो एक विधि है तथा समस्त देश में लागू है। अब तक केवल एक क्षेत्र में व्यवहार कानून हस्तक्षेप नहीं कर सका है। वह है विवाह तथा उत्तराधिकारी का क्षेत्र, यह एक छोटा कोना है, जिसमें हम अब तक हस्तक्षेप नहीं कर सके और जो लोग अनुच्छेद 35 (जो अब अनुच्छेद 44 के विधान का भाग बनाना चाहते हैं, उनकी इच्छा यही सुधार करने की है।''

डॉ. बी.आर. अंबेडकर ने पुनः कहा,[100] यह सर्वथा भूल गए कि सन् 1935 तक पश्चिमोत्तर सीमा प्रांत में शरियत कानून लागू नहीं था, केवल इतना नहीं, मेरे माननीय मित्र भूल गए कि 1937 तक पश्चिमोत्तर सीमा प्रांत के अतिरिक्त शेष भारत के भी विभिन्न भागों में यथा संयुक्त प्रांत, मध्य प्रांत तथा मुंबई के उत्तराधिकार का विषय काफी हद तक 'मुसलमानों' पर हिंदू कानून था।

उल्लेखनीय है कि मुसलमानों के संशोधन पर मुसलमान हार गए। बहुमत की राय से अनुच्छेद 44 भारत के संविधान का भाग बनाया गया।

विचारणीय है कि संविधान सभा में मुसलमानों में इतने तीव्र कॉमन सिविल कोड के विरुद्ध इतनी प्रतिक्रिया क्यों न थी। 1969 के पश्चात् श्रीमती इंदिरा गांधी ने वोट बैंक की अदूरदर्शितापूर्ण राजनीति का जो ढाँचा खड़ा किया, उससे अलगाव, तेजी से बढ़ा। वोट बैंक की राजनीति के कारण कांग्रेस पार्टी, मुल्ला, मौलवियों तथा कठमुल्लों के तुष्टिकरण में लग गई। कांग्रेस पार्टी (इंदिरा आई) को यह विश्वास था कि इस तरह की नीति अपनाने से वह अल्पसंख्यकों वोटों को हमेशा के लिए अपने पक्ष में कर लेगी।

न्यायाधीश ने इस बात पर खेद जताया है कि स्टेट समान नागरिक संहिता का निर्माण करने में विफल रहा है। सर्वोच्च न्यायालय के तत्कालीन मुख्य न्यायाधीश वी.एन. खरे ने एक फैसले में समान नागरिक संहिता लागू करने की बात कही। प्रो. बाल आप्टे ने अगस्त 2001 में राज्यसभा में बोलते हुए[101] इसका विरोध 'महिला विरोधी' 'समुदाय विरोधी' तथा समाज विरोधी कहा निष्पक्ष रूप से देखें तो यह मान्य होगा कि समान नागरिक संहिता को लागू करने के प्रश्न पर संसद् में कांग्रेस, वामपंथी तथा कुछ अन्य राजनीतिक दलों के साथ, समय-समय पर यह व्यर्थ का हंगामा करते रहे हैं।

(v) आरक्षण तथा मुसलिम

भारतीय संविधान न केवल राजनैतिक एंव प्रशासनिक दस्तावेज कहा जाता है, बल्कि भविष्य की सामाजिक व्यवस्था तथा सामाजिक परिवर्तन की मार्गदर्शिका भी। संविधान के भाग तीन व चार में मूल अधिकारों तथा राज्य के नीति निर्देशक तत्त्वों में इन्हें अंतर्निहित किया गया है। संविधान की उद्देश्यिका में भी नागरिकों के सामाजिक, आर्थिक तथा राजनैतिक हितों की सुरक्षा की बात कही गई है।

डॉ. बी.आर. अंबेडकर जैसे संविधान निर्माता ने भारत के सामाजिक ढाँचे तथा भविष्य में इसमें परिवर्तन की आवश्यकतओं को ध्यान में रखते हुए आर्थिक व राजनैतिक तुलनात्मक दृष्टि से भी अधिक, सामाजिक समानता तथा सामाजिक न्याय पर अधिक बल दिया है। यह सत्य है कि भारतीय सामाजिक स्तर का आधार जाति, ऊँचा नीच की भावना व छुआछूत रही है, जिसने समाज में असमानता पैदा की। अतः संविधान निर्माताओं को इस ओर ध्यान देना परमावश्यक लगा। भारतीय संविधान के अनुच्छेदों-14, 15 और 16 में सामाजिक समानता पर विशेष बल दिया गया है।

पूर्व प्रमुख न्यायाधीश कृष्ण नैयर ने संविधान में सामाजिक न्याय की व्यवस्था को बड़ा महत्त्वपूर्ण बताया है। इसे संविधान की चेतना (Conscience of Constitution) कहा है। सर्वोच्च न्यायालय के पूर्व मुख्य न्यायधीश डॉ. पी.बी. गजेंद्र गडकर ने सामाजिक न्याय को व्यापक अर्थ में प्रयोग करते हुए इसमें आर्थिक न्याय की बात की है।[102]

आरक्षण की मूल भावना भारतीय जन समाज में सामाजिक असमानता दूर करना है। डॉ. बी.आर. अंबेडकर और डॉ. राममनोहर लोहिया ने इसे बार-बार दोहराया है। वर्तमान में आल इंडिया बैकवर्ड फेडरेशन के अध्यक्ष कौशलेंद्र प्रताप यादव ने यह सही कहा है कि आरक्षण गरीबी हटाओ कार्यक्रम नहीं है।[103] न ही इसका आर्थिक आधार है। वस्तुतः गरीबी दूर करने के लिए अलग योजनाएँ हैं, साथ ही इसका कोई धार्मिक आधार भी नहीं है। उल्लेखनीय है कि भारत में शताब्दियों से ऐसे धार्मिक संत-महात्मा तथा विद्वान् भी हैं, जो भिक्षा से जीवन यापन करते रहे हैं या आज भी करते हैं, जिनके आगे अनेक लोग मस्तिष्क झुकाते हैं जिनका सामाजिक स्थान ऊँचा है। अतः वे इस कोटि में नहीं आते।

आरक्षण के दायरे में भारतीय समाज के पिछड़े वर्ग के वे लोग आते हैं, जो सामाजिक असमानता की बुराई के शिकार हुए,[104] जिन्हें समस्त नागरिकों की भाँति उन्नति का समान अवसर नहीं मिला। सामान्यतः इसके अंतर्गत शिड्यूल्ड कास्ट, शिड्यूल्ड ट्राइब्स तथा अन्य पिछडे वर्गों के लोग आते हैं। भारत के संविधान में किसी भी नागरिक को कानून के समक्ष समानता तथा समान सुरक्षा की बात कही है। समय-समय पर राष्ट्रपति ने संसद् के द्वारा इस संदर्भ में नियम भी पारित किए हैं। इस संदर्भ में राष्ट्रपति

द्वारा 18 नवंबर, 1950 को अनुच्छेद 338 के अंतर्गत एक विशेष अधिकारी नियुक्त किया गया, जिसे शिड्यूल कास्ट व शिड्यूल्ड ट्राइब्स का कमिशनर कहा गया, जो अब तक भारत के राष्ट्रपति की 26 रिपोर्ट भेज चुका है।

अनुच्छेद 340 के अंतर्गत पिछड़े वर्ग की सामाजिक तथा शैक्षणिक स्थिति जानने के लिए एक बैकवर्ड कमीशन भी नियुक्त किया गया। यह कमीशन 29 फरवरी, 1953 को काका साहेब केलकर की अध्यक्षता में बना। कमीशन ने अपनी रिपोर्ट 30 मार्च, 1955 को प्रस्तुत की, जिसमें 2399 समुदायों को सामाजिक तथा शैक्षणिक दृष्टि से पिछड़ा वर्ग बताया। कमीशन ने पिछड़ेपन का कारण परंपरागत जाति स्थिति में निम्न स्थिति, शिक्षा में पिछड़ापन, सरकारी नौकरियों में अपर्याप्त या प्रतिनिधित्व न होना तथा व्यापार वाणिज्य तथा उद्योग में अपर्याप्त प्रतिनिधित्व बताया, लेकिन कमीशन ने इन सबमें जातिगत आधार को निर्णायक तत्त्व माना।

जनता के शासनकाल में एक और कमीशन पुनः अनुच्छेद 340 के अंतर्गत संसद् सदस्य बी.पी. मंडल को नियुक्त किया गया। इसका उद्देश्य सामाजिक तथा शैक्षणिक दृष्टि से पिछड़े वर्ग को जानने का आधार तथा ऐसे पिछड़े समुदायों की भावी प्रगति के लिए सुझाव देना था। इसके अलावा समय-समय पर राज्यों द्वारा भी कमेटियाँ स्थापित की गईं, जिनके द्वारा पिछड़े समुदायों की सूचियाँ तैयार की गईं। संक्षेप में संवैधानिक दृष्टि से आरक्षण का आधार सामाजिक तथा शैक्षणिक पिछड़ेपन को माना गया। संविधान में कोई आर्थिक या गरीबी को आधार न माना गया। इसका मूल आधार समानता तथा अवसर की समानता को स्वीकार किया गया।

मुसलिम आरक्षण—साढ़े छियानवे प्रतिशत भारत के मुसलमानों की इच्छा से पाकिस्तान के बन जाने से तथा संविधान में सभी बहुसंख्यक नागरिकों के समान भारत के साढ़े तीन प्रतिशत मुसलमानों को भी समान अधिकार मिल जाने से उनके आरक्षण का कोई औचित्य या प्रश्न नहीं रहता। अतः स्वाभाविक रूप से भारतीय संविधान में इसके लिए कोई अलग प्रावधान की आवश्यकता नहीं महसूस की गई। उन्हें भारत के अन्य नागरिकों की भाँति नागरिकता के समान अधिकार दिए गए।

यद्यपि भारत में कांग्रेस, मुसलमान के प्रति तुष्टीकरण की नीति अपनाती रही, परंतु तेजी से गिरते हुए उसके राजनैतिक आधार ने उसने मुसलिम आरक्षण को भी अपना राजनैतिक मुद्दा बनाना प्रारंभ किया। निःसंदेह सदैव राजसत्ता के मद में लिप्त रहनेवाली कांग्रेस के लिए 1991 : 2003 का काल त्रासदी का काल था। अतः पुनः सत्ता प्राप्ति के लिए उसने चुनावी वोट बैंक की लालसा में अनेक आश्वासनों के ढेर लगा दिए। परिणामतः कांग्रेस 2004 में बहुमत में तो नहीं आ सकी, परंतु छद्मवेशी सेकुलर पार्टियों तथा कम्युनिस्ट दलों के सहयोग से संप्रग सरकार बनाने में सफल हुई।

आगामी दस वर्षों के लिए कांग्रेस ने मुसलिम तुष्टीकरण तथा उनको रिझाने के लिए इतने प्रोग्राम दिए, जितने आजादी से पूर्व अपने समस्त इतिहास में मुसलिम लीग ने भी मुसलमानों को न दिए थे।

कांग्रेस ने अपने शासनकाल में इसका प्रारंभ क्रमशः अक्तूबर 2004 में जस्टिस रंगनाथ कमीशन तथा 9 मार्च, 2005 को जस्टिस राजेंद्र सच्चर आयोग (कमेटी) की स्थापना से किया। दोनों का समान-सरीखा उद्‍देश्य था—मुसलिम समुदाय की सामाजिक, आर्थिक तथा शैक्षणिक स्थिति का अवलोकन करना तथा उनकी उन्नति के लिए सिफारिशें करना। अव्यक्त रूप से यह स्वीकार की स्वीकृति थी कि कांग्रेस ने अपने शासनकाल में पिछले 54 वर्षों में (कुछ अपवादों को छोड़कर) मुसलमानों के पिछड़ेपन के लिए कुछ भी नहीं किया। इन आयोगों ने अपनी रिपोर्ट्स क्रमशः 22 मई, 2007 तथा 17 नवंबर, 2006 को प्रधानमंत्री डॉ. मनमोहन सिंह को सौंप दी। तुरंत लागू न होने पर काल्पनिक आश्वासनों से लबालब मुसलमानों में तीव्र बैचेनी भी हुई।

2008 का वर्ष कांग्रेस के लिए आगामी चुनाव (2009) की तैयारी का वर्ष था। अतः कांग्रेस शासन ने सिद्धांतः सच्चर कमेटी की सिफारिशों को स्वीकार किया तथा एक 'समान अवसर कमीशन' की स्थापना की घोषणा की। तत्कालीन अल्पसंख्यक संबंधी कार्यमंत्री ए.एन. अंतुले ने इस घोषणा को 'ऐतिहासिक अवसर' तथा इसे एक 'ऐतिहासिक वक्तव्य' कहा। सच्चर कमेटी ने अपनी 15 सूत्री कार्य योजना में मुसलमानों के लिए सामाजिक, आर्थिक, शैक्षणिक आरक्षण की माँग की। सरकार ने इस संदर्भ में दिसंबर, 2008 में दिशा निर्देश दिए। सरकार ने मार्च तक के बजट समाप्ति से चार दिन पहले 3780 करोड़ का बजट 90 मुसलिम बाहुल्य जिलों के लिए स्वीकृत किया। इसमें 1000 करोड़ रुपए तुरंत दिया गया।

2009 के लोकसभा के चुनाव में सलमान खुर्शीद (जो बाद में विदेश मंत्री बने) ने मुसलमानों को आरक्षण का आश्वासन दिया। मुसलमानों को आश्वासन देने के लिए समान अवसर समिति को गठित किया गया। फरवरी, 2010 में तत्कालीन मानव संसाधन विकास मंत्री कपिल सिब्बल ने एक केंद्रीय मदरसा बोर्ड की स्थापना कर उन्हें तरह-तरह की सुख-सुविधाएँ देने का आश्वासन देना चाहा।

उल्लेखनीय है कि फरवरी, 2010 में ही सर्वोच्च न्यायालय ने कांग्रेस द्वारा शासित आंध्र प्रदेश की सरकार की मजहब के आधार पर मुसलिम आरक्षण की नीति को रद्‍द किया।[105] इसके अंतर्गत कांग्रेस सरकार आंध्र प्रदेश के उच्च न्यायालय के आदेश के विरुद्ध अपील कर रही थी, जिसमें 4 प्रतिशत मुसलिम आरक्षण की माँग की गई थी। यद्यपि उसी दिन पश्चिम बंगाल की सरकार ने ओ.बी.सी.के. अंतर्गत 10 प्रतिशत मुसलमानों को आरक्षण की घोषणा की थी। 25 मार्च, 2010 को सर्वोच्च न्यायालय ने एक आदेश

में कहा,[106] '' इन प्रार्थनाओं में कई संवैधानिक मामले निहित हैं। एक अंतरिम कानून के अंतर्गत हमें निर्देश करते है कि तत्कालीन समय के लिए 4 प्रतिशत आरक्षण को बढ़ाया जाए। क्रीमीयर लेयर को छोड़कर पहले उनके लिए जो एक्ट के एपेडेंकस में 14 श्रेणियों में दिए गए है। (आंध्र प्रदेश के सामाजिक तथा शैक्षणिक बैकवर्ड वर्ग, मुसलिम स्टेट एक्ट 2007 के अनुसार) उपरोक्त आंध्र प्रदेश के लिए निर्देशों की आड़ में केंद्रीय मानव संसाधन विकास मंत्रालय ने[107] 22 दिसंबर, 2011 में एक सरकारी मेमोरेंडम द्वारा केंद्रीय शिक्षा संस्थानों तथा सामाजिक तथा शैक्षणिक बैकवर्ड नौकरियों में 4.5 आरक्षण घोषित कर दिया। इस उतावलेपन का मुख्य कारण उत्तर प्रदेश तथा पंजाब आदि पाँच प्रांतों में चुनाव होनेवाले थे।

परंतु उल्लेखनीय है कि आंध्र प्रदेश उच्च न्यायालय ने पुनः 28 मई,2012 को मानव संसाधन विकास मंत्रालय के 4.5 प्रतिशत आरक्षण, जो मुसलमानों को सामाजिक तथा शैक्षणिक पिछड़ेपन के आधार पर 27 प्रतिशत ओ.बी.सी. कोटे से दिया जाता था, रद्द कर दिया।[108] केंद्रीय सरकार ने आंध्र प्रदेश उच्च न्यायालय की आज्ञा के विरुद्ध पुनः प्रार्थना की। 13 जून, 2012 के अपील पर विचार किया[109] परंतु आंध्र प्रदेश को उच्च न्यायालय के रद्द के प्रस्ताव को न हटाया कि 4.5 सब कोटा पिछड़े मुसलमानों को दिया जाए।

स्वाभाविक रूप से वर्तमान में कांग्रेस सरकार ने आगामी 2014 के चुनाव की तैयारी में पुनः मुसलिम आरक्षण की माँग की। भारत के अल्पसंख्यक विभाग के तत्कालीन मंत्री श्री के. रहमान खाँ ने सभी अल्पसंख्यकों को 4.5 प्रतिशत कोटा केवल मुसलमानों को देने की सिफारिश की[110] भारत के सोलिसिटर जनरल (महान्यायवादी) जनरल मोहन पराशरण ने 17 फरवरी, 2014 को सर्वोच्च न्यायालय से पुनः 4.5 प्रतिशत सब कोटा मुसलमानों को देने की लिए रुकावट दूरकर ओ.बी.सी. को 27 प्रतिशत कोटे में से देने की पुनः प्रार्थना की।[111] कांग्रेस के वरिष्ठ नेता तथा महामंत्री जर्नादन द्विवेदी ने भारत के पिछड़े वर्ग तथा मुसलमानों में कांग्रेस के घटते प्रभाव तथा भारत के मध्यम वर्ग से घुसपैठ करने के लिए जाति के स्थान पर आर्थिक आधार पर आरक्षण देने की बात की।[112] कांग्रेस की अध्यक्षा सोनिया गांधी ने इस पर तीव्र प्रतिक्रिया व्यक्त की। इस कथन को पूर्णतः अस्वीकार करते हुए इसे 'कोटा विरोधी' तथा इसे 'पार्टी के विपरीत द्विवेदी की व्यक्तिगत राय' बतलाया। सोनिया गांधी को पिछड़े वर्ग में भी अपना प्रभाव नष्ट होते लगा। उसने घोषणा कि एस.सी.एस.टी., ओ.बी.सी. का शक्तीकरण कांग्रेस के विश्वास का एक प्रमुख अनुच्छेद रहा है।[113] इतना ही नहीं, अन्य राजनीतिक दलों जी.डी.यू. के के.सी. त्यागी ने।[114] बसपा की मायावती,[115] सपा के आजम खाँ ने इस आर्थिक आधार का कटु विरोध किया। लोजपा नेता रामविलास पासवान ने (अब

भारतीय जनता पार्टी) ने जर्नादन द्विवेदी के ब्यानो को संविधान का उल्लंघन मानते हुए उसके खिलाफ काररवाई की माँग ही कर डाली।

संभवत देश के अनेक राजनेताओं को यह ज्ञात नहीं है कि मुसलिम आरक्षण की माँग संविधान का उल्लंघन है। चुनावी वोट बटोरने के लिए यह मुसलमानों को लुभाने तथा रिझाने का प्रमुख मुद्दा रहा। कांग्रेस इस मुद्दे पर जोर-शोर से न केवल मुसलमानों का समर्थन चाहती रही, बल्कि अन्य तथाकथित सेकुलर पार्टियों के मुसलमानो वोट बैंक पर अपना आधिपत्य चाहती रही ताकि एकमुश्त उन्हें मुसलिम वोट मिल सकें। 2014 के चुनाव के दौरान भी आचार संहिता का उल्लंघनकर सुझाव के रूप में कांग्रेस मुसलमानों के लिए 4.5 प्रतिशत आरक्षण ओ.बी.सी. कोटे से माँग करती रही है।

(vi) मुसलिम आतंकवाद

आतंकवाद विश्व में कोई विशिष्ट चिंतनधारा या सैद्धांतिक विचार नहीं है। यह विकृत मानसिकता तथा विक्षिप्त अवस्था का एक नकारात्मक तथा अमानवीय चेहरा है। इसकी कोई शास्त्र-सम्मत परिभाषा नहीं है। कौलिन्स कोबील्ड नामक विद्वान् ने[116] इसे, ''हिंसा का प्रयोग, विशेषकर हत्या तथा बम द्वारा कहा है, जिससे किसी राजनैतिक उद्देश्य की प्राप्ति या किसी सरकार से कुछ कराने के लिए मजबूर करना है।'' '' 1937 में लीग ऑफ नेशंस ने आतंकवाद को परिभाषित करते हुए बताया कि किसी राज्य के विरुद्ध सभी हिंसात्मक कार्य और जिनका मतलब या पूर्व निश्चित किसी खास व्यक्ति या व्यक्तियों के दल का सामान्य जनता के मनों में आतंक की स्थिति उत्पन्न करने से है।'' (All criminal acts directed against a state and intended or calculated to create a state of terror in the mind of a particular person or a group or persons or the general public)

आतंकवाद का संबंध किसी रिलीजन या मजहब से नहीं है, परंतु यह अवश्य है कि इसके आवरण में इसका दुरुपयोग होता रहा है। आधुनिक काल में अंतरराष्ट्रीय आतंकवाद का सीधा संबंध मुसलिम जिहादी सशस्त्र आतंकवाद से है। इसने अपने जुनून में अपने स्वधर्मियों मिस्र, सीरिया, इरान, ईराक, अजरबैजान, अलजीरिया, बहरीन, नाइजीरिया, बँगलादेश, पाकिस्तान को भी नहीं छोड़ा है।[117] एक अमेरिकन विद्वान् का कथन है कि यदि स्वतंत्रता पराजित होती है और आतंक विजयी होता है तो इसका सर्वाधिक और सर्वप्रथम शिकार इसलामी व्यक्ति ही होंगे, दूसरे कई भी उनके साथ संशस्त होंगे।[118]

यह सबको ज्ञात है कि जिहाद की अवधारणा बद्र के युद्ध से शुरू हुई है, जिसमें 300 मुसलमानों ने अपने से तीन गुनी सेना को परास्त कर दिया था। इससे मूल विचार

मजहब की रक्षा के लिए पैदा हुआ। एम.जे. अकबर ने[119] अपने पुस्तक की भूमिका में लिखा, "इसलाम का लक्ष्य शांति था, पर समय-समय पर अपने विश्व की रक्षा के लिए वे अपने अनुयायियों से बलिदान की अपेक्षा करते थे। यही जिहाद की ऐतिहासिक जड़ थी। गत शताब्दियों में इसलाम का विश्व की ईसाई परंपराओं से टकराव रहा है।[120] इसकी परिणिति 11 सितंबर, 2011 में अमेरिका के प्रसिद्ध विश्व व्यापार के व्यापार केंद्र के दोनों विशाल भवनों के भीषण हादसे से हुई, जिसमें 3000 व्यक्ति मारे गए और तभी से अमेरिका तथा अन्य पश्चिम के राष्ट्रों ने इसे गंभीरता से लिया तथा भविष्य में इसके बचाव तथा निराकरण के सुनियोजित प्रयास किए।

राजसत्ता की इसलामी महत्त्वाकांक्षा तथा राजनीतिक शांति की प्रतिशोध की भावना ने अपने स्वधर्मियों को भी नहीं छोड़ा। इसलामी देश, जहाँ सत्ता भ्रष्ट और अक्षम अधिनायकों के हाथ में है, वहीं जनता में जिहाद की भावना के लिए विशेष आकर्षण रहा[121] विश्व प्रसिद्ध ब्रिटिश इतिहासकार बर्नार्ड लिविस ने वर्तमान विश्वव्यापी आतंकवाद को इसलाम की राजनीतिक विकृति व उसके घटनाक्रमों में देखा। उसने इसका मूल कारण इसलाम में पुरातनपंथी दृष्टिकोण[122] या उनकी जीवन शैली में स्थिरता तथा बदलाव न लाने की क्षमता ने व्यापक असहिष्णुता, जड़ता व कट्टपंथी तत्त्वों के परिप्रेक्ष्य में माना है। एक दूसरी पुस्तक में उसने इसलामी आतंकवाद का विस्तृत वर्णन करते हुए लिखा,[123] "आज के युग की हर आतंकवादी घटना के पीछे मुसलिम हाथ है, इस सच को नकारा नहीं जा सकता है और विडंबना तो यह है कि वे स्वयं गर्व से इन खूनखराबों से अपनी पहचान जोड़ने के लिए उत्साहित रहते हैं।

भारत में इसलामी आतंकवाद

नि:संदेह भारत को स्वतंत्रता से पूर्व अथवा बाद में इसलामी जिहाद के 'शांति संदेश' धर्म युद्ध या पवित्र युद्ध की कभी भी सुखद अनुभूति न हुई, परंतु इसके सतत् एवं नृशंस तथा क्रूर हत्याकांडों के अनेक कटु तथा घिनौने अनुभव अनेक बार आए। एक लेखक[124] ने तो अपनी पुस्तक का नाम ही 'जिहाद : स्थायी युद्ध की अवधारणा' रखा। मजहब की दृष्टि से इसे सर्वश्रेष्ठ कर्म कहा गया है, परंतु इसके व्यावहारिक स्वरूप में इसने क्रूर बर्बरता, नृशंसता तथा अमानवीय हिंसा को ही दर्शाया है, जो आज मुसलिम आतंकवाद तथा पाशविक सभ्यता का प्रतीक बन गया है। विश्व में इसलाम का प्रचार तथा प्रसार मुख्यत: हिंसा तथा आतंक से हुआ, यहाँ तक कि प्रारंभ के इसलाम के खलीफाओं की मृत्यु भी स्वाभाविक रूप से न हुई।[125] 749 ई. तक उम्मैय्य वंश का राज्य रहा। 749 में अब्दुल्ला अबासीद वंश की नीव डाली गई। विश्व प्रसिद्ध इतिहासकार एच.जी. वेल्स ने इस वीभत्स परिवर्तन का वर्णन किया है। इसमें उम्मैय्य

वंश के समर्थकों का कत्लेआम किया गया। उनके शवों को इक्ट्ठाकर, उन पर एक चमड़े की चादर बिछाकर अब्बास ने अपने अनुयायियों के साथ खाना खाया। उम्मैय्यों के मकबरे नष्ट कर दिए। वस्तुतः यह संघर्ष सुन्नी तथा शिया का संघर्ष था। उमैय्या सुन्नी थे तथा अब्बासीद शिया थे।[126] यह वंश 1258 तक चला, तत्पश्चात् मंगोल चंगेज खाँ के पोते हलाकू ने इस वंश को नष्ट कर दिया।

अगली ढाई शताब्दी तक मिस्र के खलीफाओं का पद नाम मात्र का चलता रहा। इसी भाँति 1727, 1924 तक आटोमन खलीफा का पद चलता रहा।[127] भारत में यह इसलामी आतंक मोहम्मद बिन कासिम के मजहबी उन्माद से आरंभ हो गया। भारत के इतिहास में पहली बार नृशंस हत्याकांड हुआ, जिसमें इसलाम न अपनाने पर सतरह वर्ष तक के युवकों का कत्लेआम किया तथा महिलाओं तथा बच्चों को गुलाम बनाया गया।[128] इसी क्रम को महमूद गजनवी तथा मोहम्मद गौरी ने बनाए रखा। महमूद गजनवी ने ध्वंस, धर्म परिवर्तन, सामूहिक हत्याकांड, भयंकर लूट तथा भव्य मंदिरों तथा कलाकृतियों को नष्ट किया। भारत के हजारों व्यक्तियों को गुलामों के रूप में बेचा। तुलनात्मक दृष्टि से जहाँ मोहम्मद बिन कासिम ने हजारों लोगों का वध किया, वहाँ गजनवी ने लाखों व्यक्तियों की हत्याएँ करवाईं।[129] मुसलमानों का यही क्रम पठानों तथा मुगलो के शासन काल में चलता रहा। उदाहरणतः कुतुबद्दीन ऐबक लाखों व्यक्तियों के वध के कारण जाना गया।[130] बलबन ने मेवात तथा कटेहर में आतंक द्वारा हजारों मेवातियों को मौत के घाट उतार दिया। कटेहर में उसकी एक आज्ञा से समस्त पुरुषों का वध करने का आदेश दिया गया।[131] जिहाद के नाम पर यह क्रूर आतंक भारत में लगभग 1300 वर्षो तक चलता रहा।[132]

स्वतंत्र भारत और इसलामी आतंकवाद

भारत विभाजन के पूर्व तत्कालीन देश के बड़े-बड़े राजनीतिज्ञों के वक्तव्य तथा आश्वासन खोखले तथा अप्रभावी साबित हुए। पाकिस्तान के निर्माण की घोषणा के साथ ही लाखों व्यक्तियों का नरसंहार हुआ। न ही भारत में शांति स्थपित हुई, न ही कोई सुदृढ कानूनी व्यवस्था बनी, हाँ भारत में इसलामी जिहाद का परिवर्तित रूप आया, जिसे इसलामी आंतकवाद भी कहा गया। इसलामी देशों में इसका पहला केंद्र पाकिस्तान बना। 1971 में पूर्वी पाकिस्तान का भाग बँगलादेश भी अपनी क्रूर तथा अत्याचारी घटनाओं से उभरकर आया। पहले ने पाकिस्तान अधिनायकों की राजनीतिक महत्त्वाकांक्षाओं से प्रेरित हो युद्धों तथा छद्मवेश में भारत में आतंकवादियों को भेजकर ध्वंस, लूट तथा हत्याकांड किया, दूसरे ने मौका मिलने पर बँगलादेश में हिंदुओं का कत्लेआम तथा भारत के पूर्व में लाखों मुसलिम घुसपैठियों को भेज अशांति तथा आतंक फैलाया।

मजहबी हिंसा तथा द्वेष से जनमे पाकिस्तान ने पहला प्रयास अक्तूबर, 1947 में सेना के साथ जिहादियों (या कबाइलियों) द्वारा कश्मीर पर आक्रमण किया। इसने लगभग दो लाख कश्मीरी हिंदुओं को बेघरकर निष्कासित कर दिया। 1971 के पूर्वी पाकिस्तान (बँगलादेश) के युद्ध में इतनी हत्याएँ नहीं हुईं, जितनी वहाँ के नागरिकों की पश्चिम पाकिस्तान की सेना द्वारा हुई। 1999 के कारगिल युद्ध में भी पाकिस्तानी सेना के साथ हजारों जिहादियों के आने का भी प्रचार किया गया।

विश्व के अधिकतर देशों में वर्तमान ढंग का आतंकवाद मुख्य रूप से आंतरिक अथवा बाहरी तत्त्वों के कारण रहा। जबकि भारत में यह पाकिस्तान समर्पित आतंकवाद भारत के अंदर से भी रहा। स्वामी लक्ष्मी शंकराचार्य[133] ने अपनी पुस्तक में इसकी विस्तृत चर्चा की है। उन्होंने इसके लिए विभिन्न राष्ट्र, समाज एवं धर्म विरोधी तत्त्वों का भी विश्लेषण किया है, जैसे तालिबान सरीखी सीमी की भारत में गतिविधियाँ, पाकिस्तानी गुप्तचर एजेंसी का भारत में फैलाव, हिंदू विरोध एवं इतिहास का विद्रूपीकरण आदि।

यह सर्वविदित है कि 2001 में हुए अमेरिका के विश्व व्यापार केंद्र की दो विशाल इमारतों पर हुए आतंकी हमले से पूर्व, भारत में कई हादसे हो चुके थे, परंतु विश्व ने भारत में हुई गंभीर घटनाओं को इसमे पूर्व गंभीरता से न लिया था। भारत में सर्वाधिक महत्त्वपूर्ण आतंकी हमला मुंबई में हुआ 12 मार्च, 1993 में। मुंबई विस्फोटों का षड्यंत्र केंद्र था। इसमें एक दिन में केवल डेढ़ घंटे (दोपहर 1.28 से 3.35 तक) के भीतर 13 स्थानों पर विस्फोट हुए थे। इस पाकिस्तान में रचे षड्यंत्र को आतंकवाद के रूप में अंडरवर्ल्ड के षड्यंत्रकारियों ने कार्यांवित किया था। इसमें पाकिस्तानी गुप्तचर एजेंसी व दाउद इब्राहिम की भूमिका विशिष्ट थी। इस काले शुक्रवार कहे जाने वाले आतंकी हमले में 275 व्यक्ति मारे गए थे तथा 713 घायल हुए थे। प्रसिद्ध पत्रकार एस. हुसैन जैदी ने अपने खोजपूर्ण ग्रंथ में[134] इसकी विस्तृत कारण मीमांसा की है। यद्यपि इससे संबंधित अनेक प्रश्नों के उत्तर आज भी स्पष्ट नहीं हैं, परंतु जैदी ने यह माना है कि यह मात्र 6 दिसंबर, 1992 को बाबरी मसजिद के गिराए जाने की प्रतिक्रिया न थी, बल्कि मुसलिम राजनीतिज्ञों और धार्मिक नेताओं के प्रचार का परिणाम था ताकि हिंदुओं के बढ़ते प्रभाव को रोका जाए, भविष्य में हिंदू किसी और मस्जिद को गिराने का साहस न कर सकें।[135] मुंबई की भाँति भारत के अन्य भागों—चैन्नई तथा दिल्ली में बम विस्फोट हुए। ये आतंकी घटनाएँ पंजाब, जम्मू-कश्मीर, उत्तर-पूर्व कोयंबटूर आदि में भी हुईं। उत्तर-पूर्व में कई बार प्रशासन इन आतंकवादियों की दया पर निर्भर सा हो गया। अपार धन की लूट तथा जन की हानि हुई। इन आतंकी हमलों से न ही जम्मू-कश्मीर की विधानसभा बच सकी और न ही भारत की संसद, जिस पर 13 दिसंबर, 2001 को सुनियोजित हमला हुआ।

एक आँकड़े के अनुसार[136] गत 15 वर्षों में (2001 से पूर्व) लगभग 61000 लोग मारे गए, जिसमें 8000 हमारे देश के सुरक्षा कर्मचारियों ने जान गँवाई। लगभग 45000 करोड़ रुपए इन आतंकविरोधी कार्यवाही पर खर्च हुआ। इसमें कितना विस्फोटक खर्च हुआ, उसको इसमें नहीं जोड़ा गया, पर जो आतंकवादियों से छीना गया, वह 48000 किलोग्राम था। विश्वव्यापी आतंकवाद को रोकने तथा इसके दमन के लिए कई पग उठाए गए। 2001 की सयुक्त राष्ट्र संघ की सुरक्षा परिषद् ने प्रस्ताव पारित किए, विशेषकर प्रस्ताव क्र. 1373 द्वारा आतंकवाद के दमन को लिए विभिन्न तरीके सुझाए गए, साथ ही विशेषकर इन आतंकवादी घटनाओ के लिए धन प्राप्ति के साधनों को नष्ट करने पर बल दिया गया। यहाँ यह भी उल्लेखनीय होगा कि विश्व आतंकवाद के दमन के लिए विश्व के सभी प्रमुख देशों ने कानून बनाए। इजराइल ने 1948 में, यू.के. ने 2000, कनाडा ने अक्तूबर, 2001 तथा फ्रांस ने आतंकवाद विरोधी नियम बनाए। अमेरिका तथा जापान ने कठोर नियम बनाए। यहाँ तक कि पाकिस्तान ने भी 1999 में आतंकवादी विरोधी आदेश प्रसारित किए।

ताज्जुब है कि भारत में स्वतंत्रता के पश्चात् भी कोई कानून न बन सका। यहाँ यह कहना अनुपयुक्त न होगा कि अंग्रेजों ने भारत में क्रांतिकारियों के लिए 'आतंकवादी' नाम देकर 1919 में कानून बनाए थे, सरदार भगतसिंह जैसे क्रांतिकारियों ने बहुत पहले ही कहा था, 'आतंकवाद' के शैतान के साथ कोई सद्भावना दिखाने की जरूरत नहीं है।[136]

उपरोक्त भयंकर आतंकवादी घटनाओं के परिप्रेक्ष्य में भारत की संसद् में पहली बार प्रिवेनशन ऑफ टेररिज्म बिल (Prevention of Terrorism Bill) अथवा पोटो प्रस्तुत किया गया। इसमें आतंकवाद को रोकने के लिए विशद प्रावधान किए गए।

कांग्रेस सरकार तथा आतंकवाद (2004 से 2014)

परंतु 2004 में पुनः कांग्रेस सत्ता स्थापित हुई। मुसलिम आतंकवादी गतिविधियों को रोकने में कांग्रेस सरकार की नीतियाँ (2004 से 2014) अत्यंत ढुलमुल, उपेक्षित तथा मुसलिम तुष्टीकरण की रही। एक ओर पाकिस्तान भारत की सीमाओं का सैंकड़ों बार उल्लंघन करता रहा, दूसरी ओर पाकिस्तान अपने द्वारा प्रेरित आतंकी हमलों के आरोपों को झूठा बताता रहा, साथ ही भारत में उसकी आतंकी गतिविधियाँ विशेषकर कश्मीर में तीव्र गति से चलती रही। शासन की उदासीनता तथा मुसलिम तुष्टीकरण की नीति ने कांग्रेस प्रशासन को किसी भी कठोर पग से पीछे खींच लिया। 2009 तथा 2014 के चुनावों ने तो उसे किन्हीं भी आतंकवादी गतिविधियों के विरुद्ध कार्यवाहियों के लिए रोक दिया। यह चिंताजनक है कि 2013 में भारत स्वतंत्रता दिवस के पहले दिन जम्मू-

कश्मीर के श्रीनगर में पाकिस्तानी झंडे लहराए गए[137] लाल चौक क्षेत्र में कुछ बुरका पहने लड़कियों ने पाकिस्तानी झंडे लहराए। इससे पूर्व अफजल गुरु, जिससे दिल्ली की तिहाड़ जेल में दफना दिया गया। उसका मुसलमानों ने विरोध किया। उसके अवशेषों के लिए किश्तवार में कर्फ्यू लगाना पड़ा।[138] इतना ही नहीं भारत के तत्कालीन गृहमंत्री सुशील कुमार शिंदे ने केंद्र की योजना के अनुसार जेलों में पकड़े आतंकी मुसलमानों के केसों के लिए बिना सही अदालती कार्यवाही के स्क्रीनिंग कमेटियाँ बनाने की बात कही।[139]

उसने कहा, ''मैं सभी मुख्यमंत्रियों को यह लिख रहा हूँ कि हम एक स्क्रीनिंग या एडवाइजरी पोटा के केस की भाँति नियुक्त करें। ये स्टेट स्तर की कमेटियाँ होंगी।[140]

उल्लेखनीय है कि गृहमंत्री के द्वारा केवल मुसलमानों के द्वारा पुन: रिव्यू के लिए था।[141] संसद् में भारत के प्रमुत विरोधी दल ने शिंदे के राज्यो द्वारा कमेटियों की स्थापना के कथन को 'असंवैधानिक' बतलाया। इसे फौजदारी न्याय व्यवस्था के विपरीत बतलाया। इस संदर्भ में इसे राजनीति प्रेरित बताया, साथ ही इसे सांप्रदायिक राजनीति का भाग बतलाया, क्योंकि यह केवल मजहब के आधार पर मुसलमानों के आतंक के संदर्भ में था। संक्षेप में उपरोक्त विवरण से ज्ञात होता है कि कांग्रेस सरकार ने अपने लंबे शासनकाल में हजारों भारतीय नागरिकों के इसलामी आतंकवाद का शिकार हो जाने पर भी, 2002 में बने पोटा जैसे आतंकवादी विरोधी कानून को मजबूत करने के बाद, वोट की राजनीति को ध्यान में रखते हुए केवल मुसलिम अपराधी आतंकियों के मुकदमे में शीघ्रताशीघ्र करने तथा इसके लिए केंद्र तथा प्रांतों में कमेटियाँ स्थापित करने की बात कही, जो न केवल अंसवैधानिक था, बल्कि देश की एकता, सुरक्षा, तथा प्रभुता के लिए उपयुक्त न थी।

(vii) मुसलिम घुसपैठ

भारत स्वतंत्रता के पश्चात् आज एक मात्र देश है, जहाँ विश्व का पूर्व गोलार्द्ध तथा समस्त विकसित देशों में है, जहाँ घुसपैठियों की संख्या सर्वाधिक है। सयुक्त राष्ट्र के डिपार्टमेंट ऑफ इकोनामिक एंड सोशल अफेयर (यू.एन.डी.ई.एस.ए.) के आँकड़ों से[143] ज्ञात होता है कि 2013 में 3.2 मिलियन बँगलादेशी हैं, जो बँगलादेश से भारत में घुसपैठ करके यहाँ बस गए है। उन्होंने न केवल असम या मात्र पूर्वोत्तर प्रदेशों को प्रभावित किया, बल्कि उनकी उपस्थिति से नए खतरे पैदा हो गए हैं। इससे हिंसा, उपद्रव, घरों की बर्बादी, असुंतलन तथा असुरक्षा बढ़ी है।

असम एक मुसलिम राज्य की योजना

असम भारत का पूर्वी कोना है। यह सीमांत राज्य है। प्रारंभ से ही यह भारत की

अनेक जनजातियों का केंद्र रहा है। इस क्षेत्र में 450 मील लंबी ब्रह्मपुत्र नदी बहती है। सामरिक दृष्टि से यह राज्य अत्यंत महत्त्वपूर्ण है। भारत के इतिहास में पहले इसे प्राग्यज्योतिष तत्पश्चात् कामरूप तथा बाद में असम नाम से पुकारा गया है। भौगोलिक दृष्टि से इसकी सीमाएँ अरुणाचल, मेघालय, मिजोरम, मणिपुर, त्रिपुरा तथा नागालैंड-भारत के प्रांतों सहित चीन-तिब्बत म्यांमार तथा बँगलादेश से मिलती है। कुल 20-25 किलोमीटर चौड़ी पट्टी इसे भारत से मिलाती है। इसे युद्ध नीतिक पट्टी भी कह सकते हैं। सामान्य तौर पर इसे चिकन नैक के नाम से पुकारते हैं।

असम में मुसलिम घुसपैठ की समस्या लगभग एक सौ नौ वर्ष परानी है। पहले यह पूर्वी बंगाल, तत्पश्चात् पूर्वी पाकिस्तान तथा 1971 के पश्चात् बँगलादेश से भारी मात्रा में घुसपैठ के रूप में रही है। 1905 में भारत के साम्राज्यवादी तथा क्रूर अंग्रेज वायसराय लार्ड कर्जन ने बंगाल विभाजन की योजना, अलग से मुसलिम बाहुल्य प्रांत बनाना उसकी योजना का अंग था। इस विचार का जन्म तब हुआ, जब ढाका के नवाब सलीम उल्ला खाँ के निमंत्रण पर कुछ प्रभावी मुसलमान मुसलिम लीग की स्थापना के विचार के लिए एकत्रित हुए।[144] 1908 में ढाका के नवाब हबीबुल्ला ने कहा था असम के पास बहुत जमीन है इसे मुस्लिम प्रदेश हो जाना चाहिए। 1911 में असम की कुल जनसंख्या 3.5 लाख थी जो 1931 में असामान्य रूप से बढ़कर 9.5 लाख हो गई थी सं. 1931 से 1941 तक 20 प्रतिशत 1941-1951 में 35 प्रतिशत तथा 1961-1971 के काल में 44 प्रतिशत तक बढ़ी है।

1931 में ही असम के जनसंख्या सुपरिंटेंडेंट सी.एस. मुल्लन (C.S. Mullen) ने मुसलिम घुसपैठ को देखते हुए कहा था,[145] "यदि घुसपैठ की यही रफतार रही तो शीघ्र ही शिवसागर जिले को छोड़कर शेष असम हिंदू बाहुल्य राज्य नहीं रहेगा।" 1939 में मुसलिम लीग के धुबरी अधिवेशन में एक प्रस्ताव द्वारा मुसलिम घुसपैठियों को स्थानीय व्यक्तियों से असम की भूमि तथा संपति को जबदस्ती छिनने के लिए उत्साहित किया गया था[146]—अंतरिम शासनकाल में असम के तत्कालीन मुख्यमंत्री गोपीनाथ बरदोलोई के त्यागपत्र देने पर मुसलिम लीग के मोहम्मद सादुल्लाह को यहाँ का मुख्यमंत्री बनाया गया। उसके काल में दस लाख मुसलिम असम में घुस आए। इस काल में मोहम्मद अली जिन्ना ने पूरे बंगाल तथा असम को भावी पाकिस्तान का हिस्सा बनाने की माँग की थी। जिन्ना ने अपने प्राइवेट सेक्रेटरी मोइउल हक चौधरी से कहा था, दस वर्ष प्रतीक्षा करो,' मैं तुम्हें असम चाँदी की तश्तरी में भेट करूँगा। डॉ. श्यामाप्रसाद मुखर्जी के अथक प्रयत्नों से पश्चिम बंगाल तथा गोपीनाथ बरदोलोई के प्रयत्न से असम (केवल सिलहट जिला छोड़कर) पाकिस्तान का हिस्सा न बन सके।

स्वतंत्रता के पश्चात् घुसपैठ

स्वतंत्रता के पश्चात् हजारों की संख्या में पूर्वी पाकिस्तान से मुसलिम घुसपैठिए घुस आए। भारत की संसद् ने 13 फरवरी, 1950 को इमीग्रेशन ऐक्ट (The immigrants explusion Act) बनाया तथा भारत की असम सरकार ने गैर कानूनी रूप से आए पूर्वी पाकिस्तान के घुसपैंठियों को भागने का कहा।[147] पर कोई सफलता ने मिली। पूर्वी बगांल से आए इन घुसपैठियों के आने से असम की जनजातियों के कष्ट बढ़े। भारत के प्रधानमंत्री पं. जवाहरलाल नेहरू तथा पाकिस्तान के प्रधानमंत्री लियाकत अली खाँ के बीच 6 अप्रैल, 1950 को एक पैक्ट हुआ, जिसमें पूर्वी पाकिस्तान के मुसलमानों को लौटने को कहा गया। 1951 में नागरिकों का 'नेशनल रजिस्टर' भी बनाया गया। अक्तूबर, 1952 में पासपोर्ट अधिनियम तथा 1955 में सिटीजनशिप एक्ट बना तथा पूर्व के इमीग्रेशन एक्ट को खत्म कर दिया। भारत तथा पाकिस्तान की बीच आवागमन पर नियंत्रण का प्रयत्न किया गया। अनेक पाकिस्तान की अपनी नागरिकता छोड़ भारत की अपना ली। 1961 की जनगणना के अनुसार—असम जनसंख्या की बढ़ोतरी 34.97 प्रतिशत थी अर्थात् राष्ट्रीय जनसंख्या का अनुपात केवल 21.64 था। 1961 की जनगणना के अनुसार 1951-1961 के दौरान 75,0000 पूर्वी पाकिस्तान मुसलिम घुसपैठिए असम में आए।[148]

कांग्रेस ने अपने घटते जनाधार को देखते हुए मुसलिम तुष्टीकरण की नीति का सहारा लिया। इसी भाँति 1961 से 1971 के दौरान तत्कालीन पूर्वी पाकिस्तान से मुसलमान झुंड के झुंड के रूप में न केवल असम में घुस आए, बल्कि गैर कानूनी ढंग से यहाँ के नागरिक भी बन गए। 1965 में भारत के प्रधानमंत्री ने इस संदर्भ में भारतीय संसद् में एक वक्तव्य भी दिया, परंतु असम के तत्कालीन मुख्यमंत्री बी.पी. चालीहा ने घुसपैठियों की संख्या 3.5 लाख बताई।[149] जाँच के लिए 10 ट्रिब्यूनल भी नियुक्त किए गए। 1967, 1968 तथा 1969 में 1.29 लाख घुसपैठियों को असम से निकाला गया। इससे अनेक स्वार्थी कांग्रेस नेताओं में बैचेनी हुई। कांग्रेस के मुसलिम समुदाय के 33 एम.एल.ए. ने मोइनउल हक चौधरी,देवकांत बरुआ तथा शरत चंद सिन्हा के नेतृत्व में अपने ही मुख्यमंत्री के विरुद्ध प्रदर्शन किया तथा धमकी दी कि यदि मुसलिम घुसपैठियों की वापसी को न रोका गया तो कांग्रेस का मुसलिम वोट बैंक बिल्कुल समाप्त हो जाएगा।[150] अनेक स्वार्थी राजनीतिज्ञों ने मुसलिम घुसपैठियों को नौगाँव, कामरूप, दरंग, गोलपारा तथा कछार के पर्वत प्रदेश में रहने में सहायता की। स्वाभाविक है कि वहाँ के रहनेवाले असमियों के अस्तित्व तथा पहचान का खतरा बढ़ता गया।

1961-1971 के दशक में असम, मणिपुर, मेघालय; सभी की जनसंख्या तेजी से बढ़ी,[151] असम की जनसंख्या 34.71 बढ़ी, जबकि समस्त भारत की जनसंख्या अनुपात

में कुल 24.57 प्रतिशत बढ़ी थी।[152]

1971 में भारतीय सेना की मदद से बँगलादेश बना। यहाँ के लोगों ने पश्चिमी पाकिस्तान के पाशविक चंगुल से निकलकर राहत की साँस ली, साथ ही असम में मुसलिम घुसपैठ भी बढ़ी। असम बँगलादेशी मुसलमानों के लिए आरामगाह बन गया। शेख मुजीबुर्रहमान ने खुलकर कहा कि असम बँगलादेश के विस्तार का स्वाभाविक स्थान है।[153] 25 मार्च, 1971 से लेकर 12 दिसंबर, 1971 तक जनसलाब की भाँति 12 लाख से अधिक पूर्वी पाकिस्तान या बँगलादेश से मुसलिम घुसपैठियों ने अपने मित्रों परिवारों के साथ असम में शरण ली।[154] भारत के गृहमंत्रालय ने 30 सितंबर, 1972 को एक मीमो (वाइड नं. 11/160/72-टी एक्स) द्वारा असम सरकार को सूचित किया कि भारत की तत्कालीन प्रधानमंत्री श्रीमती इंदिरा गांधी तथा बँगलादेश के प्रधानमंत्री शेख मुजीबुर्ररमान के बीच बातचीत हो गई, जिसके प्रभावानुसार 25 मार्च, 1971 से पहले जो गैरकानूनी रूप से असम में घुस आए हैं, उन्हें असम से नहीं निकला जाएगा, साथ ही कहा कि जो 25 मार्च, 1971 के बाद मुसलिम असम में गैरकानूनी ढंग से आए, प्रांतीय सरकार एक सूची बनाकर कोलकाता में भारत के गृहमंत्रालय के आफिस में दे दे ताकि बँगलादेश के कोलकाता में स्थित डिप्टी हाई कमिश्नर को देकर कारवाई हो सके।

पर व्यवहार में ऐसा कुछ भी नहीं हुआ। इसके विपरीत मुसलिम घुसपैठियों की असम में सुरक्षा के लिए यह भी कहा गया कि भारत के संविधान के अनुच्छेद 5 या 6 में इस संदर्भ में उन्हें घुसने से रोकने में कोई औचित्य नहीं है। इस विस्तृत घुसपैठ से असम की बहुसंख्यक जातियों को अल्पसंख्यक बनने तथा बँगलादेश से मिलकर एक इसलामी राज्य बनने का खतरा बढ़ गया है। इस विशाल मुसलिम घुसपैठ ने न केवल वहाँ के सांस्कृतिक-धार्मिक असंतुलन को खतरा बढ़ाया, बल्कि आर्थिक स्थिति के लिए विकट स्थिति उत्पन्न कर दी। सांप्रदायिक तथा हिसांत्मक दंगे तथा हत्याएँ तेजी से बढ़ीं। तत्कालीन रा.स्व.संघ. के सरसंघचालक श्री गुरुजी ने स्वतंत्र बँगलादेश के निर्माण पर सही कहा था कि पाकिस्तान का एक ओर टुकड़ा हो गया, लेकिन शीघ्र ही भारत के लिए सिरर्दद बनकर समस्या खड़ी करेगा।[155]

1977 में श्रीमती इंदिरा गांधी द्वारा आपातकाल में संविधान में सेकुलर शब्द जोड़ने से असम में मुसलिम घुसपैठ के समर्थन में कांग्रेस नेताओं को प्रोत्साहन मिला। 1983 में प्रधानमंत्री इंदिरा गांधी ने गैरकानूनी रूप से मुसलिम घुसपैठ को रोकने के लिए गैरकानूनी घुसपैठ (ट्रिब्यूल द्वारा निर्णय एक्ट), बनाया, परंतु इससे समस्या सुलझी नहीं, बल्कि उलझी। इसके अंतर्गत विदेशी का अर्थ स्पष्ट न था, अत: विवाद बढ़ा तब 2005 में सर्वोच्च न्यायालय ने इस कानून को रद्द किया।[156]

असम में आल इंडिया स्टूडेंट यूनियन (ए.ए.एस.यू.) द्वारा बँगलादेश से आए

मुसलिम घुसपैठियों के विरुद्ध विशाल प्रदर्शन हुआ।[157] 1983 से ही निरंतर भयंकर दंगे तथा हत्याओं का दौर प्रारंभ हुआ। एक बड़े हादसे में नेल्ली (Nellie) जो आधुनिक गोरी जिले में है, एक दिन में ही 1800 पुरुष-बच्चे मरे या घायल हुए[158] 1985 में प्रधानमंत्री राजीव गांधी ने तथा ए.ए.एस.यू. के छात्रों में एक समझौता हुआ, जिसमें नेशनल रजिस्टर की अवहेलना कर मार्च, 1971 तक आए बँगलादेशी घुसपैठियों को छोड़कर, आगे उनके आने पर रोक लगाई अर्थात मार्च, 1971 के बाद आए घुसपैठिए गैरकानूनी माने जाएँगे।

साथ ही 1966-1971 के बीच घुसपैठियों को 10 वर्षों तक वोट का अधिकार न होगा।[159] पर यह लागू न हुआ। स्वाभाविक है, इसके परिणाम भयंकर हुए। मुसलिम घुसपैठ बढ़ी तथा हिंसात्मक दंगे बढ़े तथा साथ ही अलग बोडोलैंड की माँग भी तेजी से बढ़ी। यदि बढ़ती हुई मुसलिम घुसपैठ का आंकलन करें तो असम में मुसलमानों की जनसंख्या 1971-1991 के दौरान 77 प्रतिशत बढ़ी, जबकि इस काल में हिंदुओं की संख्या 42 प्रतिशत बढ़ी।[160] यह बँगलादेश घुसपैठियों का भारत की सीमा को लाँघने का सर्वाधिक अतिक्रमण था। दूसरे शब्दों में यह बँगलादेश का भारत पर अघोषित युद्ध था, परंतु चुनावी वोट की राजनीति से भयग्रस्ति होकर कांग्रेस सरकार ने अनदेखी की, परंतु 1991-2011 तक असम तथा भारत की जनसंख्या वृद्धि में अनुपात संतुलित रहा। 1991-2001 के दशक में असम की आबादी 18.9 प्रतिशत बढ़ी, जबकि भारत की 21.5 प्रतिशत।[161] इसी भाँति 2001-2011 में असम की जनसंख्या 18.9 प्रतिशत बढ़ी, जबकि भारत की 17.6 प्रतिशत से कुछ कम थी,[162] पर हिंसात्मक दंगे का दौर तेजी से बढ़ा।[163] 5 अक्तूबर, 1993 में बोडो-मुसलिम टकराव तथा भयंकर दंगे हुए। कोकराझार तथा बोनगाई गाँव में दंगों ने 4000 परिवारों को बुरी तरह प्रभावित किया 1994 में 113 व्यक्ति बारपेटा में मारे गए। इसी भाँति 1996-1998 के दौरान लगभग 400 व्यक्ति मारे गए तथा तीन लाख लोग बेघर हुए। मारकाट का यही क्रम आगे भी चलता रहा। 2003-2004 में कार्वी-कूकी संघर्ष में 98 व्यक्ति मारे गए तथा 11,000 बेघर हुए। इसी भाँति 2005 में 103 मारे तथा 30,000 बेघर हो गए। बोडो-मुसलमानों के संघर्ष में 2008 में 65 लोग मरे तथा दो लाख लोग बेघर हो गए।

यह हिंसात्मक हत्याओं, दंगों तथा घरो के उजड़ने के दौर का अंत न हुआ, बल्कि इसका रूप वीभत्स होता गया। असम प्रांत की सरकार तथा केंद्र की सरकार इन्हें रोकने में असफल रहीं। असम के मुख्यमंत्री तरुण गोगोई ने स्वयं माना कि राज्य ज्वालामुखी के मुहाने पर बैठा है।[164] ये संघर्ष बोडो और गैर बोडो समुदायों के बीच हिंसा भड़कता रहा तथा सरकार की नीति ढुलमुल चलती रही।

जुलाई, 2012 में इन हिंसात्मक दंगों का ज्वालामुखी फूट पड़ा। ये दंगे 19 जुलाई,

2012 से कोकारझार में एक बंदूकची के दो व्यक्तियों पर हमले से शुरू हुए। शीघ्र ही 20 जुलाई को कोकराझार के साथ चिराग तथा धूबरी जिलों में दंगे फैल गए तथा असम के विभिन्न क्षेत्रों में अगस्त तक चलते रहे।[165] इन दंगों में कितने लोग मरे हैं, कितने हजार लोग घायल हुए तथा कितने लाख लोग बेघर हैं, इसके सही आँकड़े आज भी उपलब्ध नहीं हैं। एक आँकड़े के अंदाज के आधार पर 8 अगस्त तक 77 व्यक्ति मारे गए, चार लाख लोग बेघर हुए, 400 गाँव इनसे प्रभावित हुए तथा इनके लिए 270 सहायता शिविर लगाए गए।[166] एक मोटे अंदाज के अनुसार 2012 तक 4,45,586 लोग बेघर हुए, यही क्रम अभी भी जारी है। 1 मई, 2014 से पुनः इस प्रसंग में 32 व्यक्ति मारे गए तथा 14 घायल हुए। वस्तुतः मुख्य रूप से केंद्र तथा प्रांत की सरकारों ने चुप्पी साध ली तथा मीडिया ने भी इसकी जानकारी अत्यन्त सीमित दी, पर विदेशी समाचारो तथा मीडिया से ज्ञात होता है कि यह किसी भयंकर युद्ध से कम नहीं है।[167] आज भी इन गैरकानूनी मुसलिम घुसपैठियों ने असम की लगभग 15 से 20 प्रतिशत भूमि बिना युद्ध के अपने कब्जे में की हुई है[168] भारत सरकार ने गंभीरता से बँगलादेश से 20 प्रतिशत भूमि की माँग करनी चाही। संभवतः यदि ये घुसपैठिए हिंदू होते तथा भारत की राजधानी दिल्ली के निकट होते तो परिणाम भिन्न होते। बँगलादेशी मुसलमानों की घुसपैठ का नकारात्मक तथा शर्मनाक प्रभाव न केवल असम पर पड़ा, बल्कि मुसलमानों द्वारा देशव्यापी पूर्वोत्तर के छात्रों तथा विभिन्न व्यवसायों से जुड़े कर्मचारियों को योजनापूर्वक कष्टों में डालने का अभियान चला।

स्थान–स्थान पर पूर्वोत्तर के छात्रों में मुसलिम द्वारा असुरक्षा, आक्रमण, भय, हिंसा का अफवाहों तथा एस.एम.एस. द्वारा प्रचार हुआ। स्थान–स्थान पर भारत के विभिन्न स्थानों पर छात्रों तथा विभिन्न क्षेत्रों में कार्यरत व्यक्तियों में वापिस अपने घरों को लौटने की भगदड़ मच मई, यह क्रम, मुंबई, पूना, कोलकाता, बंगलुरु आदि स्थानों पर हुआ।[169] मुंबई में आठ अगस्त को दो व्यक्ति मारे गए। पूना में पूना कालेज क्षेत्र में दस विद्यार्थियों की पिटाई की गई। आक्रमणकारी कह रहे थे कि किसी चिनकी व्यक्तियों को छोड़ना नहीं है। कॉलेज के प्रिंसिपल ने पूर्वोत्तर के छात्रों को कुछ समय के लिए कॉलेज न आने की सलाह दी। आठ तथा नौ अगस्त को सात मणिपुरी छात्रों पर आक्रमण किया गया। आंध्रप्रदेश में दो पूर्वोत्तर के श्रमिकों पर जब वे इराकुरम एक्सप्रेस से वापस गौहाटी लौट रहे थे, हमला हुआ। कोलकाता में पोस्टरों द्वारा पूर्वोत्तर के व्यक्तियों को भगाने की मुहिम चली। कर्नाटक में बंगलुरु में आक्रमण के भय से 5000 व्यक्तियों में वापिस पूर्वात्तर क्षेत्र में लौटने की होड़ सी हो गई। यही दृश्य हैदराबाद में हुआ। भारत में देशव्यापी मुसलमानों के हौसले बढ़े, इसका परिणाम 11 अगस्त, 2012 को मुंबई में मुसलमानों का विशाल हिंसात्मक प्रदर्शन था। इसमें वहाँ के आजाद मैदान में दोपहर में 50,000 सुन्नी मुसलमानों

ने असम तथा म्याँमार के मुसलमानों की सहानूभुति में प्रदर्शन किया। शासन की अकर्मण्यता तथा उदासीनता की हद तो यह थी कि न ही मुंबई पुलिस को और न ही भारत के गुप्तचर विभाग को इसके होने की जानकारी थी। 12 सुन्नी मुसलिम संगठनों के आह्वान पर, सरकार की अधिक से अधिक एक हजार की उपस्थिति होने का अंदाजा था। मुसलिम हुड़दंगियों ने न केवल मीडिया, टी.वी. चैनल के व्यक्तियों के साथ दुर्व्यवहार तथा उनके वाहनों तथा उपक्रमो को आग लगा दी, बल्कि पुलिस को भी नहीं बख्शा। इन दंगों के फलस्वरूप मुंबई की तीन घंटे यातायात व्यवस्था अस्त-वयस्त रही। रेलवे यातायात में व्यवधान हुआ। 49 बेस्ट बसों को भी भारी नुकसान हुआ। इस भयंकर प्रदर्शन के पश्चात् सरकार जागी, भारत के गृहमंत्री ने सभी राज्य सरकारों को सावधान रहने तथा सेना को तैयार रहने को कहा। भारत के राष्ट्रपति प्रणब मुखर्जी ने भारत स्वतंत्रता की पूर्व संध्या को कहा कि हमारे अल्पसख्यकों की शांति तथा सुरक्षा चाहिए।[170] सरकारी आँकड़ों के अनुसार 2009-2011 में कानूनी रूप से 58,000 बँगलादेशी आए। अवधि बीत जाने पर वापस नहीं लौटे और न ही उनका अता-पता है। एक अनुमान के अनुसार इस समय लगभग चालीस लाख घुसपैठिये भारत में हैं, जिसमें से अनेक ने भारत की नागरिकता भी प्राप्त कर ली। इस समय में भी कई मुसलिम संगठन सक्रिय हैं, जिनका उद्देश्य गैर कानूनी रूप से मुसलिम घुसपैठियों का शरण देना तथा उन्हें भारत की नागरिकता दिलाना है। अभी तक असम में 126 विद्यानसभा क्षेत्रों में 56 में मुसलिम बाहुल्य हो चुका है। एक विद्वान् के अनुसार असम में आज एक तिहाई बँगलादेशी मुसलमान है। भारत सरकार, बँगलादेशी, मुसलिम गुंडों की सतत् गैरकानूनी घुसपैठ से कब चेतेगी? क्या सरकार 20 प्रतिशत असम की भूमि, जिस पर उन्होंने जर्बदस्ती कब्जा किया है, उसके लिए बँगलादेश से बात करेगी। अखिर मुसलिम तुष्टीकरण तथा चुनाव वोट की राजनीति का शिकार भारतीय समाज कब तक होता रहेगा। क्या भारत के बच्चो को अपनी सुरक्षा के लिए अपने ही घरों से भागना पड़ेगा? वस्तुतः भारत की राष्ट्रीयता एकता, स्वतंत्रता, सुरक्षा के लिए एक ठोस नीति चाहिए।[171]

(viii) कुछ अन्य सुविधाएँ

अप्रैल, 2013 में भारत की यात्रा पर आए कनाडा के प्रसिद्ध विद्वान् तारेख फतह का यह कथन सही है कि केवल भारत ही ऐसा देश है, जहाँ मुसलमान निर्भय होकर अपने प्रभाव को स्थापित करते हैं तथा भारत में मुसलमानों की अवस्था पाकिस्तान तथा बँगलादेश से बेहतर है। सच्चाई इससे भी आगे है। वस्तुतः विश्व में एक मात्र हिंदू बहुसंख्यक समाज वाला देश है भारत, जहाँ अल्पसंख्यक मुसलिम समुदाय को जितनी सुख-सुविधाएँ प्राप्त हैं, ऐसी किसी भी मुसलिम देश में नहीं है। निःसंदेह विभिन्न

सरकारों ने गत 67 वर्षों के काल में राजसत्ता को बनाए रखने के लिए उपरोक्त वर्णन के अतिरिक्त भी इतनी सुविधाओं के ढेर लगाए, आश्वासन दिए, जितने आजादी से पूर्व अपने समस्त इतिहास में किसी ने भी मुसलमानों को न दिए थे। बानगी के रूप में संक्षिप्त में कुछ उदाहरण सार रूप में देना गलत न होगा।

पाश्चात्य ढंग से रचे-बचे केवल संयोग मात्र से अपने को हिंदू माननेवाले भारत के प्रथम प्रधानमंत्री ने अपने वक्तव्यों-वर्ताओं में अपने को हिंदू विरोधी तथा मुसलिम तुष्टीकरण का पोषक सिद्ध करना प्रारंभ किया। जनमत के विपरीत गोहत्या पर प्रतिबंध न लगाना, 15 अगस्त, 1947 के मूल एजेंडे में परिवर्तन कर बंदेमातरम के पूरे गाने की अनुमति न देना, भारतीय संस्कृति को मिश्रित संस्कृति कहना, भारत में विक्रमी या युगाब्द संवत के रूप में अस्वीकार करना, जनभावना के विपरीत उर्दू को प्रोत्साहन, राष्ट्रीय वेशभूषा में अचकन तथा चूड़ीदार पायजामा अपनाने को कहना, जिसे श्री राममनोहर लोहिया ने व्यंग्य में शहाजहाँ के दरबार में तबलचियों की पोशाक कहा था, साथ ही उनकी कश्मीर आक्रमण पर ढुलमुल नीति, संविधान में 370 की धारा का प्रावधान आदि उनके मुसलिम प्रेम तथा हिंदू विरोध के सूचक हैं।

श्रीमती इंदिरा गांधी ने अपने प्रधानमंत्रीत्व काल में मुसलमानों को चुनावी वोट बैंक के लिए आकृष्ट करने के लिए कार्य किए। मुसलमानों को खुश करने के लिए इतिहास की पुस्तको में आमूल-चूल परिवर्तन करवाना, मुसलिम इतिहास को महिमामंडित तथा अतिरंजित भाषा में प्रस्तुतकर मुसलमानों के पाशविक अत्याचारों तथा नरसंहार के प्रसंगों को हटा देना आदि कार्य किए। 1971 में गुजराल कमेटी बनाकर योजनापूर्वक उर्दू को प्रोत्साहन देकर मुसलमानों को खुश करने का प्रयत्न किया। 1975 में अकारण शेख अब्दुल्ला को जेल से छोड़ना, बँगलादेश से आए घुसपैठियों को असम में घुसने की अनियंत्रित छूट देना, आपातकाल में संविधान में सेकुलर शब्द जोड़ना तथा मुसलमानों का रिझाने के लिए अलीगढ़ विश्वविद्यालय के लिए अलग नियम बनाना, जिसे आगे 2005 में अंसवैधानिक घोषित किया गया आदि कुकृत्य किए।

1984 में राजीव गांधी ने प्रधानमंत्री बनने पर अपनी माँ की नीति का अनुसरण करते हुए शाहबानो के गुजारे के लिए धन देने के सर्वोच्च न्यायालय के निर्णय को स्वीकार न कर अलग कानून बनाकर मुसलमानों को खुश करना चाहा। उन्होंने कश्मीर के राज्यपाल जगमोहन को इसलिए वापिस बुलाया, क्योंकि वे कश्मीर से अलगाव नीति के सख्त विरोधी रहे। तभी से जहाँ कश्मीरी हिंदुओं का तेजी से कश्मीर घाटी से पलायन प्रारंभ हुआ, वहाँ बँगलादेश से झुंड-के-झुंड असम में घुसपैठ बढ़ी उन्हीं के काल में 1985 में शरियत बचाओ अभियान तथा 1986 में रमजान के दिनों में दिल्ली जामा मसजिद के इमाम बुखारी के पुत्र सैयद अहमद बुखारी ने आदम सेना के निर्माण

की घोषणा की।[172] इसी भाँति 1987 में मजलिस मुशावरत ने भारत के गणतंत्र का बायकाट घोषित किया।[173] डॉ. मनमोहन सिंह तथा सोनिया गांधी की सरकार ने भी मुसलिम तुष्टीकरण के लिए अतिरिक्त सुविधाएँ देने तथा आश्वासन देने में कोई कमी न की उदाहरण के लिए मुसलिम तुष्टीकरण के लिए सेकुलर देश में 26 जनवरी, 2006 को गणतंत्र समारोह पर भारत के इतिहास में पहली बार मुख्य अतिथि के रूप में मजहबी शासक सउदी अरब के शाह अब्दुल्ला को बुलाया गया, जिसने दिल्ली की जामा

मसजिद के पुनर्निर्माण तथा मरम्मत के लिए एक सौ करोड़ रुपए देने का प्रस्ताव रखा।[174] इसी भाँति भारत के मौलवियों तथा उलेमाओं के विरोध करने पर 28 अगस्त, 2006 को भारत के मानव संसाधन विकास मंत्री अर्जुन सिंह ने राष्ट्र की गारिमा का किंचित भी सम्मान न करते हुए राष्ट्र गीत 'वंदेमातरम' के गायन को स्कूलों में ऐच्छिक कर दिया।[175] गुजरात तथा हिमाचल प्रदेश में चुनाव देखते हुए कांग्रेस के मंत्रिमडल ने 2007 में तय किया कि हज यात्रायों के विमान किराए को न बढ़ाया जाए।[176] उल्लेखनीय है कि विश्व में किसी भी मुसलिम देश में हज यात्रियों को किसी भी प्रकार की अतिरिक्त सुविधाएँ नहीं दी जाती हैं। 2008 का वर्ष कांग्रेस के लिए आगामी चुनावी तैयारी का वर्ष था। अत:सच्चर कमेटी को 15 सूत्रीय कार्य योजना के अंतर्गत अनेक सुविधाएँ दी गईं। सच्चर कमेटी की कार्य योजना में सहयोग के लिए वामपंथी इतिहासकार डॉ. इरफान हबीब तथा मिसेज रूपेंद्र कौर को बुलाया गया। डॉ. मनमोहन सिंह ने 15 सूत्री कार्यक्रम बनाया।[177] भारत के स्वतंत्र इतिहास में पहली बार 15 प्रतिशत राष्ट्रीय बजट अल्पसंख्यकों को संतुष्ट करने के लिए रखा गया। वास्तव में मनमोहन सिंह सोनिया द्वारा राष्ट्रीय बजट का यह पहला सांप्रदायीकरण था। सच्चर कमेटी रिपोर्ट में मुसलमानों के लिए एक विशेष प्रावधान की माँग की गई कि अल्पसंख्यक के रूप में उनको विशेष दर्जा दिया जाए। एक विद्वान् ने अल्पसंख्यक के अधिकारों को एक शक्तिशाली हथियार बताया, परंतु सावधान किया कि यह दुधारु हथियार है।[178] इसी के साथ रंगनाथ कमीशन रिपोर्ट के अंतर्गत सरकारी नौकरियों में,[179] शैक्षणिक संस्थाओं में अधिक सुविधाएँ तथा मुसलिम आरक्षण की माँग को बढ़ावा दिया। अलीगढ़ तथा जामिया मिमिया के विश्वविद्यालयों को विशेष दर्जा देने तथा भाषा की दृष्टि से तीन भाषाओं के फार्मूले की माँग की गई।

2013 का वर्ष सोनिया गांधी की सरकार के लिए मुसलिम तुष्टीकरण की पराकाष्ठा का काल रहा। स्वाभाविक है यह 2014 के आगामी चुनाव की तैयारी का वर्ष है। अत: मुसलमानों के वोट बटोरने के लिए नए आश्वासनों, प्रलोभनों के अंबार लगा दिए गए। भारत के अल्पसंख्यक विभाग के मंत्री श्री के. रहमान खाँ ने सभी अल्पसंख्यकों का

4.5% कोटा केवल मुसलमानों को देने की सिफारिश की। भारत के गृहमंत्री श्री सुशील कुमार शिंदे ने घोषणा की वो विभिन्न आतंकी के आरोप में पकड़े हुए सभी मुसलिम युवकों को एक केंद्र की स्क्रीनिंग कमेटी तथा प्रांतों की इस प्रकार की कमेटियाँ स्थापित कर, विशेष अदालतें गठित कर जल्दी-जल्दी से पुनर्विचार किया जाए।[180] यह जानते हुए भी कि उपरोक्त पग असंवैधानिक तथा फौजदारी नियमों के विरुद्ध है।[181] शिंदे ने एक नहीं दो-दो पत्र प्रांत सरकारों को लिखे।[182] स्वाभाविक है कि उनका चहुँओर विरोध हो रहा है, प्रधानमंत्री डॉ. मनमोहन सिंह ने मुसलमानों को रिझाने के लिए एक नए 15 सूत्री अल्पसंख्यकों के लिए कार्यक्रम की घोषणा की। इसमें मुसलमानों को शिक्षा, रहने के मकान, बैंकों से 1,75,293 करोड़ के ऋण, हजारों व्यक्तियों को विभिन्न सुविधाएँ देने की बात कही। इसके अलावा एम.ए.डी.पी. (मल्टी-सेक्ट्रल डवलपमेंट प्रोग्राम के अंतर्गत अनेक स्कूलों, होस्टलों आगँनवाड़ी की सुविधा, स्वास्थ्य केंद्रों की स्थापना के सुनहरे स्वप्न दिखाए गए हैं। साथ ही मुसलिम महिलाओं के सशक्तीकरण पर करोड़ों योजनाओं की घोषणा की गई हैं।

इतना ही मुसलिम वोट की खातिर वक्फ बोर्डो की स्थिति तथा उनकी संपत्ति-वृद्धि के आश्वासन दिए जा रहे हैं। इतना ही ऐसे वक्फ बोर्ड मुकदमे तथा माँगें, जिसे उच्च न्यायालय ने रद्द कर दिया है। सरकार उनकी सहायता में लगी है। उदाहरणत: दिल्ली वक्फ बोर्ड ने 123 संपत्ति के बारे में माँग की, जिसका मुआवजा 1911-1915 के बीच ब्रिटिश सरकार ने दे दिया था। सरकार की ओर से इन वक्फ बोर्डों को पुन: संपत्ति पर अधिकार के प्रयत्न होते रहे हैं। कांग्रेस को लगता था कि चुनावी नौका को पार करने में मुसलमानों के वोट ही वैतरणी साबित होगी।

निष्कर्ष

15 अगस्त, 1947 में 2014 के प्रारंभ तक अर्थात गत 67 वर्षो में सामान्यत: स्वतंत्र भारत में कांग्रेस का शासन रहा। मुसलमानों को रिझाने-लुभाने तथा अपने चुनावी वोट बैंक में मुख्य भागीदार बनाने के लिए सेकुलरिज्म, अल्पसंख्यकवाद, मिश्रित संस्कृति, आरक्षण, इसलामी आतंकवाद, मुसलिम घुसपैठ तथा सिविल कोड का विरोध तथा अनेक सुविधाओं तथा आश्वासन देने से उसने राष्ट्रहित को भुला दिया। वे न ही संविधान की मूलभावना का पालन कर सके, न ही हिंदू-मुसलिम सद्भाव ला सके और न ही मुसलमानों के जीवन में विकास।

भारत के प्रसिद्ध वरिष्ठ पत्रकार श्री गिरिलाल जैन के शब्दों में, "आखिर इस देश का नागरिक कब तक कुँए का मेढ़क बना रहेगा। कब तक ब्रिटिश कूटनीतिज्ञों की देन इतिहास से भ्रमित होता रहेगा। क्या विभाजित भारत की परिस्थितियों से हमने कुछ नहीं

सीखा।'' राजसत्ता की भूख से हमने भारत विभाजन के अक्षम्य अपराध को स्वीकार किया। क्या पुनः राजसत्ता की भूख राष्ट्रहित को ओझलकर अपने स्वार्थ की पूर्ति के लिए भारत के पुनर्विभाजन की ओर नहीं धकेल रही है?

यह ऐतिहासिक सच्चाई है कि कांग्रेस पार्टी अपनी राजनीतिक सत्ता को बनाए रखने के लिए न मुसलमानों के जीवन में कोई सार्थक परिवर्तन लाई और न ही उन्हें राष्ट्र की मुख्य धारा से जोड़ने का भी रचमात्र ही प्रयत्न किया। क्या विष की बेल बोने से अमृत का रस टपकता है? क्या मुसलमानों को उकसाने तथा भड़काने से हिंदू-मुसलिम एकता स्थापित होगी? क्या हिंदू वोट सांप्रदायिक तथा केवल मुसलिम वोट ही सेकुलर हैं? क्या कभी मुसलमान कांग्रेस के एक मात्र प्राकृतिक साथी रहे हैं? आखिर कब तक भारतीय ससंद् का कार्य, बजट पारित के अलावा, मुसलिम तुष्टीकरण के नियम या हिंदू विरोध को करना ही रहेगा। कब तक भारत की राजनीति यानी मुसलिम तुष्टीकरण का मुद्दा ही बनी रहेगी?

संदर्भ–

1. गिरि लाल जैन, नकली सेकुलरिज्म बनाम राष्ट्रीयता(नई दिल्ली, 1991)पृ. 8
2. देखें अमरीका हेरिटेज डिक्शनरी
3. रिचर्ड डाकिन्स द गॉड डिलुजन (ग्रेट ब्रिटेन, 2007) पृ. 60
4. रोगर कोहेन, सेकुलरिज्म अंडर थ्रेट, द टाइम्स ऑफ इंडिया, 15 दिसंबर, 2007
5. रिचर्ड डाकिन्स, पूर्व उद्धरित पृ. 67
6. डॉ. कृष्णवल्लभ पालीवाल, सेकुलरिज्म कौन जानता है, कौन मानता है, राष्ट्रधर्म, अप्रैल, 2007
7. जार्ज जैकब होलीयाक, द ओरीजन एंड नेचर ऑफ सेकुलरिज्म (लंदन 1896) पृ. 51, साथ देखें, न्य वैबेस्टर्स, डिक्शनरी भाग दो (यू.एस.ए. 1992) पृ. 373
8. धर्म तथा रिलीजन में अंतर को लिखें, देखें भगिनी निवेदिता की पुस्तक रिलीजन एंड धर्म
9. मनुस्मृति 9 : 311
10. डॉ. आर. शर्मा, कौटिल्य अर्थशास्त्र (आठवाँ संस्करण) पृ. 39
11. दियार्ते बारबोसा 1501 या 1504 में पुर्तगाली बस्ती गोवा आया था। उसने एक पुस्तक लिखी 'डेसक्रिप्शन ऑफ द ईस्ट इंडीज एंड कंट्रीज ऑफ द सी बोर्ड ऑफ द इंडियन ओशीयन इन 1514 (उद्धरित राबर्ट सेबिल ए फारगोटन एंपायर, विजयनगर ए कंट्रीब्यूशन टू द हिस्ट्री, नई दिल्ली 1900 ई. संस्करण) ए.सी. मित्तल, अविस्मरणीय विजयनगर साम्राज्य एवं महाराजा कृष्णदेवराय (कुरुक्षेत्र 2009) पृ. 60
12. संपूर्ण गांधी वाङ्मय, खंड—23 पृ. 516 : 518 (24 अप्रैल, 1924)
13. वही, भाग 27 पृ. 170-71 (20 अक्तूबर, 1927)
14. डॉ. सर्वपल्ली राधाकृष्णन, रिकवरी ऑफ फेथ
15. डॉ. सर्वपल्ली राधाकृष्णन, द हिंदू व्यू ऑफ लाइफ

16. डॉ. सर्वपल्ली राधाकृष्णन रिकवरी ऑफ फेथ
17. पी.बी. गजेंद्र गडकर, द कांस्टीट्यूशन ऑफ इंडिया, इट्स फिलोसोफिकल बेसिक पोस्ट्रलेट्स (आक्सफोर्ड 1969) पृ. 40
18. मैक्स बेवर, द रिलीजन ऑफ इंडिया (अनु. एच.एच. गार्ले गलेस्को 1958) पृ. 21
19. ए.के. वार्डर, एन इंट्रोडक्शन टू इंडियन हिस्ट्रोग्रेफी (मुंबई 1972) पृ. 4
20. विस्तृत अध्ययन के लिए देखें कांसटीट्यूशन एसेंबली डिबेट 12 भागों में (आगे इसके लिए सी.ए.डी. शब्द उपयोग होगा।)
21. प्रो. के.टी. शाह का वक्तव्य, सी.ए.डी. भाग सात 15 नवंबर, 1948 पृ. 399
22. श्री लोकनाथ मिश्र का वक्तव्य सी.ए.डी. भाग—सात
23. श्री गिरिलाल जैन, पूर्व उद्धरित, पृ. 23,28,29, 6 दिसंबर, 1948 पृ. 399
24. डॉ. बी.आर. अंबेडकर, पार्लियामेंटरी डिबेट, खंड—दो, भाग—दो, पृ. 2466
25. रिचर्ड डाकिन्स पूर्व उद्धरित पृ. 67
26. पं. जवाहर लाल नेहरू, ग्लिंपिसिज ऑफ वर्ल्ड हिस्ट्री पृ. 37, 84, 85, 131, 503
27. जवाहर लाल नेहरू, एन. आटोबायोग्राफी (लंदन 1953)
28. ब्रजेंद्र प्रताप गौतम, समाजवादी चिंतन का इतिहास (लखनऊ 1978) पृ. 514
29. देखें सेयिंग्स ऑफ नेहरू, द हिंदुस्तान टाइम्स, 27 मई, 1965
30. ओरेस्ट पार्टिशन, जवाहर लाल नेहरू एंड हिज पालिटिकल व्यूज (मास्को 1989) पृ. 90-91
31. माइकेल ब्रीचर, नेहरू : ए पालिटिकल बायोग्राफी, पृ. 3980 पं. जवाहर लाल नेहरू: एन आटोबायोग्राफी (लंदन 1953) पृ. 596
32. देखें लेख, पंथनिरपेक्षता के नाम पर पक्षपात, दैनिक जागरण 28 फरवरी, 2006, देखें संपादकीय सूडो-सेकुलरिज्म, द टाइम्स ऑफ इंडिया 22 फरवरी, 2006
33. ए. शकर पंथ निरपेक्षता का पाखंड दैनिक जागरण 17 अप्रैल, 2013
34. वही
35. मुशीरुल हक इसलाम इन सेकुलर इंडिया पृ. 12
36. वही, पृ. 15
37. सैयद मुहम्मद नकीव अल अतरस, इसलाम सेकुलरिज्म एंड फिलासफी ऑफ द फ्यूचर पृ. 513
38. वही पृ. 38
39. वही पृ. 39-40
40. वही पृ. 41-42
41. विस्तार के लिए देखे डॉ. कृष्णबल्लभ पालीवाल पूर्व उद्धरित पृ. 53
42. उद्धरित वही पृ. 51
43. उद्धरित पृ. 51
44. मुशीरुल हक पूर्व उद्धरित पृ. 8
45. देखे लेख पंथ निपरेक्षता के नाम पर पक्षपात, दैनिक जागरण 28 फरवरी, 2006 देखें संपादकीय सूडो सेकुलरिज्म द टाइम्स ऑफ इंडिया 22 फरवरी, 2006
46. आर.एम.एम. पटेल न. देखें लेख द इंडियन एक्सप्रेस 19 दिसंबर, 1992

47. मनोज राखित जुडाइज्म क्रिश्चिनिटी, इसलाम सेकुलरिज्म, हिंदुइज्म (मुंबई, 2005 देखें अध्याय सेकुलरिज्म)
48. इंसाइक्लोपीडिया ब्रिटेनिका
49. इन्टरनेशनल इंसाइक्लोपीडिया ऑफ द सोशल साइंसेंज (1949)
50. प्रो. बाल आप्टे, नेशन, फर्स्ट (नई दिल्ली, 2008) पृ. 51
51. वही (उद्धरित) पृ. 48
52. सी.ए.डी. 11 मई, 1949
53. वही 25 मई, 1949
54. प्रो. बाल आप्टे, पूर्व उद्धरित, पृ. 51
देखें, टी.एम.ए. फाउंडेसन बनाम स्टेट कर्नाटक 31711993 कोर्ट का निर्णय 31/10/2002 (11 जजों की बैंच का आदेश)
55. शंकर शरण, 'भारत में अल्पसंख्यक, अर्थ और अनर्थ' राष्ट्रधर्म, मई 2007
56. उल्लेखनीय है कि यू.पी.ए. सरकार ने 20 जनवरी, 2014 को जैन संप्रदाय को अल्पसंख्यक स्वीकार किया, जिसका हिंदुओं तथा जैन संप्रदायों द्वारा भी विरोध हुआ। देखें, तरुन विजय, 'तो अब हम अरिहंतो पराए होकर रहेंगे पाञ्चजन्य, 9 फरवरी, 2014
57. विस्तार के लिए देखें, डॉ. बलराम मिश्र, अल्पसंख्यकवाद और सर्वोच्च न्यायालय विश्व संवाद केंद्र, 9 नवंबर, 2005
58. के.एस.लाल, ग्रोथ ऑफ मुसलिम पोपुलेशन इन मेडिकल इंडिया (नई दिल्ली, 1973)
59. एस.ओ. मुहम्मद, 'माइनोरेटिज अंडर शरियत लॉ,' टाइम्स ऑफ इंडिया, 20 अक्तूबर, 1998
60. देखें, टाइम्स ऑफ इंडिया, 9 दिसंबर, 2006
61. सैयद शहाबुद्दीन, लैटर टू द एडीटर, टाइम्स ऑफ इंडिया 9 नवंबर, 1998; सैयद शहाबुद्दीन, द हिंदुस्तान टाइम्स, 7 नवंबर, 1998
62. वही
63. बँगला देश पहले पाकिस्तान का एक भाग था जो 1971 में बँगला देश बना
64. हीट्ज मैन व आर.एल. वार्डन (संपादन), ए कंट्री स्टेडी (दि. संस्करण); के.बी. पालीवाल (स.) इसलामिज्म एंड जीनोसीड्स ऑफ माइनोरिटीज इन बँगला देश (9 संस्करण 2005, नई दिल्ली) पृ. 47
65. ऐ.जे. कामरा, बँगलादेश, पर वारूट कंसंट्रैशन कैंप फोर हिंदूत्व (नई दिल्ली, 1996); डी.आर. सेन, बगंडर्ड एंड आउटरेंड हिम्यूनिटी; तसलीमा की पुस्तक लज्जा; के.बी. पालीवाल, पूर्व उद्धरित, (प्र. सं. 2005)
66. ए.जी. कामरा, पूर्व उद्धरित पृ. 1
67. वही पृ. 1
68. वही पृ. 2
69. वही पृ. 2-3
70. डी.आर. सेन, पूर्व उद्धरित
71. डेनियल पाइप्स, इन द पाथ, ऑफ गार्ड, इसलाम एंड पॉलिटिकल पावर (नई दिल्ली, 1983, पृ. 339)

72. वही पृ. 339
73. हर्ष नारायण, मिथ्स ऑफ कंपोजिट कल्चर एंड इक्वेलिटी ऑफ रिलीजंस, नई दिल्ली, 1991; हर्ष नारायण, इंडियन सेकुलरिज्म एक्सरेड, द इंडियन एक्सप्रेस, 2 जनवरी, 1996
74. राजमोहन (स.), कंपोजिट कल्चर एंड इंडियन सोसाइटी पोजीशन एंड प्रोस्पेक्टस ऑफ इंटीग्रेशंस, भाग एक (नई दिल्ली, 1991)
75. ए.आर. खान, ऑन द रैवीलेंस ऑफ कंपोजिटर कल्चर
76. राम गोपाल, हिंदू कल्चर डयूरिंग एंड आफ्टर मुगल रूल, सरवाईवल एंड सब्स्टीट्यूट चैंलेज (नई दिल्ली)
77. के.एस. लाल, मुसलिम स्टेट इन इंडिया (नई दिल्ली, 1994) पृ. 225
78. टी.एन. मदान, कंपोजिट कल्चर : इनएडीक्यूशेंसीज ऑफ सेकुलर रिसपोंस द टाइम्स ऑफ इंडिया 4 अप्रैल, 1999
79. डॉ. ताराचंद, इन्फ्लूऐंस ऑफ इसलाम ऑन इंडियन कल्चर, इलाहाबाद 1946 संस्करण
80. वी.एन. दत्ता, ए नेशनलिस्ट मुसलिम एंड इंडियन पॉलिटिक्स (मैकमिलन, 1974) पृ. 228–29
81. वही पृ. 229
82. पी.एन. चौपड़ा, मौलाना अबुल कलाम आजाद, अनफुलफिलिंग ड्रीम्र्स (नई दिल्ली, 1980) पृ. 106
83. वी.एन. दत्ता, पूर्व उद्धरित पृ. 107
84. वही पृ. 107
85. सर्वपल्ली एस गोपाल (संपादित) नेहरू वाङ्मय, द्वितीय खंड
86. गाय के संदर्भ में गांधीजी के विचारों के लिए देखें, 'यंग इंडिया' अंक 6 नवंबर, 1921, अक्तूबर 1921, 1 जनवरी, 1925
87. विपिन चंद्र, आधुनिक भारत (नई दिल्ली, 1990) पृ. 181
88. अर्जुनदेव, द स्टोरी ऑफ सिविलाइजेशन, भाग दो (नई दिल्ली, 1989) पृ. 378–80
89. दुर्गा शंकर मित्र, 'कितना प्रासंगिक है कबीर?' राष्ट्रधर्म, जून 2003
90. के.एन. पन्निकर, सांप्रदायिकता के सांस्कृतिक प्रतिरोध की जरूरत, सहमत (सांप्रदायिक और संस्कृति के सवाल) (नई दिल्ली, 1994) पृ. 11
91. देखें, भारत का संविधान (1985 संस्करण राजभाषा खंड, विधायी विभाग, भारत सरकार) पृ. 26
92. देखें, दैनिक जागरण, 2 अगस्त, 2008
93. डेनियल पाइप्स, पूर्व उद्धरित, पृ. 43
94. ऐडवर्ड मार्टिमर, फेथ एंड पावर, पृ. 159
95. सी.ए.डी., भाग सात, पृ. 542
96. वही, भाग सात, पृ. 729–31
97. वही, भाग सात, पृ. 542
98. वही, भाग सात, पृ. 547–48
99. वही, भाग सात, पृ. 550
100. वही, भाग सात, पृ. 551

101. प्रो. बाल आप्टे, पूर्व उद्धरित, पृ. 70
102. डॉ. पी.बी. गजेंद्रगडकर, लॉ लिबर्टी एंड सोशल जस्टिस
103. कौशलेंद्र प्रताप यादव, 'आरक्षण का सामाजिक सवाल', दैनिक जागरण, 14 फरवरी, 2014
104. डॉ. पी.बी. गजेंद्रगडकर, पूर्व उद्धरित
105. द टाइम्स ऑफ इंडिया, 19 फरवरी, 2014
106. वही
107. वही
108. वही
109. वही
100. वही, 5 अगस्त, 2013
111. द टाइम्स ऑफ इंडिया 19 फरवरी, 2014; पाञ्चजन्य, 2 मार्च, 2014
112. दैनिक जागरण, 5 फरवरी, 2014, द टाइम्स ऑफ इंडिया, 5 फरवरी, 2014
113. द टाइम्स ऑफ इंडिया, 5 फरवरी, 2014
114. वही
115. वही
116. प्रो. बाल आप्टे, पूर्व उद्धरित
117. बलवीर पुत्र, 'मजहवी हिंसा की हकीकत', दैनिक जागरण 27 अगस्त, 2013
118. बर्नार्ड लुइस, द क्राइसिस ऑफ इसलाम; होली कार एंड अनहोली वार (लंदन, 2003); पीटर एल बेर्गन, होलीवार, इनसाइड द सीक्रेट वर्ल्ड ऑफ ओसामा बिन लादेन
119. एम.जे. अकबर, द रोड ऑफ स्वोर्ड्स, जिहाद एंड मिडिल ईस्टर्न रिसपॉन्स (लंदन, 2002)
120. वही
121. वही
122. बर्नार्ड लुइस, व्हाट वेंट रोंग? वेस्टर्न इम्पैक्ट एंड मिडिल ईस्टर्न रेसपॉन्स (लंदन, 2002)
123. वर्नार्ड लुइस, द क्राइसिस ऑफ इसलाम होलीवार एंड होली वार (लंदन, 2003)
124. सुहास मजूमदार, द इसलामिक ड्राक्ट्रिन ऑफ परमानेंट वार (नई दिल्ली, 1994)
125. सतीश चंद्र मित्तल, मुसलिम शासक तथा भारतीय जन समाज (सातवीं शताब्दी से 1857 तक) (नई दिल्ली, 2007) पृ. 33
126. एस.आर. शर्मा, द क्रिंसेट इन इंडिया (आगरा 1954) पृ. 33
127. हलील इनालिक, द ऑटोमन एंड द खलीघात (देखें पी.एम. हाल्ट व अन्य द्वारा संपादित ग्रंथ द कैंब्रिज हिस्ट्री ऑफ इसलाम (कैंब्रिज, 1970) पृ. 320
128. चचनामा (अनु. कालुच वेग, पृ. 82-84; वूलजले हेग, द कैंब्रिज हिस्ट्री ऑफ इंडिया, भाग तीन, पृ. 3
129. के.एस. लाल, मुसलिम स्टेट इन इंडिया (नई दिल्ली, 1997) पृ. 62; अर्ली मुसलिम इन इंडिया (नई दिल्ली, 1954) पृ. 30-33, 92; ग्रोथ ऑफ मुसलिम पोपुलेशन इन इंडिया (नई दिल्ली, 1973) पृ. 212-17
130. वी.ए. स्मिथ, द ऑक्सफोर्ड हिस्ट्री ऑफ इंडिया (1923 संस्करण, आक्सफोर्ड, पृ. 223)
131. जियाउद्दीन बर्नी, द तारीख ए. फिरोजशाही (अनु. रिजवी आदि तुर्क कालीन भारत (अलीगढ़ 1956) पृ. 165

132. विस्तार के लिए देखें, जयदीप सेन, भारत में जिहाद (दिल्ली)
133. स्वामी लक्ष्मी शंकराचार्य, इसलामी जिहाद का इतिहास (अंग्रेजी में अनुवादित द हिस्ट्री ऑफ इसलामिक टेररिज्म, इंडिया एंड द एंटायर वर्ल्ड इन पेरिल (मुंबई, 2002)
134. एस. हुसैन जैदी, ब्लैक फ्राइडे, द ट्रू स्टोरी ऑफ बॉम्बे ब्लास्ट्स (पेंगुइन, 1997)
135. वही
136. प्रो. बाल आप्टे, पूर्व उद्धरित पृ. 36
136अ. भगतसिंह, ड्राफ्ट ऑफ रिव्यूलूशनरी प्रोग्राम, जन सत्ता, 24 मार्च, 1985; सतीश चंद्र मित्तल भारत का स्वाधीनता संघर्ष (नई दिल्ली, 2012) पृ. 209
137. टाइम्स ऑफ इंडिया, 15 अगस्त, 2013
138. वही, 12 अगस्त, 2014
139. वही, 11 जनवरी, 2014
140. वही, 11 जनवरी, 2014
141. वही, 11 जनवरी, 2014
142. वही, 13 जनवरी, 2014
143. माइग्रेशन टू इंडिया लारजेस्ट इन डवलपिंग वर्ल्ड टाइम्स ऑफ इंडिया, 13 सितंबर, 2013
144. बी.पी. शुक्ल, व्हाट ऐल्स, इंडियाज, नॉर्थ-ईस्ट, नई दिल्ली, 1980) पृ. 14
145. डॉ. एस. शर्मा, (संपादित), प्राग्जयोपुर थ्रू द एवेज (गौंहाटी, 1996); लेख डॉ. प्रभात चंद्र सभा पंडित, 'द प्रोब्लम ऑफ इनफिलीट्रेशन इन ..... ज्योतिपुर; वी.पी. शुक्ल, पूर्व उद्धरित, पृ. 16
146. वही, पृ. 70
147. डॉ. एन.एन. आचार्य ए ब्रीफ हिस्ट्री ऑफ असम (गौहाटी) पृ. 245
148. असम प्रोब्लम ऑफ फारेन इनफिल्ट्रेशन', ओरियंटल टाइम्स, भाग 2 नं. 9-10, 7 जुलाई-21 जुलाई, 1999
149. वही
150. वही
151. वही
152. वही
153. वही
154. वही
155. पाञ्चजन्य, 25 फरवरी, 2012
156. द टाइम्स ऑफ इंडिया, 12 अगस्त, 2012
157. असम इन क्राइसेस : ए हिस्टोरिक मास अपसजे ऑफ असमीत फॉर सरवाईवल एंड नेशनल स्ट्रगल फॉर स्क्योरेटी एंड बूंटे ग्रीरी (नइ दिल्ली)
158. 'द जेनेसस ऑफ असम ऐथनिक वायलैंस द टाइम्स ऑफ इंडिया, 12 अगस्त, 2012
159. द टाइम्स ऑफ इंडिया 12 अगस्त, 2012
160. वही
161. वही
162. वही

163. वही
164. स्वप्नदास गुप्ता, 'व्हाई असम इज ऑन ए वालकोनो, 'द टाइम्स ऑफ इंडिया 12 अगस्त, 2012
165. वही 17 अगस्त, 2012
166. वही 17 अगस्त, 2012; मधु पूर्णिमा किश्वर, मोदी, मुसलिम एंड मीडिया, पृ. 15
167. लेख के.एस. किरण, बँगलादेशी इन फिल्ट्रेशन एवं 2012, असम राइट्स, विश्व सवाद परिक्षा
168. वही
169. द टाइम्स ऑफ इंडिया, 12 अगस्त, 2012, 17 अगस्त, 2012
170. वही 15 अगस्त, 2012
171. सतीश चंद्र मित्तल, 'अब असम की रक्षा से भारत की सुरक्षा होगी' पाञ्चजन्य 25 नवंबर, 2012
172. 'आदम सेना खंजरें, हिलाल और तलवारों के साथ' पाञ्चजन्य 6 जुलाई, 1986
173. जनसत्ता, 23 फरवरी, 1987
174. द टाइम्स ऑफ इंडिया, 5 फरवरी, 2006
175. दैनिक जागरण, 28 अगस्त, 2006
176. मुजफ्फर हुसैन, सरकारी हाजियों पर करोड़ों रुपए लुटाए, पाञ्चजन्य, 24 अप्रैल, 2011; राष्ट्रीय सहारा, 3 नवंबर, 2007
177. 'माइनोरिटी सोप्सयह टू टेक ऑफ में हर्ट, गवर्मेंटस प्लान' द टाइम्स ऑफ इंडिया, 20 जनवरी, 2008
178. अंड्रे बैटले, 'बियोड माइनोरिटी रिपोर्टर्स' द टाइम्स ऑफ इंडिया 12 अक्तूबर, 2009 बिल सीइक्स ट्र गीव मोर जोब्स ट्र माइनोरिटी द टाइम्स ऑफ इंडिया 2 अक्तूबर, 2009
179. द टाइम्स ऑफ इंडिया 5 अगस्त, 2013
180. वही 11 जनवरी, 2014
181. वही 13 जनवरी, 2014
182. वही 10 मई, 2014

□

उपसंहार

15 अगस्त, 1947 को भारत राष्ट्र का दो डोमिनियन स्टेट्स—पाकिस्तान तथा भारत में विभाजन हुआ। यह विभाजन मजहब के आधार पर देश के 96.5 प्रतिशत मुसलमानों द्वारा पाकिस्तान निर्माण की स्वीकृति से हुआ तथा भारत की 23 प्रतिशत मुसलिम जनसंख्या को भारत की 30 प्रतिशत भूमि दी गई।

भारतीयों को इस अधूरी स्वतंत्रता से न 'स्व' का बोध, न स्वाभिमान व स्वतंत्रता की अनुभूति हुई, परंतु असीम कष्टों तथा कठिनाइयों का अनुभव तथा पीड़ा अवश्य हुई। यह भारत की स्वतंत्रता के लिए गत शताब्दी का सुखद परिणाम न था, जिसके लिए भारत के राष्ट्रभक्तों एवं राष्ट्रवादियों ने सतत संघर्ष किए थे तथा अनेक क्रांतिकारियों ने बलिदान दिए थे। यह आंशिक स्वतंत्रता, ब्रिटिश प्रशासन तथा कूटनीतिज्ञों के 'बाँटो और राज करो' नीति की सफलता थी अथवा भारत के द्विराष्ट्र बनानेवालों की विजय थी।

भारत का विभाजन भारतीयों के लिए ही त्रासदी था। विश्व के इतिहास में यह सबसे बड़ी जनसंख्या की अदला-बदली थी, जिसे सबसे कम समय दिया गया अर्थात् एक क़रोड़ बीस लाख से भी अधिक जनसंख्या में से केवल तीन मास में लाखों व्यक्ति बेघर हुए, लाखों व्यक्ति मारे गए, हजारों महिलाओं का अपहरण हुआ तथा अपार संपत्ति की लूटमार की गई। विश्व के इतिहास में कभी भी किसी देश में इतना भयंकर उत्तराधिकार का युद्ध न हुआ था।

विभाजन के परिणामस्वरूप प्रारंभ में भयंकर तथा वीभत्स सांप्रदायिक दंगों का दौर, विस्थापितों के आवास तथा रोजगार की विकट समस्या तथा जर्जरित तथा असंतुलित अर्थव्यवस्था की स्थिति। सतत असुरक्षा, युद्ध तथा सीमा उल्लंघन निरंतर बढ़ता गया, जिससे भारत पिछले 67 वर्षों से आज भी जूझ रहा है।

यह सत्य है कि तत्कालीन भारत के कुछ प्रमुख नेता महात्मा गांधी, डॉ. राजेंद्रप्रसाद, पुरुषोत्तमदास टंडन, वीर सावरकर भारत विभाजन के विनाशकारी, विभेदकारी तथा

अलगावादी परिणामों से परिचित थे, परंतु उस समय में उनकी प्रभावी भूमिका न रही। इसके साथ स्वतंत्रता के पश्चात् भारत में लार्ड माउंटबेटन की पहले गवर्नर जनरल के रूप में, लगभग दस महीने की उपस्थिति भारत विरोधी रही। 14 अगस्त को ही पाकिस्तान बनने पर उसने माउंटबेटन को सदा के लिए बिदाई दी, वहाँ उसी रात्रि को 'माउंटबेटन की जय' के साथ उसको वास्तविक शासक के रूप में भारत का गवर्नर जनरल स्वीकार किया गया।

ब्रिटिश सरकार ने भारत को दी गई स्वतंत्रता को 'सत्ता का हस्तांतरण' कहा तथा सोने की थाली में भारत को दिया हुआ एक सुंदर तोहफा बताया। बिना किसी देशव्यापी चुनाव अथवा जनमत संग्रह के वे राजसत्ता मनमाने ढंग से कांग्रेस को सौंप गए। पं. नेहरू के नेतृत्व में कांग्रेस सरकार ने भी माउंटबेटन के वक्तव्यों, आदेशों का श्रद्धापूर्वक पालन किया। माउंटबेटन ने अपने शासनकाल में न केवल ब्रिटिश नौकरशाहों को देश के प्रमुख पदों पर बनाए रखा, बल्कि भारत की नव पुनर्गठित अंतरिम सरकार के मंत्रिमंडल को भी अपनी इच्छानुसार गठित करने को कहा। उसने भारत को कॉमनवेल्थ का सदस्य बने रहने को मजबूर ही नहीं किया, बल्कि भारतीय राष्ट्रीय ध्वज में यूनियन जैक की उपस्थिति तथा भारत में अंग्रेजी साम्राज्य से जुड़े स्मृति दिवस मनाने को कहा। विस्थापितों के प्रति उदासीनता, सांप्रदायिक दंगों के प्रति उपेक्षा, कश्मीर के मामले में पाकिस्तान के प्रति झुकाव आदि उसकी नीति के अंग रहे। नि:संदेह यदि माउंटबेटन को भारत का गवर्नर-जनरल स्वीकृत न किया जाता तो भारत की स्थिति भिन्न होती।

माउंटबेटन की उपस्थिति तथा देश की विकट परिस्थिति में पं. नेहरू के प्रधानमंत्रित्व में बनी कांग्रेस सरकार ने भटकाव, बिखराव तथा ठहराव की स्थिति उत्पन्न कर दी। विभाजन के विरोधी प्रभावहीन हो गए तथा राजसत्ता के भूखे देश के मार्गदर्शक बन गए। भारत के अनेक उत्तरदायी राजनेता कांग्रेस छोड़ गए। नए कांग्रेस नेताओं ने देश सेवा की बजाय राजनीति को पेशा बना लिया, जो भविष्य में विकृत रूप राजनैतिक अपराधीकरण के रूप में फैला तथा बढ़ा।

26 जनवरी, 1950 को भारत का संविधान लागू हुआ। यह संविधान बनाने की प्रक्रिया यद्यपि 1940 से ही प्रारंभ हो गई थी, परंतु इसके लिए संविधान सभा के गठन तथा निर्माण की प्रक्रिया 16 मई, 1946 से ब्रिटिश कैबिनेट मिशन योजना के अंतर्गत शुरू हो गई थी। भारतीय संविधान सभा की कार्यवाही 9 दिसंबर, 1946 से 26 नवंबर, 1949 तक चली। संविधान सभा के सदस्यों के लिए कोई नए चुनाव न हुए थे, न ही पं. नेहरू इसके पक्ष में थे। अत: यह 13 प्रतिशत मतदाताओं के प्रतिनिधियों से बनी थी। यह विश्व का सबसे लंबा संविधान है। यह संविधान ब्रिटिश सरकार के 1935 के अधिनियमों तथा विश्व के प्रमुख देशों के संविधानों-ऑस्ट्रेलिया, ब्रिटेन, अमेरिका,

आयरलैंड, कनाडा के अध्ययन के आधार पर बनाया गया। भारत के प्रमुख न्यायधीशों तथा विद्वानों का मत है कि संविधान में ऐसा कुछ भी नहीं है, जो भारत के अतीत, भारतीय संस्कृति तथा परंपरा के अनुकूल हो। अत: इसमें भारतीय जनता की भागीदारी न थी और न ही आज भी अधिकांश को इसकी जानकारी है। संविधान प्रारंभ से देशी-विदेशी विद्वानों द्वारा कटु आलोचना का विषय बना रहा है। सामान्यत: इसे पाश्चात्य संविधानों की नकल मात्र माना गया, जिसकी जड़ें इसकी संस्कृति, इतिहास, दर्शन तथा परंपरा में नहीं हैं।

भारतीय संविधान को 'इंडिया दैट इज भारत' का नाम दिया गया तथा इसे 'राज्यों का संघ' माना गया। संविधान में उद्देश्यिका, इसके नाम व राज्य समूह, नागरिकता, मौलिक अधिकार, राज्य के नीति निर्देशक तत्त्व आदि पर गहरे मतभेद तथा विवाद उभरकर सामने आए। इसी भाँति ग्रामीण समुदाय तक ग्रामीण पंचायतों पर भी अनेक गंभीर प्रश्न उठाए गए। देश के अनेक राष्ट्रीय महत्त्व के प्रश्न-राष्ट्रभाषा, राष्ट्रध्वज तथा राष्ट्रीय गान पर विशद चर्चाएँ हुईं, परंतु संविधान का मूल स्वरूप पाश्चात्य संविधान की नकल के अनुरूप ही रहा। संविधान के 370 के अविवेकपूर्ण अनुच्छेद पर चर्चा हुई। इस विघटनकारी अनुच्छेद का 'पूर्णत: अस्थायी' बताकर इसे पारित किया गया। समय-समय पर संविधान में संशोधन, परिवर्तन अथवा नवीन अनुच्छेद के लिए समितियों-आयोगों का भी गठन हुआ। पिछले 67 वर्षों के कालखंड में सात ऐसे आयोग समिति स्थापित किए गए तथा 100 से भी ज्यादा इसमें संशोधन अथवा परिवर्तन किए गए। यह विश्व के किसी भी संविधान में परिवर्तन की अत्यधिक संख्या है, यद्यपि इसके प्रभाव सीमित हुए। विद्वानों तथा संविधान विशेषज्ञों ने भारत संविधान की कटु आलोचना कर इसे न ही गांधीवादी, न अंबेडकरवादी, न राजेंद्रप्रसादवादी, बल्कि नेहरूवादी बताया तथा इसके समूल ढाँचे में परिवर्तन पर आज भी बल दिया जा रहा है।

शैक्षणिक जगत में विश्व में प्राचीन काल से ही भारत का वर्चस्व रहा। भारतीय शिक्षण चिंतन का आधार धर्म, आध्यात्मिक अथवा नैतिक जीवन मूल्यों का संरक्षण तथा संर्वधन रहा है। गुरु-शिष्य के गहरे संबंध, सामूहिक जीवन तथा परिश्रमी जीवन इसका मार्ग रहा है। शिक्षा अथवा विद्या को जीवन के चार पुरुषार्थों, धर्म के दस लक्षणों, संस्कार की विस्तृत योजना को जीवन मूल्यों की शिक्षा का अंग माना है। पठानों तथा मुगलों के अनेक संघर्षों तथा कष्टों के बाद भी भारतीय पाठशालाओं तथा विद्या केंद्रों में जीवन मूल्यपरक शिक्षा अक्षुण्ण बनी रही, यहाँ तक कि ब्रिटिश परतंत्रता के काल में भी गुरुकुल कांगड़ी विश्वविद्यालय हरिद्वार, काशी विश्वविद्यालय काशी, रामकृष्ण मिशन कोलकाता, पांडिचेरी आश्रम, विश्वभारती कोलकाता में स्वामी श्रद्धानंद, मदन मोहन मालवीय, स्वामी विवेकानंद एवं भगिनी निवेदिता, महर्षि अरविंद तथा श्रीमाँ तथा

महाकवि रवींद्रनाथ ठाकुर द्वारा मूल्यपरक शिक्षा के अद्भुत प्रयत्न होते रहे हैं।

परंतु भारतीय स्वतंत्रता के पश्चात् शिक्षा का स्वरूप पाश्चात्य अथवा यूरोपीय मॉडल पर आधारित किया गया। इससे अतीत से चला आया शिक्षा का दुर्लक्ष्य हुआ तथा आत्म विस्मृति को स्थान मिला। शिक्षा में भौतिकवाद तथा पाश्चात्य अंधानुकरण को बढ़ावा मिला। शिक्षा राजनीति की दासी बन गई। शिक्षा औपनिवेशिक परंपरा की अनुगामी हो गई। शिक्षा का व्यापारीकरण, व्यवसायीकरण तथा बाजारीकरण हुआ। परिणामस्वरूप अनेक कुरीतियों, नैतिकहीनता, चारित्रिक पतन तथा सांस्कृतिक ह्रास तेजी से बढ़े।

शिक्षा का पुनः मूल्यपरक बनाने के प्रयास हुए। इसमें महात्मा गांधी तथा प्रो. डी.एस. कोठारी के प्रयास स्तुत्य हैं। शिक्षा संबंधी अनेक आयोग भी नियुक्त किए गए। विभिन्न आयोगों ने नैतिक तथा धार्मिक शिक्षा पर बहुत बल दिया, पर इन आयोगों के सुझावों की ओर ध्यान न दिया। शिक्षा के क्षेत्र में प्राइमरी शिक्षा से विश्वविद्यालयी शिक्षा में संख्यात्मक बढ़ोत्तरी हुई, परंतु गुणात्मक दृष्टि से शिक्षा का स्वर तेजी से गिरा। भारत में विदेशी विश्वविद्यालय के द्वारा शिक्षा को आयतित करने तथा शिक्षा के अधिकार का नियम भी बना, परंतु क्रियान्वयन की अत्यधिक धीमी गति के कारण शिक्षा अपने उद्देश्य में सफल न हुई। भारतीय विश्वविद्यालयों, कॉलेजों की शिक्षा तुलनात्मक दृष्टि से विश्व के समक्ष अभी तक ठहरने में असफल रही है।

भाषा की दृष्टि से भी भारत की स्थिति भटकाव की बनी हुई है। स्वतंत्रता के पश्चात् विश्व जननी संस्कृत भाषा की घोर उपेक्षा की गई। ब्रिटिश साम्राज्यवादी एवं उपनिवेशवादी भाषा अंग्रेजी का वर्चस्व पुनः स्थापित हुआ। यद्यपि प्रारंभ में सर विलियम जोन्स, एच.एच. विल्सन तथा अनेक प्राच्यवादियों ने संस्कृत के महत्त्व को स्वीकार किया, परंतु लार्ड मैकाले के समय से इसकी उपेक्षा तथा भर्त्सना हुई। परतंत्रता के काल में स्वामी दयानंद, स्वामी विवेकानंद, महर्षि अरविंद, लोकमान्य तिलक तथा महात्मा गांधी ने संस्कृत ग्रंथों के आधार पर नवचेतना जगाई। स्वतंत्रता के पश्चात् डॉ. बी.आर. अंबेडकर, डॉ. राधाकृष्णन जैसे विद्वानों ने संविधान में राजभाषा बनाने का प्रयत्न किया। 1960 से संस्कृत का निष्कासन तेजी से हुआ।

संस्कृत की भाँति हिंदी तथा भारत की प्रादेशिक भाषाओं की भी दुर्गति हुई। शिक्षा का माध्यम राजनीतिक अखाड़े का विषय बन गया। दुर्भाग्य से विश्व में भारत ही मात्र एक ऐसा देश है, जहाँ बच्चों की शिक्षा का माध्यम भी अंग्रेजी बना। यह भी चुनाव जीतने की एक गोट बन गया। भारतीय संविधान में भी हिंदी को उचित स्थान नहीं दिया गया। स्वतंत्रता के पश्चात् इन 67 वर्षों में केवल अंग्रेजी भाषा की उन्नति की गई, यहाँ तक कि देश की उच्च प्रतियोगिताओं में अंग्रेजी को अत्यधिक स्थान देने के प्रयत्न हो

रहे हैं। भारत के उच्चतम न्यायालय ने इसे अस्वीकार कर दिया है।

इसके साथ स्वतंत्रता के पश्चात् विभिन्न विषयों के अध्ययन के लिए निर्धारित पाठ्यक्रमों में आमूलचूल परिवर्तन किए गए, विशेषकर इतिहास की पुस्तकों को सरकारी सोच के अनुरूप बदला गया। भारत के शिक्षा के पाठ्यक्रमों में क्रमश: 1969, 2001 तथा 2006 में परिवर्तन किए गए। चुनावी वोट की राजनीति के फलस्वरूप इन्हें हिंदू विरोधी, मुसलिम पोषक बनाया गया। सरकार ने इस बारे में भारतीय कम्युनिस्टों का पूरा सहयोग लिया। शिक्षा के पाठ्यक्रम में ऐतिहासिक तथ्यों को धत्ता बताकर अपनी पार्टी की भावी योजना, आकांक्षा के अनुरूप उसे गढ़ा।

सामरिक दृष्टि से भारत की वीर सेनाएँ अपनी गौरवशाली, शौर्य, वीरता तथा भीषण युद्धों के लिए प्रसिद्ध रही हैं। ईस्ट इंडिया कंपनी के शासन काल में अथवा अर्ध स्वतंत्र मुसलिम शासकों के प्रति, तत्कालीन नियमों के अनुसार जिसका नमक खाया, उसके प्रति वफादारी, स्वामी भक्ति, यहाँ तक प्राणों की न्यौछावर करने को तत्परता रही है। इसीलिए पहले कंपनी के काल में भारत विस्तार में तथा ब्रिटिश शासन के सीधे स्थापित होने पर ब्रिटिश साम्राज्य के विस्तार में भारतीयों ने अद्भुत वीरता तथा पराक्रम का परिचय दिया। प्रथम महायुद्ध में ब्रिटिश साम्राज्य के अंतर्गत भारत के सैनिकों ने सर्वाधिक संख्या में ही भाग ही नहीं लिया, बल्कि सर्वाधिक वीर तथा शौर्य पदक प्राप्त किए।

भारतीय स्वतंत्रता आंदोलन में भी भारतीय सेनाएँ विशेषत: प्रथम महायुद्ध के पश्चात् अंग्रेज शासकों द्वारा दिए आश्वासनों तथा सुधारों के प्रति झूठ साबित होने पर उनके द्वारा सेना के भारतीयकरण की माँग बलवती होती गई। भारत की स्वतंत्रता के लिए सुभाषचंद्र बोस तथा आजाद हिंद फौज के साथ भारत की वायु सेना तथा नौ सेना द्वारा संघर्ष तथा जागृति से ब्रिटिश सरकार का भारतीय सेनाओं के प्रति विश्वास उठ गया।

स्वतंत्रता के पश्चात् भारत ने अपनी वीर परंपरा को सतत् बनाए रखा। कश्मीर के प्रति भारत सरकार की उदासीनता के उपरांत भी जैसे ही पाकिस्तान के विरुद्ध भारतीय सेना को 1947 में लड़ने का मौका मिला, भारतीय सेना ने बहुत थोड़े समय में पाकिस्तान सेना को बारामूला तक खदेड़ दिया, परंतु भारत सरकार द्वारा अचानक युद्ध विराम की घोषणा से युद्ध रोकना पड़ा। परिणामत: कश्मीर का 1/3 भाग पाकिस्तान के कब्जे में रह गया, जो आज भी है।

1962 में भारत को साम्यवादी चीन की विस्तारवादी नीति तथा कूटनीति का शिकार होना पड़ा। भारत के प्रधानमंत्री पं. नेहरू चीन की चालों को न समझ सके। चीन के सतत भारतीय क्षेत्र में अतिक्रमण करने पर भी भारत संयुक्त राष्ट्र संघ में उसको

सदस्य बनाने की वकालत करते रहा। चीन ने तिब्बत हड़प लिया। आखिर 20 अक्तूबर से 21 नवंबर, 1962 तक चीन से युद्ध हुआ। चीन ने लद्दाख में नेफा तथा असम के बाहरी क्षेत्रों पर भी कब्जा कर लिया। भारतीय राजनेताओं ने बिना किसी तैयारी के भारतीय सैनिकों को युद्ध में झोंक दिया। विपरीत परिस्थितियों में सैनिकों ने वीरता तथा साहस का परिचय दिया। इस युद्ध में भारतीय गुप्तचर विभाग तथा भारत के राजनीतिज्ञों का खोखलापन देश के सम्मुख आया। वस्तुत: यह भारत के प्रधानमंत्री पं. नेहरू की अदूरदर्शिता से अपमानजनक पराजय थी।

दुर्भाग्य से भारत सरकार ने इस युद्ध से संबंधित हैंडरसन ब्रुक्स एवं पी.सी. भगत की रिपोर्ट, जो 1963 में ही भारत सरकार को सौंप दी थी, आज भी इसे टॉप सीक्रेट रखा हुआ है। संभवत: कांग्रेस सरकार ने इससे तब भी सबक नहीं लिया। चीन का 1962 के पश्चात् भी निरंतर भारतीय सीमा पर अतिक्रमण, अतिग्रहण तथा सामरिक दबाव बढ़ता जा रहा है।

1965 में भारत पर पाकिस्तान के सैनिक तानाशाह जनरल अयूब खाँ का हमला उसकी की क्षुद्र मानसिकता तथा राजनैतिक महत्त्वाकांक्षाओं का परिचायक है। इसका प्रारंभ भी कश्मीर में पाकिस्तान सेना की घुसपैठ, छापामार युद्ध नीति, अंतरराष्ट्रीय सीमा के बार-बार उल्लंघन से हुआ। प्रारंभ में पाकिस्तानी सेना ने जम्मू-कश्मीर क्षेत्र में सफलता पाई पर भारत की सेनाओं ने पाकिस्तान के बोली में कश्मीर से आठ किलोमीटर अंदर जाकर प्रसिद्ध सामरिक स्थान हाजी पीर दर्रे पर भारतीय झंडा लहरा दिया। स्थान-स्थान पर भारतीय सेनाओं ने सफलता प्राप्त की। निश्चय ही यह युद्ध भारत की शानदार तथा पाकिस्तान की भयानक तथा अपमानजनक पराजय थी। निश्चय ही इस युद्ध में भारत के तत्कालीन प्रधानमंत्री श्री लाल बहादुर शास्त्री एक विजेता के रूप में उभरकर आए। अंतरराष्ट्रीय दबाव के कारण ताशकंद में युद्ध विराम वार्ता हुई। दुर्भाग्यवश उनका वहीं शरीर पूरा हो गया, परंतु इस युद्ध से भारत एशिया की एक शक्ति के रूप में उभरकर सामने आया।

1971 का भारत-पाकिस्तान युद्ध पश्चिमी तथा पूर्वी पाकिस्तान के गृह युद्ध से प्रारंभ हुआ। पश्चिमी पाकिस्तान के शासकों ने सेना भेजकर दबाव तथा दमन का सहारा लिया। तभी पूर्वी पाकिस्तान के प्रमुख सेना अधिकारियों ने बँगलादेश के रूप में स्वतंत्र राज्य घोषित कर दिया। विशाल स्तर पर अनेक नागरिकों को गिरफ्तार किया गया। आवामी लीग को गैर कानूनी घोषित किया गया। मार्च, 1971 में पूर्वी पाकिस्तान में भयंकर हत्याकांड किया गया। खूनी गृह युद्ध हुआ। कई लाख लोग मारे गए। इन अमानुषिक अत्याचारों को आखिर भारत सरकार ने विश्व के प्रमुख राष्ट्रों को सूचित किया। 3 दिसंबर, 1971 में जब पाकिस्तान के वायुयानों ने भारत के उत्तर पश्चिम में 11

ठिकानों पर आक्रमण किया तो उस रात्रि भारत ने युद्ध की घोषणा की। भारत की स्थल तथा नौसेना ने भी महत्त्वपूर्ण तथा परिवर्तनकारी भूमिका अपनाई। इस युद्ध में पाकिस्तान की लगभग 1/3 सेना नष्ट कर दी गई। आखिर 16 दिसंबर को पाकिस्तान सेना के 90,000 सैनिकों ने भारत के लेफ्टिनेंट जनरल जगजीत सिंह अरोड़ा के सम्मुख आत्मसमर्पण किया, जिन्हें भारतीय जेलों में रखा गया। निश्चय ही यह पाकिस्तान की भारत के विरुद्ध महानतम हानि तथा शर्मनाक पराजय थी। भारत-पाकिस्तान का चौथा युद्ध कश्मीर के कारगिल जिले तथा भारत-पाक की वास्तविक नियंत्रण रेखा के निकट हुआ। पाकिस्तान के जनरल परवेश मुशर्रफ ने धोखे से भारत की सीमा के अंदर घुसपैठ की। अत्यधिक ऊँचाई पर युद्ध होने के कारण भारतीय वायुसेना की भूमिका सीमित रही। भारतीय सैनिकों के अत्यंत संघर्ष तथा सैनिकों के बलिदानों ने एक-एक पहाड़ी चोटी पर विजय प्राप्त की तथा भारत के राष्ट्रीय ध्वज को लहराया। इस युद्ध में विश्व भर में पाकिस्तान की प्रतिष्ठा धूमिल हुई।

कारगिल की भयंकर पराजय के पश्चात् भी पाकिस्तान तथा उसका मित्र चीन न भूले। अत: तभी से पाकिस्तान तथा चीन ने सैकड़ों बार भारत की सीमा का उल्लंघन किया।

कुल मिलाकर उन संघर्षों में भारत की सेनाओं ने हर परिस्थिति में विदेशी आक्रमणों की चुनौतियों का सामना किया, पर भारत के राजनीतिज्ञों ने न ही सतर्कता दिखाई, न ही तैयारी। अत: बिखरे राजनैतिक नेतृत्व के कारण जहाँ 1962 में भारत को पराजय का मुँह देखना पड़ा, परंतु भारतीय सेना की वीरता के बलबूते पर पाकिस्तान के साथ हुए चारों युद्धों में अद्‌भुत सफलता प्राप्त की।

राजनीतिक दृष्टि से भारत विश्व में अपना स्थान न बना सका। इसका प्रमुख कारण भारत की राजनीतिक पार्टियाँ तथा उनकी कमजोरियाँ रहीं। मुख्यत: गत 67 वर्षों में कांग्रेस सरकार का वर्चस्व रहा। उनकी राजनीति मुख्यत: राष्ट्रनीति न होकर; चुनावी वोट की राजनीति रही। इसका मुख्य लक्ष्य मुसलिम तुष्टीकरण के द्वारा हिंदू-मुसलिम समाज में अलगाव बनाए रखते हुए अपनी राज सत्ता को बनाए रखना था। पिछली 15 भारतीय संसद् में अनेक कानूनों का मुख्य मसौदा मुसलिम नेताओं, मौलाना-मौलवियों को प्रसन्न करना रहा। अत: मुसलिम तुष्टीकरण के रूप में सेकुलरवाद, अल्पसंख्यकवाद, आरक्षण, मुसलिम आतंकवाद तथा मुसलिम घुसपैठ का मौन समर्थन तथा समान सिविल कोड का विरोध रहा। इसके साथ चुनाव से पूर्व मुसलमानों को सुविधाएँ देना रहा है। आवश्यक है कि किसी भी पार्टी का हित, पार्टी चुनाव जीतने की नीति न होकर राष्ट्र की एकता, प्रभुता तथा सुदृढता बनाने की राष्ट्रनीति होनी चाहिए।

□

Republic Day Special

In quest of the pictorial Constitution

Neelkanth Bapu Godbole

"FOR the first time in India's judicial history, a High Court has used a sketch of Lord Rama from the original manuscript of the Constitution as adopted by the Constituent Assembly, to define secularism, uphold the rights of Hindu advocates, and allow them *darshan* of the Ram Lala idol reinstalled at the sight of the demolished Babri structure.

The judgement of justice H.N. Tilhari and Gupta of the Lucknow bench of the Allahabad High Court delivered on January 1, 1993... states that by virtue of the sketch of Lord Rama in the Constitution, when it was adopted by the Constituent Assembly on November 25, 1949, the Lord became a "Constitutional entity and admittedly a reality of our national culture and fabric and not a myth".

The judges point out that the sketch of Lord Rama exists in the original Constitution alongwith the other illustrations. The judges hold that these indicate that "Shri Rama, Shri Krishna, Shiva and Guru Gobind Singh have been accepted by the Constituent Assembly as national figures and figures of national cultural heritage and adoration". Reference has been made in one whole page of the judgement to the 22 illustrations of the original document (*See box*)

Box Matter

Original Calligraphed copy of the Constitution of India (English Version)

The original copy of the Constitution of India (English Version) was calligraphed by Shri Prem Behari Narain Raizada of Rampur (an employee of Gooan Brothers) on hand made millbourne loan paper 16-1/2" x 20-1/2" 86 lbs, imp. 500 sheets supplied by the Controller of Printing and Stationery, India, Shri Raizada took up the job of calligraphy on November 28, 1929 and completed it in the last week of April, 1950. A token amount of Rs. 4,000 only (inclusive of expenses for his lodging and boarding) was paid to Shri Raizada for his dedicated work.

The calligraphed sheets were tastefully decorated and illuminated by Shri Nand Lal Bose, the well-known artist of Shantiniketan who completed the job in four years' time. Illustrations were drawn from Indian history beginning from the Mohanjodaro and Vedic periods and covering India's Freedom Movement. The illumination work was done accordance with the suggestions of Shri Jawaharlal Nehru to have real gold spray on the margins and also to provide illumination in rectangular form all round the space of 8 x 18" in the middle of the paper, for calligraphy. Shri Bose was paid a sum of Rs. 21,000 only for this rare feat of bending art and history together in the 221 pages of this prestigious document. Parliament Secretary (the predecessor of the present Lok Sabha, Secretariat) took over the project from the Constituent Assembly on January 26, 1950, and since then has preserved and treasured this monumental document for future generations as a symbol of our nation's achievements :

1,000 offset printed copies were made out from the original calligraphed copy of the constitution of India by Survey of India, Dehradun, in the year 1955 after 1-1/2 years of hard work on this project. The cost of offset printing was Rs. 70,000. Another sum of Rs. 25,000 was spent on binding which included, inter alia, the following:-

1. Raxine binding with decoration all round
2. Asoka Seal embossing in gold; and
3. Decorated cardboard containers for keeping the copies.

The original calligraphed copy of the Constitution of India is being preserved carefully and kept in a steel box in an ante-room of Parliament Library Committee Room in Parliament House. It is periodically inspected with a view to ensure its preservation under the most hygienic conditions. Experts from National Archives of India, New Delhi, Forest Research Institute, Dehradun, National Research Laboratory for Conservation of Cultural Properties, Lucknow and National Physical

Laboratory, New Delhi have been associated in the important task of preservation of the document. National Physical Laboratory is currently engaged in the exercise of fabricating helium-filled receptacles for preserving it in a more scientific manner and the system is likely to be ready in the near future. As a result of these efforts, the original copy of Constitution of India is presently in a sound state of health.

List of Illustrations

1. Mohenjodaro Period	Decoration with Mohenjodaro Seals.
2. Vedic Period	Scene from Vedic Asram (Gurukul).
3. Epic Period	Scene from the Ramayana (Conquest of Lanka and recovery of Sita by Rama).
4. Epic Period	Scene form the Mahabharata (Srikrishna propounding Gita to Arjuna).
5. Mahanjanapada and Nanda Period.	Scene from Buddha's life.
6. -do-	Scene from Mahavir's life.
7. Mauryan Period	Scene depicting the spread of Buddhism by Emperor Asoka in India and abroad.
8. Gupta Period	Scene from Gupta Art. Its development in different phases.
9. –do-	Scene from Vikramaditya's Court.
10. –do-	Scene depicting one of the ancient Universities (Nalanda).
11. Medieval period	Scene from Orissan sculptures.
12. –do-	Image of Nataraja.
13. –do-	Scene from Mahabalipuram sculptures (Bhagirath's penance and the descent of Ganga).

14. Muslim Period	Portrait of Akbar with Mughal architecture.
15. –do-	Portraits of Shivaji and Guru Gobind Singh.
16. British Period	Portraits of Tipu Sultan and Lakshmi Bai (Rise against the British conquest)
17. India's Freedom Movement	Portrait of the Father of the Nation (Gandhiji's Dandi March).
18. –do-	Bapuji the peace-maker—his tour in the riot Affected areas of Noakhali
19. Revolutionary movement for freedom	Netaji Subhash Chandra Bose and other patriots trying to liberate Mother India from outside India.
20. Natural features	Scene of the Himalayas.
21. –do-	Scene of the Desert.
22. –do-	Scene of the Ocean.

The judges hold that through these illustrations, the Constituent Assembly "expressed itself that there are the national...phases and features of our national life, our heritage, our culture and the source of inspiration for adopting the concept of secularism". Rejecting the western concept of secularism, the judges pointed out that secularism in the Hindi version of the Constitution is described as *panthanirapeksha* or 'non-sectarion and non-communal secularism.

Accordingly, the judges hold that "when the Hindus and devotees of Rama claim rights to have a *darshan* and *pooja* of that deity whom the devotees worship as *Bhagwan* and the framers of the Constitution treated as a great national figure of this country and its basic culture, it is something superficial to argue that the petition is not maintainable and should be dismissed on the ground of technicalities".

The judges pointed out: "The Constitution shows that the Constituent Assembly accepted the history of Rama in relation to places as a fact, a reality of national pride and cultural importance. One of us by the grace of God has got the privilege of having one of the copies of the Constitution as adopted by the Constituent Assembly (with sketches). It explains the concept of secularism and cultural heritage for the purposes of this case." When I read this information in an article by Krishna Mahajan in *The Indian Express* (Pune), 7-1-93, I thought of acquiring a copy. The librarian of Pune University found an authentic copy. I got the local editors of *The Indian Express* and *Lokasatta* to flash them in their issues with suitable write-ups.Thc Gokhale Institute of Politics and Economics also has a copy of the illustrated version of the Constitution.

One P.B. Mohod also possessed such a copy. I requested him to make his copy available for its exhibition in Pune. He gladly agreed to my request and the exhibition came off in Pune on 7-3-1993. It was much appreciated. After about two months, I purchased for Rs 800/- one copy of the illustrated Constitution from the sales section of the Lok Sabha Secretariat.

Shri V.K. Vaidya and I got Xerox copies of some pages of the authentic manuscript of the Hindi translation of the Constitution which almost till now was preserved by the Central Government and no printed copy of it was made out.

The calligrapher of the Hindi version Vasant K. Vaidya who had served in the Drawing Department of the Central Government read about the exhibitions of the printed, authentic and pictorial edition of the Constitution (English version). He told me about his long but fruitless efforts to get from the Central Government Xerox copies of a few pages of the Hindi manuscript of the Constitution and requested me to help him matter. I gladly acceded to his request. Then a letter dated 16-3-1994 was sent to the Dy Director of Parliament Library requesting him to send us the Xerox copies referred to above. We were rejoiced when we received a reply in the affirmative dated 4-4-1994. When we were hopefully waiting for the copies, a letter dated 3-6-94 from the Parliament Library informed us that the authorities were unable to send the copies as they fear that, during the process of copying, the original document may be damaged, which being a precious national treasure needs to be preserved as such for the posterity. We were greatly disappointed by this letter. A suspicion even lurked in our minds that this somersault was the result of the reluctance of the Congress Government, then in power at the Centre, to popularise the pictorial edition of the Constitution (especially the sketch of Shri Rama depicted in it), as it was unsuitable to their concept of secularism. Under terred by this set-back, we wrote a letter dated 30-6-1994, to Shri A.B. Vajpayee, then Leader of Opposition in Lok Sabha, entreating his help in this matter.

Next I tried to meet personally Shri Vajpayee when he had come, Pune to receive the Lokmanya Tilak Award on 1-8-1994. The proprietor of this hotel being my close relative, through him, I tried to meet Shri Vajpayee and seek his help in this matter. At first the proprietor told me that it was not possible to get an appointment for me as Shri Vajpayee's diary for the day was already overflowing. Hearing this, I became totally dejected. But still, in lighter vein, I suggested that, donning the uniform and the badge of the bearers, I should be allowed to carry the breakfast-tray to his room. Appreciating my earnestness, the proprietor somehow managed to present me before Shri Vajpayee, even in my usual dress. I told him very briefly the history of our case and entreated him to help us. He agreed to do the needful. His intervention soon became fruitful and we received the Xerox copies in the last week of June 1993. We exhibited the file of these copies in Pune and Nasik.

The Central Government have very recently brought out a printed, authentic and illuminated copy of the Constitution (Hindi version) which also contains 22 sketches. The most salient feature of these two pictorial editions is that it is not possible for anybody to remove any sketch from the book, as it is printed on every upper part of the page on which the written part of the Constitution also begins. The signatures of all the members of the Constituent Assembly in different colours of ink are indeed a marvellous sight. (Organiser, January 22, 2000)

संविधान सभा के सदस्यों के हस्ताक्षर

भारत के संविधान की मूल प्रति (पृष्ठ 222 से 231) पर संविधान सभा के सदस्यों के हस्ताक्षर, संविधान की आठवीं अनुसूची में (तब) उल्लिखित 14 भाषाओं में। प्रथम हस्ताक्षर संविधान सभा के अध्यक्ष डॉ. राजेंद्र प्रसादजी का हिंदी में है और अंतिम हस्ताक्षर फीरोज गांधीजी का अंग्रेजी में। एक मात्र हस्ताक्षर (मौलाना) अबुल कलाम आजाद का उर्दू में है।

—संपादक

सौजन्य : राष्ट्रधर्म, फरवरी 2003

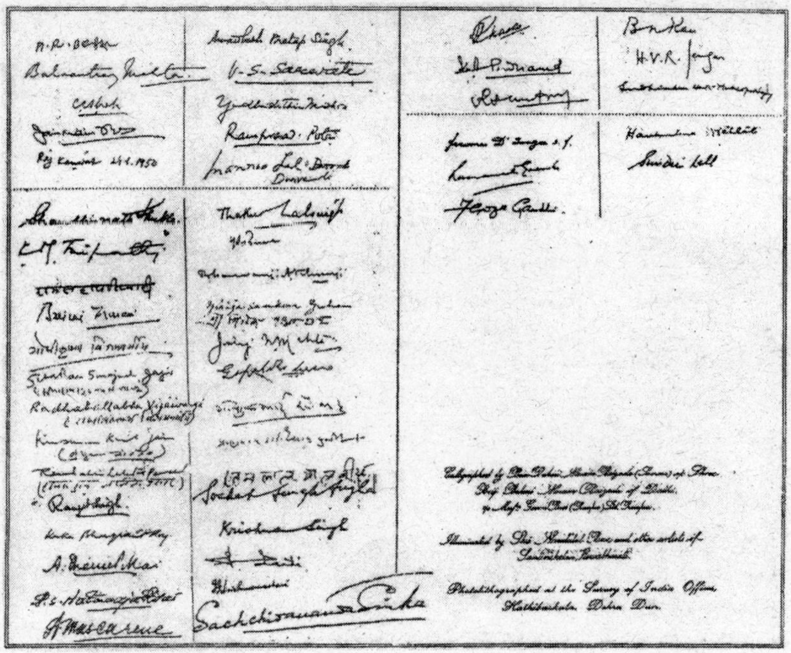
Photolithographed at the Survey of India Offices, Hathibarkala, Dehra Dun.

परिशिष्ट : तीन

National Mottoes in Sanskrit

1.	Government of India	सत्यमेव जयते
2.	Lok Sabha	धर्मक्र प्रवर्तनाय
3.	Supreme Court of India	यतो धर्मः ततो जयः
4.	All India Radio (Akashvani)	बहुतनहिता
5.	Doordarshan	सत्यं शिवं सुन्दरम्
4.	Army	सेवा अस्माकं धर्मः
7.	Air Force	नभः स्पृश दीप्तम्
8.	Navy	शं नो वरुणः
9.	Indian National Science Akademi (INSA)	ह्वयामिर्भगः सवितुर्वरेण्यम्
10.	Indian Administrative Service (IAS) Academy, Mussoorie	योगः कर्मसु कौशलम्
11.	National Council of Educational Research and Training (NCERT)	विद्ययांऽमृतमश्नुते
12.	National Council for Teacher Education (NCTE)	गुरुः गरुतमोधाम
12.	Kendriya Vidyalaya Sangathan	तत्वं पूषन्नपावृणु
13.	Central Board of Secondary Education (CBSE)	असतो मा सद्गमय
14.	University of Delhi	निष्ठा धृतिः सत्यम्
15.	Post and Telegraph Department	अहर्निशं सेवामहे
16.	Life Insurance orporation of India	योगक्षेमं वहाम्यहम्
17.	Labour Ministry	श्रयेव जयते

Our National Anthem, 'जन गण मन' is 90% Samskrit and 10% Samskritic.

(Source : Samskrit the voice of India's soul and wisdom.) (NCERT, 2001)

Bibliography

English Books

A Daughter's Memories — Songs of blood and sword (Penguin, 2010)

Acharya, Dr. N.N. — A Brief History of Assam (Guhati, 1996)

Adams, William. — Report of the state of education in Bengal and Bihar 1835-1838 (ed. A.N. Basu, Kolkata, 1941)

Aggarwal, Sudharshan (ed.) — Dr. B.R. Ambedkar: The Man and His message: A commemorative. Volume (New Delhi, 1900)

Ahir, D.S., — Dr. B.R. Ambedkar: The Chief Architect of the Indian Constitution.

Ahmad Feroz and Garg Suresh — Scientific Humanism Repositing Indian education (New Delhi, 2010)

Akbar M.J. — The Shade of Swords: Jihad and conflict between Islam and Christianity

Akhil Bhartiya Vidarthi parishad — Assam in crisis: A Historic mass upsurge of Assamese for survival and National Struggle for security and Integration (New Delhi)

Alexander, Horace — New citizens of India (London, n.d.)

Ali, Tariq — Can Pakistan survive? The death of a state (Penguin, 1983)

Apte, Prof. Bal	Nation First (Selected articles and speeches) (New Delhi, 2013)
Arif, General K.M.	Khaki Shadows (Oxford, 2001)
Azad, Maulana Abdul Kalam	India wins freedom (New Delhi, 1956)
Basu, D.D.	Commentary on the constitution of India, Vol. I (Kolkata, 1967)
Bill, Clinton	My Life, (Random House, 2004)
Bishop, Crees (ed.)	The Encyclopedia of twentieth air warfare 1997
Breacher, Michael	Nehru, A political Biography (London, 1959)
Campbell. Allen	Mission with Mountbatton
Census of India reports	See census of various years
Chand, Dr. Tara	Freedom movement in India, 4, Vol. (New Delhi)
...............,	Vol. (New Delhi) The Influence of Islam on Indian culture (Allahabad, 1946)
Chaudhry, Mohammad Ahsan	Pakistan and great powers
Cheema Parwej, Iqbal	The Armed Forces of Pakistan (2003)
Chirol. V.	Indian unrest (London 1926)
...............,	India Old and New (First ed. London, 1921, Rept. 1975, New Delhi
...............,	India (London, 1926)
Chitkara, M.G.	Benazir : The Profile (1996)
Chopra P.N., Maulana Abdul Kalam Azad	Unfullfilment Dreams (New Delhi, 1980)
Constitution	See constitution of India, America, Canada, Ireland, Britain and Australia.
Constitutional development in the commonwealth, Vol-I member	countries, (1955, London)
Dalvi, Brigadier John Purshotam	The Himalayan Blunder
Datta, V.N.	A Nationalist Muslim and Indian Politics (MacMillian, 1974)
Dev, Arjun	The Story of civilization, 2 Vol. (New Delhi, 1989)

Dijnir, Gertjan	National Identity and Geo-political Visions-Map of Pride and Pain (1998)
Dilger, Robert	American Transportation Policy 2003
Dixit, J.N.	Indian Foreign Services: History and Challenge (2005)
Do kin, Richard	The God delusions (Great Britain, 2007)
Durge Dass	India: from Curzon to Nehru and After
Eddy, Charles B.	Greece and Greek Refugees (London, 1931)
Edison	The Great Divide
Fortuna, Virginia	Peace Times : Ceasefire Agreement and the Durability of Peace (Princeton, 2004)
Gajendra Gadker. P.B.	The constitution of India, its philosophical basic postulates
……........,	(Oxford, 1969) Law Liberty and Social Justice
Gandhi M.K.	The collected works of M.K. Gandhi (various volumes. Ahamdabad)
Gankovesky, Y.V. & Poleuski K.R. Gordan	A History of Pakistan (Moscow, 1964)
Gauba, K.L.	Inside Pakistan (Delhi, 1947)
Gopal, Ram	Hindu culture During and After Mughal Rule: Survival and Substitute Challenge (New Delhi)
Government of India Publications,	The Constitutional Assembly Debates, 12 Vols. (New Delhi)
……........,	Challenge of Education: A Policy Perspective 1986
……........,	Ministry of External Affairs, Notes, Memorandum and Letters

	Exist and Agreements signed between the Government of India and China, 13 White papers (Published at different times since 1959)
...............,	History of Defence of India: the Official History of 1965 war (1992)
...............,	Millions on move (Delhi n.d)
...............,	Rajya Sabha, Proceedings (of various years)
...............,	Ministry of External Affairs, Recovery and Restoration of Abdicated persons in India
Government of Madras	Selection from the Records of Madras, Vol. II
Green Hull B., Fredrick .A	The Tibetan's Frontiers connection from curzon to the colombo conference (New Delhi, 1982)
Gyani, Bhagwan Singh	Problems of India Nationalism, (Chandigarh, 2009)
Habib, Mohemmad	Muhammad Gaznavi, the Sultan of Gazni, (1924)
Habib, Irfan, Suvira Jaswal, and Aditya Mukherjee	History in the New NCERT Text books, A Report containing an index of errors, Indian History congress (Amritser, 2002)
Haig, Woolsay	The Cambridge History of India, Vol. III
Halt P.M. and others (ed.)	The Cambridge History of Islam (Cambridge, 1970)
Henimaki, Jussi	The flawed architect: Henrey Kissiner and American Foreign Policy (Oxford, 2004)
Haq, Mushrul	Islam in Secular India
Haquerty, David	South India in World Politics (2005)

He Hayde, Brigadier Desmond	The Battle of Dograi and Batapur (New Delhi, 2006)
Heera, nandani, G.M.	The Transitions to Time's. History of India Navy 1969-1977 (2000)
Hitzman R.L.Warder (ed.)	A country study (U.S.A, 1989)
Holison J.K.	Imperialism (London, 1902)
Holiyak, George Jacob	The Origin and Nature of Secularism (London, 1896)
Howard, Michael	The continental commitment. The Dilemma of British Defence Policy in the wars of the World Wars (First ed. 1973, USA, 1989)
Hussain, Colonel Ashfak	Witness to Blunder-Kargil Story unfold
Hussain, Haqqani	Pakistan between Mosque and the Military (2005)
Jain, Meenakshi	Flowed Narratives, A Random Survey of Satish Chander's Medieval India History in the social NCERT Books (News Delhi, 2003)
James, Robert Rhodes	The British Revolution 1889-1939 (NewYork, 1977)
Kapoor, O.P.,	Kashmir Convictions Betrayed, legacies of Abdullah-Nehru Nexus (Chandigarh 1994)
Kamal Lieutant General Matinaddin	Tragedy of Errors: East Pakistan Crisis (1969-1971) (Lahore, 1994)
Kamra, A.J.	Bangladesh, a vast concentration camp for Hindus (New Delhi, 1986)
Kavie, John Lorne	India's Quest for securities: Defence Policies 1947-1965 (USA, 1967)
Khan, A.R.	On the Relevance of composite culture

Khosla, G.S.	Stern Reckning, A Survey of Events leading upto and following the partition of India (London/New Delhi)
Khullar, Brigadier Darshan	When Generals failed: The Chinese Invasion (New Delhi, 1990)
Kushwaha, Dr. Rajendra Singh	The Glimpses of the Bhartiya Itihas (New Delhi, 2003)
Lal, K.S.	Muslim State in India (New Delhi, 1994)
……………,	Early Muslims in India (New Delhi, 1984)
……………,	Growth of Muslim population in India (New Delhi, 1973)
Lal, Makkhan,	The NCERT Social Science Books, False Propaganda, Political Agents and the Eminent Historians (Aligarh, 2003)
……………,	A Review of the class VI textbooks of History (Ancient) published by the Government of West Bengal (Aligarh, 2002)
Lal Makkhan, Meenakshi Jain & Hari Om	History in the New NCERT Textbooks, Fellacies in the Indian History Congress Report (NCERT, New Delhi)
Lal, Pyare	Mahatama, 2 vols.
Lalwani, Kastur Chand,	India Struggle and Constitution (Kolkata, 1950)
Lohia, Ram Manohar	The Guilty Men of India's Partition
Lewis, Bernard	The Crisis of Islam: Holi war and Unholy war (London, 2003)
……………,	What was wrong? Western impact and Middle East Response (London, 2003)
Majumdar, Suhas	The Islamic Doctrine of

	Permanent War (New Delhi, 1994)
Malik, Tajammal Hussaini	The Story of Struggle (1991)
Manoj, Rakshit	Judism, Christianity, Islam, Secularism, Hinduism (Mumbai 2005)
Mattesion, Orest	Jawaharlal Nehru and his Political Views (Moscow, 1989)
Menon, V.P.	The Transfer of Power in India (New Delhi, 1957)
……........,	The integretion of Indian States
Menserh & Nicolson (ed)	Constitutional relations Between Britain and India The Transfer of power (1942-47), Vol VII (New Delhi, 1978)
Mittal, S.C.	India Distorted: A study of British Historians on India, 3 Vols (New Delhi, 1995, 1996, 1998)
Mohan, Raj (ed.)	Composite culture and Indian society, position and percept of integration, vol I (New Delhi, 1991)
Mortimen, Edward	Faith and power
Nanda J.	The Punjab uprooted (Mumbai, 1948)
Naqvi, Sayyid Mohammad & others	Islam: Secularism and Philosophy of Future
Narayan, Harsa	Myth of composite culture and inequality of religions (New Delhi, 1991)
Narayan, Ram	Freedom of India: A Hoax (Delhi 1970)
NCERT Publications	Social Science: our pasts, Vol I (New Delhi, 2006)
……........,	Social Science our pasts Vol II (New Delhi, 2007)
……........,	Social Science our pasts Vol III (New Delhi, 2008)

……………, Samskrit: The Voice of India's Soul and wisdom (New Delhi, 2003)

Nehru, Jawaharlal — The Discovery of India (Bombay 1973)

……………, Letters of a Father to his Daughter

……………, Glimpses of World History (New Delhi 1981)

……………, An Autobiography (London, 1953)

……………, Indian Foreign Policy: Selected Speeches (Sep, 1946 April, 1961) (New Delhi, 1971)

Nivedita, Sister — Religion and Dharam

Olsen, John Audreas — Global Air Power, 2011

Pal, Dharam — The Beautiful Tree (New Delhi, 1963)

Paniker, K.M. — Asia and Western, Dominance (London, 1953)

Parliker, K.V (ed.) — Islamism and genocide of minorities in Bangladesh (New Delhi, 2005)

Parlikar, R.V. — A source book of the History of Education in Bombay Vol. I

Peter and Burgen — Holi war: Inside the secret world of Osama Bin Laden

Pinney, Thomas (ed.) — The letters of T.B. Macauley, 6 Vol. (Cambridge, 1976)

Pipes, Daniel — In the path of God, Islam and political Power (New Delhi, 1983)

Querashi, Hakeem Arshad — Through the 1971 crisis: An eyewitness Account by the soldier, (2003)

Radhakrishnan, sarvrpalli — The Hindu View of Life,

……………, Recovery of faith,

Randhwa, M.S. — Out of Ashes, An Account of Rehabilitation of Refugees from

	West Pakistan in Rural Areas of East Punjab (Jallandhur, 1954)
Rammal, Rudoff. J.	Statistics of Democide : Genocide and Mass Murder since 1900
Rao B.N.	Indian Constitution in the Making (New Delhi, 1960)
Riedal, Brush, O	Deadly Embrace: Pakistan, America and the future of colonial Jihad, 2011
Roberts, Andrews	Early Churchillians (London, 1994
Rao, B. Suryarayain	A History of Vijayanagar not to be forgotten Empire (First ed. Nedes, 1905, New Delhi, 1998)
Sahoy, Sir Theodore	The Legacy of Lokmanya Bal Gangadhar Tilak
Sancharayacharya, Swami Laxmi	The History of Islamic Terrorism (India and the entire world in peril, 2002)
Saraswati, Swami Prakashnanda	The True History and the Religion of India (Delhi, 2000)
Sen D.R.	Boggers and Outword Humanity
Sewell, Robert	A Forgotten Empire Vijayanagar and a Contribution to the History (New Delhi, 1900)
Singh, Bhagat	Draft of Revolutionary Programme
Singh, Darbara	The Punjab Tragedy (Amritsar, 1949)
Singh, Harbans	Hari Singh to troubled years
Singh V.K.	Leadership in the Indian Army
Sharma S.	pragjiyatipur through the Ages (Guhati, 1996)
Sharma S.R.	The Cresent in India, (Agra, 1954)
Sharp H.	Selections for Educational records Vol. I (1789-1837) (Kolkatta, 1920)

Shukla, B.P. — What Ails India's North-East (New Delhi, 1980)

Shorie, Arun — Eminent Historians

Smith, V.A. — The Oxford History of India (Oxford, Revised ed. 1923)

Stephen, Ian — Pakistan (London, 1963)

Tanwar, Raghuvendra — Reporting, the partition of Punjab, Press, Public and other opinions (New Delhi, 2006)

Terrial, Rom — The China: Difference a portrait of life today inside the country of one billion (U.S.A., 1979)

Thompson, Edward — The Reconstruction of India (London, 1930)

Thorton A.P. — The Imperial Ideas and its Enemies (London,1959)

Vivekanand, Swami — The Complete Works of Swami Vivekananda 10 Vols. (Kolkata 1964)

Ward, William — A View of the Hindus, 4 Vols. (London, 1817-20)

Warden, A.K. — An Introduction to Indian Histography (Mumbai, 1972)

Weber, Max — The Religion of India (tr. H.H. Garte, Glecco, 1958)

Zaidi, S.Hussain — Black Friday, The true story of the Bombay Blasts (Penguine, 1997)

Miscellaneous

The American Heritage Dictionary

Encyclopedia Britannica

International Encyclopedia of the Social Sciences

Encyclopedia Haryana (Hindi) (Delhi, 2010)

The New Webster Dictionary (U.S.A., 1992)

Journals Periodicals And Newspapers

Bhaven Journal
Dawn
Defence Journal
Economic and Political Weekly
Eternal India
Flight International News
Global Security
Harijan
Hindu
Hindustan Standard
Hindustan Times
INDIA Today
Indian Defence Review
Indian Express
International Affairs (Moscow)
Mint
Modern Review
Nation
Organiser Weekly
Oriented Times
Pakistan Observer
Punjab History Conference
Pioneer
Statesman
South Asia: Journal of South Asian Studies
Times Magazine
Times of India
Tribune
Young India
Week

हिंदी ग्रंथ

आशुतोष (सं.)	जम्मू-कश्मीर—तथ्य समस्याएँ और समाधान (जम्मू-2011)
गांधी, महात्मा	संपूर्ण गांधी वाङ्मय (खंड, 27, 29)
...............,	हिंद स्वराज्य (अहमदाबाद 1909)
	गुरुकुल के साठ वर्ष, गुरुकुल कांगड़ी विश्वविद्यालय (1964)
ग्रोवर बी.एल. व यशपाल	आधुनिक भारत का इतिहास (नई दिल्ली, संस्करण 2001)
गोपाल, सर्वपल्ली एस.	नेहरू वाङ्मय, द्वितीय खंड, (2005, नई दिल्ली)
गौतम, ब्रजेंद्र प्रताप	समाजवादी चिंतन का इतिहास (लखनऊ, 1978)
ठेगंडी, दत्तोपंत	डॉ. अंबेडकर और सामाजिक क्रांति की यात्रा (2006)
चंद्र, विपिन	आधुनिक भारत (नई दिल्ली, 1990)
दिवेकर	डॉ. वा.द., 1857 के स्वाधीन संग्राम में दक्षिण भारत का योगदान (अंग्रेजी पुस्तक 'साउथ इंडिया इन 1857 : वार ऑफ इंडिपेंडेंस' का अनुवाद द्वारा कैलाश शंकर कुलश्रेष्ठ (आगरा 2001)
जैन गिरिलाल	'नकली सेकुलरिज्म बनाम राष्ट्रीयता' (नई दिल्ली, 1971
	प्रताप सिंह, प्रो. देवेंद्र व प्रो. श्याम सुंदर शुक्ल, महामना मदन मोहन मालवीय (कुरुक्षेत्र, संवत् 2068)
पन्निकर, के.एन.	सांप्रदायिकता के सांस्कृतिक प्रतिरोध की जरूरत (नई दिल्ली 1994)
पंडित, एम.पी.	श्री अरविंद (नई दिल्ली, 1985)
	पांडेचेरी, आदर्श माता-पिता, अध्यापक तथा बालक (श्री अरविंद सोसायटी)
	भारत सरकार, भारत का संविधान (नई दिल्ली, 1985 संस्करण)
मित्तल, सतीश चंद्र	भारत का सामाजिक आर्थिक इतिहास (1758-1947) (पंचकुला, 2005)
...............,	अविस्मरणीय विजय नगर सामाज्य एवं महाराजा कृष्णदेवराय (कुरुक्षेत्र, 2009)

..............., मुसलिम शासक तथा भारतीय जन समाज (नई दिल्ली, 2007)

..............., ब्रिटिश इतिहासकार तथा भारत (नई दिल्ली, 2010)

..............., आधुनिक भारतीय इतिहास की भ्रांतियाँ (हैदराबाद, 2005)

..............., हिंदुत्त्व से प्रेरित विदेशी महिलाएँ (नई दिल्ली, 2014)

..............., राष्ट्रीय चेतना के प्रकाश में, भारत का स्वाधीनता संघर्ष (नई दिल्ली, 2012)

..............., विश्व में साम्राज्यवादी साम्यवाद का उत्थान और पतन (नई दिल्ली, 2006)

..............., 1857 के महा संघर्ष में, क्या पंजाब अंग्रेजों के प्रति वफादार रहा (जालंधर, 2007)

राणाडे, एकनाथ (संकलन), उतिष्ठ जाग्रत : स्वामी विवेकानंद का हिंदू राष्ट्र का अमर संदेश (कानपुर, 1963)

रिजवी, एस.ए.ए. (अनु.) आदि तुर्क कालीन भारत (अलीगढ़ 1955)

लखनपाल, विनोद कुमार भारतीय स्वतंत्रता का संघर्ष (उन्नाव, 2009)

विवेकानंद, स्वामी, विवेकानंद साहित्य, 10 भाग (कोलकाता, 1989)

विद्यालंकार, सत्यकेतु स्वामी श्रद्धानंद (1933)

शास्त्री डॉ. आर. शर्मा कौटिल्य अर्थशास्त्र (आठवाँ संस्करण)

शिक्षा समस्या विशेषांक (आगरा)

श्रीवास्तव, आर्शीवादी लाल मध्यकालिन भारतीय संस्कृति

..............., भारत का इतिहास (1000-1707) (आगरा, 1965)

सेन जयदीप भारत में जिहाद (दिल्ली)

पत्र पत्रिकाएँ (हिंदी)

इतिहास दर्पण
जन सत्ता
जाह्नवी
दैनिक जागरण
पंजाब केसरी
पाञ्चजन्य
पाथेय कण
भारत रक्षक
राष्ट्र धर्म
राष्ट्रीय सहारा
विश्व संवाद पत्रिका
विद्या भारती प्रदीपिका
शैक्षिक मंथन (मासिक)
साप्ताहिक हिंदुस्तान
सोवियत भूमि
हरिजन
हिंदुस्तान

□□□